投行实战

大宗商品期货和期权投资策略与案例

朱一◎著

电子工业出版社
Publishing House of Electronics Industry
北京·BEIJING

内 容 简 介

本书主要介绍国际投行对大宗商品的基本面分析和技术面分析，既有理论框架体系，也有期货和期权的实盘操作案例及解析，同时指出当今国际市场的大宗商品新趋势，即定价权的争夺和大宗商品的金融化，并对大宗商品的未来价格做出短期和长期预测。全书共9章。第1章~第4章介绍投行基本面分析：供需平衡表和成本曲线这两种定量分析方法的模型搭建、分析预测及实战案例。第5章介绍投行技术面分析：传统技术面分析及新兴的量化和大数据分析，并用案例佐证。第6章~第8章预测大宗商品的新趋势，探讨大宗商品定价权和金融化趋势，并预测未来价格走势。第9章探讨大宗商品的期权策略，讲述期权的定价、投行期权业务及投资者应如何操作投行提供的期权产品。

图书在版编目（CIP）数据

投行实战：大宗商品期货和期权投资策略与案例 / 朱一著. —北京：电子工业出版社，2022.12

ISBN 978-7-121-44511-8

Ⅰ. ①投… Ⅱ. ①朱… Ⅲ. ①商品期货－投资 Ⅳ. ①F830.93

中国版本图书馆 CIP 数据核字（2022）第 208914 号

责任编辑：黄爱萍　　　　　　特约编辑：田学清
印　　刷：三河市良远印务有限公司
装　　订：三河市良远印务有限公司
出版发行：电子工业出版社
　　　　　北京市海淀区万寿路 173 信箱　　　　　邮编：100036
开　　本：720×1000　　1/16　　印张：20.75　　字数：398.4 千字
版　　次：2022 年 12 月第 1 版
印　　次：2022 年 12 月第 1 次印刷
定　　价：108.00 元

前　言

中国是大部分大宗商品的最大消费国和进口国，但由于海外供应商的强势及海外期货合约大多以美元计价，定价权长期握于海外供应商手中。国际投行和大宗商品贸易商凭借自身在大宗商品领域的悠久历史，独有的基本面分析和技术面分析方法，以及获取资源的领先性，仍然掌控着全球大宗商品市场。

笔者有近 20 年的海外投行和大宗商品机构从业经历，在本书中将系统的分析框架与前瞻性的观点介绍给读者，同时结合金融与实业、理论与实战操作，将西方的理念用东方的视角来解读并应用。本书与市面上常见的书籍内容不同、解读视角不同、操作方法不同。

自 2022 年以来，国际形势受俄乌冲突和海外多国通胀飙升的影响，大宗商品价格振幅较大。投资者如何判断大宗商品的超级周期是否已来到，如何进行资金分配并操作行情，都需要基于对大宗商品所处的大环境及各个品种不同走势的透彻理解。同时，全球多国对碳减排和碳中和的承诺，推动了新能源汽车的普及和全球对清洁能源的投资，道路燃料需求将出现结构性下降，原油受到较大冲击。随着电池动力基础设施的发展，铜、镍、锂、钴的消费将飙升，投资者应把握趋势并乘势而为。希望读者能运用本书介绍的系统的基本面分析和技术面分析方法，透彻地理解书中的实战案例，从而在未来有所斩获。

本书的特色

- 合理的知识结构：本书分为 4 篇，即基本面分析篇、技术面分析篇、大宗商品新趋势篇、期权策略篇，涵盖大宗商品从理论到实战的方方面面。

- 丰富的实战案例：本书在进行理论讲解的同时给出了大量的实战案例，以实战操作验证理论，举一反三，给读者以启发。

- 内容新颖：本书中列举了大数据分析、社交网络情绪量化分析、人工智能的运用等近年来新兴的技术面分析方法，并以实战案例佐证。

- 分享笔者的实地调研体会：实地调研是获取第一手资讯十分有效的方法，笔者通过分享自身海内外矿山和冶炼厂实地调研的经过和结果，介绍了如何进行实地调研，包括调研前的准备、如何与调研对象会谈及调研结束后如何进行信息的整理和分析。

- 模型搭建：本书介绍了普通投资者如何搭建供需平衡表和成本曲线，二者是进行大宗商品基本面分析的基石，通过调研、从公开数据中收集历史供需数据，以及推算、假设、建立模型，预测未来的供需和成本状况，从而预测大宗商品未来的价格走势。

本书的内容组织

本书对大宗商品期货、期权讲解全面，从理论层面的基本面分析到实战层面的技术面分析，既有理论框架体系，又深入浅出地引入了投行实战案例。

本书在内容编排上循序渐进，从基本面分析的供应、需求、成本，到技术面分析，遵循知识的连贯性，并通过丰富的数据（部分数据为计算后四舍五入的结果）、图表和案例进行讲解，尽量用通俗易懂的语言引导读者快速掌握相关内容。本书的内容详尽且丰富，读者可以通过阅读目录来了解本书的内容结构。

本书面向的读者

本书适合对大宗商品、期货、期权感兴趣，想了解国际投行是如何进行实战操作的，不满足于现有的一般投资者都了解的分析方法，想汲取领先且独特的国外投行思维的读者。本书还能够为从事大宗商品相关工作的人员提供参考。

目　　录

基本面分析篇

技术面分析篇

大宗商品新趋势篇

期权策略篇

基本面
分析篇

- - - - - - - - - - - - - -

第 1 章

如何研究供应面

1.1 投行如何对供应面进行全面分析

"供应面分析看数据,需求面分析拍脑袋。"虽然这句话是调侃,但有一定的道理。供应面相对来说形象具体,有较多的数据可分析,如产能、产量、库存等;而需求面比较依赖模型推导和调研。分析供应面,就是从纷繁复杂的数据中梳理出核心数据,再采用计算、建模等方法进行历史回溯,逻辑推演未来趋势。

1.1.1 产能和产量的重要性

产能(Capacity)是一种能力,是企业的生产规模;产量(Output)则是产能的实际转化,是在此生产规模下,企业实际生产的产品数量。

产能和产量的分析可以很简单,对一家企业来说,把它的每个矿和每条生产线的产能和产量相加即可;对整个行业来说,把各家企业的产能和产量相加即行业的总体情况。产能和产量的分析也可以很复杂,企业会减产、停产、增产,所以保持数据的实时更新很重要。此外,整个行业包括几千甚至上万家企业,紧密跟踪如此大量的企业的实时情况需要大量的人力和时间。再者,一些小型企业的信息透明度远不及大型企业,找到信息并辨别其真伪需要丰富的行业人脉和经验。

投行一般会搭建自己的产能和产量数据库,重点企业的数据会详细到每个矿或每条生产线,时间跨度为过去 10 年甚至更久到未来 3 年,一般每季度更新。中国电解铝产能和产量数据库示例如图 1-1 所示。

	2010年	2011年	2012年	2013年	2014年	2015年	2016年	2017年	2018年	2019年	2020年	2021年	2022年 预测
产能（万吨）	2,075	2,350	2,732	3,032	3,582	3,900	4,164	4,088	4,212	4,093	4,287	4,463	4,541
产量（万吨）	1,780	1,948	2,208	2,495	2,772	3,058	3,180	3,630	3,609	3,544	3,712	3,902	3,933
产能利用率	86%	83%	81%	82%	77%	78%	76%	89%	86%	87%	87%	87%	87%

2019—2022年新增产能

	企业名称	省及自治区	开始投产时间	预计完成投产时间	2019年投产产能（万吨）	2020年投产产能（万吨）	2021年投产产能（万吨）	2022年投产产能（万吨）
1	贵州华仁	贵州	2017.10	2019.6	2	-	-	-
2	云铝鹤庆（一期）	云南	2019.2	2019.6	21	-	-	-
3	广元中孚（一期）	四川	2019.12	2020.6	-	25	-	-
4	云南神火（一期）	云南	2019.12	2020.10	-	45	-	-
5	百矿隆林	广西	2021.1	2022	-	-	10	10
6	甘肃中瑞	甘肃	2022	-	-	-	-	10
	合计				225	255	176	78

2019—2022年减产产能

	企业名称	省及自治区	减产时间	减产原因	2019年减产产能（万吨）	2020年减产产能（万吨）	2021年减产产能（万吨）	2022年减产产能（万吨）
1	国电投宁夏能源青铜峡铝业	宁夏	2019.1	弹性生产	5			
2	福建南平铝业	福建	2019.2	停产68台电解槽，在和政府谈电价	7			
3	焦作万方铝业	河南	2019.3	该部分产能成本过高，于3月6日完成停产	7			
4	辽宁营口忠旺铝业	辽宁	2019.6～2019.8	亏损，6月22日减产21万吨；8月中旬关停	40			
5	广西信发铝电	广西	2019.6	老厂区生产事故，停产3.5万吨	4			
6	山东魏桥集团	山东	2019.8	台风影响105万吨产能	105			
	合计				344	61	-	-

图 1-1　中国电解铝产能和产量数据库示例

来源：上海有色网

产能的变化包括减产和增产。当产品价格下跌或行业产能过剩时，有些企业会通过淘汰落后产能或关闭高成本产能来达到减产的目的。2015 年，国家开始实施"史上最严"的环保法，促使一些环保未达标的产能退出。增产分为新建产能和扩建产能，扩建产能一般比新建产能快，因为其不但可以省却可行性研究，而且运营模式、利润率、销售模式等已有参照。当企业增产时，需要关注的问题包括扩产项目何时开工，建设周期为多少，何时投产，整个项目的资本支出是多少，资金是自有还是从银行贷款或股市增发，新产能的预计成本是多少等。

部分中国铜矿山新增项目（2016—2020 年）如图 1-2 所示。

产量的变化基于产能的变化，同时受企业运营状况的影响。

（1）增加产能时产量的变化：在矿山刚开始运营或生产线刚投产时，因为需要逐渐调试设备和人员的投产时间，产量一般远远低于产能。企业的产量随着投产进度逐月或逐年增加，经济效益也逐步提高，当产量达到设定产能时，则为达产。达产后企业每年产量稳定，此阶段经济效益高且稳定。

（2）降低产能时产量的变化：企业公布的减产是一次性到位还是逐步进行，减产是暂时停产还是永久停产，减少的是产能还是产量，这些都是关键问题。如果企业减的是产能，那么产量自然相应减少；如果企业减的是产量，产能维持原样，当价格上升或行业情况转好后，企业大概率会提升产量以获得高利润。

开建时间	矿山名称	开采方式	新建/扩建	年末产能（万吨）				
				2016年	2017年	2018年	2019年	2020年
2016年	金川铜镍矿	露天	扩建	17	20	20	20	20
2016年	西藏甲玛铜矿	露天	扩建	18	39	54	62	62
2016年	西藏巨龙铜业有限公司知不拉铜矿	露天	新建	2	8	8	9	19
2016年	大宝山铜矿	露天	扩建	7	11	13	15	15
2016年	伽师县铜辉矿业有限责任公司	地下	扩建	5	7	10	10	10
2017年	阿舍勒铜矿	露天	扩建	3	15	15	15	15
2017年	红牛铜矿	地下	新建	3	5	6	6	6
2017年	巴彦淖尔西部矿山获各琦多金属矿	地下	扩建	3	5	5	10	10
2017年	安徽铜冠(庐江)矿业有限公司沙溪铜矿	地下	新建	2	9	11	16	16
2017年	云南迪庆有色金属有限责任公司	地下	新建	5	33	40	50	50
2018年	驱龙铜矿	露天	新建					79
2018年	九龙县雅砻江矿业有限责任公司黑牛洞铜矿	地下	新建	5	7	10	10	10
2019年	多宝山二期	地下	扩建			25	40	50
2020年	赤峰富博有限公司	地下	新建				8	11
2020年	西藏玉龙二期	露天	新建				18	100
2020年	江西铜业股份有限公司城门山铜矿	露天	扩建				1	5
2020年	江西铜业公司银山铅锌矿（地下）	地下					7	12
			合计	70	159	217	297	490

图 1-2　部分中国铜矿山新增项目（2016—2020 年）

来源：上海有色网

（3）产能不变，产量随企业运营状况而调整：企业的年产量在达产后一般相对稳定，除非遇到设备故障、大宗商品价格暴跌或重大事故才会减少。如果一季度产量由于特殊原因减产，在减产幅度不大的情况下，那么企业一般可以通过在年中适当提高开工率而弥补，以保证年度产量计划的完成。大多数企业都有制订好的设备年度或季度检修计划，若遇到特殊情况，则可按市场变化相应提前或延迟执行检修计划而微调其产量。

1.1.2　产能利用率、开工率的计算和动态追踪

产量除以产能，即产能利用率。一般情况下，企业的产能利用率在 95% 以上，有的企业的产能利用率可能超过 100%。对行业来说，考虑到部分企业减产或停产等因素，一般整体产能利用率在 90% 以上为正常状态，而低于 80% 为产能过剩，会对商品价格造成影响。

在预测企业未来的产量时，产能利用率是一个关键的假设参数。投行一般会根据新增产能的投产时间表而做出未来产能的预测，然后假设新增产能的

产能利用率，根据产能利用率×（新增）产能=（新增）产量，做出对新增产量的预测，再叠加原有的产量，即企业未来的产量。在预测行业未来产量时，投行会统计各家企业的新增产能，将它们相加得出整个行业的新增产能，再减去行业的减产产能，然后根据行业的运营状况，假设未来产能利用率上升或降低，从而做出对整个行业未来产量的预测。

产能、产量的预测及产能利用率的假设如图1-3所示。

	2010年	2011年	2012年	2013年	2014年	2015年	2016年	2017年	2018年	2019年	2020年	2021年	2022年预测
产能（万吨）	2,075	2,350	2,732	3,032	3,582	3,900	4,164	4,088	4,212	4,093	4,287	4,463	4,541
产量（万吨）	1,780	1,948	2,208	2,495	2,772	3,058	3,180	3,630	3,609	3,544	3,712	3,902	3,933
产能利用率	86%	83%	81%	82%	77%	78%	76%	89%	86%	87%	87%	87%	87%

（2022年预测：假设与2021持平）

2019—2022年新增产能

	企业名称	省及自治区	开始投产时间	预计完成投产时间	2019年投产产能（万吨）	2020年投产产能（万吨）	2021年投产产能（万吨）	2022年投产产能（万吨）
1	贵州华仁	贵州	2017.10	2019.6	2	-	-	-
2	云铝鹤庆（一期）	云南	2019.2	2019.6	21	-	-	-
3	美鑫铝业	陕西	2018.12	2019.8	30	-	-	-
4	云铝昭通	云南	2018.7	2019.8	24	-	-	-
5	广西华磊	广西	2018.7	2019.9	12	-	-	-
6	贵州登高	贵州	2018.2	2019.9	13	-	-	-
7	内蒙古蒙泰	内蒙古	2018	2020.1	22	5	-	-
8	营口鑫泰	辽宁	2018.9	2019.10	26	-	-	-
9	内蒙古创源（一期）	内蒙古	2018.1	2019.10	28	-	-	-
10	内蒙古固阳	内蒙古	2018.8	2020.2	25	-	-	-
11	广元中孚（一期）	四川	2019.12	2020.6	-	0	10	10
12	百矿田林	广西	2018.5	2022	-	21	3	-
13	云铝鹤庆（二期）	云南	2020.1	2021.11	-	21	3	-
14	百矿德保	广西	2018.4	2021.8	-	10	10	-
15	百矿隆林	广西	2021.1	2022	-	-	10	10
16	百矿苏源	广西	2018.2	2019.4	10	-	-	-
17	内蒙古创源（二期）	内蒙古	2020.8	2021.6	-	30	5	-
18	魏桥云南	云南	2020.9	2022	-	13	30	-
19	云南神火（一期）	云南	2019.12	2020.10	-	45	-	-
20	云南神火（二期）	云南	2020.12	2021.11	-	10	15	-
21	云铝文山	云南	2020.4	2020.9	-	50	-	-
22	山西中润	山西	2018.5	2020.12	13	18	-	-
23	云铝昭通（二期）	云南	2020.9	2022	-	8	10	-
24	云南其亚	云南	2020.10	2022	-	3	10	-
25	霍煤鸿骏	内蒙古	2021	2021.11	-	-	43	-
26	内蒙古华云	内蒙古	2021	2021.11	-	-	40	-
27	广元中孚（二期）	四川	2020.7	2021.2	-	17	-	8
28	甘肃中瑞	甘肃	2022	-	-	-	-	10
29	内蒙古白音华	内蒙古	2022	2022	-	-	-	40
	合计				225	255	176	78

2019—2022年减产产能

	企业名称	省及自治区	减产时间	减产原因	2019年减产产能（万吨）	2020年减产产能（万吨）	2021年减产产能（万吨）	2022年减产产能（万吨）
1	国电投宁夏能源青铜峡铝业	宁夏	2019.1	弹性生产	5			
2	福建南平铝业	福建	2019.2	停产68台电解槽，在和政府谈电价	7			
3	焦作万方铝业	河南	2019.3	该部分产能成本过高，于3月6日完成停产	7			
4	辽宁营口忠旺铝业	辽宁	2019.6—2019.8	亏损，6月22日减产21万吨；8月中旬关停	40			
5	广西信发铝电	广西	2019.6	老厂厂区生产事故，停产3.5万吨	4			
6	山东魏桥集团	山东	2019.8	台风影响105万吨产能	105			
	......							
	合计				344	61	-	-

图1-3 产能、产量的预测及产能利用率的假设

来源：上海有色网

投行在调研企业时，开工率（Operating Rate）是必问项目之一，因为其能直接反映企业的运营状况和下游需求状况。企业开工率在一年之中会出现波动，当春节放假、设备年度检修或者下游需求不振时，企业的开工率一般会有所下降。当开工率低于50%时，企业需要格外重视；而当需求旺季或赶超年度产量计划时，开工率会有所上升。一般来说，每周调研工厂的开工率，进行动态追踪，再汇集重点企业的数据，基本可对整个行业的开工情况有所了解。

铜材企业开工率动态追踪如图1-4所示。

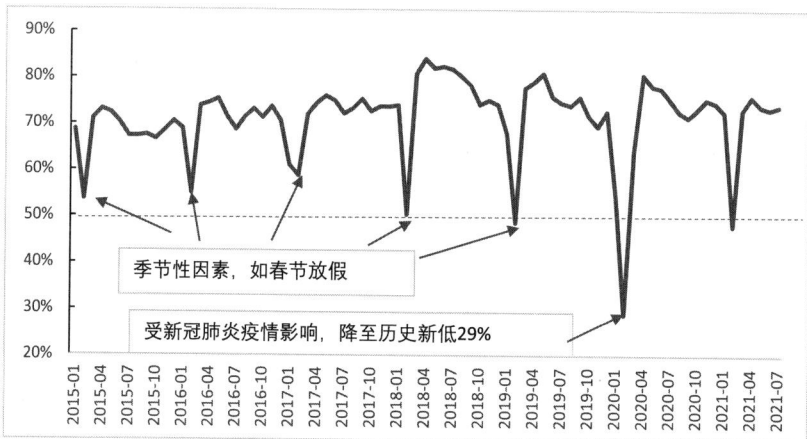

图1-4　铜材企业开工率动态追踪

来源：上海有色网

1.1.3　原材料的出港量、到港量及港口库存的测算

我国虽然是资源大国，但一些资源分布不均匀，其中西部地区丰富的资源难以开采，而冶炼厂多位于中部及沿海交通便利地区。此外，矿石品位不高、供应缺乏，造成其开采和冶炼的成本较高。因此，进口质优价廉的原材料以确保冶炼厂平稳运营是业内通行做法。

例如，我国是钢铁生产和消费大国，占全球一半以上份额。我国对进口原材料铁矿石的依赖度超过80%，巴西和澳大利亚是我国铁矿石的主要供应国。因此，铁矿石的价格波动直接影响着我国钢厂的利润。铁矿石的海运贸易占铁矿石国际贸易总量的90%以上，2020年我国铁矿石进口量占全球铁矿石贸易量的71%。因此，追踪铁矿石的出港量和到港量，测算港口库存，可以了解其供应状况，从而可以更好地判断铁矿石价格的涨跌。

出港量就是矿山从供应国装船交运的量。主要铁矿石供应国的出港量如图 1-5 所示。到港量是运到我国港口的量，其与出港量之间相差运输时间及运输中可能的损耗。除了依赖供应国公布的出港量及购买国的到港量，投行会从信息服务商那里购买价值不菲的数据，以及从一些网站追踪船舶动态，对船舶的离港、航行、到港进行实时追踪，以得到第一手信息。投行根据未来到港的船舶的运载量及到港时间，即可推算港口库存，从而比一般投资者更快、更准确地了解未来供应情况。

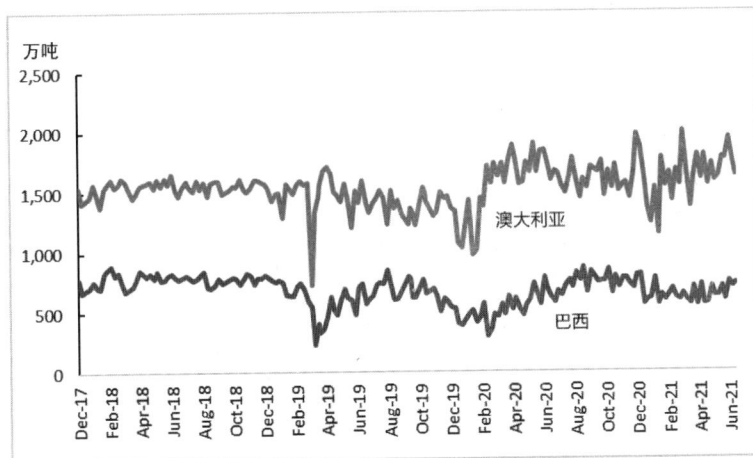

图 1-5　主要铁矿石供应国的出港量

来源：上海有色网

港口库存之所以重要，是因为其反映了矿山供应和炼厂需求的差额。矿山生产具有连续性，炼厂需求是库存波动的主要驱动因素。在炼厂需求下降，而上游矿山供应持续的情况下，港口库存增加，说明供大于求，从而商品价格下跌；在炼厂需求上升，而上游矿山尚未及时调整自身供应的情况下，港口库存减少，说明求大于供，从而商品价格上升。

中国铁矿石港口库存和到港量如图 1-6 所示。

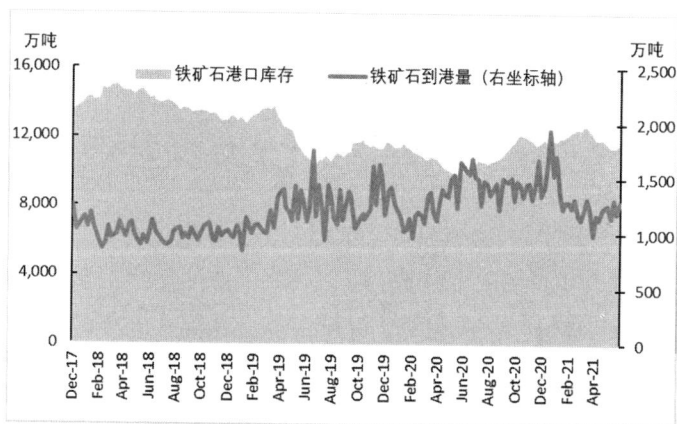

图1-6   中国铁矿石港口库存和到港量

来源：上海有色网

1.1.4   库存——矿山库存、冶炼厂原材料库存和成品库存的意义

一个完整的库存周期包括四个阶段，即被动去库存、主动补库存、被动补库存、主动去库存，如图1-7所示。当需求上升，企业尚未增加供应，则需要消耗库存，此为被动去库存阶段；当

阶段	需求	库存	价格
被动去库存	↑	↓	↑
主动补库存	↑	↑	↑
被动补库存	↓	↑	↓
主动去库存	↓	↓	↓

图1-7   库存周期的四个阶段

需求持续上升，企业扩大生产规模，补充库存，此为主动补库存阶段；当需求出现拐点，企业仍在补充库存，此为被动补库存阶段；当需求持续下降，企业因价格下跌而减产去库存，此为主动去库存阶段。

大宗商品的供应链一般是由中游冶炼厂加工上游矿山提供的原材料，并将成品供应给下游加工企业。因此，上游矿山的矿石库存、中游冶炼厂的原材料库存和成品库存，就是连接整个供应链的纽带，对其进行追踪和研究，可预测供应面的变动趋势。

当下游需求向好，中游冶炼厂未及时提高产量时，其成品库存会下降，如图1-8所示。冶炼厂见下游需求上升，价格上涨，于是扩大生产规模以获取较高利润，并且会加大采购力度，补充原材料库存，以维持生产需要。当冶炼厂需求上升，而上游矿山未增加供应时，会消耗矿山库存且推高矿石价格，同时矿山会扩大生产规模，补充库存，以满足冶炼厂的需要。因此，从矿山库存、冶炼厂原材料库存和成品库存的动态变化可以反映出需求和供应的波动性。上海期货交易所三月期铜价如图 1-9 所示。

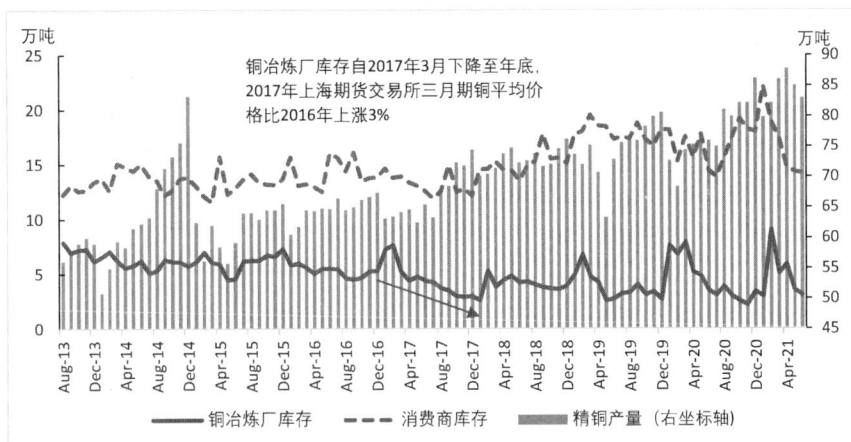

图 1-8　铜冶炼厂库存、消费商库存及精铜产量

来源：上海有色网

图 1-9　上海期货交易所三月期铜价

来源：上海期货交易所

1.1.5　如何解读全球大宗商品供应版图及变化

随着矿山和冶炼厂的新建和扩建，全球大宗商品供应版图在不断变化。由于全球矿山品位下降、开采难度上升、冶炼成本上升、能源供应的限制和改变、下游需求变化，以及供应国生产和出口政策调整，新的供应国家不断涌现。

在 2014 年前，印度尼西亚是全球镍矿、铝土矿等矿石的重要出口国，但在印度尼西亚政府于 2014 年颁布矿石出口禁令后，其出口骤停，促使用户将采购需求转向别的国家，以维持原材料的供应。菲律宾的镍矿出口因此崛起，其矿山提高产量，以出口给中国用户。几内亚也一跃成为中国铝土矿的供应大国。印度尼西亚在 2017 年恢复铝土矿出口，但其之前的领先地位已被后起之秀取代，印度尼西亚供应的铝土矿占中国进口总量的比例由 2013 年的 68.0%下滑至 2020 年的 16.7%，中国对其的依赖程度明显下降，如图 1-10 所示。与此同时，几内亚供应的铝土矿占中国进口总量的比例由 2013 年的 1.0%跃升至 2020 年的 47.2%，成为中国最大的铝土矿供应国。

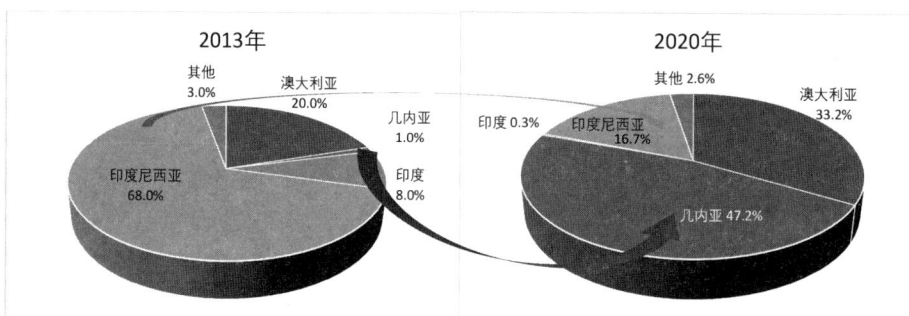

图 1-10　中国铝土矿供应国分布图（2013 年和 2020 年）

来源：海关

随着新建矿山的逐步投产，几内亚的铝土矿产量和秘鲁的铜精矿产量逐步上升，几内亚和秘鲁分别于 2019 年和 2015 年成为全球第二大铝土矿生产国和第二大铜精矿生产国。截至 2020 年年底，几内亚的铝土矿储量达 74 亿吨，占全球储量的 25%，为世界第一。几内亚铝土矿的开采活动长期控制在欧美一些大型矿业公司手中，由于印度尼西亚之前对铝土矿的出口禁令，中国铝厂也进行了海外投资，其中增加了在几内亚开矿的投资。秘鲁的铜产量上升得益于新建矿山投产和现有矿山扩建，其于 2015 年超越中国成为全球第二大铜精矿生产国，如图 1-11 所示。全球产能排名前十的铜矿山，秘鲁占两家。

中国电解铝产量自 2001 年起飞速增长，由之前占全球电解铝产量不到 15%上升至 2020 年的 57%。中国电解铝产量及其占全球的比例如图 1-12 所示。我们可以将全球电解铝供应版图划分为两大块：中国和全球除中国以外。中国电解铝产量的飞速增长得益于同期中国经济的腾飞所带动的消费增长，以及生产工艺水平的大幅提高和生产成本的下降。随着其他地区成本较高的产能的关停，中国在全球供应链中的地位不断上升，中国电解铝的生产也逐步向能源和资源富集地区转移。在电解铝的生产过程中，电力成本占总成本的30%～40%，山东的自备电、新疆和内蒙古的火电及西南地区的水电都为电解铝的生产注入了动力，因此这些地区的电解铝产量逐步上升。2020 年年底电解铝运行产能分布如图 1-13 所示。

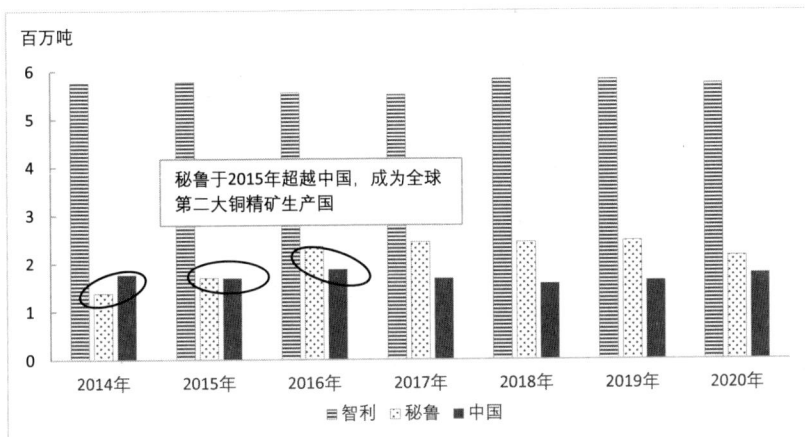

图 1-11　世界前三大铜精矿生产国的铜精矿产量（2014—2020 年）

来源：世界金属统计局

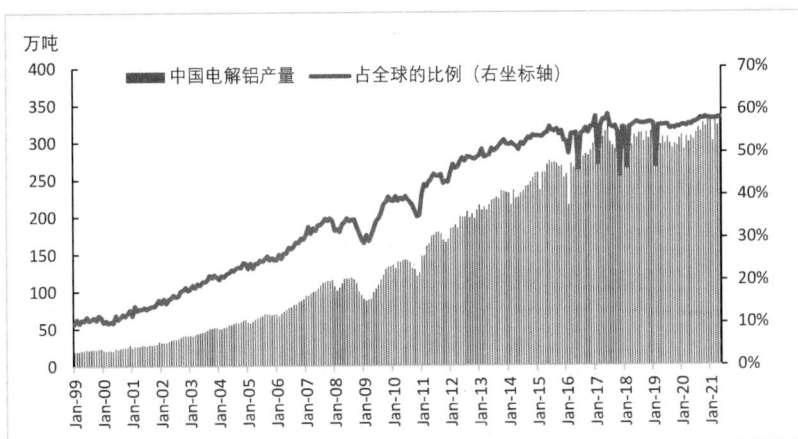

图 1-12　中国电解铝产量及其占全球的比例

来源：国际铝业协会

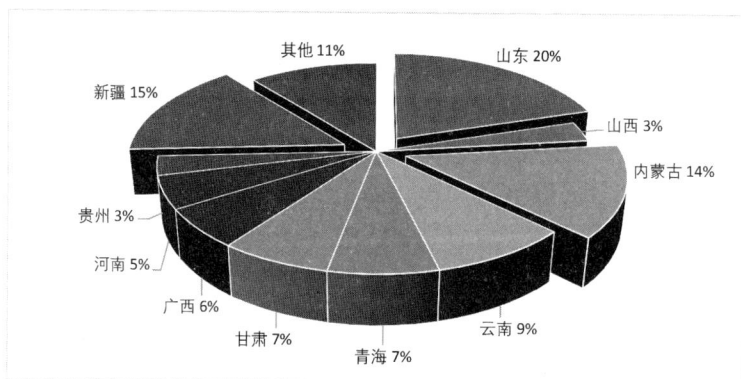

图 1-13 2020 年年底电解铝运行产能分布

来源：安泰科

1.1.6 中国数据应如何"透过现象看本质"

一直以来，中国数据由于统计口径不同、各环节数据质量标准不同及数据的生产过程未公开而比较具有神秘感。中国幅员辽阔，企业众多，进行全方位信息统计存在一定的难度。国家统计局和各行业协会已在逐步提高数据的透明度及公布更多的数据。相关部门在做分析时，也可以通过从多方位、多渠道来推导演绎可获得的数据，得出投资结论。

例如，国家统计局每月发布中国粗钢产量，中国钢铁工业协会发布相关数据更加频繁。中国钢铁工业协会每月上旬、中旬、下旬均会公布重点钢铁企业的生产和库存情况，发布粗钢日均产量（见图 1-14）、钢材库存量等重要数据，可以更迅速地反映行业的变化。由于钢铁企业数量众多，且大部分私营企业没有披露数据，所以中国钢铁工业协会通过统计重点钢铁企业产量来估算全国的产量。2021 年 6 月中旬钢铁企业生产情况如图 1-15 所示。重点钢铁企业的产量是钢铁行业运行状况的"晴雨表"。

国家统计局从收集、归纳数据到产生数据需要一定的时间，因此相对瞬息万变的行业动态，所获得的数据具有一定的滞后性。相关部门可利用实时数据搭建领先的指标体系，领先市场洞悉先机。例如，国家统计局每月公布宏观数据，包括 CPI（Consumer Price Index，居民消费价格指数）、PPI（Producer Price Index，工业生产者出厂价格指数）、国民经济运行情况、规模以上工业生产、固定资产投资等，反映经济发展动态。但是，国家统计局只公布了制造业的宏观数据，并没有具体到各个行业。因此，有大宗商品行业的数据供应商通过调研，得出钢铁下游行业的 PMI（Purchasing Managers Index，采购经理指数），如图 1-16 所示。由于钢铁在各个领域都有广泛的应用，是不可或缺的战略性基础工业品，钢铁下游行业的 PMI 是制造业的体检表，其分为建筑行业 PMI、机械行业 PMI、汽车行业 PMI、造船行业 PMI、家电行业 PMI、交通基建行业 PMI，它们为投资者研究钢铁下游行业、了解消费者需求等提供了另外的渠道。钢铁下游建筑行业和交通基建行业的 PMI 如图 1-17 所示。

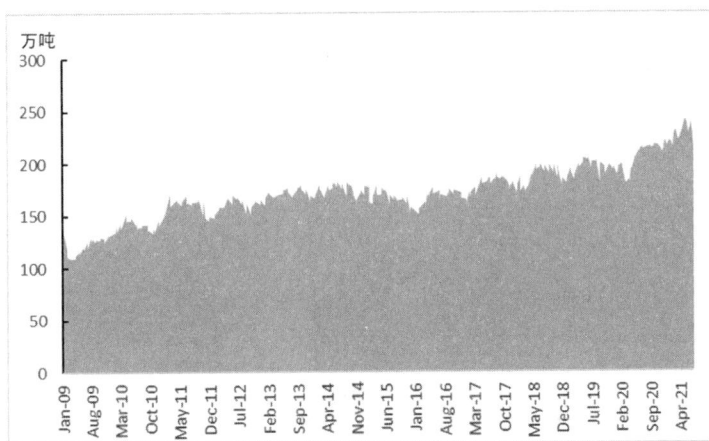

图 1-14　重点钢铁企业粗钢日均产量

来源：中国钢铁工业协会

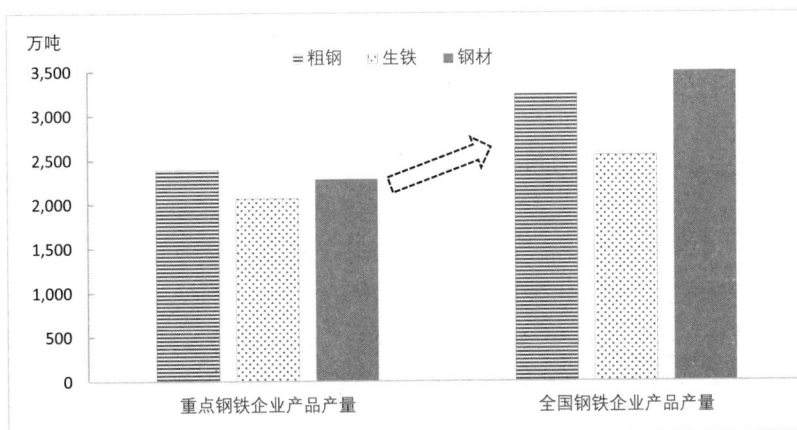

图 1-15　2021 年 6 月中旬钢铁企业生产情况

来源：中国钢铁工业协会

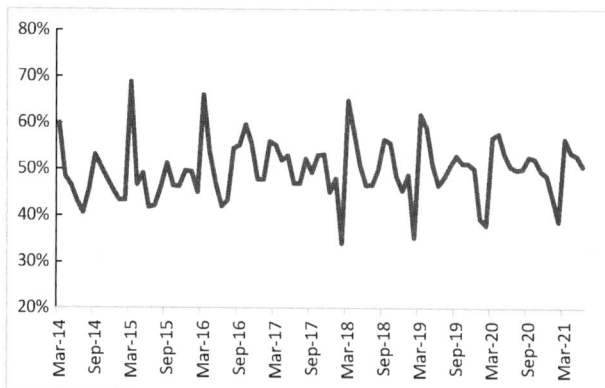

图 1-16　钢铁下游行业的 PMI

来源：上海有色网

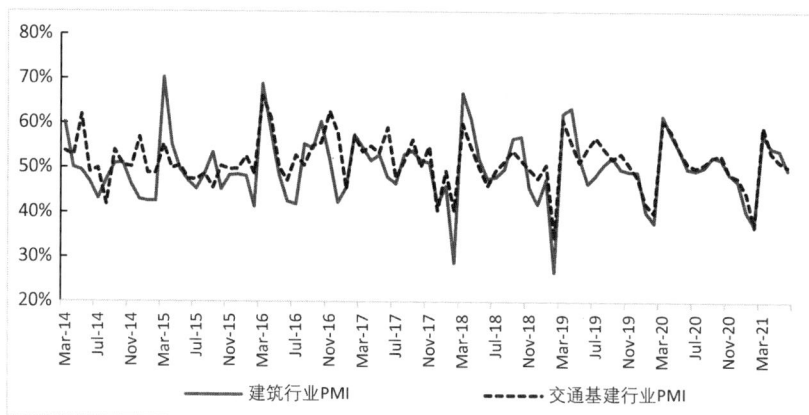

图 1-17　钢铁下游建筑行业和交通基建行业的 PMI

来源：上海有色网

1.2　如何从公开信息中找到有用的数据

　　从公开信息中收集分析对象的相关资讯，通过计算或模型推测得到分析结果，是投行做研究常采用的一种方法。但如今，一方面数据爆炸，从大量的信息中找到有用的数据非常困难；另一方面，有些私营企业或行业数据缺乏，难以从各种渠道收集数据或通过相关数据假设并推演。从公开信息中找到有用的数据需要一定的对数据进行挖掘和分析的能力。

1.2.1　上市公司财报——详尽的公司数据唾手可得

全球证券交易所都有对上市公司公布财务信息或定期报告的规定，虽然各国对披露的信息的详细程度和准则有所不同，但上市公司公布的信息对投资者来说，是免费的数据源。

例如，全球最大的贸易商之一嘉能可在外界看来非常神秘，直到其于 2011 年在伦敦和中国香港上市（后于 2018 年在中国香港退市），应交易所信息披露要求，公众才对其庞大的生意版图及运营状况有所了解。

在上市公司财报中，除可以看到其生产运营、财务状况、未来规划等信息之外，还可能看到其对行业现状的分析、竞争对手的描述及未来的预测。特别是在一些新上市公司的招股说明书中，有对公司所处行业的介绍及分析，这对于一些数据不太全面的行业是个很好的获得信息的途径。

上市公司应定期编制并向外披露财务报告，公众可在其债券募集说明书中找到未在财务报告中披露的一些信息。图 1-18 所示为招金矿业超短期融资券募集说明书中在建项目情况。没有上市的公司如果有公开发债，则从其债券募集说明书中可获得财务信息。

项目名称	建设周期	投资（亿元）	已投资（亿元）	资金来源	待投资（亿元）	合规情况
尔口尾矿库建设	2015.7—2018.12	2.70	0.80	自有资金	1.90	烟安监非煤项目【设立】审字【2010】18号、鲁环评函【2012】89号、鲁发改能审书【2013】26号、鲁发改工业【2013】647号
上庄矿区建设项目	2013.1—2018.12	1.75	0.75	自有资金	1.00	
深部开拓工程	2017.7—2022.12	4.50	2.39	自有资金	2.11	
采选建设工程	2017.1—2023.12	48.28	8.66	自有资金	39.62	
河东矿区深部采矿工程	2016.1—2018.12	0.40	0.40	自有资金	0	
−700m东庄子探矿	2016.1—2018.12	0.52	0.32	自有资金	0.20	
合计		58.15	13.32		44.83	

图 1-18　招金矿业超短期融资券募集说明书中在建项目情况

来源：招金矿业 2020 年度第一期超短期融资券募集说明书第 71 页

对于非美国公司，如果其同时在美国及其他地区上市，则其在美股市场公布的 20-F 报告（对那些注册地不在美国的上市公司所要求的年度报告）中一般可找到比在其他地区公布的报告中更多的信息。

1.2.2 全球行业协会——全面获得全球数据

各个行业的全球行业协会在网站上公布整个行业的运营状况、产量、进出口、成本、消费等数据，以及关于生产流程、行业术语、原材料等的行业基本介绍。协会的会员遍布主要生产国，会员有义务定期向协会报告其产量等信息，因此协会一般会汇总所有会员的信息，公布全行业的总计数据或平均数据。由于协会肩负着促进该行业产品的广泛应用及领导行业在经济、环境和社会方面可持续发展的责任，协会也会提供经济数据，分析该行业的价值链，以及撰写一些长期的展望报告。

例如，世界黄金协会（World Gold Council）除了发布需求与供应数据，还会对长期和短期黄金价格驱动因素进行分析，如图 1-19 所示。如果投资者想了解某个国家的情况，如中国，则可借助中国黄金协会的网站，上面会定期公布中国行业统计数据。

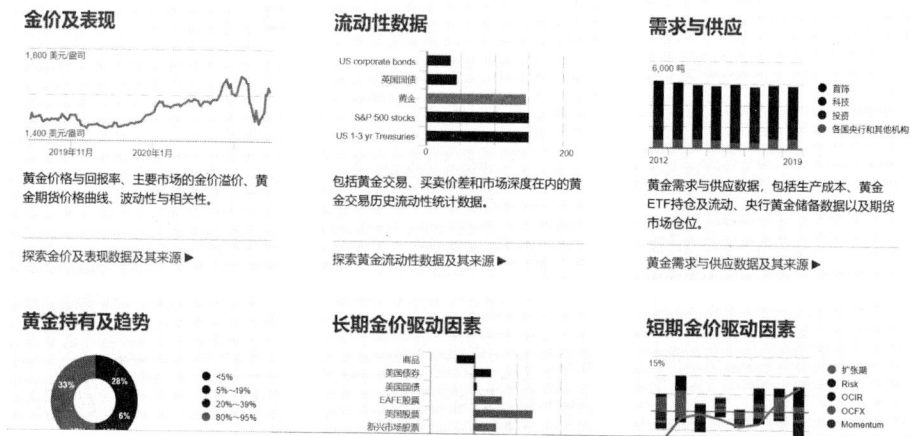

图 1-19　世界黄金协会网站示例

来源：世界黄金协会网站

又如，世界钢铁协会（World Steel Association）是全球规模最大、活跃度最高的行业协会之一，其会员的粗钢产量占全球粗钢产量的 85% 左右。其网站每月发布几十个国家的粗钢产量，并且预测未来几个季度的钢铁短期需求及短期钢铁表观消费量。世界钢铁协会编制的《钢铁统计年鉴》是一部全面反映全球钢铁业发展情况的资料性年刊，包括粗钢总产量、热轧产品产量、钢材表观消费量及钢材进出口量等数据。《钢铁统计年鉴 2019》的目录如图 1-20 所示。

Contents 目录

	Page 页码
Total Production of Crude Steel 粗钢总产量	1
Crude Steel Production by Process, 2017 and 2018 2017年和2018年分流程粗钢产量	3
Production of Hot Rolled Products 热轧产品产量	7
Exports of Semi-finished and Finished Steel Products 半成品钢和成品钢出口	9
Imports of Semi-finished and Finished Steel Products 半成品钢和成品钢进口	12
Apparent Steel Use (crude steel equivalent) 钢铁表观消费量（粗钢）	15
Apparent Steel Use per Capita (crude steel equivalent) 人均钢铁表观消费量（粗钢）	18
Apparent Steel Use (finished steel products) 钢铁表观消费量（钢材）	21
Apparent Steel Use per Capita (finished steel products) 人均钢铁表观消费量（钢材）	24
Production of Pig Iron 生铁产量	27
Production of Direct Reduced Iron 直接还原铁产量	29
Indirect Exports of Steel 间接钢铁出口	30
Indirect Imports of Steel 间接钢铁净进口	32
Indirect Net Exports of Steel 间接钢铁净出口	34
True Steel Use (finished steel equivalent) 实际钢铁消费	36
True Steel Use per Capita (finished steel equivalent) 实际人均钢铁消费	38
Annex. Sources and Definitions 附录：来源与定义	40

图 1-20　《钢铁统计年鉴 2019》的目录（中文为笔者注释）

来源：世界钢铁协会《钢铁统计年鉴 2019》

有的行业协会或相关机构也会举办行业大会，行业大会参与者众多，为与会者提供了互相交流、了解行业最新趋势的机会。大宗商品行业在亚洲举办的大型会议主要有每年 5 月或 6 月在中国香港举办的 LME（London Metal Exchange，伦敦金属交易所）亚洲年会，9 月在新加坡举办的 APPEC（Asia Pacific Petroleum Conference，亚太石油会议），以及 11 月在上海举办的亚洲铜业周。

1.2.3　全球重要机构——各国央行、IMF、世界银行等

由于大宗商品除受自身属性、供需的影响，还受宏观因素驱动，特别是黄金，以及近年来越来越受宏观因素驱动的“铜博士”，获得免费的宏观数据对投资者来说非常重要。在众多发布宏观数据的机构中，各国央行是公布该国金融统计数据的权威机构，包括狭义货币、广义货币、贷款余额、存款余额、利率等。此外，IMF（International Monetary Fund，国际货币基金组织）主要发布全球经济数据，包括国内生产总值（GDP）、通货膨胀、政府债务等数据；世界银行提供全球各国的发展数据，包括人口、能源、交通运输投资、耗电量、货柜码头吞吐量、贸易量等数据。

全球 GDP 增长率预测（2022 年 7 月更新）如图 1-21 所示。

图 1-21　全球 GDP 增长率预测（中文为笔者注释）

来源：IMF

对原油来说，OPEC（Organization of Petroleum Exporting Countries，石油输出国组织，又称欧佩克）、EIA（Energy Information Administration，美国能源信息署）及 IEA（International Energy Agency，国际能源署）的月报是十分重要的获得市场最新供需状况的渠道之一。报告中的数据和预测，特别是原油库存，会影响油价。EIA 的原油库存数据更新频率十分高，图 1-22 所示为美国公司的原油库存变化，每次变化都会影响油价。EIA、IEA 和 OPEC 的区别在于 EIA 统计美国的能源信息，IEA 统计其成员国及全球的能源信息，OPEC 统计其成员国的能源信息。

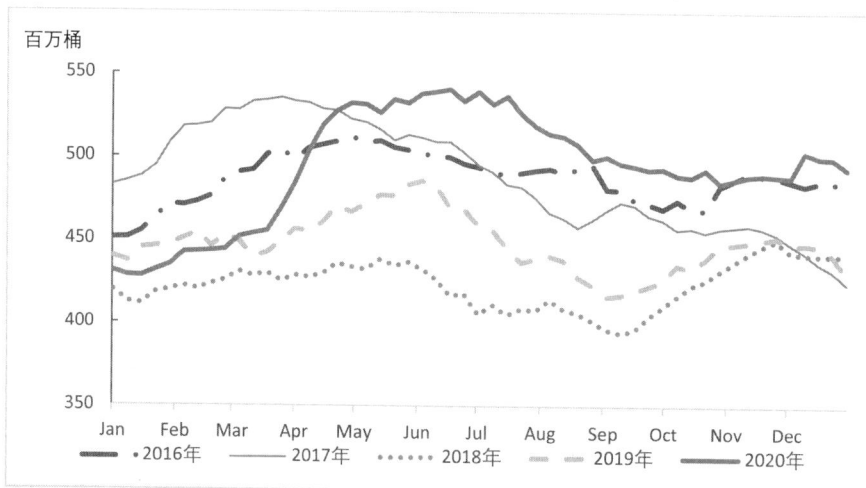

图 1-22　EIA 的原油库存

来源：EIA

1.2.4 公开媒体资源——从纷繁的资源中找到有用的信息

如今，媒体资源丰富，信息渠道多样化，报纸、网站、微信群、公众号等包含着大量的信息。从纷繁的资源中找到有用的信息，让信息"为我所用"，大脑不被各种信息扰乱是做好信息分析的前提之一。

当上市公司发布启动新建项目、收购海外矿山、减产或增产、受不可抗力因素关停矿山等与供应相关的公告时，各种渠道都会传播类似的信息，但往往传播的只是由该行业的记者从公司公告中摘取的部分信息，并不一定覆盖所有的信息。因为毕竟记者面对的是大众市场，而普通读者不需要获取很专业、详细的数据，所以与其阅读这些类似的报道，不如直接打开公司公告自己查看详细的信息。例如，当一家上市公司收购海外矿山时，一般新闻报道会覆盖项目名称、所有者、产量等基本信息，但不一定包括资源品位、开采年限等专业信息。

由于非上市公司的信息获取渠道有限，从不同的新闻报道中挖掘有用的信息是很重要的一环。不同的新闻报道的侧重点可能不同，因此大量阅读相关的新闻（最好是从不同角度写的）可收集到较全面的信息。例如，新闻报道某公司启动新建项目，从描写公司的角度，我们可以了解到新建项目的规模、启动时间、营业利润、预计完成时间等，从描写地方政府的角度，我们可以了解到项目给地方政府带来的好处，从而可较全面地了解这个项目的运营信息。

此外，在国外的供应面信息方面，如矿山的启动或关停、货品发运量及与国内用户合约的签订等，国内媒体会翻译后报道，但有时会省略部分内容，或者由于对公司名称、矿山名称等译法不同而造成混淆。因此，找到信息的源头很重要，这样可以获得第一手资料。

1.2.5 政府公告——国家统计局、海关等发布的公告

政府机构提供的信息具有重要参考价值，如国家统计局公布的CPI、PPI、国民经济运行情况、规模以上工业生产、固定资产投资、能源生产情况、房地产开发和销售情况、工业产能利用率等与大宗商品相关的数据，海关公布的大宗商品进出口量和价值，以及从国别和贸易方式角度整理的分类信息，都是非常重要的宏观数据，它们影响着大宗商品价格的走势。

图1-23和图1-24所示分别为国家统计局公布的PPI和CPI同比、海关公布的中国原油进口量和进口量同比。

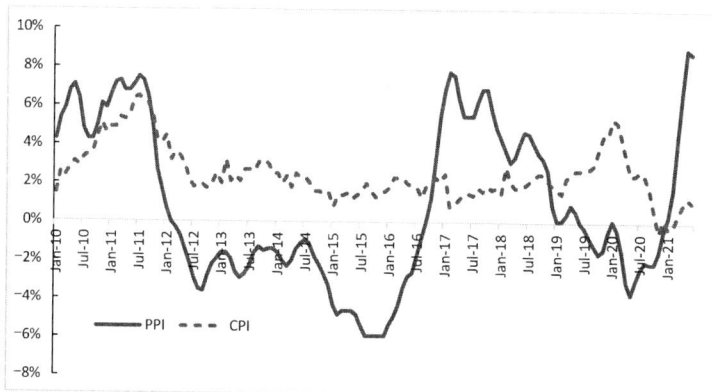

图 1-23 PPI 和 CPI 同比

来源：国家统计局

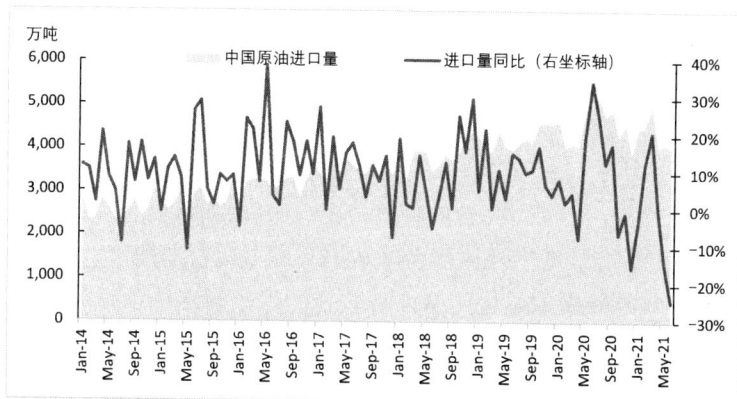

图 1-24 中国原油进口量和进口量同比

来源：海关

此外，中华人民共和国国家发展和改革委员会（以下简称"发展和改革委员会"）和中华人民共和国国务院（以下简称"国务院"）网站上有各部门发布的数据的汇总，发展和改革委员会发布的月度化工、建材、钢铁、有色金属行业的运行情况报告内容全面，国务院网站上可以查询历年公布的产业政策，是追踪行业动向的良好渠道。

大宗商品具有全球联动性，因此中国对海外的投资，以及和其他国家的贸易往来也是分析基本面的重要一环。中华人民共和国商务部网站上可以查到中国与其他国家的双边贸易及经贸合作情况。

CFTC（Commodity Futures Trading Commission，美国商品期货交易委员

会）的货币、能源、金属、农业市场持仓数据是大宗商品价格的"晴雨表"。CFTC 是美国政府的一个独立机构，负责监管商品期货、期权和金融期货、期权市场。其持仓报告分为期货和期权两类，交易者则分为商业目的交易者和非商业目的交易者两类。生产者、批发商、加工商、消费者和掉期交易者是商业目的交易者；非商业目的交易者包括基金管理者和其他投机者。投资者可以将 CFTC 每周发布的持仓报告中的持仓数量、仓位变动等作为参考标准，从而更好地判断趋势性行情。总持仓代表市场人气，基金净持仓揭示主力的操作方向，当基金净持仓达到极值后开始反转，说明回调风险增加，这是趋势性行情结束，甚至开始反转的预警信号之一。

WTI 原油（美国西得克萨斯中间基原油）仓位情况如图 1-25 所示。

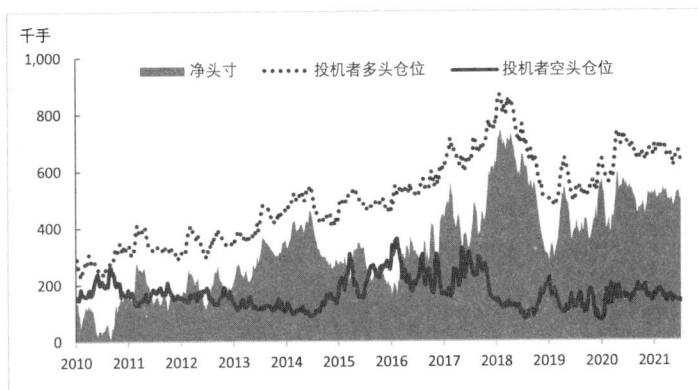

图 1-25　WTI 原油仓位情况

来源：CFTC

1.3　如何获得独家数据

供应面的分析涉及数据和信息：一方面，对大家都能获得的信息做好分析，或者挖掘出别人忽略的信息并加以利用；另一方面，如果能获得独家数据，则以此为依据做出的分析，极可能独到且领先市场。

1.3.1　全球数据透明度因国而异

一般来说，发达国家（如美国、英国等）公布的数据类目较多，更新频率较高，并且数据采集和汇总过程比较透明，而发展中国家（如印度、印度尼西亚等）公布的数据相对有限，更新频率较低，数据的透明度不高。对投资者来说，数据透明度不高的国家，行业数据贫瘠，公司层面信息缺乏，上市公司公布的信息非常有限，非上市公司只能依靠调研，这给投资者的研究工作造成了不便。

以印度尼西亚为例，其矿业资源丰富，是重要的矿产品出口国，包括铝土矿、镍矿、铜精矿、黄金、煤炭等。但印度尼西亚矿业政策多变（如原矿出口禁令的颁布、调整、局部撤销等），对其矿业投资环境造成负面影响，增加了矿业投资的不确定性。其国有上市矿业公司 PT Aneka Tambang 公布的数据较丰富，而规模较小的企业公布的数据较少，投资者只能通过调研每家公司获得，因为对它们的调研又是了解印度尼西亚矿业情况的关键，所以调研所花的时间较长、精力较多。

印度尼西亚 2010—2020 年镍矿产量及占全球镍矿产量的比例如图 1-26 所示。

图 1-26　印度尼西亚 2010—2020 年镍矿产量及占全球镍矿产量的比例

来源：美国地质调查局

假设某跨国大宗商品公司在数据透明度较低的国家设有子公司，若子公司在当地上市，则会公布财务和运营信息，若不上市，则我们可以在总公司披露的信息中获得关于该子公司的一些信息。例如，巴西淡水河谷公司（VALE）在印度尼西亚的子公司 PT Vale Indonesia Tbk 在印度尼西亚证券交易所上市（股票代码：INCO.IJ），并披露信息。其披露的信息可以用来研究该国矿业市场。此外，淡水河谷（股票代码：VALE.US）发布的公告中也有对此子公司运营状况的描述（淡水河谷占 PT Vale Indonesia Tbk 59% 的股份）。

1.3.2　隐藏的宝藏——债券募集说明书

公司债券一般有三种，即公司债、企业债和短融中票（短期融资券和中期票据的简称）。三种债券的区别主要有以下两点。（1）监管机构不同：公司债、企业债、短融中票的监管机构分别是中国证监会、发展和改革委员会、中国银行间市场交易商协会；（2）发行主体不同：大型公司和中小型公司都可以发行公司债，企业债主要由大型企业，一般是中央政府机构、国有独资企业或国有控股企业发行。

既然发债，则应该有债券募集说明书，包括对公司控股情况、下属公司、财务状况、所在行业状况等的说明。债券募集说明书对上市公司来说，可成为其发布的年度报告或季度报告的补充。对公开数据较少的非上市公司（特别是一些大型私营企业）来说，债券募集说明书是解密公司架构、财务信息、股权结构的有效渠道之一。

例如，江苏永钢集团于 2018 年首次发行公司债，之后每年都会公布关于其公司债的年度报告，年度报告中会披露包括财务信息（见图 1-27 和图 1-28）、在建项目等在内的诸多内容，而且在其发行的中期票据存续期间，江苏永钢集团会一直定期披露信息，这对想了解更多该公司信息的投资者是个机会。通过追踪其披露的信息，可以看出贸易行业的营业收入已于 2020 年占其总收入的 45.4%，比 2017 年的占比 8% 上升了 37.4 个百分点。

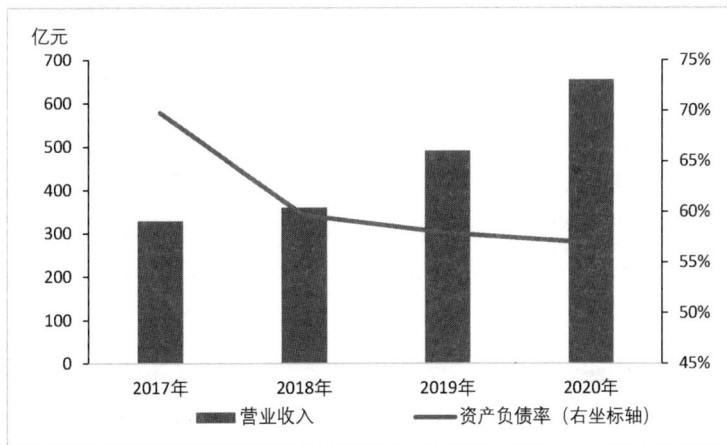

图 1-27　江苏永钢集团 2017—2020 年营业收入和资产负债率

来源：江苏永钢集团 2020 年债券年度报告

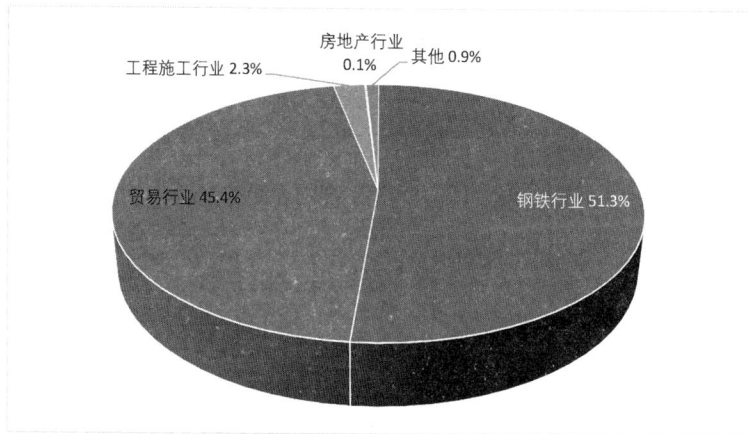

图 1-28　江苏永钢集团 2020 年各行业营业收入占比

来源：江苏永钢集团 2020 年债券年度报告

1.3.3　从现有的数据中推演

数据收集是研究基本面的第一步，从各种渠道获取数据会花费大量的人力和财力，在得到数据之后，需要进行归纳总结和逻辑推演，可以先梳理出核心，再借助计算、建模等方法。

例如，由于新冠肺炎疫情的影响，不少矿产资源大国（如秘鲁、澳大利亚、塞尔维亚、哈萨克斯坦等）于 2020 年 3 月下旬宣布进入紧急状态，位于这些国家的矿山则选择降低运营比率，减少产量，甚至有的矿山直接关停，具体如图 1-29 所示。由于产量减少会影响价格，推算出受影响的产量是评估突发事件对矿石供应影响的关键。有些矿山宣布进行为期 1 个月的维护和保养，则我们假设 1 个月后矿山恢复生产，则可用 1 个月占全年运营天数的比例，乘以该矿山的全年产量，从而得到减少的产量。有些矿山宣布把开工率从满产下降到 50%，如果我们仍假设 1 个月后矿山恢复生产，则受影响的产量为矿山全年产量×1/12×（100%-50%）。由此可见，合理假设、科学计算是进行逻辑推演必不可少的。

若我们调研得知，某冶炼厂将于下一年 1 月投产一个产能为 100 万吨的新项目，则对其未来产能的预测很简单，从下一年开始每年增加 100 万吨即可，但对其产量的预测相对复杂，需要假设和推演。我们假设新项目逐步达产，第一年的产能利用率为80%，第二年为100%，则其第一年和第二年的产量就是 100 万吨分别乘以 80% 和 100%，即 80 万吨和 100 万吨。在第一年末，我们可以再次调研该冶炼厂，询问其项目的进展。如果项目进展顺利，可能其产能利用率已达到 100%，那么我们可以相应调整假设；如果项目由于资金或技术原因被搁置，那么我们也可以进行相应调整。

品种	矿企	涉及矿山/冶炼厂	矿山所在国	2019年产量（万吨）	采取的措施
铜	Rio Tinto	Oyu Tolgoi	蒙古	5	放缓地下开发
	Codelco	-		159	降低运营成本
	BHP	Escondida	智利	114	限制合同工进入矿区，为期15天
		Pampa Norte		27	
		Antamina	秘鲁	45	正常运营
	Glencore	Collahuasi	智利	57	降低运营比率，集中保留矿山、选厂及港口工作人员
		Mopani	赞比亚	10	削减开支
	MMG	Las Bambas	秘鲁	38	暂停生产
	Freeport McMoRan	Chino	墨西哥	8	停止派发股息和削减产量、成本
		Cerro Verde	秘鲁	45	将延长Cerro Verde铜矿检修至4月12日
	Anglo American	Los Bronces	智利	34	降低运营比率，减缓生产
		El Soldado		5	
		Quellaveco	秘鲁	未投产	
	Antofagasta	Los Pelambres	智利	36	暂停铜矿扩建项目，为期120天
	KGHM	-	波兰	56	铜价跌破盈亏平衡点，暂无修改2020年预算的计划
	Hudbay	Constancia	秘鲁	11	暂停运营
	Teck Resource	Quebrada Blanca	智利	2	暂停项目二期建设
	First Quantum	Cobre Panama	巴拿马	16	进入检修状态，直至满足隔离期的相关条件
	Ecuacorriente	Mirador	厄瓜多尔	6	暂停铜矿至港口的运输
铁矿石	淡水河谷	Teluk Rubiah港口终端	马来西亚	2,370	3月24—31日暂停运营
	南非	境内所有矿山	南非	6,400	出口至中国的4200万吨，占南非铁矿出口总量的64%左右。自3月26日起暂停全国所有矿山的采矿活动，为期21天
	印度国家矿产开发公司(NMDC)	Dhamra/Krishnapatnam/Gangavaram/Gopalpur港	印度	2,912	3月26日宣布开始恢复铁矿运营
锂	天齐锂业	奎纳纳氢氧化锂工厂	澳大利亚	年产2.4万吨氢氧化锂	投产计划推迟
	Lithium Americas	Cauchari-Olaroz锂项目	阿根廷	2020计划年产4万吨碳酸锂	项目建设活动暂时停止
	Livent	Olaroz盐湖	阿根廷	年产1.75万吨碳酸锂	进入检修状态，之后阿根廷业务将重新启动
	Orocobre	-	阿根廷	年产2.2万吨碳酸锂	暂停阿根廷卡塔马卡省和萨尔塔省的所有生产业务

图 1-29　2020 年年初关停或减产的矿山

来源：上海有色网，2020 年 4 月 8 日更新

1.3.4　上市公司路演和业绩说明会

上市公司一般都设有证券事务和投资者关系管理部（见图 1-30），其职责之一就是为投资者答疑解惑。在发布季度报告后，上市公司一般会召开网上业绩说明会。在发布半年总结报告和年度报告后，或者企业发生重大事件（如融资或资产重组等）时，会召开由股东出席的业绩发布会或分析师会议。公司的领导层（如 CFO、CEO 等）会出席会议，阐述公司的经营状况及未来展望，并设有问答环节，重点回答投资者的问题。对普通投资者来说，股东大会是近距离了解领导层的个人风格及其对公司的经营策略的机会。

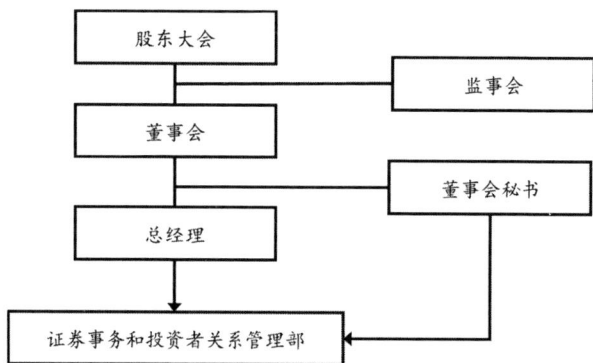

图 1-30　上市公司常设组织机构

来源：上海证券交易所

公司在上市前会安排路演（Roadshow），由承销商安排公司领导层会见潜在投资者，领导层会介绍公司的情况和发展战略。上市公司也会安排非交易路演（Non-Deal Roadshow），不牵涉股票或债券发行，仅仅为公司领导层与现有及潜在投资者交流，提供公开信息，介绍公司现有业务的情况、拟投资项目和对未来的展望。

投资者关系管理在公司战略管理中的作用如图 1-31 所示。

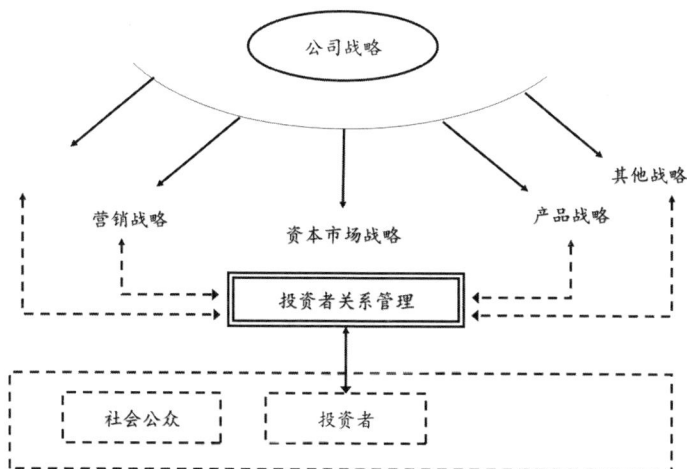

图 1-31　投资者关系管理在公司战略管理中的作用

来源：上海证券交易所

上市公司还会邀请投资者参观公司，包括研发中心、工厂流水线、矿山矿井等，还会进行产品演示，给投资者直观的印象，以提高感性认识。例如，笔者曾多次受邀参观上市公司的矿山和工厂，不仅亲眼看到了矿山的规模，直观地了解了生产流程，还对公司的生产经营有了更深刻的了解。

1.3.5　投行分析师的研究法宝——实地调研

投行分析师对非上市公司或信息公布较少的上市公司进行实地调研（Field Trip），可获得增量信息并提高资本市场的信息效率。实地调研并非只有投行分析师或机构可以实施，普通投资者也可以带着从各种渠道收集到的问题，更加深入地研究目标公司。

一般情况下，对处于稳定期且信息公布规范、透明的上市公司来说，实地调研不是必需的，因为其业务运营变化不大，并且通过阅读其公开信息，可以收集到研究所需的信息。而对处于成长期的上市公司，特别是有新建项目、在建项目的上市公司，以及非上市公司，实地调研是收集信息的有效手段之一。

实地调研可以是参加公司的股东大会，参加公司组织的投资者参观工厂和矿山活动，以及参加新产品投资交流会，也可以自己联系公司去生产车间实地调研。当然，自己联系公司去生产车间实地调研比较耗费时间和精力，一般投行分析师多采用此种方法。以下拿此种方法举例说明。

河北是中国钢铁生产的大省，2020 年河北粗钢产量占全国总产量的 24%，远超排名第二位占全国总产量 11% 的江苏（见图 1-32）。河北唐山是中国钢铁生产的主要地区，其粗钢产量占河北的一半以上。钢铁行业有个段子："全球钢铁看中国，中国钢铁看河北，河北钢铁看唐山。"2010—2020 年中国粗钢产量及年增长率如图 1-33 所示。了解唐山的钢铁生产状况对分析中国钢铁行业相当重要，但当地的钢铁厂大多是中小型民营企业，其运营状况、产量和产能数据较难掌握，因此分析工作难以完成。虽然可从专业的信息服务商处购买调研数据，但一是买来的数据是别人的调研数据，不知调研的精细度及来源，二是身为投行分析师，进行实地调研，数数工厂在运营的生产线及不停往来运送钢材的卡车数目，与钢厂的领导层聊聊销售及采购情况，才是直观了解及掌握第一手信息的最佳渠道。

2019 年 9 月，在出发进行实地调研前，笔者先通过当地的朋友、行业协会联系到了几家具有代表性的钢厂，约了钢厂负责销售、采购的人员。在驱车前往钢厂的路上，可看到路面泛红，那是来往卡车不小心洒落的铁矿石，远观钢厂，可看到一座座高炉冒着白烟，还碰到一辆辆装载着钢材的卡车，由此景象可知钢厂生产红火。这一点在之后和钢厂人员的交谈中得到了印证，并且得知下游消费旺盛，钢厂正满负荷运转。

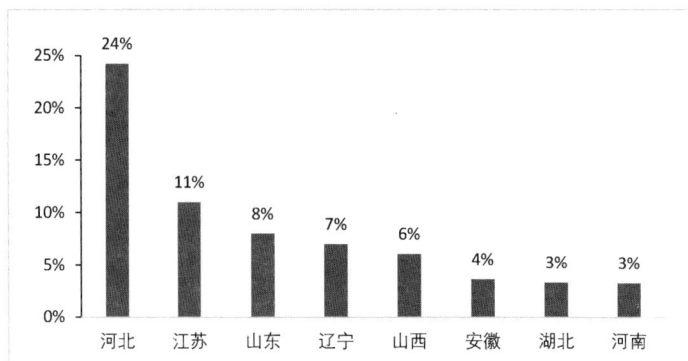

图 1-32　2020 年前八位粗钢生产省份粗钢产量占全国总产量的比例

来源：国家统计局

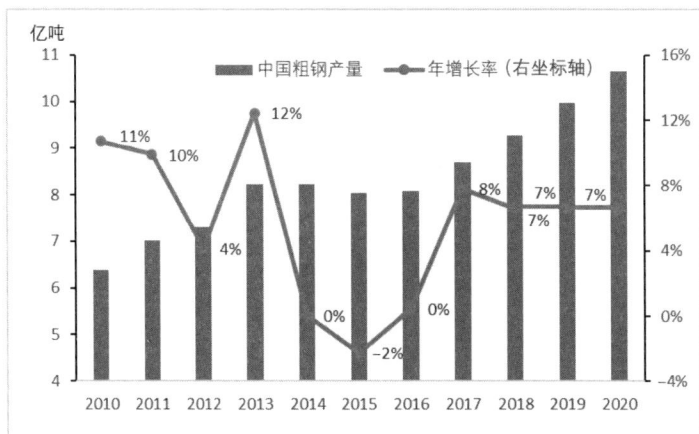

图 1-33　2010—2020 年中国粗钢产量及年增长率

来源：世界钢铁协会

1.4　普通投资者怎样参与实地调研

普通投资者的实地调研可以是参加上市公司的股东大会，或者参加上市公司组织的投资者参观工厂活动和新产品投资交流会；对非上市公司或披露信息有限的上市公司，普通投资者可以阅读券商或投行分析师的实地调研报告。由于大宗商品行业公司的成品一般不面向普通大众，普通投资者不能像对待消费品公司那样，去其销售网点调研，但可以通过考察大宗商品的下游消费端（如房地产、汽车、机械制造、电子消费、造船等），判断其需求是旺盛的还是疲弱的。

1.4.1　实地调研对普通投资者了解行情的重要性

实地调研可以让普通投资者在股东大会上面对面聆听公司领导层的远景规划，判断其是否有战略眼光及决断力，能否带领公司在瞬息万变的市场上找到合适的发展道路。通过参观工厂和矿山，普通投资者可以对公司的运营状况及新建、扩建项目的进展有直观的了解，从而得出自己的分析。通过自行对建筑工地、销售楼盘等走访，可以判断下游消费情况，而不是被动地接收报纸、网站上的信息。

例如，2011 年 12 月至 2012 年 7 月，中国人民银行两次降息、三次降准，宽松的货币政策促使 2013 年上半年房地产市场火热。当时，在高速公路上可以看到道路两旁一个个热火朝天的建筑工地，新楼盘的售楼处也是人头攒动，实地调研看到的景象印证了一个火热的房地产市场。而从后来公布的数据中，也可以看到 2013 年上半年商品房销售额同比增长 43.2%，新开工面积增速由负转正，房价快速上涨（见图 1-34）。在此情况下，实际调研所得比统计数据先行。

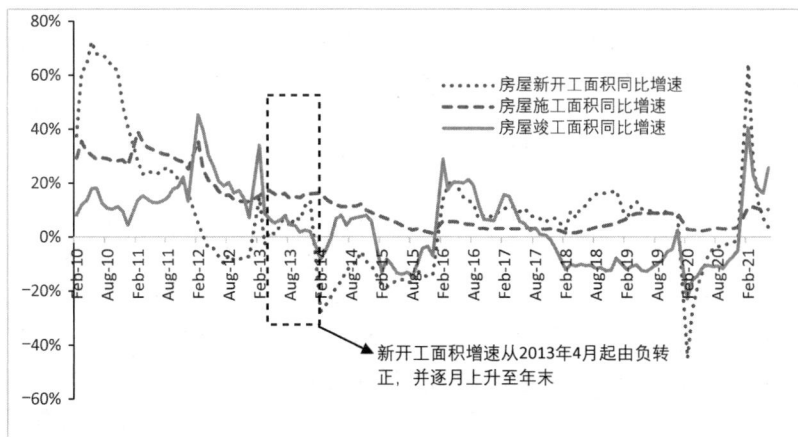

图 1-34　全国房屋新开工、施工、竣工面积同比增速

来源：国家统计局

1.4.2 投行实地调研之海外矿山篇

2015 年，身为投行分析师的笔者有幸受邀加入由 MMG Limited（五矿资源有限公司）组织的其位于秘鲁的 Las Bambas 铜矿的分析师和投资者考察团。MMG Limited 是中国五矿集团公司的下属公司，在中国香港交易所上市（已于澳洲退市），其 Las Bambas 铜矿是全球第二大铜矿。Las Bambas 铜矿位于秘鲁南部的阿普里马克省，原先属于世界大宗商品贸易巨头嘉能可（Glencore），在嘉能可与斯特拉塔（Xstrata）的合并交易中，2014 年由 MMG Limited、国新国际投资有限公司和中信金属股份有限公司组成的联合体以 58.5 亿美元的价格收购，其当时是全球最大的在建铜矿项目。Las Bambas 矿山采用传统的方法生产铜精矿（见图 1-35），副产品包括金、银和钼精矿，矿山铜品位很高，矿山生产年限预计在 20 年以上。

图 1-35　Las Bambas 的铜精矿生产过程（中文为笔者注释）

来源：MMG Limited 公司报告

在去 Las Bambas 矿山之前，笔者一直对 MMG Limited 对此矿山的资本投入之高有所疑问。当坐了 8 小时的车，翻过数个山头后，笔者亲身感受到了矿山投资的巨大和复杂。一般来说，矿山投资除勘探、挖掘的费用外，庞大的开支往往来源于基础建设。品位好的大型矿山多位于欠发达地区，当地的基础建设及人员、设备匮乏。矿山挖出来的矿产品需要经新修建的公路、水路、铁路或传输带等运送到码头，而在一些未开发的区域，大型矿山企业可能还要兴建码头，才可以把由矿山生产出来的一堆堆矿石经破碎和粗加工后，装到货船上，再发送给消费国的客户。此外，较大的变数还有和当地社区的关系，因为这些社区往往由矿山原址搬迁的居民及矿山工作人员居住，任何劳资纠纷都可能引起工人罢工、当地居民阻路甚至破坏矿山道路及基础建设等事件。因此，如何与当地社区维持友好关系，是矿山经营者不得不面对的问题。

Las Bambas 矿山的运输路线较为复杂，因为其运输道路途经偏远的安第斯地区，并且需要将精铜矿从 Pillones 转运站运送至 Matarani 港口。由于矿山区域有居民居住，MMG Limited 还在矿山附近兴建了一个全新的社区。通过实地调研，笔者不仅了解了 MMG Limited 在 Las Bambas 矿山的资本开支，还通过和管理层的面对面交流，对矿山的生产流程、勘探规划、成本、品位等有了较全面的了解。

1.4.3　投行实地调研之国内冶炼厂和下游加工企业篇

国务院于 2013 年 9 月印发《大气污染防治行动计划》，要求加大综合治理力度，减少多污染物排放。所有燃煤电厂、钢铁企业的烧结机和球团生产设备、石油炼制企业的催化裂化装置、有色金属冶炼企业都要安装脱硫设施；严格控制"两高"行业新增产能，新、改、扩建项目要实行产能等量或减量置换。

在《大气污染防治行动计划》发布三个月后，笔者在钢铁和有色金属的"冶炼重镇"河北和河南进行了实地调研，对比之前的调研，发现原来一些冒着黑烟的高炉变为冒着白烟，这证明企业的生产排污措施已落实。企业安装了脱硫、脱硝设施，部分生产线上加装了地方政府要求的实时排污监控系统，有效地控制了污染，落后及无法升级改造的高污染生产线已被关停。实地调研的结果使笔者明白环保未达标的产能将会被淘汰，吨钢综合能耗和污染物排放量会减少。2014 年年初发布的 2013 年统计数据，印证了笔者的判断。全国粗钢产量 2013 年年末为 7.79 亿吨，同比增长 7.5%，在粗钢产量保持增长的情况下，吨钢综合能耗同比下降 2.0%，吨钢耗新水量同比下降 5.4%，外排废水量同比下降 8.0%，外排废气中二氧化硫排放量同比下降 3.4%，烟粉尘排放量同比下降 1.1%等，如图 1-36 所示。

在走访下游加工企业时，笔者看到一些大型加工厂在安装环保设备，以达到排放标准。但安装环保设备增加了企业的投资，提高了成本，挤压了利润，而且在设备升级改造期间，工厂有单也不敢接，会直接影响其收入。一些小型加工厂因无力进行环保改造，而不得不关停。但也有一些有目光长远的企业，经历了"阵痛",转型升级产品线,从生产产能过剩的低附加值产品(见图1-37),转而生产高附加值产品。因此,通过调研笔者得出结论:对行业集中度偏低的下游企业来说,环保政策的执行有利于淘汰落后的产能,有助于行业集中度的提高,还有助于企业转型,从生产竞争激烈、利润微薄的低端产品到供应短缺的高附加值产品,也有助于行业结构的优化,以供给创新带动需求增长。

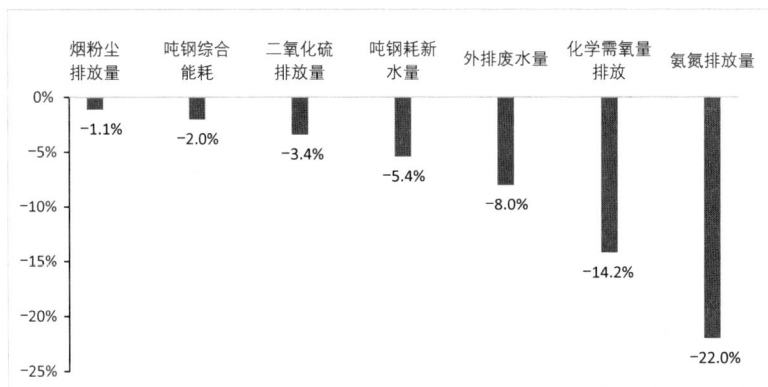

图 1-36 2013 年中国钢铁行业节能环保力度加大

来源:工业和信息化部

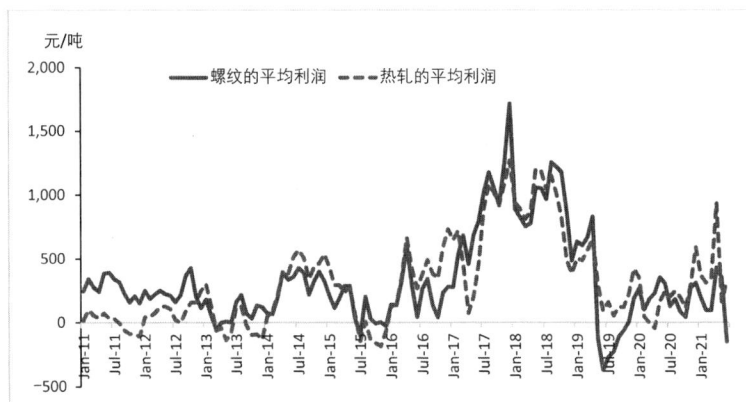

图 1-37 中国钢铁行业螺纹和热轧的平均利润

来源:上海有色网

1.4.4 调研后如何解读

众所周知,实地调研会花费大量的时间和精力,涉及调研前的准备,确定调研主题、对象及撰写问题列表,调研中的舟车劳顿,再到与调研对象的会谈及信息记录。因此，调研后期的整理和分析必须到位，如对调研所得的关键信息和数据进行交叉检验，以确保其准确性。调研所得的关键信息和数据是进行分析的基础和出发点，下一步则是对调研成果进行归纳总结和逻辑推演，从而得出结论和对未来做出判断。

2017 年 4 月，《清理整顿电解铝行业违法违规项目专项行动工作方案》出台，清理整顿了国内电解铝行业的违法违规项目。笔者于同年 6 月调研了山东和新疆这两个产铝"重镇"（见图 1-38），看到违规产能陆续关停，不符合政策的在建和拟建产能停工，政策执行效果显现。根据调研中和铝厂、贸易商、下游消费者的沟通及收集的信息和数据，笔者预测下半年电解铝产量会下降，2017 年产能增速会放缓，推动铝价上涨。之后，市场印证了笔者的预测，电解铝产量从 6 月开始下降，环比下降 3%，7 月小幅回升 1%，8 月、9 月环比分别下降 2%、5%。沪铝三月期价在三季度一路上涨，于 9 月达到年内高点 17 050 元/吨，达到自 2011 年以来高位。2017 年全年，沪铝均价为 14 731 元/吨，较 2016 年上涨 21%。中国电解铝月度产量及同比如图 1-39 所示。

此外，在实地调研中积累的人脉也是宝藏。如果和调研对象的沟通良好，则此调研对象可以成为行业联系人。在调研结束后，需要与其保持联系，当再次开展调研活动时，可以与这个行业联系人合作。当拥有一些定期沟通的行业联系人后，就说明已经有一定的行业人脉了。下面用一个例子解释一下行业人脉的重要性。

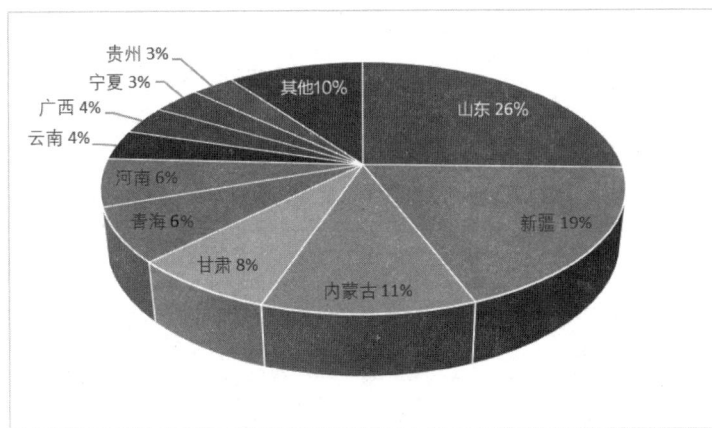

图 1-38　2017 年年底原铝运行产能分布情况

来源：上海有色网

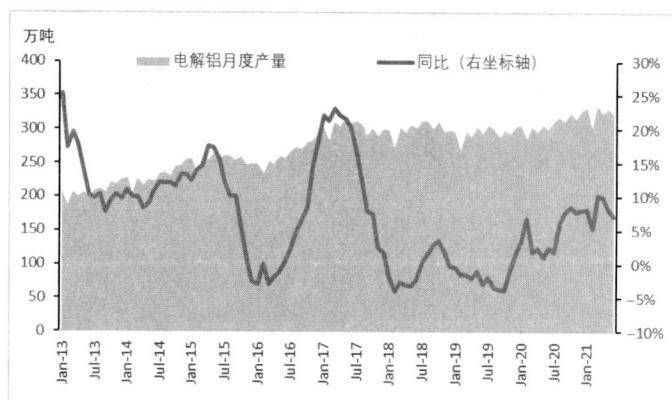

图 1-39　中国电解铝月度产量及同比

来源：上海有色网

当产品价格下跌时，同行业的企业往往会组成减产联盟，商定好要减产的总量及各家分派的数额后，向市场发布声明。由于产量会减少，产品价格会因市场预期行业的供应会减少而上涨。但减产数量是否真如声明所说，由于声明是行业同盟而不是政府发布的，各家企业是否会按时按量减产是未知的，需要调研才能知道，而这时行业人脉就会发挥作用。

1.5　建立数据库和追踪指标

根据历史产量、产能、在建和新建项目投产时间，建立基本数据库，并在此基础上对未来产量、产能做出预测模型，同时可以通过一系列追踪指标（如产能利用率、产量增速等）检测预测模型的合理性。

1.5.1　投行的供应模型

供应模型首先要有历史数据，包括过去 10 年甚至更久的产能、产量，全国甚至全球总计，以及各个省份（自治区、直辖市）或国家的细分数据；或者有全国或全球产量，以及细分至各主要生产企业的产量，再详细到各生产企业每个项目的数据。

在历史数据的基础上，可以对未来进行预测。对上市公司进行预测时，可依据其发布的公告。对公布信息有限的上市公司或非上市公司进行预测时，可通过调研获得公司计划，或者了解公司每个项目的运营状况（如扩产、减产或产能不变），再由分析师进行合理推算，从而预测该公司的产能。接着，根据每个项目所处的阶段，推算其产能利用率，从而预测产量（产能×产能利用率＝产量）。对稳定运行的项目，可假设其产能利用率保持不变，则其产能和产量基本保持不变；对新投产的项目，可通过询问其投产进程，估算其产能利用率，预测产量在达产前会逐步提高；对减产或关停的项目，可相应减少其产能，并调整其对应产量。

中国电解铝的供应预测模型如图 1-40 所示。

	2010年	2011年	2012年	2013年	2014年	2015年	2016年	2017年	2018年	2019年	2020年	2021年	2022年预测
产能（万吨）	2,075	2,350	2,732	3,032	3,582	3,900	4,164	4,088	4,212	4,093	4,287	4,463	4,541
产量（万吨）	1,780	1,948	2,208	2,495	2,772	3,058	3,180	3,630	3,609	3,544	3,712	3,902	3,933
产能利用率	86%	83%	81%	82%	77%	78%	76%	89%	86%	87%	87%	87%	87%

2019—2022年新增产能

	企业名称	省及自治区	开始投产时间	预计完成投产时间	2019年投产产能（万吨）	2020年投产产能（万吨）	2021年投产产能（万吨）	2022年投产产能（万吨）
1	贵州华仁	贵州	2017.10	2019.6	2	-	-	-
2	云铝鹤庆（一期）	云南	2019.2	2019.6	21	-	-	-
3	美鑫铝业	陕西	2018.12	2019.8	30	-	-	-
4	云铝昭通	云南	2018.7	2019.8	24	-	-	-
5	广西华磊	广西	2018.7	2019.9	12	-	-	-
6	贵州登高	贵州	2018.2	2019.9	13	-	-	-
7	内蒙古蒙泰	内蒙古	2018.3	2020.1	22	5	-	-
8	营口鑫泰	辽宁	2018.9	2019.10	26	-	-	-
9	内蒙古创源（一期）	内蒙古	2018.1	2019.10	28	-	-	-
10	内蒙古固阳	内蒙古	2018.8	2020.2	25	-	-	-
11	广元中孚（一期）	四川	2019.12	2020.6	-	25	-	-
12	百矿田林	广西	2018.5	2022	-	0	10	10
13	云铝鹤庆（二期）	云南	2020.1	2021.11	-	21	3	-
14	百矿德保	广西	2018.4	2021.8	-	10	10	-
15	百矿隆林	广西	2021.1	2022	-	-	10	10
16	百矿苏源	广西	2018.2	2019.4	10	-	-	-
17	内蒙古创源（二期）	内蒙古	2020.8	2021.6	-	30	5	-
18	魏桥云南	云南	2020.9	2022	-	13	30	-
19	云南神火（一期）	云南	2019.12	2020.10	-	45	-	-
20	云南神火（二期）	云南	2020.12	2021.11	-	10	15	-
21	云铝文山	云南	2020.4	2020.9	-	50	-	-
22	山西中润	山西	2018.5	2020.12	13	18	-	-
23	云铝昭通（二期）	云南	2020.9	2022	-	8	-	-
25	云南其亚	云南	2020.11	2022	-	3	10	-
26	霍煤鸿骏	内蒙古	2021	2021.11	-	-	43	-
27	内蒙古华云	内蒙古	2021	2021.11	-	-	40	-
28	广元中孚（二期）	四川	2020.7	2021.2	-	17	-	8
29	甘肃中瑞	甘肃	2022	2022	-	-	-	-
30	内蒙古白音华	内蒙古	2022	2022	-	-	-	40
	合计				225	255	176	78

2019—2022年减产产能

	企业名称	省及自治区	减产时间	减产原因	2019年减产产能（万吨）	2020年减产产能（万吨）	2021年减产产能（万吨）	2022年减产产能（万吨）
1	国电投宁夏能源青铜峡铝业	宁夏	2019.1	弹性生产	5			
2	福建南平铝业	福建	2019.2	停产68台电解槽	7			
3	焦作万方铝业	河南	2019.3	该部分产能成本过高，于3月6日完成停产	7			
4	辽宁营口忠旺铝业	辽宁	2019.6～2019.8	亏损，6月22日减产21万吨；8月中旬关停	40			
5	广西信发铝电	广西	2019.6	老厂区发生生产事故，停产3.5万吨	4			
6	山东魏桥集团	山东	2019.8	台风影响105万吨产能	105			
	……				……			
	合计				344	61	-	-

图 1-40　中国电解铝的供应预测模型

来源：上海有色网

当有了初步的预测数据后，接下来就需要检测数据的可靠性和准确性了。我们可以用横向比较和纵向比较的方法来检测数据。例如，通过调研某个新建的冶炼项目，得知其三个月即全部达产，通过横向比较，发现其投产速度远高于行业平均投产速度（行业平均投产周期为一年），这说明：（1）该冶炼厂具有一定的优势，如运用了某项新科技或采用了全新的项目设计，这可以合理解释其较短的投产周期，则说明数据正确，并且此特殊案例应被重视，如果此项新科技或全新的项目设计在行业得到普遍推广和应用，则预示着行业生产将发生变化；（2）调研数据有误，可能是由调研过程中对专业术语的理解不同，或录入数据有误等造成的，所以应该重新调研并改正数据，确保预测模型的准确性。

下面介绍纵向比较的案例。某公司历年来产量维持稳定的增长率（2%），但某年其产量增幅跳升为20%，则说明：（1）这一年有新产能投产，促使产量提升；（2）该公司大幅提高了产能利用率和开工率，促使产量提升；（3）数据录入有误。由此可见，通过纵向比较，也可以检测数据的准确性。

1.5.2　何为追踪指标及如何解读

当有了基础数据后，就可以计算产能利用率、产能和产量年增长率、复合年均增长率（Compound Average Growth Rate，CAGR）等了，并将其作为追踪指标来验证数据的准确性和合理性，还可以及时反映趋势的变化，如图 1-41 所示。

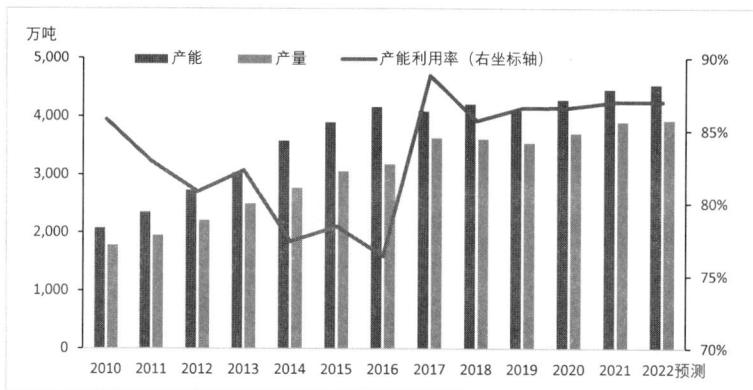

图 1-41　中国电解铝产能、产量、产能利用率

来源：上海有色网

例如，用产量除以产能得到产能利用率，仔细观测各家公司的产能利用率。如果某公司的产能利用率突然下降，则说明该公司可能发生了生产事故或生产线有技术故障，或者增加了产能，而新产能还在投产过程中，产量没有及时跟上，所以拉低了产能利用率；如果行业内多家公司产能利用率突然下降，则可能预示行业处于下降收缩阶段，商品价格受到压制，因此各家公司通过减产来减少损失。

通过观察行业总产能和总产量的年增长率，可以判断行业所处的是上升扩张阶段，还是下降收缩阶段，抑或稳定维持阶段。例如，中国的铝产量从 2001 年开始快速增长，到 2007 年，年增长率基本在 20%以上，甚至于 2007 年达到了 35%。电解铝产能的快速增长时期也是中国经济腾飞的时期，铝厂纷纷扩产，新建项目增多，铝价在此期间上涨，上海期货交易所三月期铝于 2006 年 5 月达到历史高位 24 110 元/吨。随着中国经济由于体量的上升，增速放缓，而电解铝产能在此期间不断扩张，造成产能过剩，铝价受到压制。2011 年，我国印发了《关于遏制电解铝行业产能过剩和重复建设引导产业健康发展的紧急通知》，遏制电解铝产能盲目扩张，严控新增产能，并淘汰落后和非法产能。此后，电解铝产能和产量增速相应放缓，同时产能利用率相应提升，由之前不到 80%，上升到 2020 年的 87%，行业由供应过剩状态恢复到正常状态。

1.5.3　数据库的更新和改进

当构建好供应模型后，要定期、及时更新数据库，以更好地反映市场变化，并且要不断改进模型，使其贴近市场，这样才能准确地预测行业发展趋势及大宗商品的价格。

例如，当从某公司发布的公告或新闻中得知该公司将上马某个新项目，或某个项目提前完工时，应及时在模型中反映该情况。当调研发现某公司因设备问题，年产量不能按预期完成时，应相应地在模型中调整该公司的产量数据。当价格暴跌，行业大规模减产时，应相应调低当年的产量，并依据假设和判断，对下一年的产量做出相应调整。

2019 年 12 月，市场上传播国内 10 家大型铜冶炼企业准备商讨联合减产的消息。由于这 10 家大型铜冶炼企业的产能大约占全国总产能的 70%，如果减产消息属实，则对市场影响巨大，因此应通过分析或各种渠道辨别该消息的真伪。首先，可通过分析当时市场的形态来判断减产是否有必要性。2019 年，全球铜精矿供应因铜矿品位低，以及缺乏大型新增项目，供应紧张。此外，中国作为冶炼铜精矿的大国，冶炼产能不断增加（见图 1-42），加剧了供应紧张态势。2019 年，铜加工费（TC）下滑（见图 1-43），铜冶炼企业处于微利甚至亏损的状态。因此，联合减产的消息并不是空穴来风。之后，通过调研，得知消息属实，则应相应调整模型。

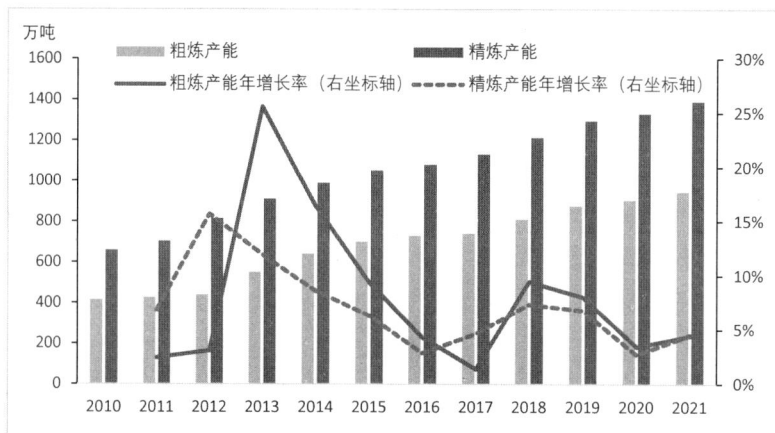

图 1-42　中国铜粗炼和精炼产能及各自的年增长率

来源：上海有色网

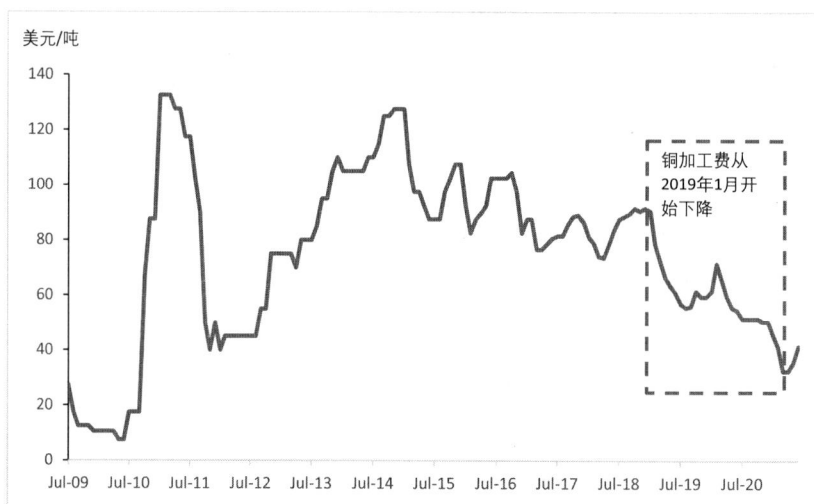

图 1-43　铜加工费的变化

来源：上海有色网

1.6　如何预测未来供应

当有了供应模型后，就可以进行未来供应的预测了。对未来供应的预测一般分为短期供应预测和中长期供应预测。短期供应预测是指 1 季度至 1 年之间的预测，中长期供应预测一般在 1 年以上，大多是 1～5 年，在涉及企业策略制定时，也会做 5～10 年甚至 10 年以上的预测。

1.6.1　短期供应预测

短期供应预测可通过推测每个项目或冶炼厂的产能和产量，加总得到全行业未来 1 季度或 1 年的产能和产量。

我们可以通过公开信息或实地调研，追踪各个公司每个项目的进度。如果项目已达产并稳定运营，则该项目的产能和产量较稳定；如果项目处于投产阶段，则在原有产能基础上加上新增产能为其最新产能，再根据其投产时间表估算产能利用率，从而预测产量；如果项目减产或关停，则在原有产能基础上减去减产产能为其最新产能，再估算其产能利用率，从而预测产量。下面用图 1-44 进行详细说明。

	2010年	2011年	2012年	2013年	2014年	2015年	2016年	2017年	2018年	2019年	2020年	2021年	2022年预测
产能（万吨）	2,075	2,350	2,732	3,032	3,582	3,900	4,164	4,088	4,212	4,093	4,287	4,463	4,541
产量（万吨）	1,780	1,948	2,208	2,495	2,772	3,058	3,180	3,630	3,609	3,544	3,712	3,902	3,933
产能利用率	86%	83%	81%	82%	77%	78%	76%	89%	86%	87%	87%	87%	87%

2019—2022年新增产能

	企业名称	省及自治区	开始投产时间	预计完成投产时间	2019年投产产能（万吨）	2020年投产产能（万吨）	2021年投产产能（万吨）	2022年投产产能（万吨）
1	贵州华仁	贵州	2017.10	2019.6	2	-	-	-
2	云铝鹤庆（一期）	云南	2019.2	2019.6	21	-	-	-
3	广元中孚（一期）	四川	2019.12	2020.6	-	25	-	-
4	云南神火（一期）	云南	2019.12	2020.10	-	45	-	-
5	百矿隆林	广西	2021.1	2022	-	-	10	10
6	甘肃中瑞	甘肃	2022	-	-	-	-	10
	……							
	合计				225	255	176	78

2019—2022年减产产能

	企业名称	省及自治区	减产时间	减产原因	2019年减产产能（万吨）	2020年减产产能（万吨）	2021年减产产能（万吨）	2022年减产产能（万吨）
1	国电投宁夏能源青铜峡铝业	宁夏	2019.1	弹性生产	5			
2	福建南平铝业	福建	2019.2	停产68台电解槽	7			
3	焦作万方铝业	河南	2019.3	该部分产能成本过高，于3月6日完成停产	7			
4	辽宁营口忠旺铝业	辽宁	2019.6—2019.8	亏损，6.22减产21万吨；8月中旬关停老厂	40			
5	广西信发铝电	广西	2019.6	厂区发生生产事故，停产3.5万吨	4			
6	山东魏桥集团	山东	2019.8	台风影响105万吨产能	105			
	合计				344	61	-	-

图 1-44　中国电解铝 2019—2022 年新增和减产产能

来源：上海有色网

下面我们仍以图 1-44 所示的中国电解铝 2019—2022 年新增和减产产能来解释。在 2019—2022 年新增产能列表里的第六家企业——甘肃中瑞，其 2022 年新增产能为 10 万吨，我们可假设新增产能的产能利用率为 50%，则 2022 年其新增产量为 5 万吨（10×50%=5）。

我们可以以此类推，计算所有新建或扩建项目的产能和产量，并得出 2022 年全行业新增产能为 78 万吨的结论。2022 年没有减少产能，我们可计算出 2022 年中国电解铝产能为 4541 万吨（4463+78-0=4541）。

1.6.2　中长期供应预测

1～3 年的中长期供应预测可采取和短期供应预测类似的方法，通过推测每个项目或冶炼厂的产能或产量，加总得到全行业的总和；3 年以上的中长期供应预测则主要依赖假设未来产能或产量的年增长率，或者假设未来的产能利用率，再进行推算。

例如，我们用 n 代表 2021 年，则当我们采取短期供应预测的方法预测了 $n+1$、$n+2$、$n+3$ 年的产能 C_1、C_2、C_3 后，可以假设 $n+4$ 年的产能 C_4 以之前三年的平均年增长率 $[r_4=(r_1+r_2+r_3)/3]$ 或者前一年的年增长率（$r_4=r_3$）上涨，则 $n+4$ 年的产能 C_4 为 $C_3×(1+r_4)$。之后每年的产能可以以此类推。下面用图 1-45 和图 1-46 进行详细说明。

	n	$n+1$	$n+2$	$n+3$	$n+4$	
	2021年	2022年 预测	2023年 预测	2024年 预测	2025年 预测	
产能（万吨）	4,463	4,541	4,590	4,630	4,687	
年增长率	4%	1.7%	1.1%	0.9%	1.2%	用之前三年的平均年增长率：(1.7%+1.1%+0.9%)/3≈1.2%

图 1-45　假设 $n+4$ 年的产能 C_4 以之前三年的平均年增长率 $[r_4=(r_1+r_2+r_3)/3]$ 上涨，C_4=4,687 万吨

	n	$n+1$	$n+2$	$n+3$	$n+4$	
	2021年	2022年 预测	2023年 预测	2024年 预测	2025年 预测	
产能（万吨）	4,463	4,541	4,590	4,630	4,670	
年增长率	5%	1.7%	1.5%	0.9%	0.9%	用前一年的年增长率，即0.9%

图 1-46　假设 $n+4$ 年的产能 C_4 以前一年的年增长率（$r_4=r_3$）上涨，C_4=4,670 万吨

然后，我们可以通过假设产能利用率来预测产量。一般，我们假设行业的产能利用率（用 u 表示）在 $n+4$ 年会维持在 $n+3$ 的水平，即 $u_4=u_3$。因此，$n+4$ 年的产量为 $C_4×u_4$，如图 1-47 所示。之后每年的产量也可据此推算。

	n	$n+1$	$n+2$	$n+3$	$n+4$	
	2021年	2022年预测	2023年预测	2024年预测	2025年预测	
产能（万吨）	4,463	4,541	4,590	4,630	4,687	用之前三年的平均年增长率：(1.7%+1.1%+0.9%)/3≈1.2%
年增长率	4%	1.7%	1.1%	0.9%	1.2%	
产量（万吨）	3,902	3,933	4,000	4,060	4,125	
年增长率	5%	1%	2%	1%	2%	
产能利用率	87%	87%	87%	88%	88%	用前一年的产能利用率，即88%

图 1-47 预测 $n+4$ 年的产量为 4125 万吨（4687×88%≈4125）

1.7 投行实战案例

下面我们用供应变化驱使价格变动的案例来阐述供应模型的重要性及如何在实战中运用。

1.7.1 投行为何要构建供应模型

每个投行都有自己的供应模型，供应模型主要用于追踪供应端的变化，并预测未来供应趋势和价格。在假设需求不变的情况下，供应增加则价格下降，供应减少则价格上升。由于每个大宗商品都有自己的供应链，从矿端到冶炼，再到下游加工，每个环节都有自己的供应情况。不同大宗商品（如原油和黄金）的供应面不同，所以了解所有商品的供应情况是一件相当耗时耗力耗财的事情。投行比普通投资者占据优势，因为投行对每个大宗商品都有自己全套的供应模型。

1.7.2 供应变化驱使价格变动的实例分享——2020 年和 2021 年全球铜精矿供应情况

2020 年 3 月 15 日，全球铜矿储量和产量第二大国秘鲁宣布进入紧急状态，多个铜矿宣布关停或减产。之后，全球铜矿储量和产量第一大国智利也中断了生产和运输，多个矿山选择降低运营比率，减少产量，如图 1-48 所示。笔者当时估计全球铜矿山减产约 40 万吨。市场对后续海外矿山的运营表示担忧，铜价自 4 月起止跌反弹。

原材料端供应紧张，但中国的铜冶炼厂开工率自 2020 年二季度逐渐恢复，新增产能开始爬坡，电解铜产量 4 月环比小幅上升，如图 1-49 所示。一方面，铜精矿供需错配；另一方面，全球各国采取了积极的财政政策和宽松的货币政策，以刺激本国经济和拉动需求，造成市场流动性宽松，资金流入大宗商品。在铜的商品属性和金融属性的共同作用下，截至 2020 年年底，伦敦金属交易所和上海期货交易所三月期铜分别自 4 月初上涨 62% 和 48%。

矿企	涉及矿山/冶炼厂	矿山所在国	2019年产量（万吨）	采取的措施
Rio Tinto	Oyu Tolgoi	蒙古	5	放缓地下开发
Codelco	-	-	159	降低运营成本
BHP	Escondida	智利	114	限制合同工进入矿区，为期15天
	Pampa Norte		27	
	Antamina	秘鲁	45	正常运营
Glencore	Collahuasi	智利	57	降低运营比率，集中保留矿山、选厂及港口工作人员
	Mopani	赞比亚	10	削减开支
MMG	Las Bambas	秘鲁	38	暂停生产
Freeport McMoRan	Chino	墨西哥	8	停止派发股息和削减产量、成本
	Cerro Verde	秘鲁	45	将延长 Cerro Verde 铜矿检修至4月12日
Anglo American	Los Bronces	智利	34	降低运营比率，减缓生产
	El Soldado		5	
	Quellaveco	秘鲁	未投产	
Antofagasta	Los Pelambres	智利	36	暂停铜矿扩建项目，为期120天
KGHM	-	波兰	56	铜价跌破盈亏平衡点，暂无修改2020预算的计划
Hudbay	Constancia	秘鲁	11	暂停运营
Teck Resource	Quebrada Blanca	智利	2	暂停项目二期建设
First Quantum	Cobre Panama	巴拿马	16	进入检修状态，直至满足隔离期的相关条件
Ecuacorriente	Mirador	厄瓜多尔	6	暂停铜矿至港口的运输

图 1-48 关停或减产的铜矿山

来源：上海有色网，2020 年 4 月 8 日更新

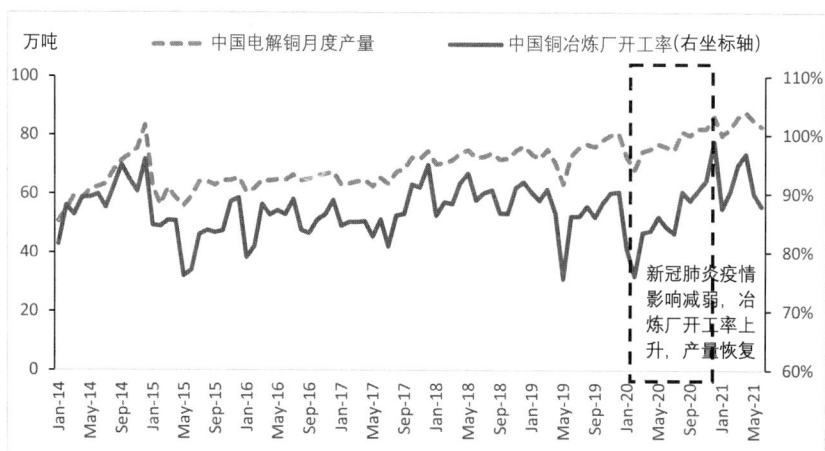

图 1-49 中国电解铜月度产量和中国铜冶炼厂开工率

来源：上海有色网

2021 年年初，随着新冠疫苗接种工作稳步推进，经济数据向好，下游需求复苏。但从 3 月开始，铜精矿生产大国智利和秘鲁（见图 1-50）的矿山运营

再次受到影响，铜出口量下降，其中秘鲁铜精矿出口量如图 1-51 所示。主要矿产商（如必和必拓、力拓等）一季度产量同比下降，供应恢复缓慢。由于供应紧张，需求增长，叠加资金进入铜市场，以及投资者对新一轮大宗商品"超级周期"的预期，伦敦金属交易所三月期铜于 2021 年 5 月 11 日创下历史高位 10 460 美元/吨，打破了上一轮"超级周期"于 2011 年 2 月创下的纪录。

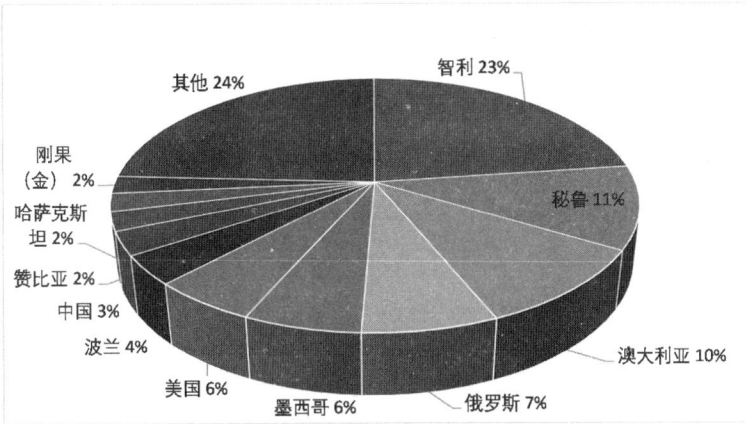

图 1-50　2020 年全球铜矿储量分布

来源：上海有色网

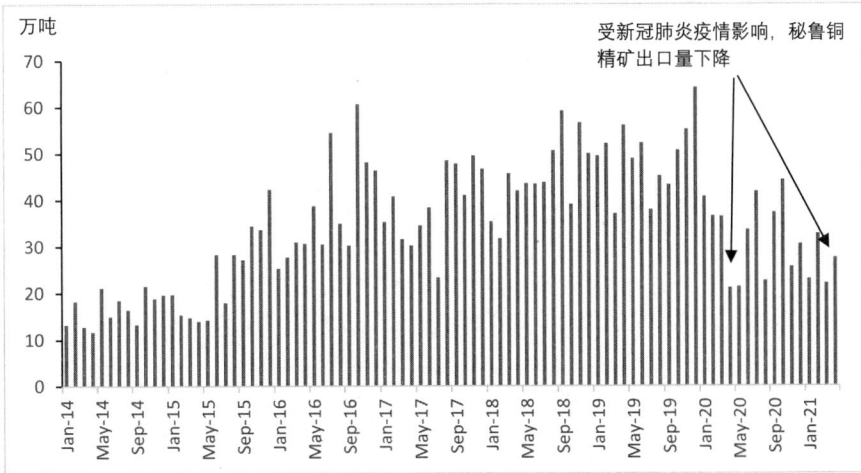

图 1-51　秘鲁铜精矿出口量

来源：上海有色网

从 2021 年 6 月中旬开始，随着市场预期美联储（美国联邦储备委员会）货币政策收紧，以及美国失业率下降但通胀加剧，美元快速走强。全球铜矿新建和扩建项目开始投产，铜精矿供应紧张态势有所缓解。高铜价造成下游加工行业利润压缩，采购意愿下降，铜价开始回落。笔者预测铜价未来在通胀加速和矿山供应增加的利空因素，碳中和需求推动的利多因素，以及新冠肺炎疫情造成的供应和需求层面的不确定性的综合作用下宽幅震荡。近年来，全球大型矿企由于更关注股东回报而削减了资本支出（Capital Expenditure），造成对新增产能和扩建产能的投资下降。据统计，全球前 40 位上市矿企的资本支出在 2016 年降至近十年来低点（见图 1-52），2018—2019 年小幅回升，但远低于之前的峰值。2020 年，各个矿企不得不再次调整计划，但当年的资本支出还是不高。

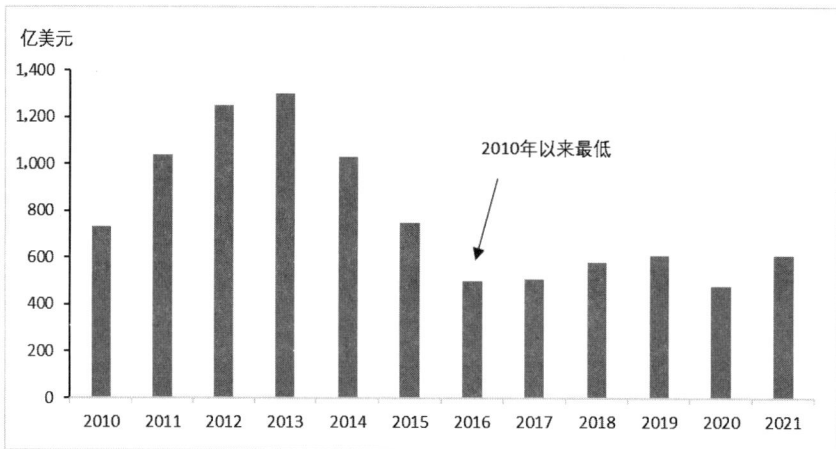

图 1-52　全球前 40 位上市矿企的资本支出

来源：公司报告

不过，随着全球经济恢复，以及新冠疫苗接种工作的开展，笔者预计 2022 年总体矿企的资本支出将上升，这将有助于新矿的勘探和开发及现有矿山的扩大生产，从而提高铜精矿的供应量。但全球矿业领域对提高社会和环境意识的要求也越来越高，意味着矿企需要在项目开发早期就与当地社区及政府接触并建立良好的关系。如今，从首次发现矿山到第一批矿被交付与运输的平均投产年限增加了，因此新开发的矿山难以立即增加供应，矿山产量上升将是一个缓慢的过程。全球的绿色转型对新能源（如风能、太阳能）的需求增加，推高了对铜的消费，因此铜价长期仍然向好，如图 1-53 所示。

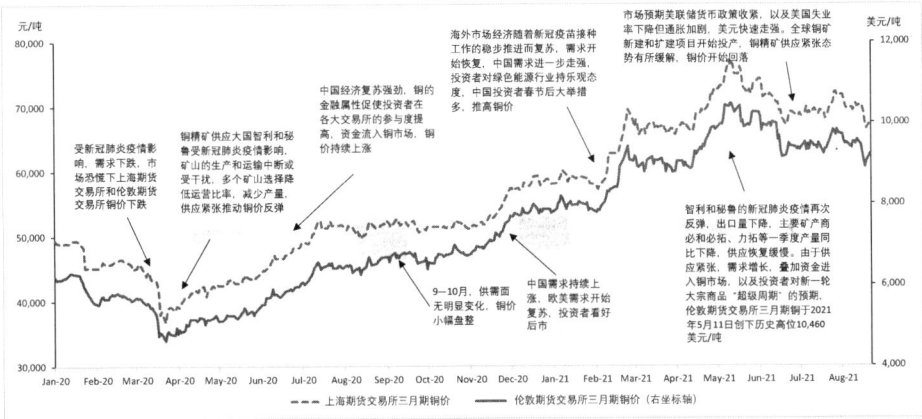

图 1-53　上海期货交易所和伦敦期货交易所三月期铜价回顾

（2020 年 1 月—2021 年 8 月）

来源：上海期货交易所、伦敦期货交易所

1.7.3　供应变化驱使价格变动的实例分享——2019 年巴西溃坝事故致铁矿石价格疯涨

全球矿业巨头巴西淡水河谷公司在米纳斯吉拉斯州（Minas Gerais）布鲁马迪纽市（Brumadinho）的 Feijão 矿区的一座尾坝于当地时间 2019 年 1 月 25 日溃坝，造成 259 人死亡，11 人下落不明。事故发生前，淡水河谷是全球最大的铁矿石生产商；事故发生后，其产量明显下降（见图 1-54），降为全球第二大铁矿石生产商（见图 1-55）。

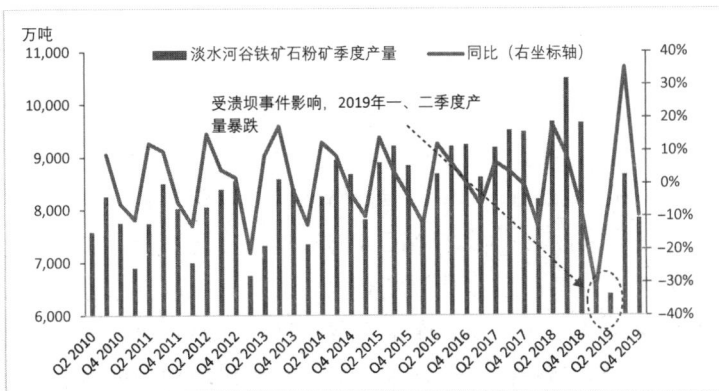

图 1-54　淡水河谷铁矿石粉矿季度产量及同比

来源：淡水河谷

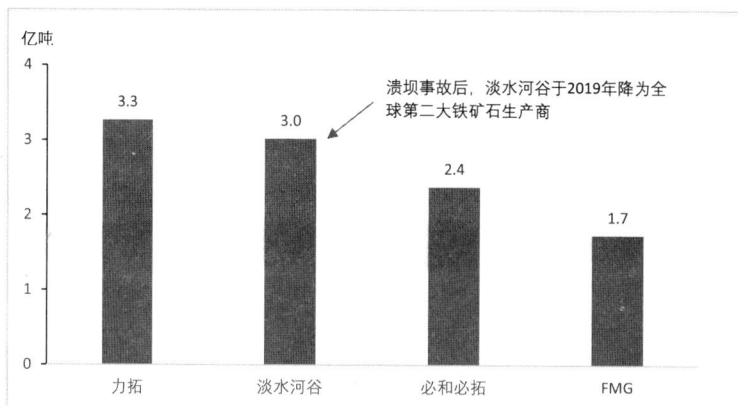

图 1-55　事故发生后，淡水河谷铁矿石粉矿产量降为全球第二

来源：各公司年度报告

　　事故发生后，新加坡交易所铁矿石指数期货当日上涨近 4%，2019 年 1 月 28 日，大连商品交易所铁矿石 1905 期货开盘涨超 4%，盘中一度触及涨停，创下 2017 年 9 月以来的新高，在美国上市的淡水河谷股价下跌 8.1%。随后，淡水河谷于 1 月 29 日宣布将停止使用与发生事故的大坝类似的另外 19 座大坝，并在未来三年斥资 50 亿巴西雷亚尔（1 巴西雷亚尔=0.1832 美元）让这 20 座大坝"退役"。2 月 5 日，巴西监管机构吊销淡水河谷 Brucutu 矿区的矿坝营业执照，迫使其暂停运营。由于市场担忧全球铁矿石市场将出现供应紧张，新加坡铁矿石价格一度上涨，并触及 2017 年 3 月以来最高位。由于 2 月 4 日到 10 日为春节假期，11 日国内春节后开盘，铁矿石价格上涨 7.95%，创下两年来新高。

　　根据事故发生后对新闻的追踪，笔者有以下观点。（1）铁矿石价格上涨幅度有限。因为之前铁矿石价格因投资者担忧矿区生产暂停会影响供应而上涨，但淡水河谷别的矿区（如巨型矿 S11D）可能增加产量，以弥补暂停的产量，而且其他铁矿石生产商同样会因价格上涨而增加产量。但鉴于另外三家铁矿石巨头（必和必拓、力拓、FMG）的产量已接近产能，如果没有额外资本投入来增加产能，其产量提升幅度有限。（2）淡水河谷减少的产量会促使国内钢厂的运营模式改变。因为淡水河谷的铁矿石品位高，而国内钢厂因环保要求也青睐使用高品位矿，在减少焦炭、炼焦煤使用量的同时，使高炉产量最大化。

3 月 15 日，米纳斯吉拉斯州法院命令暂停淡水河谷旗下 Timbopeba 矿区作业及对应 Doutor 尾矿坝使用，该矿区每年生产 1280 万吨铁矿石。笔者认为，这是受溃坝事件影响而关停的又一个矿区，事故所影响的产量将继续上升，而这将推动铁矿石价格继续上涨。

3 月 19 日，Brucutu 矿区、Laranjeiras 尾矿坝及曼加拉蒂巴市瓜伊巴岛海运码头运营恢复。在此消息的利空影响下，3 月 20 日，大连商品交易所铁矿石期货遭遇重挫，多个合约跌停。3 月 25 日，巴西法院发布禁令，暂停淡水河谷几个尾矿坝运营，这使淡水河谷一座大型矿山的生产受到影响。该禁令要求淡水河谷停止 13 个大坝的运营，淡水河谷表示，其 Brucutu 矿区需要比预期更长的时间才能恢复生产。

当时，笔者预计因淡水河谷事件的反复，短期内铁矿石价格波动会较为频繁。在溃坝事件后，淡水河谷已经停止生产 9000 多万吨铁矿石，任何复产的消息都将对铁矿石价格造成影响。

3 月 28 日，淡水河谷发布公告，预估其 2019 年铁矿石销量为 3.07 亿吨～3.32 亿吨，相较 2018 年销量下降 3400 万吨～5900 万吨。4 月 16 日，米纳斯吉拉斯州法院决定解除部分关于 Brucutu 矿区的禁令，这一决定将使 Brucutu 矿区在未来 72 小时内恢复运营。

5 月 9 日，淡水河谷发布一季度产销量报告，其铁矿石产量为 7287 万吨，环比下降 27.8%，同比下降 11.1%；球团矿产量为 1217 万吨，环比下降 23.0%，同比下降 4.8%（见图 1-56）。

	2019年一季度	2018年四季度	2018年一季度	2019年一季度/2018年四季度	2019年一季度/2018年一季度
产量					
铁矿石（万吨）	7,287	10,099	8,195	−27.8%	−11.1%
球团矿（万吨）	1,217	1,581	1,278	−23.0%	−4.8%
销量					
铁矿石（万吨）	5,542	8,050	7,122	−31.2%	−22.2%
球团矿（万吨）	1,231	1,599	1,313	−23.0%	−6.2%

图 1-56　淡水河谷 2019 年一季度产销量

来源：淡水河谷 2019 年一季度报告

5 月 17 日，受溃坝及后续矿区停产的影响，巴西公布 4 月铁矿石出口跌至 1834 万吨，比上年同期的 2588 万吨约下降 29%，比 3 月出口量 2218 万吨约下降 17%。巴西矿业能源部部长表示，2019 年巴西的铁矿石产量可能下降

10%，并且 2020 年的形势也不甚明朗。

6 月 22 日，淡水河谷 Brucutu 矿区复产，自 1 月停产的三分之一产量得到恢复。此前公司已经恢复了 Brucutu 矿区的部分产能，此次全面复产可以使 3000 万吨的产能得到恢复。而在 1 月溃坝事件发生后，公司暂停了 9300 万吨铁矿石的生产。笔者认为，复产可略微缓解全球铁矿石供应紧张态势，但叠加 6 月力拓二次下调其 2019 年铁矿石发运量目标，铁矿石供应短缺态势仍会持续。至此，溃坝事件对市场的影响将会逐渐消退，而市场对溃坝事件的关注度也会降低，其他矿山的供应情况及中国钢厂的需求将成为未来主导铁矿石价格的因素。

7 月 23 日，淡水河谷公布二季度产销量报告。由报告可知，其铁矿石产量为 6410 万吨，环比下降 12.1%，同比下降 33.8%；球团矿产量为 910 万吨，环比下降 25.5%，同比下降 29.3%。淡水河谷在一季度停产的 9300 万吨铁矿石年产能，随着 6 月 22 日 Brucutu 矿区复产，其中 3000 万吨年产能已得到恢复。而仍处于停产状态的 6000 多万吨年产能，淡水河谷预期，其中大约一半采用干法选矿作业的年产能将从 2019 年年底开始逐步恢复生产，而另一半采用湿法选矿作业的年产能将在未来二至三年内恢复生产。

8 月，铁矿石价格开始下跌，笔者认为原因是淡水河谷恢复生产，必和必拓与力拓因飓风影响减少的发运量也逐步回升，供应不再短缺。

10 月 14 日，淡水河谷发布三季度铁矿石产销量报告。由报告可知，其产销量显著上升，铁矿石和球团矿总产量达到 8670 万吨，环比上升 35.4%；总销量达到 8510 万吨，环比上升 20.2%。这一方面得益于南部和东南系统持续复产，另一方面得益于北部系统在运营方面表现强劲。

2020 年 2 月 21 日，淡水河谷发布年度报告。报告显示，2019 年，淡水河谷铁矿石和球团矿销量为 3.125 亿吨，完成了年度目标。铁矿石的产量为 3.02 亿吨，比 2018 年降低 21.6%；球团矿产量为 4180 万吨，比 2018 年降低 24.4%。但是，淡水河谷仍有 4000 万吨产能处于停产状态，其计划在 2020 年和 2021 年分别恢复 1500 万吨和 2500 万吨产能。2020 年，淡水河谷的铁矿石年指导产量为 3.4 亿～3.55 亿吨，比 2019 年有所提高。至此，溃坝事件对市场的影响暂时消退，铁矿石价格受溃坝事件的影响也逐渐消退。2019 年铁矿石价格回顾如图 1-57 所示。

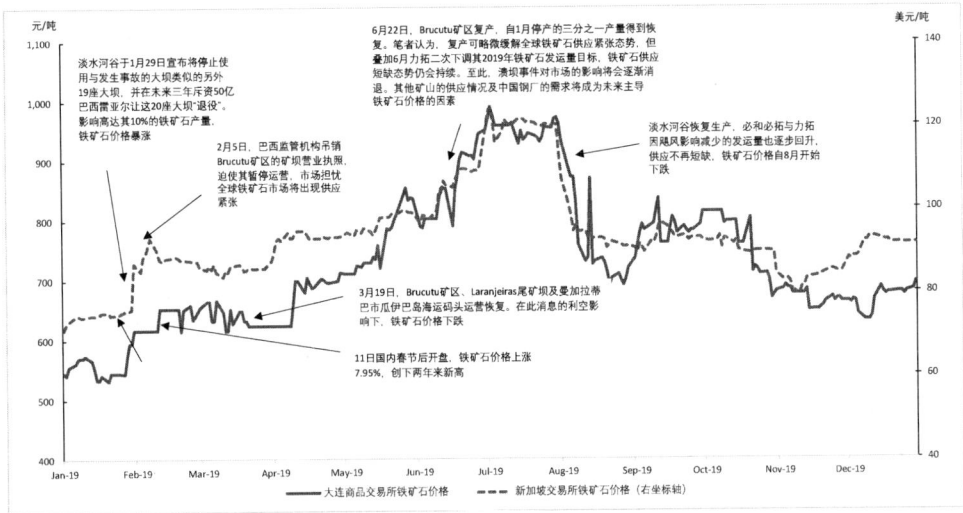

图 1-57　2019 年铁矿石价格回顾

来源：大连商品交易所、新加坡交易所、上海有色网

第 2 章

2

如何研究需求面

2.1　投行如何对需求面做全面分析

大宗商品的需求面分析有两种方法：自上而下法（Top-down Approach）和自下而上法（Bottom-up Approach）。自上而下法是由宏观面的 GDP 增长率、通胀、汇率、利率等的预测做出对某个大宗商品的需求预测；自下而上是预测某个大宗商品的每个下游用户的需求，然后加总。

2.1.1　了解每个大宗商品的下游需求分布

每个大宗商品都有自己独特的下游需求分布。例如，原油的下游消费主要为交通领域，交通领域的消费占总需求的一半以上，但对钢铁来说，交通领域的消费只占总需求的 10%左右，由于钢铁是战略性基础工业品，来自房地产和基建的消费占总需求的 50%以上。

大宗商品也可按照其在房地产和基建领域的应用分为前周期商品（Early-cycle Commodities）和后周期商品（Late-cycle Commodities）。例如，钢铁、铁矿石、煤炭、水泥为前周期商品，是与房地产和基建相关的原材料；而铜、铝、玻璃等多用于主体建筑完成后，用于制作铜管、铝合金门窗等，为后周期商品。因此，同样分析钢铁和铜的下游房地产消费，关注的角度会有所不同。分析钢铁需求，侧重开工面积；而分析铜需求，侧重竣工面积。

即使同一个大宗商品，其国内和国外的需求分布也不同。例如，在美国，房屋建筑业是铜消费的最大行业，占铜消费总量的 43%，如图 2-1 所示；但在中国，房屋建筑业仅占铜消费总量的 9%，而电力行业占铜消费总量的 46%，如图 2-2 所示。这主要是由两国国情不同造成的。美国房屋建筑业用铜管作为建筑给水管材和将铜材用作建筑装饰较多，其电力行业由于基础设施建设已基本完成而用铜不多；而中国由于持续的电网建设需要用到电线电缆，电力行业占铜消费的比例最高。

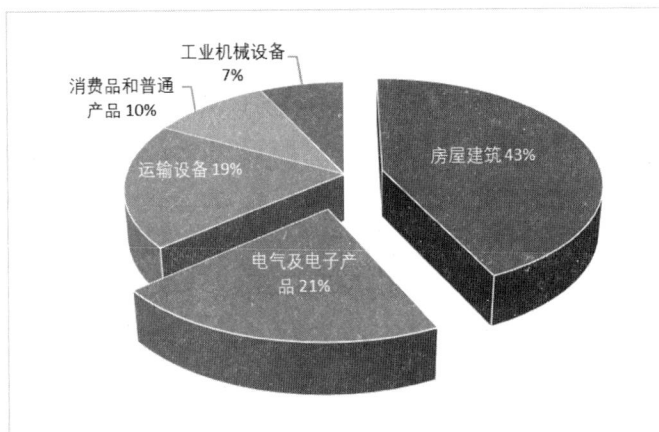

图 2-1　美国铜下游消费分类（2020 年）

来源：美国地质调查局

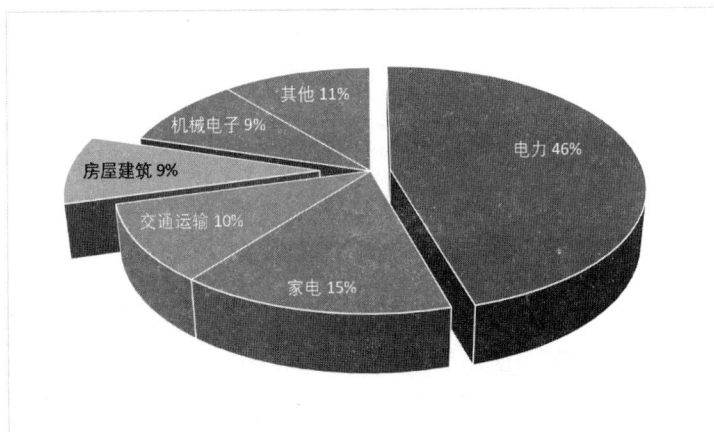

图 2-2　中国铜下游消费分类（2020 年）

来源：上海有色网

由此可见，研究不同品种的大宗商品，关注的下游板块不同、角度不同，将每个下游行业的需求加总，就是该大宗商品需求的总和。因此，准确、及时地收集每个下游行业的数据是关键，我们可通过研究行业数据和实地调研提高研究的精度，并在此基础上做出近期和远期预测。

2.1.2 影响需求的主要因素

大宗商品需求主要受国际形势、利率、汇率和宏观数据（如固定资产投资、GDP、失业率等）的影响。例如，中国大宗商品需求在 2000—2010 年快速增长，这主要得益于经济的腾飞，2000—2010 年中国经济增长极快，年 GDP 增速为 8%以上，其中在 2003—2007 年，GDP 增速更是达到 10%以上，带动了大宗商品下游（包括房地产、交通、基建、家电、汽车等板块）对钢铁、煤炭、有色金属的需求增长，如图 2-3 所示。

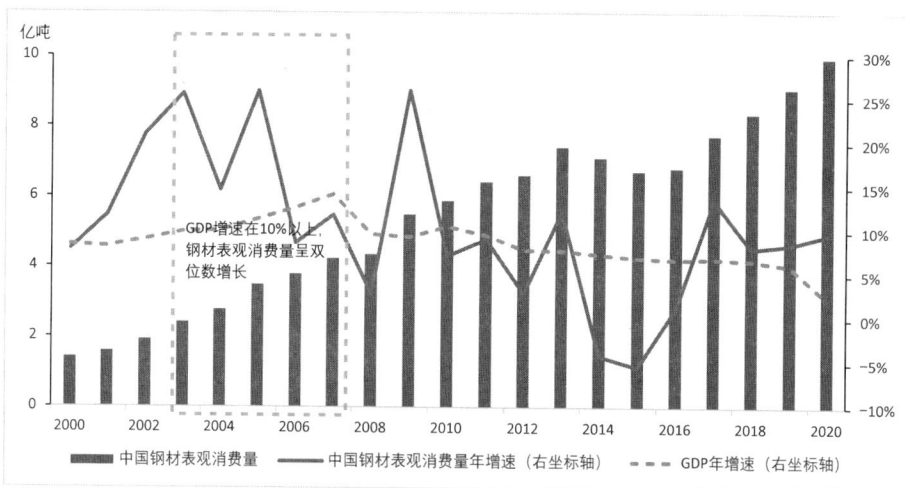

图 2-3　中国钢材表观消费量及其年增速和 GDP 年增速

来源：国家统计局、世界钢铁协会

2020 年年初，全球经济下行，停工停产、封锁和隔离、投资者信心受挫，各国经济受到冲击，多国推出货币宽松政策以刺激经济，防范大规模经济衰退。受到冲击的宏观经济也重创了大宗商品需求，大宗商品价格暴跌。通过高效的执行机制和全面的应对措施，中国经济率先反弹，在一季度 GDP 同比下降 6.8%后，二季度 GDP 反弹，同比增长 3.2%，是全球主要经济体中首个由负转正的国家，如图 2-4 所示。在一季度陷入低谷后，中国经济在二季度实现了扩张，宏观经济转好带动大宗商品需求增加。7 月 30 日，中共中央政治局召开会议，会议中强调了"双循环"，即形成以国内大循环为主体、国内国际双循环相互促进的新发展格局。这表明中国政府已经从以出口为主导的增长模式转向侧重建设具有更强大的内需驱动的经济。

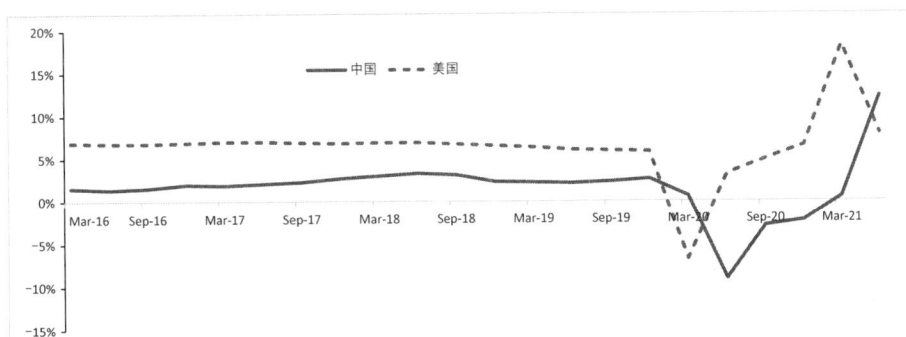

图 2-4　中国、美国季度 GDP 增速

来源：国家统计局、美国经济分析局

以钢铁为例，根据世界钢铁协会的数据，2020 年全球钢铁需求量上涨 0.1%，这受益于中国经济的强劲复苏，推动中国钢铁需求增长高达 9.1%，而世界其他国家的钢铁需求则萎缩 9.5%。随着新冠疫苗接种工作的稳步推进，全球主要钢铁消费国的经济活动逐渐恢复正常，2021 年全球钢铁需求增长 4.5%。2022 年，全球钢铁需求受中国需求增速放缓影响将增长 2.2%，如图 2-5 所示。

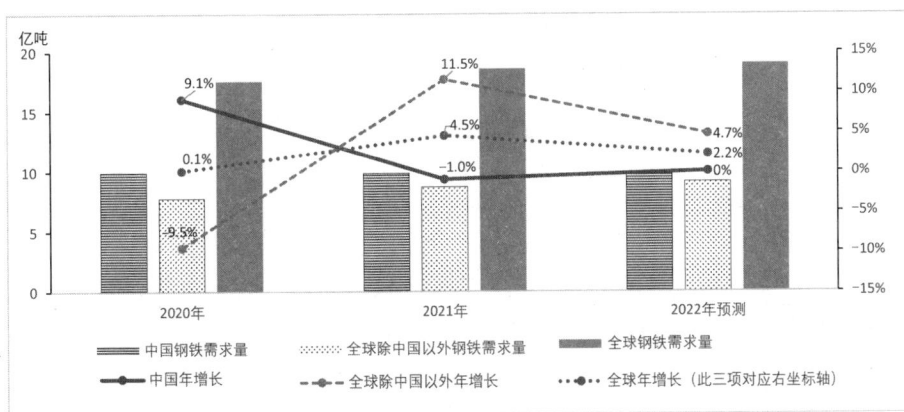

图 2-5　全球钢铁需求预测

来源：世界钢铁协会全球钢铁短期需求预测报告（2021 年 10 月）

大宗商品的需求源自各下游板块，而各下游板块也受各种因素影响，并且各下游板块之间互相牵动。例如，家电板块受居民可支配收入、房地产市场、家电下乡和以旧换新政策等影响，其出口则受海外经济形势、关税、汇率等因素扰动。如果房地产市场增速放缓，那么首先受到影响的是钢铁、水泥等建筑材料，其次是相关的家电、装修产业链，进而影响后周期商品（如铜、铝等）的消费，因此在分析大宗商品需求时，不仅要关注狭义范围内的下游需求，还要关注广义范围内的需求。

除了下游需求受宏观因素的影响，大宗商品自身也受宏观因素的影响，如美元指数、国际经济形势、政治局势、气候变化等。其中，原油和铜更是被称为"黑金"和"铜博士"，二者的价格走势基本呈正相关（见图 2-6），并且由于其作为工业原材料，对宏观经济十分敏感，被视为宏观经济的风向标。

图 2-6　长期原油和铜的价格走势呈正相关

来源：LME、芝加哥商品交易所

由于国际大宗商品以美元计价，美元指数的变动将直接影响大宗商品的价格。如果美元指数上涨，即美元升值，则以美元计价的大宗商品价格走软。而黄金，虽归于大宗商品，其实属于类货币，其价格波动与工业需求基本无关，主要受全球市场波动、避险需求、央行购买、ETF（Exchange Traded Fund，交易型开放式指数证券投资基金）流入、美国利率、美元走势等因素影响。美元指数和黄金价格的关系如图 2-7 所示。农产品则主要受气候因素影响，如厄尔尼诺暖流造成的全球干旱、风暴、洪水等会影响大豆、小麦等的收成。

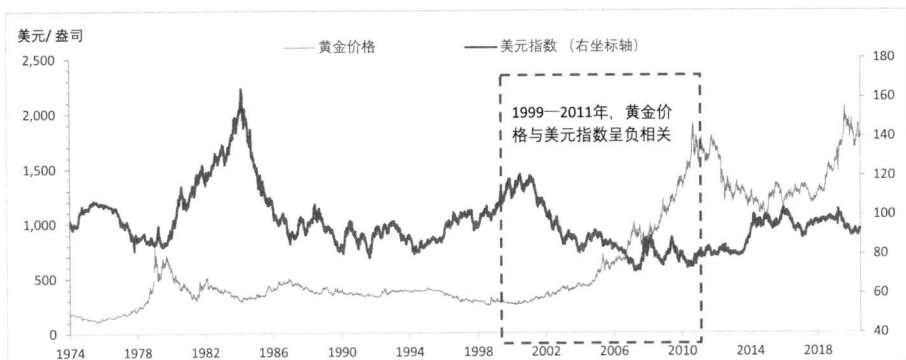

图 2-7　美元指数和黄金价格的关系

来源：世界黄金协会、美国洲际交易所

2.1.3　特殊时期刺激计划对需求的扰动

2007 年夏季开始的次贷危机，在 2008 年后演变为全球金融危机，各国经济增速放缓，导致大宗商品需求下降，投机性资金快速撤离大宗商品市场，大宗商品价格暴跌。此次危机由最先受打击的房地产行业蔓延到实体经济的其他方面，并由始发地美国传到其他国家。我国出口受金融危机影响急转直下，从 2008 年年初的超过两位数增长下跌至 2009 年一季度的两位数负增长。此外，工业生产也受到影响，发电量零增长。之后，中国政府出台的四万亿经济刺激计划，通过基础设施建设和改善民生，扩大内需，在全球金融危机下保持了中国经济的增长势头。

中国政府对基建的大幅投资，特别是铁路、公路、机场、棚户区改造等，带动了对原油、煤炭、钢、铁矿石、铝的需求。GDP 增速于 2009 年二季度反弹，全国居民消费价格指数（CPI）和工业生产者出厂价格指数（PPI）同比增速自 2009 年年底开始上涨（见图 2-8），经济短期出现明显增长。以钢铁为例，其产量和消费量在四万亿经济刺激计划出台后跳升，如图 2-9 所示。但经济受到短期刺激后，仍掉头向下，由之前的飞速发展进入缓慢增长阶段，对基建的大幅投资还造成传统行业产能过剩及政府、企业杠杆率攀升，大宗商品的需求也由之前的两位数增长进入缓慢增长阶段。

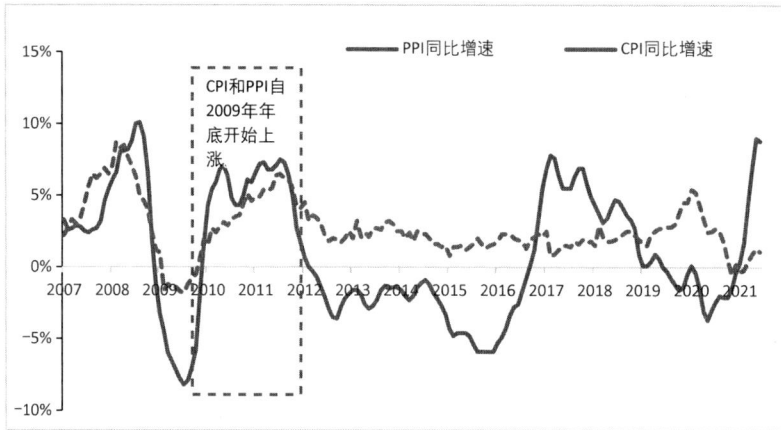

图 2-8　中国 CPI 和 PPI 同比增速

来源：国家统计局

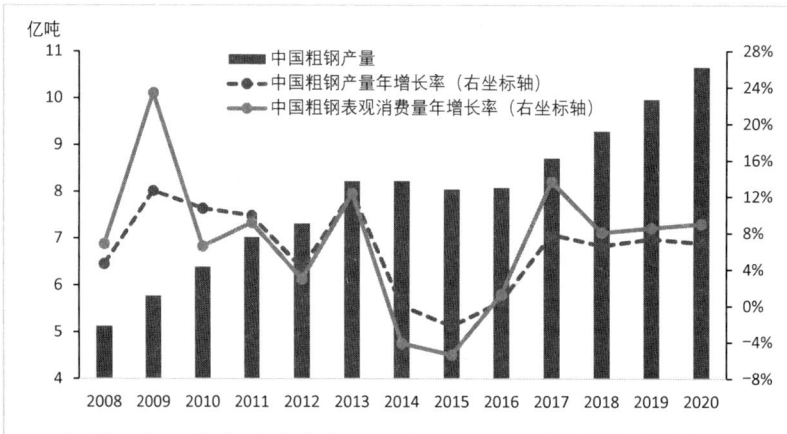

图 2-9　中国粗钢产量及其年增长率和表观消费量年增长率

来源：世界钢铁协会

近年来，"新基建"一再被提起，从中央密集部署，到多个省市陆续公布重点投资项目，总投资达 40 万亿元。"新基建"主要包括 5G 基站、特高压、城际高速铁路和城市轨道交通、新能源汽车充电桩、人工智能、大数据中心、工业互联网七大领域，如图 2-10 所示。在"十三五"规划结束，"十四五"规划开始，以及全球经济下滑的情势下，新基建投资不仅在经济下行期间逆周期刺激经济，拉动增长，其与高新技术紧密相连的特点也推动我国未来经济结构的转型升级。

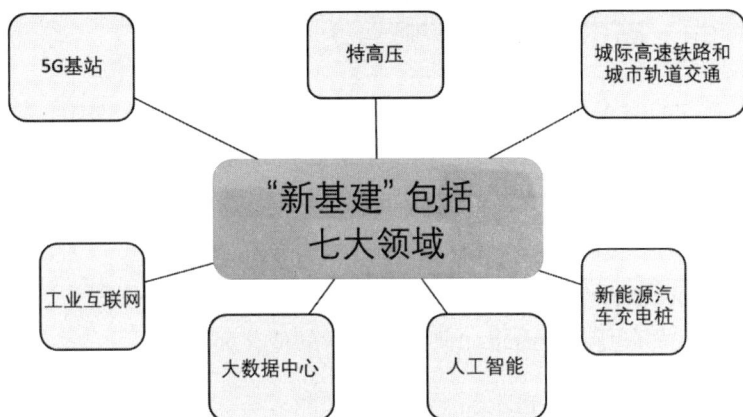

图 2-10　"新基建"的七大领域

来源：新华网

　　与 2008 年金融危机后出台的四万亿经济刺激计划相比，新基建投资不仅需要钢铁，还需要其他大宗商品。城际高速铁路和城市轨道交通的建设提高了对钢铁和铝的需求；新能源汽车充电桩的建设需要大量动力电池；5G 基站建设数量的大幅上升带动高频覆铜板需求增加；特高压变电站的建设需要铜。在大数据中心、人工智能、工业互联网三大领域，有色金属将拓宽其下游需求领域。我国的大宗商品行业在低端生产加工领域产能过剩，但在高附加值、蕴含高科技的高端产品生产上供不应求，主要依赖进口。因此，新基建推行的先进制造业及把大数据、人工智能、工业互联网等高科技应用到大宗商品生产过程中，可促使行业淘汰落后产能，调整产业结构，从生产低利润甚至亏损的低端产品，转型为制造高利润的高端产品。

2.2　投行预测需求的方法

　　大宗商品需求的预测可采用自上而下和自下而上两种方法。投行一般将大宗商品分为能源、金属和农产品三大类。能源包括石油、天然气等。金属可分为有色金属（铜、铝、铅、锌、镍、锡等）、黑色金属（钢铁、铁矿石等）、贵金属（黄金、白银、钯、铂等）、新能源金属（钴、锂等）；农产品包括大豆、玉米、小麦、棉花等。对大宗商品的需求预测主要面向能源和金属，由于农产品的需求刚性，更侧重对其供应面的研究。

2.2.1 自上而下的需求预测方法

自上而下的需求预测就是先对宏观面（如 GDP 增长率、通胀、汇率、利率等）进行预测，然后以此推导出对某个大宗商品的需求。这种方法从大局出发，然后缩小到特定的大宗商品。一般会先观察历史数据或按照行业惯例，找出宏观面的哪些数据与这个大宗商品的需求有较高的相关性，然后运用 Excel 做回归分析（Regression Analysis），计算出以某个宏观面数据作为自变量，作为因变量的某大宗商品的需求如何随自变量的变化而变化。

下面以钢铁为例说明自上而下的需求预测方法。首先，我们在备选的宏观指标里，测试出 GDP、固定资产投资和中国钢材表观消费量在 2009—2021 年趋势一致、有较高的相关性，分别为 0.95 和 0.90，如图 2-11 和图 2-12 所示，这是由于钢铁行业关系到国计民生，钢材消费与国民经济发展及工业化进程息息相关。

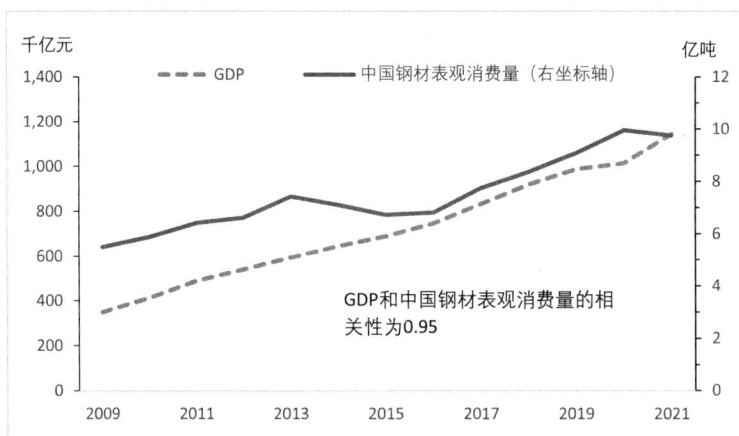

图 2-11 GDP 和中国钢材表观消费量

来源：国家统计局、世界钢铁协会

接着，为了进一步分析中国钢材表观消费量分别与 GDP 和固定资产投资之间的关系，可将其分别做回归分析，得到中国钢材表观消费量与 GDP 的拟合线性方程式为 $y=0.005\,292x+3.25$，决定系数 $R^2=0.89$，即中国钢材表观消费量=$0.005\,292\times$GDP 指数+3.25，如图 2-13 所示；中国钢材表观消费量与固定资产投资的拟合线性方程式为 $y=0.009\,041x+4.16$，$R^2=0.81$，即中国钢材表观消费量=$0.009\,041\times$固定资产投资+4.16，如图 2-14 所示。

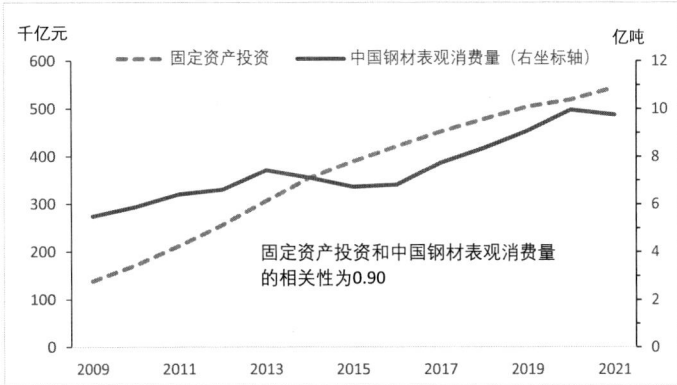

图 2-12 固定资产投资和中国钢材表观消费量

来源：国家统计局、世界钢铁协会

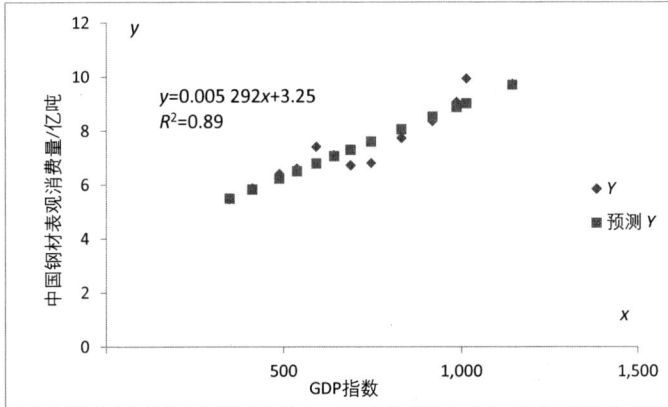

$y=0.005\ 292x+3.25$
$R^2=0.89$

图 2-13 中国钢材表观消费量和 GDP 的线性关系

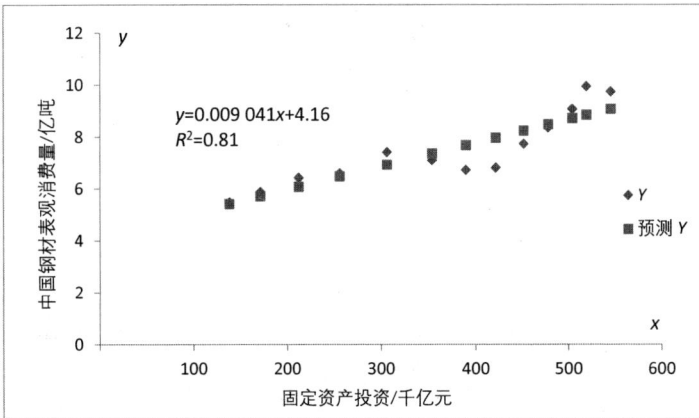

$y=0.009\ 041x+4.16$
$R^2=0.81$

图 2-14 中国钢材表观消费量和固定资产投资的线性关系

当有了线性方程式后，我们只需要将 2022 年预计的 GDP 和固定资产投资作为 x 分别代入线性方程式，即可分别计算出 y，也就是 2022 年的中国钢材表观消费量。

2.2.2　自下而上的需求预测方法

与自上而下的需求预测方法相反的是自下而上的需求预测方法，它对某个大宗商品的每个下游行业的需求做出预测，然后加总得到该大宗商品的需求预测值。

以电解铝为例，其下游行业为建筑、交通、电力电子、机械设备、耐用消费品、包装等，其中建筑和交通板块占总需求的 50%以上，如图 2-15 所示。2008 年至 2021 年，电解铝需求增长迅速，主要下游行业（包括建筑、交通、电力电子和包装）的复合年均增长率（Compound Annual Growth Rate，CAGR）超过 8%，如图 2-16 所示。

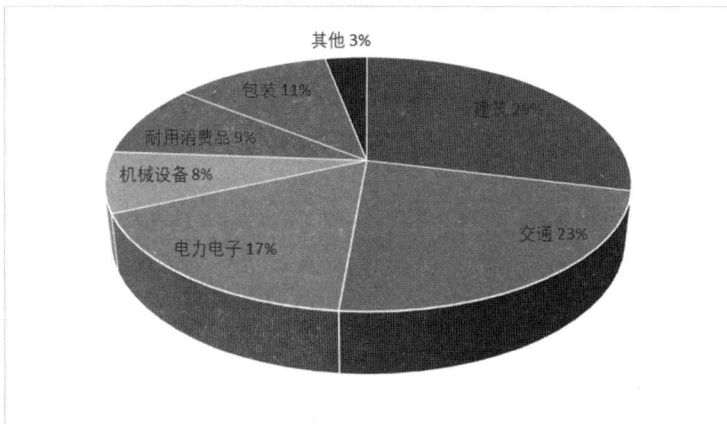

图 2-15　电解铝按行业需求分布（2020 年）

来源：上海有色网

先来看建筑板块，通过观察各项房地产业的指标，发现电解铝建筑板块消费量和房地产开发投资金额有很高的相关性，为 0.96，如图 2-17 所示。接着，进一步做回归分析，得到电解铝建筑板块消费量和房地产开发投资金额的拟合线性方程式为 $y=0.005\,583x+256.586$，$R^2=0.92$，即电解铝建筑板块消费量=0.005 583×房地产开发投资金额+256.586，如图 2-18 所示。

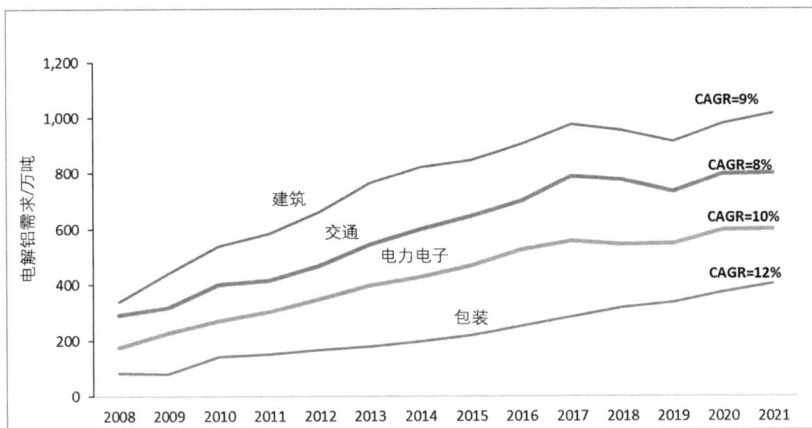

图 2-16　电解铝主要下游行业需求

来源：上海有色网

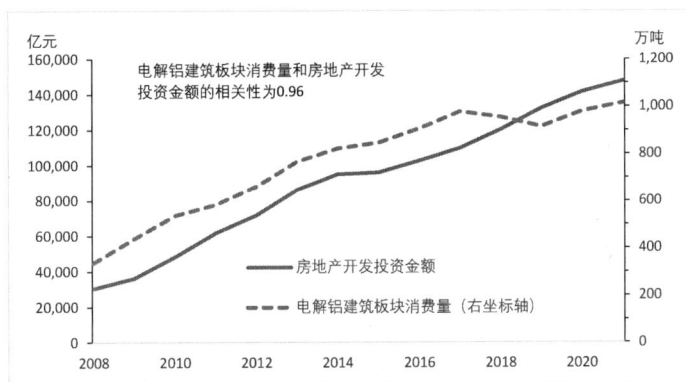

图 2-17　电解铝建筑板块消费量和房地产开发投资金额

来源：上海有色网

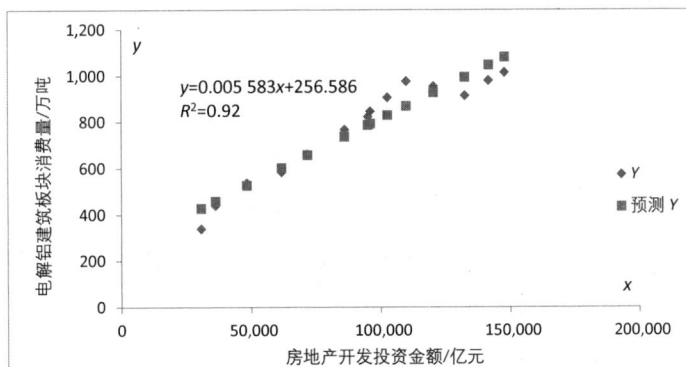

图 2-18　电解铝建筑板块消费量和房地产开发投资金额的线性关系

然后，我们可以预测 2022 年电解铝建筑板块需求，鉴于国家统计局公布的国内 2021 年房地产开发投资同比增长 4.4%，以及预计 2022 年房地产市场不乐观，则可假设房地产开发投资金额增速同比下降 5%，由此可得 2022 年房地产开发投资金额=2021 年房地产开发投资金额 147 602×（1–5%）≈140 222 亿元，将其代入拟合线性方程式，可得到 2022 年电解铝建筑板块消费量=0.005 538×140 222+256.586≈1039 万吨（见图 2-19），比 2021 年增长 2%，如图 2-20 所示。

$y=0.005\ 583x+256.586$
y：2022年电解铝建筑板块消费量
x：2022年房地产开发投资金额
假设房地产开发投资金额2022年同比下降5%
2022年房地产开发投资金额=2021年房地产开发投资金额×（1–5%）
=147 602×（1–5%）
≈140 222（亿元）
2022年电解铝建筑板块消费量=0.005 583×140 222+256.586
≈1039（万吨）

图 2-19　推导 2021 年电解铝建筑板块消费量

来源：国家统计局、上海有色网

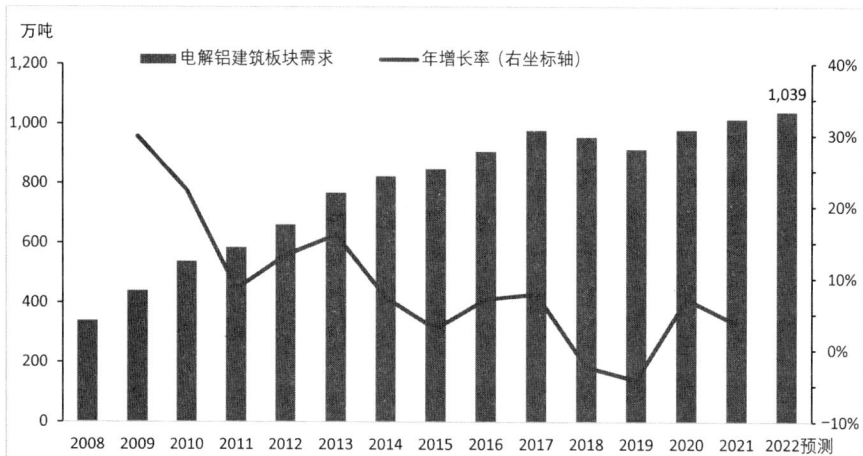

图 2-20　电解铝建筑板块需求及年增长率

来源：上海有色网

我们也可以用同样的方法预测电解铝在交通、电力电子、包装、机械设备、耐用消费品、包装等板块的需求。首先，分别在各板块中找出与各板块需求呈高相关性的关键指标；然后，做回归分析，建立回归模型；最后，将 2022 年各关键指标的预期值代入回归方程式，计算得出 2022 年电解铝在这些板块的消费量。中国电解铝下游行业需求预测如图 2-21 所示。

下游需求	2008年	2009年	2010年	2011年	2012年	2013年	2014年	2015年	2016年	2017年	2018年	2019年	2020年	2021年	2022年预测
建筑（万吨）	338	439	537	583	660	766	822	846	906	977	954	914	979	1,015	1,039
年增长率		30%	22%	9%	13%	16%	7%	3%	7%	8%	-2%	-4%	7%	4%	2%
交通（万吨）	291	319	401	415	469	544	600	644	700	788	777	734	797	800	814
年增长率		10%	26%	3%	13%	16%	10%	7%	9%	13%	-1%	-6%	9%	0%	2%
电力电子（万吨）	175	226	269	302	348	397	428	469	527	557	545	547	595	600	584
年增长率		29%	19%	12%	15%	14%	8%	10%	12%	6%	-2%	0%	9%	1%	-3%
机械设备（万吨）	128	133	132	128	126	142	151	170	186	203	224	229	259	272	292
年增长率		4%	-1%	-3%	-2%	13%	6%	13%	9%	9%	10%	2%	13%	5%	7%
耐用消费品（万吨）	105	93	114	121	140	167	186	208	224	254	273	284	316	330	340
年增长率		-11%	23%	6%	16%	19%	11%	12%	8%	13%	7%	4%	11%	4%	3%
包装（万吨）	82	80	141	151	164	181	195	217	250	285	319	335	373	405	435
年增长率		-2%	76%	7%	9%	10%	8%	11%	15%	14%	12%	5%	11%	9%	7%
其他（万吨）	47	40	55	59	63	63	61	67	71	77	80	84	98	108	118
年增长率		-15%	38%	7%	6%	0%	-3%	10%	6%	8%	4%	5%	17%	10%	9%
电解铝总消费量（万吨）	1,166	1,330	1,649	1,759	1,970	2,255	2,449	2,621	2,864	3,141	3,172	3,127	3,417	3,530	3,622
年增长率		14%	24%	7%	12%	14%	9%	7%	9%	10%	1%	-1%	9%	3%	3%

注：基于电解铝总消费量，剔除未锻轧铝及铝材出口量后的估算数据

图 2-21　中国电解铝下游行业需求预测

来源：上海有色网

2.2.3　需求的周期性和季节性

大宗商品的需求具有周期性，其与国际政治和经济形势、科技创新、供应周期、企业资本支出有关，一般 10～20 年是一个需求周期。一些大宗商品有较长的需求周期，一些大宗商品有较短的需求周期。从 2000 年开始，中国等新兴经济体经济腾飞带动需求爆发。以石油为例，中国经济的高速发展促进对能源的巨大需求，2000—2020 年中国石油需求快速增长，2000 年中国原油消费量为 2.24 亿吨，2020 年中国原油消费量增长至 6.69 亿吨，涨幅约达 199%，如图 2-22 所示。

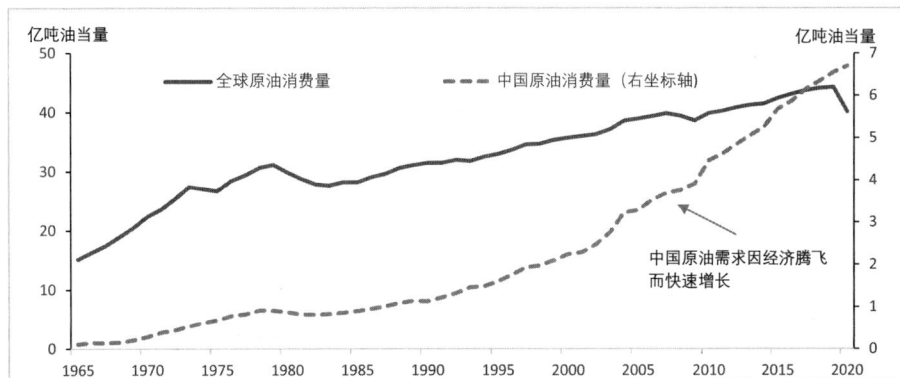

图 2-22　全球和中国原油消费量

来源：英国石油公司（BP）

大宗商品的需求会有季节性波动。以工业品为例，一般每年年初受春节放假及天气寒冷影响，建筑工地等下游需求较弱。春节后，随着企业复工，需求逐渐转强，叠加天气转暖，4、5月一般需求旺盛。之后，7、8月由于天气炎热，建筑工地及一些下游企业放假，需求转弱，之后，9、10月需求旺盛。

以国民经济的重要基础产业钢铁业为例，总体钢材需求每年4、5月和9、10月较强，而1、2月较弱，季节性明显，如图2-23所示。但2017年，钢材需求的季节性不明显，其中6—10月的需求基本持平，呈现出"淡季不淡、旺季不旺"的特点，主要原因是取暖季限产政策落地，多地纷纷出台供暖季错峰生产和限产政策，市场普遍预计钢铁等大宗商品的产量在11月15日至2018年3月15日会减少，因此钢铁厂将生产进度提前，加大马力，在6、7月满负荷赶可能受限产政策影响的产量，而下游用户也因担忧钢材价格会在采暖季上涨而提前备货，在"金九银十"的传统需求旺季需求反而下降。2020年，一季度需求萎缩，但自二季度起快速回升，并维持至11月。

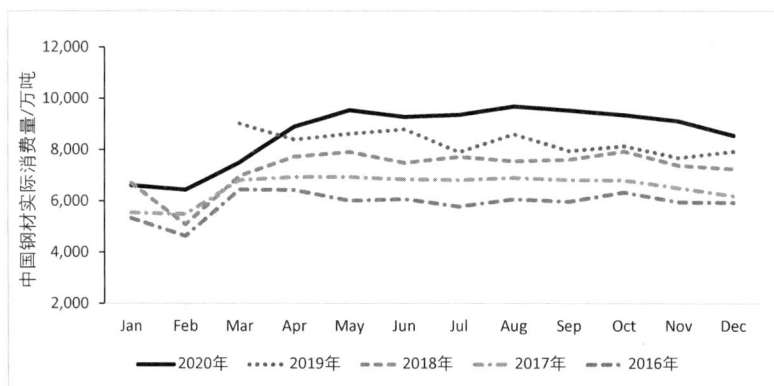

图 2-23　中国钢材实际消费量

来源：上海有色网

"农产品看供应，工业品看需求"是大宗商品行业研究的共识。这是由于农产品的需求相对稳定，其供应因易受天气及播种、生长、收获的周期影响而呈现波动，从而驱动价格；而工业品投资新产能或调整现有产能需要大量的时间和金钱，其需求因受经济形势、货币政策等多种因素影响而更多变。农产品的需求具有季节性，如中国糖的需求在8月，以及3、4月饮料商为夏季备货而采购时强劲，如图2-24所示。

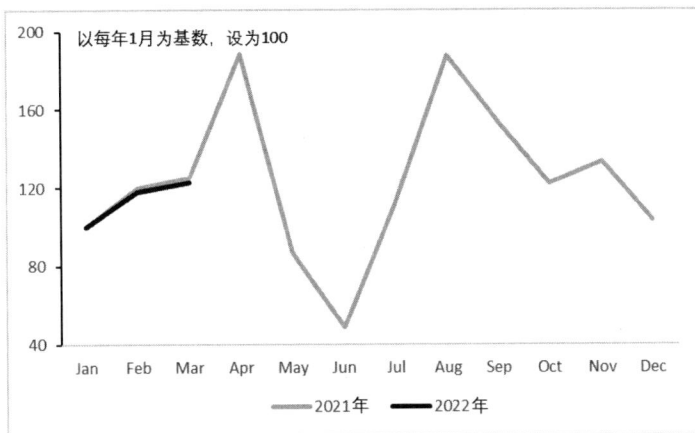

图 2-24 中国糖消费量

来源：国家统计局、中国糖业协会

2.2.4 敏感性分析

大宗商品的需求受多种因素影响，包括宏观面的 GDP 增长率、通胀、汇率、利率，以及其自身下游板块的需求等。从众多因素中找出对大宗商品需求有重要影响的敏感性因素，并分析及预测其对需求的影响程度，即敏感性分析。通过敏感性分析可以确定哪些因素对大宗商品需求的影响较大。

敏感性分析（Sensitivity Analysis）可分为单因素敏感性分析和多因素敏感性分析。单因素敏感性分析针对其他因素保持不变，每次只变动一个因素的情况；多因素敏感性分析针对两种或两种以上因素同时发生变动，不过同时变动的多个因素相互独立的情况。

我们以 2.2.1 节中国钢材表观消费量的预测为例，其中我们测试出 GDP、固定资产投资和中国钢材表观消费量在 2009—2021 年呈较高的相关性，分别为 0.95 和 0.90。自 2009 年以来，中国钢材消费随着经济的腾飞而飞速发展，因此我们以 2009 年以来中国钢材表观消费量和 GDP 及固定资产投资的变化来进行敏感性分析。

我们以 2009 年的数值为基数，设为 100，将之后各年的数值指数化，可见 2021 年中国钢材表观消费量为 2009 年的 4.67 倍，GDP 为 2009 年的 5.37 倍，固定资产投资为 2009 年的 12.37 倍，如图 2-25 所示。因此，GDP 对中国钢材表观消费量的影响大于固定资产投资对中国钢材表观消费量的影响。

时间	中国钢材表观消费量	GDP	固定资产投资
2009年	100	100	100
2010年	112	111	113
2011年	135	121	132
2012年	170	137	167
2013年	195	161	211
2014年	246	187	265
2015年	267	219	328
2016年	299	269	410
2017年	308	318	514
2018年	388	348	669
2019年	416	411	828
2020年	454	487	1,025
2021年	467	537	1,237

图 2-25　2009—2021 年中国钢材表观消费量、GDP、固定资产投资
（以 2009 年的数值为基数，设为 100）

来源：国家统计局、世界钢铁协会

2.2.5　情境分析

情境分析（Scenario Analysis）是通过考虑关键因素基于各种情况发生的变化，而对因变量造成不同影响的一种分析方法。不同于其他预测方法精准地给出一个数值，情境分析给出基于几种可能而得到的不同结果。

情境一般分为基本情况场景、悲观情况场景和乐观情况场景。基本情况场景一般基于平均值来预测，悲观情况场景可假设在特定的情况下最坏的结果，乐观情况场景则可假设在特定的情况下最好的结果。

我们以 2.2.1 节中国钢材表观消费量的预测为例，其中我们测试出 GDP、固定资产投资和中国钢材表观消费量在 2009—2021 年呈较高的相关性，分别为 0.95 和 0.90。另外，我们分别进行回归分析，得到中国钢材表观消费量与 GDP 的拟合线性方程式为中国钢材表观消费量=0.005 292×GDP 指数+3.25，中国钢材表观消费量与固定资产投资的拟合线性方程式为中国钢材表观消费量=0.009 041×固定资产投资+4.16。

将 GDP 作为变量来举例，根据国家统计局数据，2021 年我国 GDP 同比增长 8.1%至 1143.67 万亿元，我们假设 2022 年 GDP 同比增长 5%，并以此为基本情况场景。我们将 5%代入线性方程式，得到 2022 年中国钢材表观消费量约为 9.60 亿吨，同比下降 1.5%，如图 2-26 和图 2-27 所示。

```
y=0.005 292x+3.25

y：2022年中国钢材表观消费量
x：2022年GDP

假设2022年GDP同比增长5%
2022年GDP＝2021年GDP×（1+5%）
             ＝1143.67×(1+5%)
             ≈1200.85（千亿元）

2022年中国钢材表观消费量=0.005 292×1200.85+3.25
                         ≈9.60（亿吨）
                  年增长率：-1.5%
```

图 2-26　基本情况场景推导 2022 年中国钢材表观消费量

来源：国家统计局、世界钢铁协会

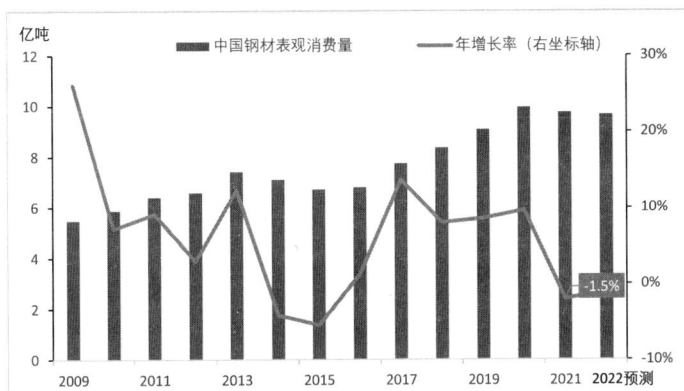

图 2-27　中国钢材表观消费量及年增长率

来源：国家统计局、世界钢铁协会

接着，我们可以假设悲观情况场景 2022 年 GDP 同比增长 4%和乐观情况场景 2022 年 GDP 同比增长 6%，可相应计算出 2022 年中国钢材表观消费量分别为 9.54 亿吨和 9.67 亿吨，年增长率分别为-2.2%和-0.8%，如图 2-28 和图 2-29 所示。

```
y=0.005 292x+3.25

y：2022年中国钢材表观消费量
x：2022年GDP

假设2022年GDP同比增长4%
2022年GDP＝2021年GDP×（1+4%）
             ＝1143.67×(1+4%)
             ≈1189.42（千亿元）

2022年中国钢材表观消费量=0.005 292×1189.42+3.25
                         ≈9.54（亿吨）
                  年增长率：-2.2%
```

图 2-28　悲观情况场景推导 2022 年中国钢材表观消费量

来源：国家统计局、世界钢铁协会

$y=0.005\,292x+3.25$

y：2022年中国钢材表观消费量
x：2022年GDP

假设2022年GDP同比增长6%
2022年GDP = 2021年GDP× （1+6%）
= 1143.67×(1+6%)
≈1212.29 （千亿元）

2022年中国钢材表观消费量=0.005 292×1212.29+3.25
≈9.67 （亿吨）
年增长率： -0.8%

图 2-29　乐观情况场景推导 2022 年中国钢材表观消费量

来源：国家统计局、世界钢铁协会

因此，我们可推导出 2022 年中国钢材表观消费量的波动区间为 9.54 亿吨～9.67 亿吨，和 2021 年相比有所下降，如图 2-30 所示。

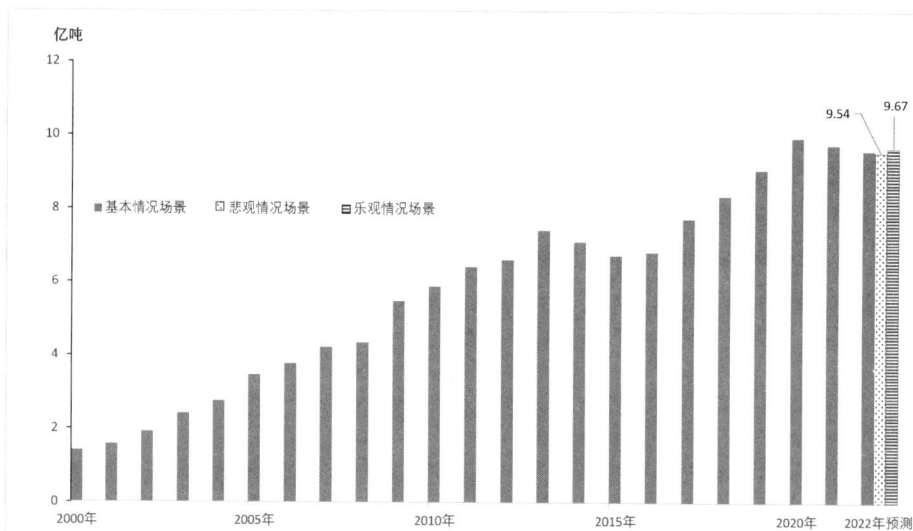

图 2-30　三种情境假设推导的中国钢材表观消费量

来源：国家统计局、世界钢铁协会

2.3　投行需求预测中用到的统计方法

大宗商品的供应由于资源及生产成本等原因比较具有地域性，而大宗商品的需求分布广阔。例如，智利是全球最大的铜精矿生产国，但全球最大的铜精矿消费国是中国；中国的玉米产地主要是东北、华北和西南地区，但全国各地都消费玉米。因此，供应面预测可以通过分析每座矿山和每个冶炼厂的生产情况进行估算，而需求面预测主要借助各种统计方法。比较常见和多用的统计方法是线性回归（Linear Regression），线性回归又分为单线性回归（Simple Linear Regression）和多元线性回归（Multiple Linear Regression）。

2.3.1　单线性回归分析

利用数理统计中的回归分析，确定两种及两种以上变量间的定量关系的统计方法即线性回归，其因变量和自变量的关系可用直线近似表示。当自变量为一个时，是单线性回归；当自变量为两个或两个以上时，是多元线性回归。

以预测中国钢材表观消费量为例，我们将中国钢材表观消费量作为因变量。第一步，找出与因变量有线性关系的数据，将其作为自变量。通过对钢铁行业进行分析，得知作为基础产业，其与国民经济息息相关，因此在备选的宏观指标中，测试出 GDP 和固定资产投资与中国钢材表观消费量呈线性关系，相关性分别为 0.95 和 0.90（见图 2-11 和图 2-12）。

第二步，找出自变量和因变量之间的定量关系。我们做单回归分析，因此以中国钢材表观消费量和 GDP 为例，通过回归分析，得到线性结果，如图 2-31 所示。其中，先来看 R^2，其是衡量线性回归模型解释变量变异程度的指标，其值越高越好，在图 2-13 中，R^2=0.89，较高。再次，由 Intercept Coefficients（截距回归值）和 X Variable 1 Coefficients（斜率回归值）得到线性方程式 y=0.005 292x+3.25，即中国钢材表观消费量=0.005 292×GDP 指数+3.25。

SUMMARY OUTPUT					
回归统计					
Multiple R	0.944273641				
R Square	0.891652709				
Adjusted R Square	0.881802955				
标准误差	0.476162378				
观测值	13				
方差分析					
	df	*SS*	*MS*	*F*	*Significance F*
回归分析	1	20.52487	20.52487	90.52538	1.213E-06
残差	11	2.494037	0.226731		
总计	12	23.01891			
	Coefficients	*标准误差*	*t Stat*	*P-value*	*Lower 95%*	*Upper 95%*	*下限95.0%*	*上限95.0%*
Intercept	3.251991104	0.421625	8.661712	3.04E-06	2.7240016	4.5799806	2.724002	4.5799806
X Variable 1	0.005292305	0.000556	9.514483	1.21E-06	0.0040698	0.0065194	0.00407	0.0065194

图 2-31　中国钢材表观消费量和 GDP 的回归分析结果

数据来源：国家统计局、世界钢铁协会

接下来，我们来做中国钢材表观消费量和固定资产投资的线性回归，其结果如图 2-32 所示。$R^2=0.81$，解释变量变异程度的指标较高，线性方程式为 $y=0.009\,041x+4.16$，即中国钢材表观消费量=$0.009\,041$×固定资产投资+4.16（见图 2-14）。

SUMMARY OUTPUT

回归统计	
Multiple R	0.897661597
R Square	0.805796342
Adjusted R Square	0.788141464
标准误差	0.637492019
观测值	13

方差分析

	df	SS	MS	F	Significance F
回归分析	1	18.54855	18.54855	45.64157	3.133E-05
残差	11	4.470357	0.406396		
总计	12	23.01891			

	Coefficients	标准误差	t Stat	P-value	Lower 95%	Upper 95%	下限 95.0%	上限 95.0%
Intercept	4.159151224	0.51983	8.000984	6.52E-06	3.0150131	5.3032893	3.015013	5.3032893
X Variable 1	0.009040981	0.001338	6.755854	3.13E-05	0.0060955	0.0119864	0.006096	0.0119864

图 2-32　中国钢材表观消费量和固定资产投资的回归分析结果

数据来源：国家统计局、世界钢铁协会

当有了线性方程式后，我们只需将预测年份的 GDP 和固定资产投资值作为 x 分别代入线性方程式，则可分别计算得 y，即预测年份的中国钢材表观消费量。

2.3.2　多元线性回归分析

在 2.3.1 节中，我们可知 GDP 指数和固定资产投资与中国钢材表观消费量都呈正向线性关系，且拟合度都很好，因此将这两个因素同时引入模型作为自变量，来推导因变量（中国钢材表观消费量）。

通过做回归分析，得到线性结果，如图 2-33 所示。我们先来看看 R^2。在图 2-33 中，$R^2\approx0.91$，说明线性回归模型的拟合效果很好。再次，由 Intercept Coefficients、X Variable 1 Coefficients、X Variable 2 Coefficients 得到线性方程式为 $y=0.008473x_1-0.006839x_2+3.398$，即中国钢材表观消费量=$0.008473$×GDP 指数$-0.006839$×固定资产投资+3.398。

SUMMARY OUTPUT							
回归统计							
Multiple R	0.95208752						
R Square	0.906470647						
Adjusted R Square	0.887764776						
标准误差	0.463998266						
观测值	13						
方差分析							
	df	*SS*	*MS*	*F*	*Significance F*		
回归分析	2	20.86597	10.43298	48.45915	7.157E-06		
残差	10	2.152944	0.215294				
总计	12	23.01891					
	Coefficients	标准误差	*t Stat*	*P-value*	*Lower 95%*	*Upper 95%*	下限 95.0%	上限 95.0%
Intercept	3.398052871	0.42867	8.160244	9.89E-06	2.5429163	4.4531895	2.5429163	4.4531895
X Variable 1	0.008472674	0.002582	3.280842	0.008277	0.0027186	0.0142268	0.0027186	0.0142268
X Variable 2	-0.00683878	0.004639	-1.25869	0.236732	-0.0161746	0.004497	-0.016175	0.004497

图 2-33 中国钢材表观消费量和 GDP、固定资产投资的回归分析结果

数据来源：国家统计局、世界钢铁协会

最后，我们检测模型的预测值。假设 2022 年 GDP 的增幅为 5%（2.2.5 节基本情况场景下，对 2022 年 GDP 增幅的预测），由中国钢材表观消费量和 GDP 的单线性回归方程式 $y=0.005\,292x+3.25$ 可得 2022 年中国钢材表观消费量为 9.60 亿吨。再假设固定资产投资 2022 年的增幅为 5%，由中国钢材表观消费量和固定资产投资的单线性回归方程式 $y=0.009\,041x+4.16$ 可得 2022 年中国钢材表观消费量为 9.33 亿吨。假设 GDP 和固定资产投资均增幅 5%，由多元线性回归方程式 $y=0.008\,473x_1-0.006\,839x_2+3.398$ 可得 2022 年中国钢材表观消费量为 9.66 亿吨，如图 2-34 所示。

	GDP	固定资产投资	GDP和固定资产投资
2022年变量增幅假设	5.0%	5.0%	均为5%
线性方程式	$y=0.005\,292x+3.25$	$y=0.009\,041x+4.16$	$y=0.008\,473x_1-0.006\,839x_2+3.398$
自变量代入后结果	9.60亿吨	9.33亿吨	9.66亿吨

图 2-34 单线性方程和多元线性方程结果检测

由图 2-34 可知，以 GDP 为自变量的单线性回归方程式推导的结果，与以 GDP 和固定资产投资为自变量的多元线性回归方程式推导的结果相近，我们可将两个结果的平均值 9.63［(9.60+9.66)/2=9.63］亿吨作为 2022 年中国钢材表观消费量的预测值。

2.4 投行分析师的需求预测法宝——实地调研

大宗商品的需求分布广泛，不只在地域上，作为原材料的大宗商品也被运用在各行各业。例如，大豆除了作为口粮和用于工业，其榨油后的下游产品豆油和豆粕分别被用于居民消费和养殖业；原油除了被用作燃料，其加工产品被广泛运用在工业、农业的各个领域。大宗商品的需求受各种因素的影响，包括宏观经济和政策，以及各种突发事件（如新冠肺炎疫情、金融危机等）。因此，准确的需求预测除了依赖分析数据、建立模型，实地调研也是一大法宝，其是在由数据反映各种变化前，掌握第一手信息的重要渠道。

2.4.1　实地调研时，如何抓住反映需求的关键细节

实地调研是指通过科学的方法，系统、有针对性地走访，以收集市场第一手信息，为分析研究提供最新的素材，注意要保持客观的态度。对大宗商品来说，由于其产业链较长，且参与者多，包括矿山、冶炼厂、加工企业、贸易商、终端用户等，因此在实地调研其需求时，要运用一些技巧。在调研冶炼厂和加工企业的需求时，可询问其订单情况，在调研贸易商的需求时，可了解其供销情况，在调研终端用户的需求时，可了解其开工率及库存，从而全面掌握大宗商品需求的变化趋势。

以铜为例，铜具有良好的导电性、导热性及延展性，是工业上被广泛使用的金属，其下游包括电力、家电、交通运输、建筑、机械电子等。电解铜可被加工为铜管，作为空调的重要原材料，因此通过实地调研铜管厂可判断空调业对铜的需求。我们可以调研铜管厂的开工率，2016—2020 年铜管厂的开工率如图 2-35 所示。空调行业有季节性，生产旺季一般为 11 月到次年 4 月，空调市场转暖必定带动铜管厂开工率上升，如果开工率在淡季也上升，则是重要信号，一定要找出原因，如可能是空调企业由于扶持政策需求增加，也可能出于特殊原因将生产时间提前。除了看开工率的环比，也要看其同比，综合判断年度需求上升还是下降。

此外，我们可以询问铜管厂相关人员来自空调厂的订单情况，了解铜管厂是在执行去年的订单，还是接了空调厂的新订单，新订单和往年相比增加了还是减少了。空调厂有时会因为铜价波动较大而采取观望态度，延迟订单，因此从订单情况我们不仅可以了解其对铜的需求，还可以了解下游用户对后市铜价的预期。我们还可以询问铜管厂是否打算增加产能或减少产能，如果铜管厂看好下游需求，那么其会通过增加产能来应对日益增长的订单，反之则会减少产能，以减少损失。

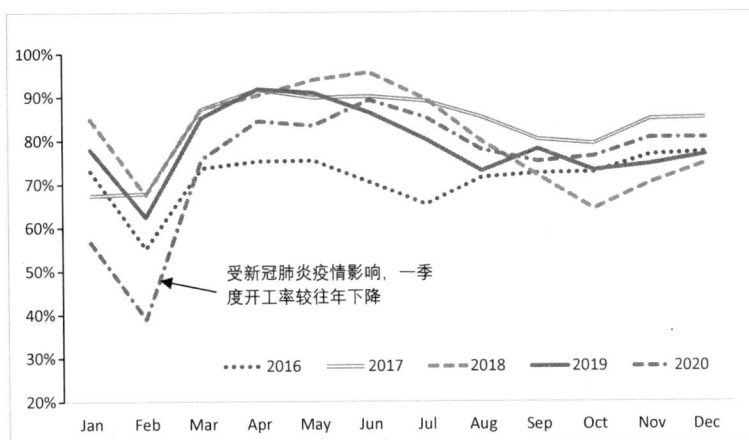

图 2-35　铜管厂的开工率

来源：上海有色网

　　由于钢材下游用户（见图 2-36）往往需要多种规格的钢材，品种多而量有限，有的用户可能只需要几百吨甚至几十吨钢材；而钢厂生产相对而言品种集中且量大，年产量大多在百万吨以上，2020 年中国前十大钢厂粗钢产量如图 2-37 所示。因此，大量的钢材经销商一边与钢厂签订长期的购买合同，一边按下游用户的需求提供商品及服务。综上所述，由于钢材经销商服务多个行业的下游用户，调研钢材经销商也是"一站式"了解钢材下游需求的渠道之一。

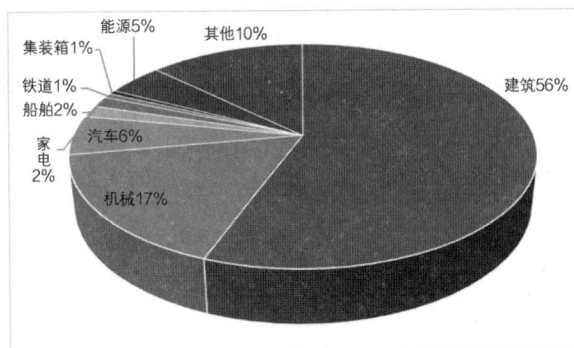

图 2-36　2020 年中国钢材下游消费分类

来源：上海有色网

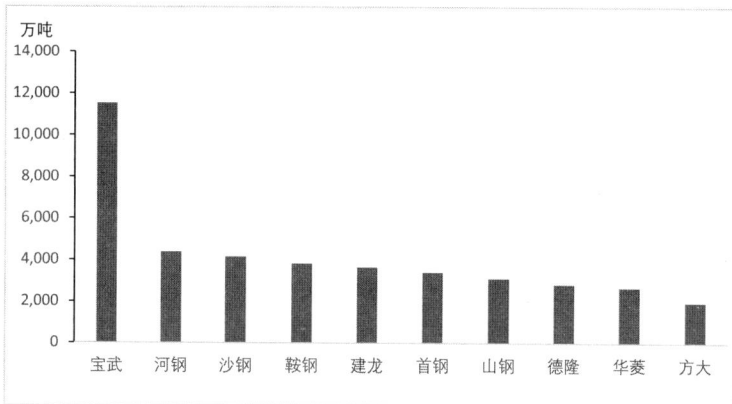

图 2-37　2020 年中国前十大钢厂粗钢产量

来源：世界钢铁协会

2.4.2　参加行业会议、展览，建立人脉并调研需求

由于大宗商品的需求调研范围广泛，下游行业遍布各个领域，从建筑到家电行业，从榨油到养殖业，我们可通过参加行业会议、展览，近距离接触目标调研企业，了解其经营理念、生产计划、对市场的展望等。同时，我们可从中认识相关从业人员，建立自己的行业人脉，为今后到各下游企业进行实地调研打下基础，先积攒调研企业的名单和联系人员。

以有色金属为例，世界一流的金属交易所——伦敦金属交易所自从在 2012 年被中国香港交易所收购后，将其每年 10 月在伦敦举办的金属周向亚洲拓展，自 2013 年起每年 5 月在中国香港举行亚洲金属周，亚洲金属周是数千名金属和金融行业人士参与的行业盛会。金属产业链的各界人士，从上游矿山、中游冶炼厂到下游加工厂及终端消费商汇聚一堂，交流观点、分享对市场的看法和展望。在亚洲金属研讨会上，行业专家会对每年市场的热议话题进行剖析、解读和预测，可见行业大型会议是投资者获取行业最新、权威资讯和专家看法的极佳平台。

大多数大宗商品都有自己行业的会议，部分大宗商品行业每年在亚洲举办的大型会议如图 2-38 所示。投资者可以通过参加行业会议了解自己感兴趣的大宗商品，通过会议初步了解该品种的产业链和相关企业，为今后深入研究打好基础。大宗商品各品种互相影响，因此了解相关品种也有利于自己做出更全面的分析。例如，原油供需情况的变化会直接影响其自身及相关能源商品的价格；由于原油是很多工业金属生产的原材料，工业金属的价格会随着原油价格的变化而变化；原油价格的涨跌又是全球经济的"晴雨表"，宏观层面的变化，首先受影响的是贵金属。

时间	地点	会议名称	相关大宗商品品种
5月	新加坡	Iron Ore Week（铁矿石周）	黑色金属
5月	中国香港	LME亚洲年会	有色金属
5月	上海	上海衍生品论坛	能源、有色金属、纸浆、橡胶
6月	不同国内城市	中国国际棉花会议	棉花
9月	新加坡	APPEC（Asia Pacific Petroleum Conference，亚太石油会议）	能源
11月	上海	Asia Copper Week（亚洲铜业周）	铜
11月	马来西亚	International Palm Oil Congress（棕榈油国际大会）	棕榈油

图 2-38　部分大宗商品行业每年在亚洲举办的大型会议

来源：各交易所网站

对自己了解的品种，投资者可参会重点了解一下大家对行业趋势的解读及判断是否和自己相同，如果不同，则要弄清楚是自己忽略了某些因素，还是自己有独到的见解。大宗商品的价格除了受供需、宏观层面驱动，还受市场心态和行为的影响。在大宗商品价格上涨阶段，如果市场预期向好，则其价格一般会越涨越高；在大宗商品价格下跌阶段，如果市场预期向下，则其价格一般会越跌越低。

2.4.3　投行实地调研之海外企业

因为很多大型跨国公司的总部在国外，所以调研海外企业有助于把握市场新动向，了解市场的供需情况、价格制定、销售渠道等，同时可将调研所得用于国内企业。笔者曾走访海外车企、造船厂和饮料公司，目睹其新技术的运用及对全球布局的把控，下面以海外车企为例详述铝代替钢在汽车行业的兴起。

由于美国执行 CAFE（Corporate Average Fuel Economy，公司平均燃料经济性）标准，要求在美国销售的轿车和轻型卡车提高燃油效率及减少温室气体排放，美国汽车制造商纷纷寻找新材料，要求新材料更轻、更坚实，以替代车身上普遍使用的钢材，其中铝材是经济可行的材料。2014 年，福特汽车宣布从 2015 年起，其畅销皮卡车型 F150 车身采用铝合金，以减轻车身重量和提高燃油效率，而之前只是赛车、高端轿车和跑车等采用全铝车身。在 CAFE 标准下，各大车企开始研究如何提高铝材在车身中的运用比例。

于是，2015年年中，笔者走访了部分海外车企，主要调研车企铝代替钢的进度。通过参观这些车企的生产车间及与生产和技术人员交流，笔者发现高强度钢被提及的频率很高，原因在于：（1）虽然新型铝材在减轻车身重量的同时能提供足够的强度，但车企的成本大大提高了；（2）由于大部分车企现有的生产线都是基于钢材车身而设计的，如果要改用铝材，则需要建造级别更高的生产线，耗时、耗财、耗力，而高强度钢是现有钢材的升级版，因此生产线只需要稍加改动就能满足生产要求。这两个方面的原因促使不少车企更青睐成本相对低、强度高、对生产线改动要求不高的高强度钢。铝材和钢材的性能比较如图2-39所示。

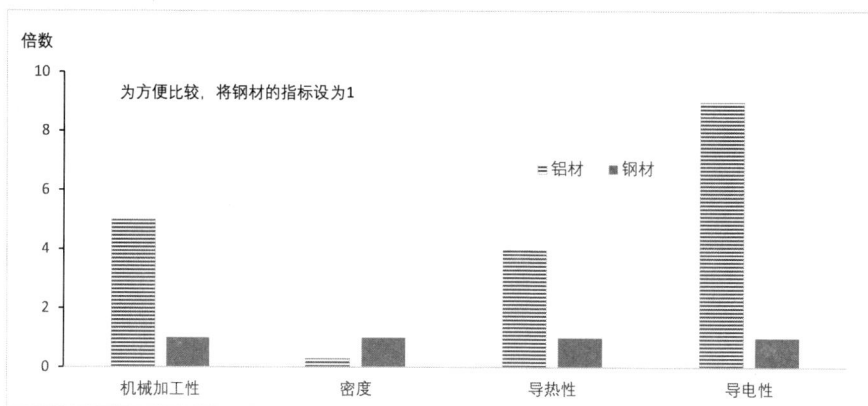

图 2-39　铝材和钢材的性能比较

来源：爱励铝业公司（Aleris）

基于调研，笔者认为车企对铝材和高强度钢的需求会逐年上升，因为很多国家都已为提高汽车燃油效率出台政策，车企会在车身上运用更多铝材和高强度钢，以达到政策要求。美国铝业公司对铝材的需求做了预测，如图2-40所示。此举会促使对大宗商品铝材和钢材的需求增加，但由于汽车在铝材和钢材的总需求中占比较小，而汽车轻量化的进程也不是一蹴而就的，而是逐年推进的，从而落实到每年对铝材和钢材的需求比较小。因此，铝材和钢材的短期价格不会仅因为汽车轻量化而上升，因为汽车轻量化是推动其价格上升的重要因素而不是决定性因素，不过汽车轻量化是铝价和钢价长期利好的因素之一。北美轻型车先进高强度钢和超高强度钢利用预测如图2-41所示。

万吨

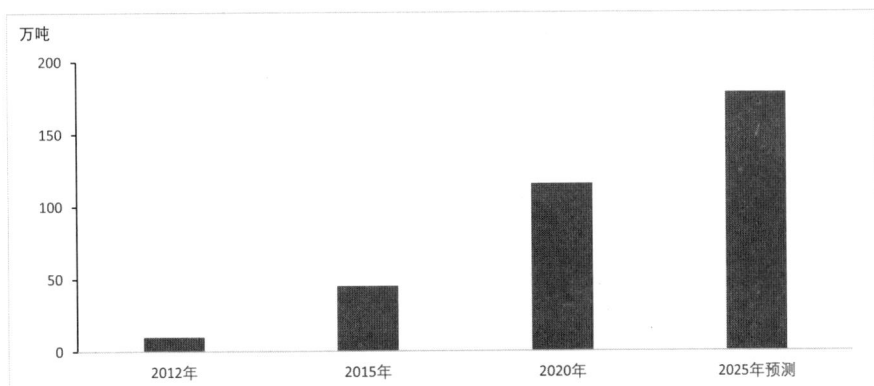

图 2-40 北美汽车对铝材的需求

来源：美国铝业公司（Alcoa）

图 2-41 北美轻型车先进高强度钢和超高强度钢利用预测

来源：世界钢铁协会《汽车先进高强度钢应用手册 V6.0》

此外，笔者认为对大部分生产低端产品的中国铝厂和钢厂来说，车身用铝材和高强度钢是它们转型生产高附加值产品的机遇之一，它们可以从中赚取更高的加工费，也可以改善中国电解铝和钢铁行业低端产品过剩、高端产品短缺的情况。

2021 年，随着各国积极响应碳减排，新能源汽车快速发展，助推了汽车轻量化的进程。根据 EV Sales 的数据，全球 2020 年约销售 312 万辆新能源乘用车，同比增长 41%，如图 2-42 所示。欧洲在 2020 年超越中国成为全球新能源乘用车最大市场，占比 43.8%，中国占比 40.7%。

根据中国汽车工业协会数据，2021 年上半年，我国新能源汽车产销双增，产量为 121.5 万辆，销量为 120.6 万辆，并已与 2019 年全年水平持平。新能源汽车渗透率也由 2021 年年初的 5.4%提高到上半年的 9.4%，其中 6 月的渗透率已超过 12%，这说明新兴动能不断增强，投资规模持续扩大。这带动产业链上游的铝材生产商纷纷布局这一加速赛道，提升产量。笔者预计，新能源汽车的崛起叠加城市交通网络建设，将推动交通板块的需求持续上升。上海有色网预测，交通板块的需求将在 2025 年上升为占中国电解铝总需求的 27%，比 2020 年增加 4 个百分点，如图 2-43 所示。

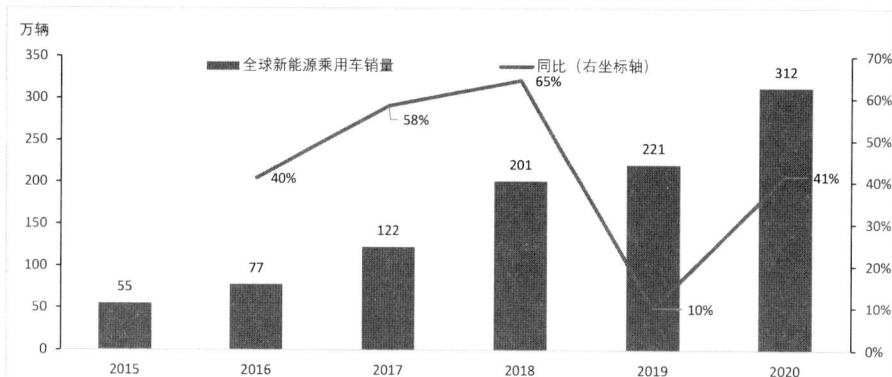

图 2-42　全球新能源乘用车销量及同比

来源：EV Sales

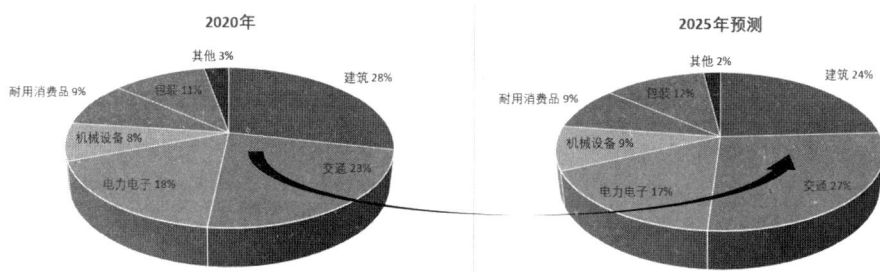

图 2-43　中国电解铝下游需求分布（2020 年和 2025 年预测）

来源：上海有色网

2.4.4　投行实地调研

自美国于 2018 年 3 月决定对从中国进口的商品收取额外关税，两国出台了针对从对方进口的商品收取关税的清单，这对不少行业的出口和生产造成了影响。因此，笔者于 2018 年 5 月调研了一些大宗商品下游行业，包括房地产企业、电线电缆厂、家电企业、车企、造船厂和建工集团，与各下游企业交流并收集第一手资料，以分析征收关税对大宗商品需求及价格的影响。下面以家电和汽车企业为例具体说明。

美国是中国家电行业出口的第一大国，因此关税的征收在一定程度上会降低国内家电的出口量。同时，由于国外消费者对家电的价格敏感，假设保持家电的售价不变，额外的关税会降低国内家电企业的实际出口价格，压缩利润空间。中国大家电（如冰箱、洗衣机、电视机、空调）对美国的出口量占总产量的比例低于 10%，而小家电（如微波炉、电风扇）的出口量占总产量的比例较高，因此关税的征收对出口依存度较高的小家电生产企业影响较大。

在调研了国内大家电和小家电企业后，笔者发现大家电企业的生产和利润受征收关税的影响较小，因为其已布局海外生产基地，可通过海外工厂出口美国，在原产地规则（Rules of Origin）下确保自身利润。此外，大家电企业的海外销售相对分散，对美国的出口量占总产量的比例较低。小家电企业对海外市场的依存度较高，因此其受征收关税的影响较大。但由于美国市场对中国小家电的依存度高，美国终端用户更换供应商难度较大，短期内对国内小家电企业的影响尚可接受，但长期影响不可忽视。由相关机构公布的 2019 年国内家电行业出口数据来看，也印证了笔者的调研结论，即家电行业出口量和额度在 2019 年持续增长，大家电出口表现为量增额降，而小家电表现为量额双增，如图 2-44 所示。但中国对美国出口持续负增长，2019 年出口额为 152.4 亿美元，下降 7.40%（见图 2-45），占中国家电行业出口总额的比例由 2018 年的 24%下降为 21.5%，并被欧盟反超。

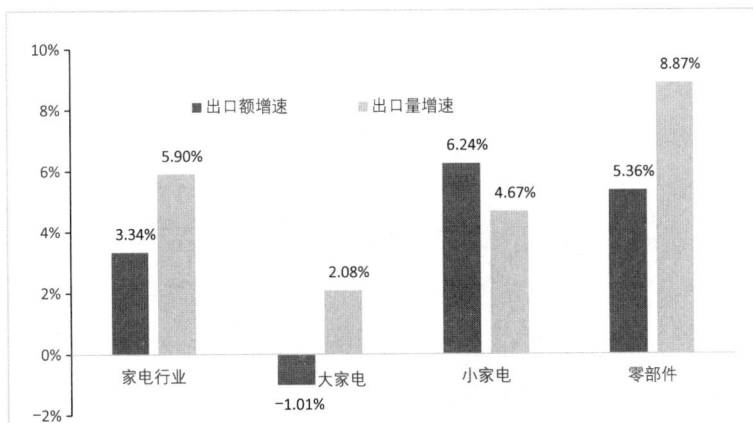

图 2-44　2019 年家电行业分品类出口增速

来源：中国家用电器协会

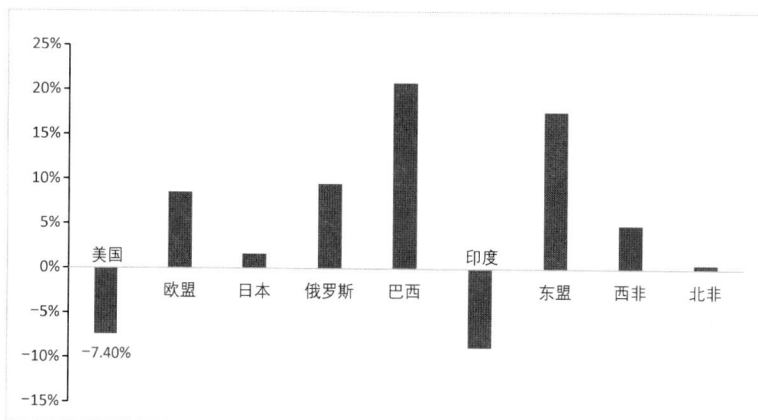

图 2-45 2019 年中国家电行业对外出口额年增幅

来源：中国家用电器协会

关税的征收对中国家电企业来说是一个要加快产业结构升级和技术创新的信号，以此提升产品竞争力。对于国内市场，家电企业需要结合消费者对产品多样性及品质的追求，加强技术创新和研发新品种；对于国外市场，家电企业需要加快加大全球化布局，在海外建设生产基地，同时研究高端产品，提高产品的附加值。

再来看汽车行业，美国对中国对其出口的汽车产品和零部件额外征收25%的关税，中国也对美国进口车征收25%的关税，宝马、特斯拉、奔驰等由美国工厂生产的汽车销量受到影响，因此纷纷加快在中国投资建厂的步伐，以改变自身全球产能布局。特斯拉 2019 年收入分布如图 2-46 所示。特斯拉于 2018 年 7 月在上海建厂，生产 Model 3（见图 2-47）和 Model Y 两款车型。

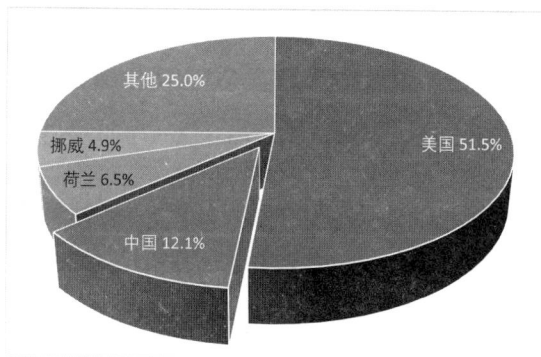

图 2-46 特斯拉 2019 年收入分布

来源：特斯拉 2019 年 10-K 报告

图 2-47　特斯拉 Model 3

来源：特斯拉网站

　　在调研车厂和经销商后，笔者认为业界普遍担忧相关政策对国内汽车行业造成冲击，而生产规模较小且经营效益较差的汽车生产商将面临被淘汰或关闭的压力，行业的兼并和重组将加快进程。国内汽车行业自 2018 年起，由于消费增速下滑，并且首次出现销量负增长，2019 年持续下滑，降幅达 8.2%（见图 2-48），其中新能源汽车受补贴退坡影响，销量下降，如图 2-49 所示。汽车行业的销量下降将拉低对大宗商品的需求，从而压制大宗商品的价格。

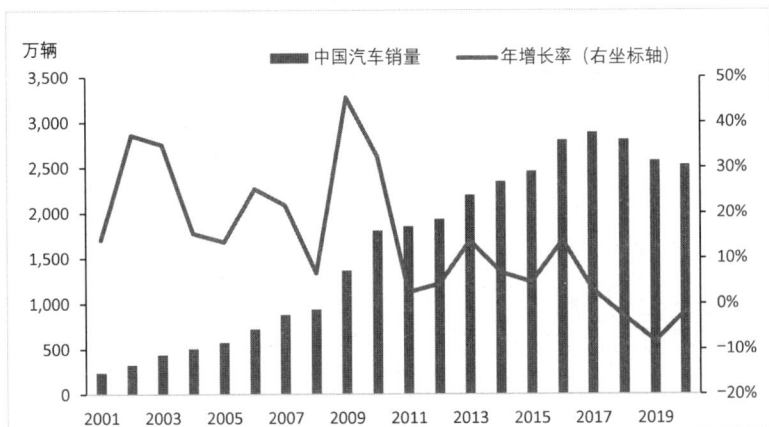

图 2-48　中国汽车销量及年增长率

来源：中国汽车工业协会

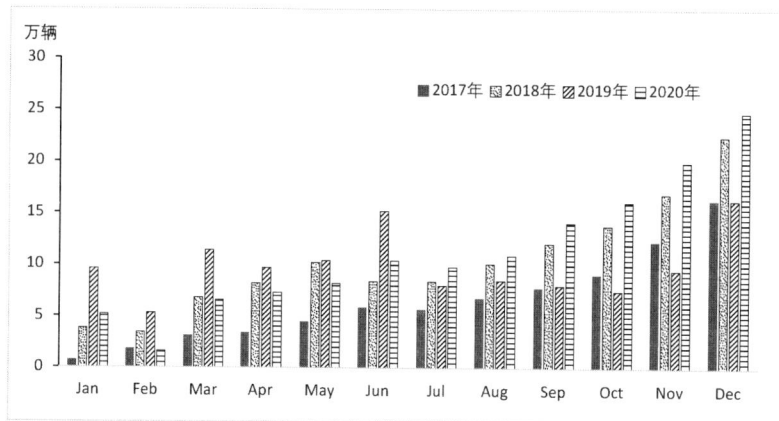

图 2-49　中国新能源汽车月销量

来源：中国汽车工业协会

2.5　投行实战案例

2.5.1　投行为何要做需求模型

收集大宗商品的历史需求数据，并预测未来的需求，即需求模型。需求模型中不仅有该大宗商品的总需求，也有各下游行业的细分数据。建立需求模型，将未来需求量化，并与未来的供应量比较，以此判断行业将供大于需、供需平衡还是供小于需，这是判断大宗商品价格走势的依据之一。此外，相较需求的绝对值，需求的变化也是影响大宗商品价格的重要因素之一。拿自己所做的需求模型与市场预期比较，可以检验自己的预测是否准确，或者得知自己关注了市场忽略的信息。

在做短期需求预测时，可以采用前文介绍的自上而下法或自下而上法。在做中长期需求预测时，可以采用相对简单的年同比分析（Year-over-Year Analysis），即查看历史增长率，并将历年的平均增长率应用于下一年的预测。

下面我们以中国电解铝需求预测为例来具体说明。这里采用自下而上法，通过预测中国电解铝每个下游板块在 2022 年和 2023 年的需求量，汇总得到电解铝在 2022 年和 2023 年的总需求量（总消费量），如图 2-50 所示。

我们可以继续采用自下而上法来预测 2024 年的中国电解铝需求，但由于下游行业与需求相关指标的未来预测比较局限，这里采用年同比分析来预测 2024 年中国电解铝需求量。例如，我们通过线性回归计算得出房地产开发投资对电解铝建筑板块需求的线性方程式，从而通过预测房地产开发投资在 2022 年的增长速度来计算建筑板块需求，但预测 2024 年房地产开发投资的难度较大且数据有限，因此我们采用年同比分析来预测建筑板块需求。我们可以将 2009—2023 年的增长率平均值 8% 作为 2024 年的增长率，但笔者认为之前的高增长率不可复制，增长率会逐年放缓。在一般情况下，我们也可以将过去三年，即 2021—2023 年增长率平均值 3% 作为 2024 年的增长率，计算得出 2024 年建筑板块需求约为 1092 万吨，如图 2-51 所示。

下游需求	2008年	2009年	2010年	2011年	2012年	2013年	2014年	2015年	2016年	2017年	2018年	2019年	2020年	2021年	2022年预测	2023年预测
建筑（万吨）	338	439	537	583	660	822	846	906	977	954	914	979	1,015	1,039	1,060	
年增长率		30%	22%	9%	13%	16%	7%	3%	7%	8%	-2%	-4%	7%	4%	2%	2%
交通（万吨）	291	319	401	415	469	544	600	644	700	788	777	734	797	800	814	838
年增长率		10%	26%	3%	13%	16%	10%	7%	9%	13%	-1%	-6%	9%	0%	2%	3%
电力电子（万吨）	175	226	269	302	348	397	428	469	527	557	545	547	595	600	584	590
年增长率		29%	19%	12%	15%	14%	8%	10%	12%	6%	-2%	0%	9%	1%	-3%	1%
机械设备（万吨）	128	133	132	128	126	142	157	170	186	203	224	229	259	272	292	307
年增长率		4%	-1%	-3%	-2%	13%	11%	8%	9%	10%	10%	2%	13%	5%	7%	5%
耐用消费品（万吨）	105	93	114	121	140	167	186	208	224	254	273	284	316	330	340	353
年增长率		-11%	23%	6%	16%	19%	11%	12%	8%	13%	7%	4%	11%	4%	3%	4%
包装（万吨）	82	80	141	151	164	176	195	217	250	285	319	335	373	405	435	470
年增长率		-2%	76%	7%	9%	7%	11%	11%	15%	14%	12%	5%	11%	9%	7%	8%
其他（万吨）	47	40	55	59	63	63	61	67	71	77	80	84	98	108	118	129
年增长率		-15%	38%	7%	7%	0%	-3%	10%	6%	8%	4%	5%	17%	10%	9%	9%
电解铝总消费量（万吨）	1,166	1,330	1,649	1,759	1,970	2,255	2,449	2,621	2,864	3,141	3,172	3,127	3,417	3,530	3,622	3,746
年增长率		14%	24%	7%	12%	14%	9%	7%	9%	10%	1%	-1%	9%	3%	3%	3%

图 2-50　中国电解铝下游行业需求预测表

来源：上海有色网

下游需求	2021年	2022年预测	2023年预测	2024年预测	
建筑（万吨）	1,015	1,039	1,060	1,092	2024年需求：1060×(1+3%)≈1092（万吨）
年增长率	4%	2%	2%	3%	取2021—2023年增长率平均值：(4%+2%+2%)/3≈3%

图 2-51　将 2021—2023 年增长率平均值作为 2024 年的增长率，
预测 2024 年建筑板块需求

来源：上海有色网

在图 2-52 中，笔者预测了 2022—2024 年各下游行业的电解铝需求。

下游需求	2008年	2009年	2010年	2011年	2012年	2013年	2014年	2015年	2016年	2017年	2018年	2019年	2020年	2021年	2022年预测	2023年预测	2024年预测
建筑（万吨）	338	439	537	583	660	766	822	846	906	977	954	914	979	1,015	1,039	1,060	1,092
年增长率		30%	22%	9%	13%	16%	7%	3%	7%	8%	-2%	-4%	7%	4%	2%	2%	3%
交通（万吨）	291	319	401	415	469	544	600	644	700	788	777	734	797	800	814	838	861
年增长率		10%	26%	3%	13%	16%	10%	7%	9%	13%	-1%	-6%	9%	0%	2%	3%	3%
电力电子（万吨）	175	226	269	302	348	397	428	469	527	557	545	547	595	600	584	590	598
年增长率		29%	19%	12%	15%	14%	8%	10%	12%	6%	-2%	0%	9%	1%	-3%	1%	1%
机械设备（万吨）	128	133	132	128	126	142	157	170	186	203	224	229	259	272	292	307	319
年增长率		4%	-1%	-3%	-2%	13%	11%	8%	9%	10%	10%	2%	13%	5%	7%	5%	4%
耐用消费品（万吨）	105	93	114	121	140	167	186	208	224	254	273	284	316	330	340	353	363
年增长率		-11%	23%	6%	16%	19%	11%	12%	8%	13%	7%	4%	11%	4%	3%	4%	3%
包装（万吨）	82	80	141	151	164	176	195	217	250	285	319	335	373	405	435	470	502
年增长率		-2%	76%	7%	9%	7%	11%	11%	15%	14%	12%	5%	11%	9%	7%	8%	7%
其他（万吨）	47	40	55	59	63	63	61	67	71	77	80	84	98	108	118	129	138
年增长率		-15%	38%	7%	7%	0%	-3%	10%	6%	8%	4%	5%	17%	10%	9%	9%	7%
电解铝总消费量（万吨）	1,166	1,330	1,649	1,759	1,970	2,255	2,449	2,621	2,864	3,141	3,172	3,127	3,417	3,530	3,622	3,746	3,874
年增长率		14%	24%	7%	12%	14%	9%	7%	9%	10%	1%	-1%	9%	3%	3%	3%	3%

注：基于电解铝总消费量，删除未锻轧坯以及铝材出口量后的结算数据

图 2-52　中国电解铝下游行业需求预测

来源：上海有色网

2.5.2 需求变化驱使价格变动的实例分享——2008 年钢铁价格止跌回涨

受 2008 年全球金融危机影响，各国经济增速放缓，大宗商品需求下降。中国于 2008 年 11 月推出四万亿经济刺激计划，通过基础设施建设和改善民生，扩大内需，在全球金融危机下保持了中国经济的增长势头。

国内的钢价在 2008 年经历了上半年暴涨、下半年暴跌。2008 年上半年由于自然灾害的影响，生产钢铁的原材料价格大幅上涨，钢价攀上历史高位；下半年由于受全球金融危机的影响，出口下降，同时内需因中国经济增长率下滑而不振，房地产市场的不景气使得其对钢材的需求下降，从而导致钢价急剧下滑。粗钢产量自 2008 年 7 月起逐月下降，11 月产量为 3519 万吨，同比下降 11%，环比下降 2%，为 2006 年 4 月以来最低的月产量，如图 2-53 所示。

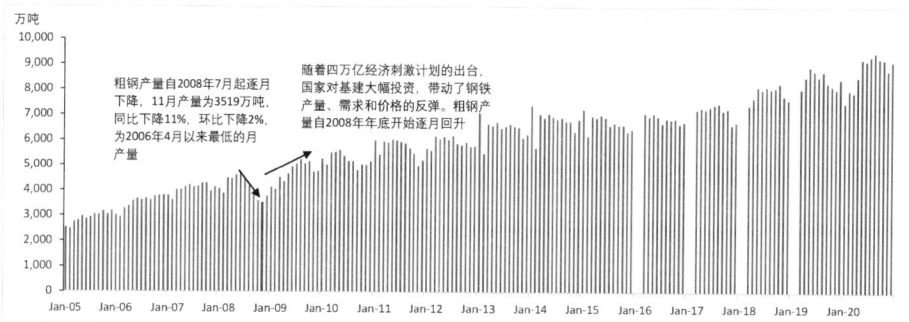

图 2-53　中国粗钢月产量

来源：上海有色网

随着四万亿经济刺激计划的出台，国家对基建这个占钢铁消费四分之一以上的下游大幅投资，带动了钢铁产量、需求和价格的反弹。粗钢产量自 2008 年年底开始逐月回升，国内消费强劲（见图 2-54），弥补了出口的下降，中国粗钢表观消费量增幅达 20%以上，创历史新高，如图 2-55 所示。但产能和产量的释放使得行业产能过剩，而且由于基建需求上涨，直接拉动以基建和房地产为下游的螺纹钢价格，为利用落后小高炉、小炼钢炉、小轧钢机生产螺纹钢的企业提供了盈利空间。在大型钢厂还处于亏损或微利状态时，这些小型钢厂盈利水平较高，因此利用市场手段淘汰这些落后产能的难度加大。

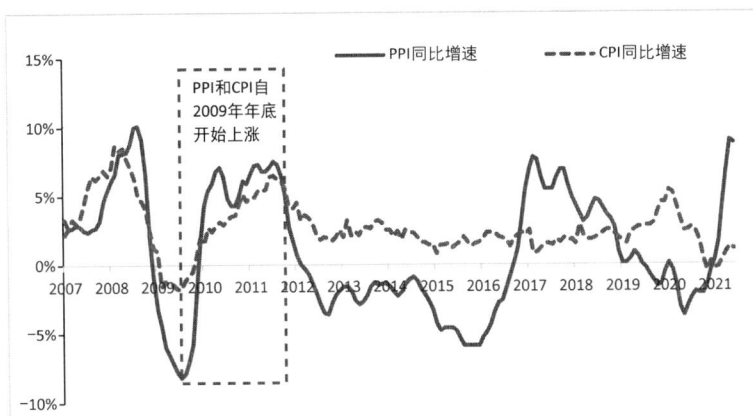

图 2-54　中国 PPI 和 CPI 同比增速

来源：国家统计局

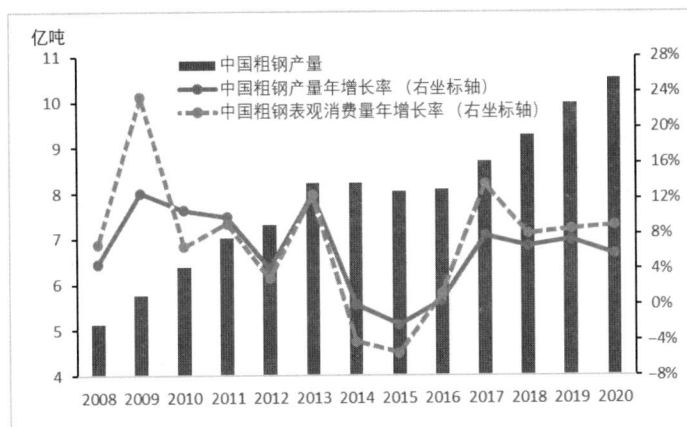

图 2-55　中国粗钢产量及中国粗钢产量和表观消费量年增长率

来源：世界钢铁协会

2010 年，中国钢铁产量和需求继续上升，但钢厂盈利水平因原材料成本上涨而不断下降。铁矿石、冶金焦、废钢价格由于国际大宗商品市场的恢复而上涨，但国内钢价由于供大于求而低位震荡。2011 年下半年，受欧债危机影响，全球经济增速放缓，中国钢材出口不振（见图 2-56），叠加国内下游需求减弱，但钢厂为保住市场份额主动减产意愿不足，钢铁行业固定资产投资维持高位（见图 2-57），产能持续扩张。此外，生产建筑钢材的小型钢厂因保障房需求盈利增长，国内钢铁行业供需矛盾凸显。之后，产能过剩一直是钢铁行业面临的问题。

图 2-56 中国钢材出口

来源：海关

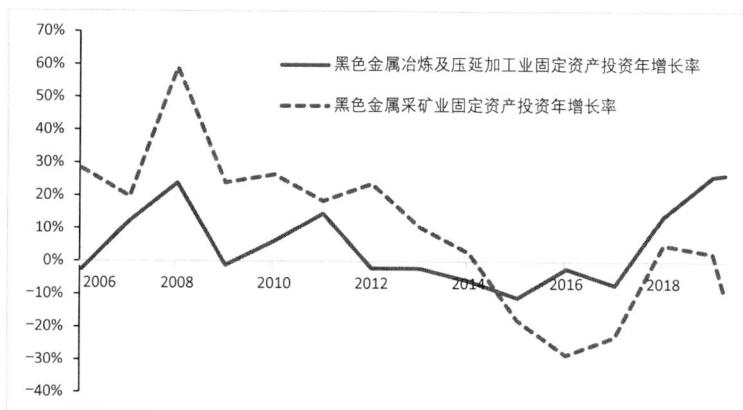

图 2-57 中国黑色金属固定资产投资年增长率

来源：国家统计局

2013 年，国务院印发《关于大气污染防治行动计划的通知》和《关于化解产能严重过剩矛盾的指导意见》，以及配套政策出台，国家大力解决产能严重过剩、防治大气污染和淘汰落后产能，直至 2016 年，效果开始显现，钢材价格大幅上涨，相关企业效益好转。2017 年，全面出清 1.4 亿吨"地条钢"产能，扭转了"劣币驱逐良币"的局面，钢材质量明显提升，其价格受去产能工作深入推进、"地条钢"全面取缔、采暖季错峰生产和市场需求回升等因素影响而持续上涨。2019 年，钢铁行业持续推进供给侧结构性改革，一方面巩固去产能成果，另一方面进行结构调整、转型升级，生产高质量、高附加值产品。图 2-58 详细说明了 2007—2020 年钢材价格的变化。

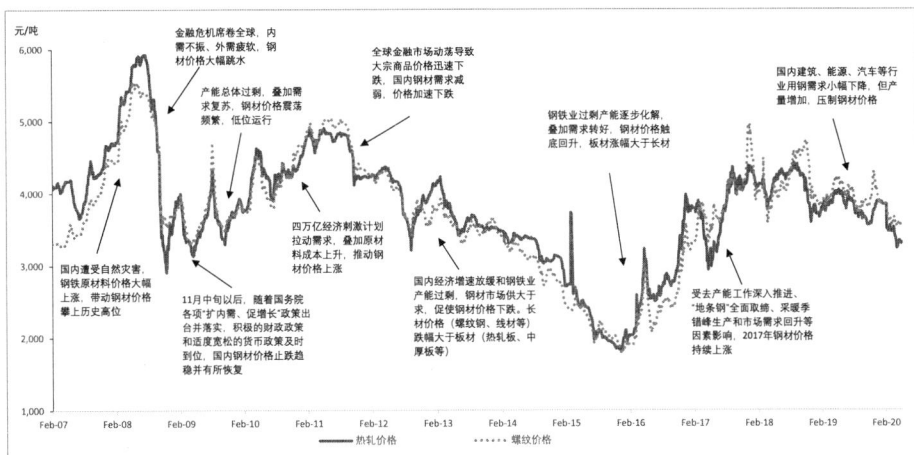

图 2-58　2007—2020 年钢材价格的变化

来源：上海有色网

2.5.3　需求变化驱使价格变动的实例分享——钴和锂的价格因电动车需求旺盛而上涨

自 2013 年起，政府为推进节能减排，在部分城市开展新能源汽车推广，对消费者购买新能源汽车进行补贴。2016 年，新能源汽车在全国范围内进行推广，相关部门出台了具体、全面的政策，对新能源汽车的性能提出了更高的要求，同时补贴退坡，并从能耗、续航里程等方面提高补贴的门槛。其中，补贴与动力电池的续航里程挂钩，促使汽车厂商追求高能量密度的电池，从而拉动对三元材料的需求，包括对上游原材料钴和锂的需求，钴和锂的价格显著攀升。

自 2016 年起，新能源汽车进入成长期，发展势头强劲，如图 2-59 所示。2016 年，中国新能源汽车生产 51.7 万辆，销售 50.7 万辆，比 2015 年分别增长 51.7% 和 53.0%。同时，动力锂电池的需求首次超过数码锂电池。2017 年，国内智能手机市场趋近饱和，需求出现拐点，但锂离子电池需求因新能源汽车产量和销量增长而上升，中国锂离子电池产量和同比如图 2-60 所示。中国新能源汽车 2017 年的产量和销量分别为 79.4 万辆和 77.7 万辆，同比增长分别为 53.6% 和 53.3%。新能源汽车产业链的发展带动了对上游原材料钴和锂的需求。自 2016 年起，钴和锂的价格在对其实际需求和预期需求上涨的推动下大幅上涨。

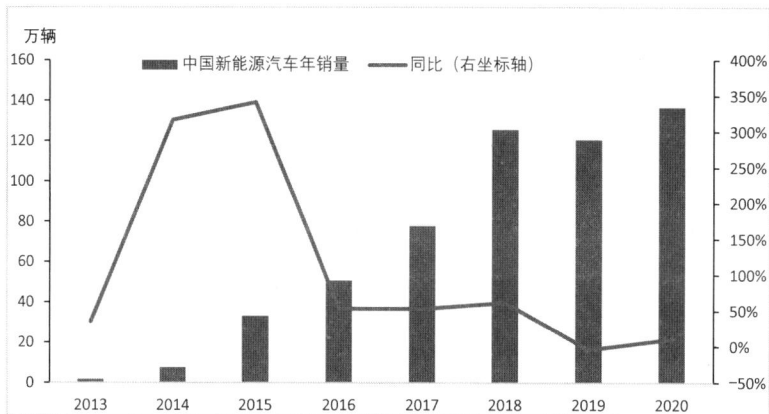

图 2-59　中国新能源汽车年销量和同比

来源：中国汽车工业协会

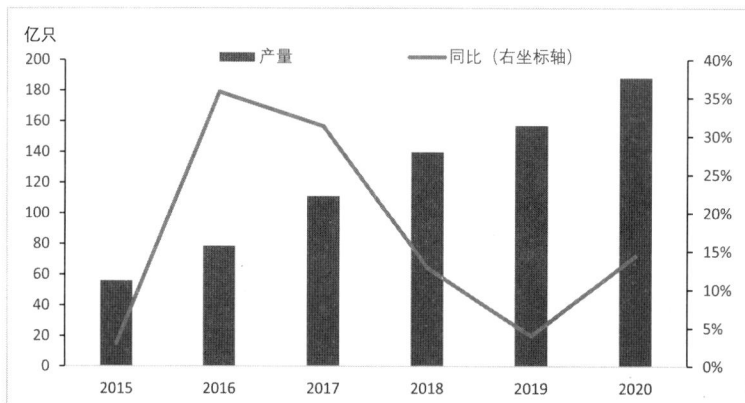

图 2-60　中国锂离子电池年产量和同比

来源：国家统计局

　　钴和锂价格的上涨和需求的向好吸引了大量企业进行资源开发，钴和锂的供应显著上升。由于国内钴消费 80% 来源于锂电池行业（见图 2-61），并且锂电池行业对钴的需求近几年逐年上升（见图 2-62），包括手机使用的数码锂电池和新能源汽车使用的动力锂电池。其中，数码锂电池对钴的需求是动力锂电池的两倍。但 2018 年手机市场表现不佳，而且数码锂电池中耗钴量更高的钴酸锂电池逐步被耗钴量较低的三元锂电池替代。叠加新能源汽车需求增长低于市场预期，钴行业的需求增量小于供应增量，钴的价格自 2018 年 5 月开始下跌。

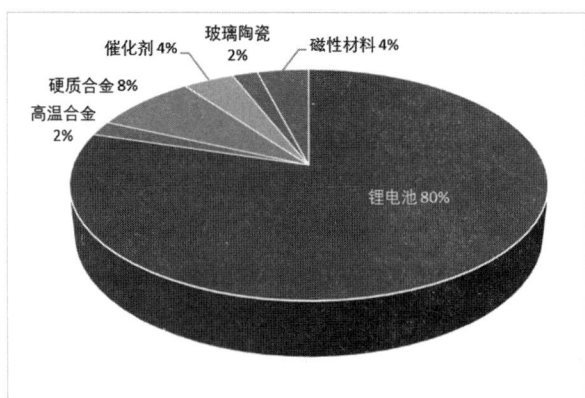

图 2-61　中国钴需求按行业分（2018 年）

来源：上海有色网

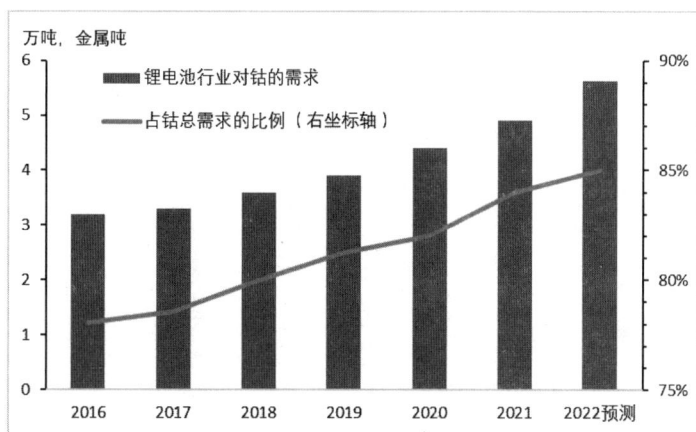

图 2-62　锂电池行业对钴的需求

来源：上海有色网

对锂来说，80%以上的下游需求来自锂电池，并且近年来锂电池行业对锂的需求旺盛并逐渐增加，如图 2-63 和图 2-64 所示。锂盐在锂电池行业的需求有两种形式，即正极材料和电解液。其中，正极材料需求占锂电池行业总需求的 90%以上。随着新能源汽车补贴的退坡，对上游正极材料的需求相应放缓，传导到锂盐，对其需求增速下降。与此同时，在经历大幅扩产增量后，下游动力锂电池企业库存达到高位，步入减产去库存阶段，锂的价格于 2018 年年初开始掉头向下。

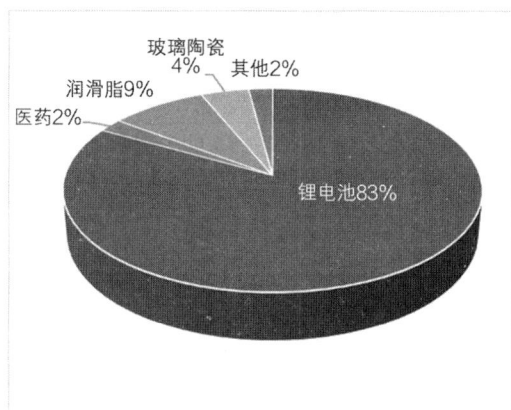

图 2-63　中国锂需求按行业分（2018 年）

来源：上海有色网

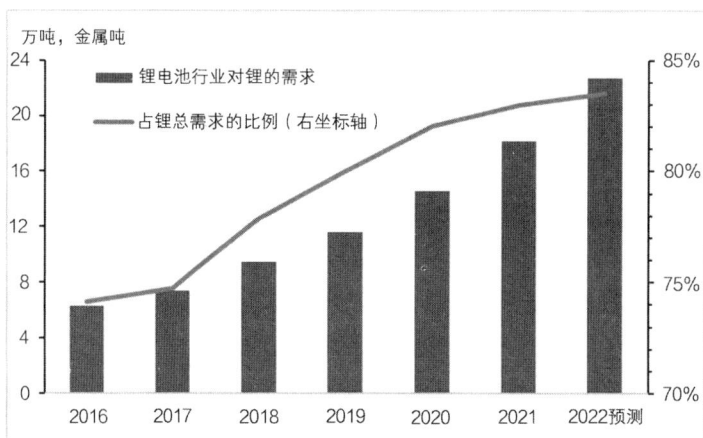

图 2-64　锂电池行业对锂的需求

来源：上海有色网

　　2019 年，由于受整车销量整体下滑和新能源汽车补贴退坡的影响，依赖政府补贴的车企成本压力巨大，新能源汽车的产量和销量同比下降 2.3%和 4.0%。钴和锂的价格因新能源汽车需求下降和供应上升而维持低位。2020 年，钴和锂的矿端供应受阻，而新能源汽车的产量和销量在年初短暂下跌后迅速恢复，全年产量和销量增速实现了由负转正，钴和锂的价格于年中开始上涨。全球多国给出了碳中和的相关承诺，促使汽车行业提高新能源汽车的比例。我国在于 2020 年 11 月公布的《新能源汽车产业发展规划（2021—2035 年）》中，提出 2025 年新能源汽车新车销售量达到汽车销售总量的 20%左右。由各种利好政策带动，2021 年上半年新能源汽车的累计销量已与 2019 年全年水平持平，钴和锂的价格在短期内将维持高位。

图 2-65 所示为钴和锂的价格回顾。

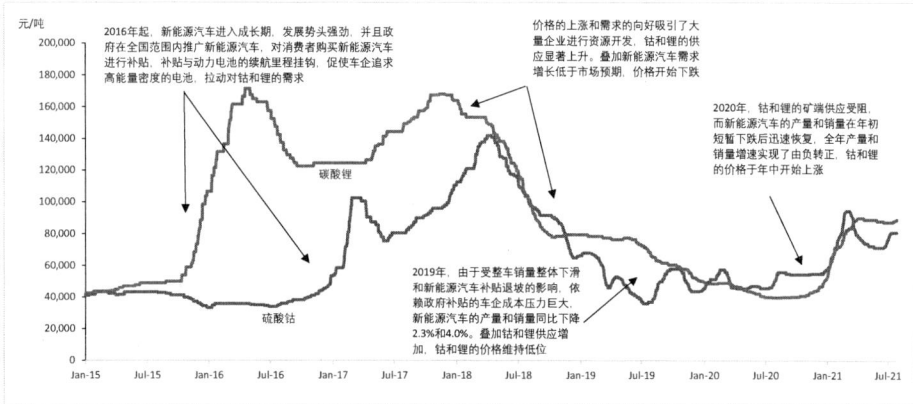

图 2-65　钴和锂的价格回顾

来源：上海有色网

第 3 章

3

———————————————————

供需平衡表是投行基本面分析的基石

3.1 投行为何重视供需平衡表

供需平衡表是进行大宗商品基本面分析的基石,通过公开数据、实地调研收集历史供需数据,以及推算、假设、建立模型预测未来的供需情况,来判断市场是处于供需平衡、供大于需还是处于供小于需,以预测大宗商品的价格走势。同时,供需平衡表处于动态调整的状态,供需的变化及价格的变化都会改变供需平衡表。因此,供需平衡表和价格互相影响。

3.1.1 数据不会说谎

原始数据的准确性和及时性对供需平衡表的质量产生影响,我们既可以通过收集公开数据(包括从政府机构、国际组织、行业协会、上市公司发布的报告中挖掘信息),也可以通过实地调研上市公司、私营企业、工厂车间、建筑工地等,获得增量信息和第一手数据。

基于及时更新的供需平衡表,当大宗商品的价格受到市场情绪或市场非理性预期的影响而上涨或下跌时,可先观测其供需层面是否发生重大变化,再看看是否有政治事件发生,如某国政府突然征收额外关税。注意,天气变化或自然现象会影响农作物的生长或矿山的开采。如果排除了上述因素,则基本可以判断价格受到市场行为的驱动,如投资者蜂拥买入或抛出,或市场中流传非理性的预期。投资者可以拨开迷雾见真相，领先市场做出正确的价格判断。

例如，2017 年 10 月底，由于市场预期新能源汽车的产量和销量的增长会驱动对作为原材料的镍的需求，LME 镍价暴涨，至 11 月初，价格触及 2015 年 6 月以来的高位，如图 3-1 所示。

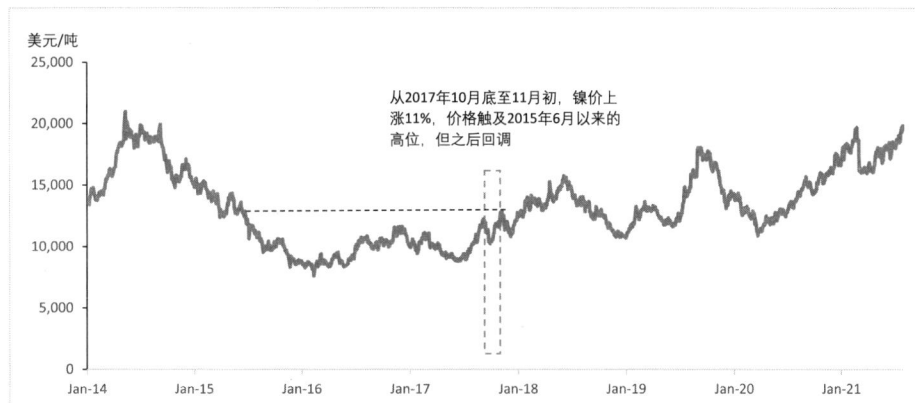

图 3-1　LME 镍价

来源：上海有色网

硫酸镍被用于新能源汽车所需的三元动力电池中，因为其产量未能满足新能源汽车的需求，所以价格因供应短缺而上涨。但分析镍的下游需求分类，2017 年，不锈钢是其最大的下游，在全球镍需求中占 67%，在中国镍需求中占 82%，而电池在全球和中国镍总需求中只占 4% 和 6%，如图 3-2 和图 3-3 所示。因此，新能源汽车需求的上升直接驱动的是硫酸镍价格，而不是 LME 的电解镍价格。此外，来自新能源汽车的需求将高速增长，但来自不锈钢的需求则较平稳。因此，笔者认为，仅靠新能源板块不足以支持镍价大幅上涨，短期镍价的核心驱动仍在于不锈钢，市场对新能源汽车的乐观预期推动镍价短期上涨，当市场情绪冷却，价格会出现回调。之后，镍价受美国制裁俄罗斯公司的影响继续上升，因为市场担忧制裁可能影响到位于俄罗斯的全球第二大镍生产商诺里尔斯克镍业（Norilsk Nickel），镍价于 2018 年 6 月触及当年高位，之后开始回调。

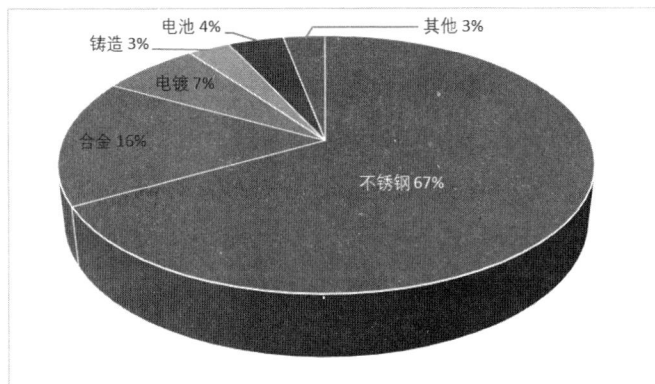

图 3-2　全球镍消费结构（2017 年）

来源：上海有色网

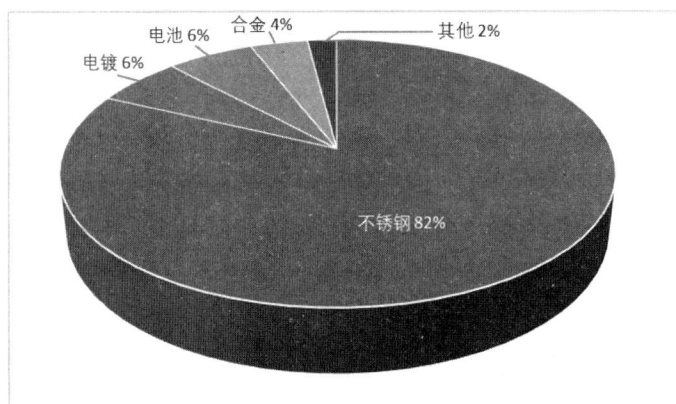

图 3-3　中国镍消费结构（2017 年）

来源：上海有色网

在信息爆炸的今天，在纷繁的数据中找到正确的数据并进行处理、分析、解读，是得到正确分析结果的关键。当不同的数据指向不同的结论时，要分析其内在的交错关系。例如，分析铁矿石的到港量是判断短期铁矿石供应的依据之一。澳大利亚和巴西是中国铁矿石的两大重要来源国，2019 年从这两个国家进口的铁矿石量占中国铁矿石进口总量的 83%，如图 3-4 所示。因此，追踪从这两个国家的铁矿石发货量可预测铁矿石在中国的到港量。由于巴西到中国的海运时间一般为 40 天左右，澳大利亚到中国的海运时间为 15 天左右，因此铁矿石的到港量一般滞后于发货量。2019 年 4 月和 5 月铁矿石在中国的到港量相比同期下降明显，如图 3-5 所示，但加上海运时间，其在对应的澳大利亚、巴西的出港量并没有明显减少。

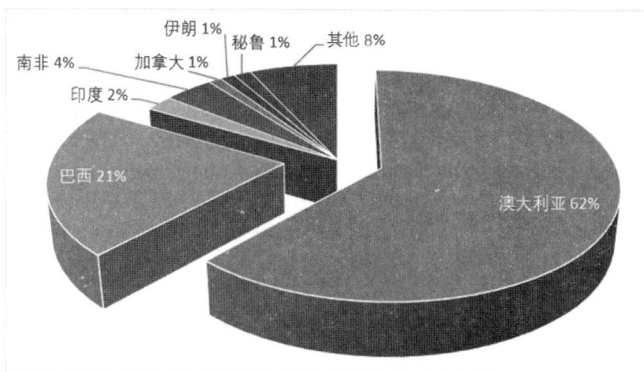

图 3-4 中国铁矿石进口国（2019 年）

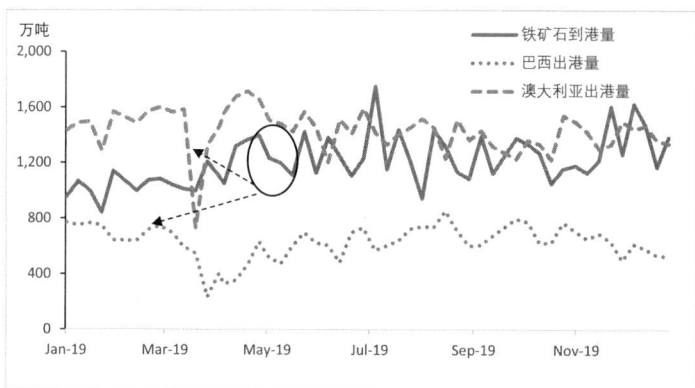

图 3-5 铁矿石在中国的到港量和在巴西、澳大利亚的出港量

因此，首先检查数据来源是正确的，其次需要找出原因。这时候，如何解读这看似有误的数据是分析市场趋势变化的关键。笔者认为，原因是巴西于 2019 年 1 月底出现淡水河谷溃坝事件，以及 3 月底澳大利亚出现飓风，延迟了这两个国家的货物出港时间。货物从澳大利亚运抵中国的时间延长到 30 多天，时长大约是平日的 2 倍；货物从巴西运抵中国的时间从平日的 40 天左右延长到 50 多天。

3.1.2 供需不平衡会直接影响大宗商品的价格

随着大宗商品供需关系的变化，其价格也会发生变化。基本规律是假设需求端不变，供应减少价格上升，供应增加价格下降；假设供应端不变，需求增加价格上升，需求下降价格下跌。但实际上，供应和需求是联动的，因此对于不同品种，分析的侧重点不同。例如，对于工业品，其投资新产能或调整现有产能需要大量的时间和金钱，需求因受经济形势、货币政策等多种因素的影响而多变，所以从短期来看需求端对价格影响较大。而农产品的需求相对稳定，其供应易受天气、播种、生长和收获周期的影响，所以供应端对价格的影响更大。

不同因素对不同大宗商品的供应和需求影响的持续性不同。例如，恶劣天气造成的矿端供应减少是暂时的，大宗商品的价格会在短期内上升，但当天气转好后，矿山可继续运营，大宗商品的价格会恢复正常。例如，2017 年 3 月的热带气旋"黛比"是澳大利亚地区强烈的热带气旋，其造成昆士兰州港口关闭，并且破坏了关键的铁路基础设施，导致澳大利亚焦煤出口量在 4 月同比下降 56%，环比下降 53%（见图 3-6），并推动焦煤价格大幅上升（见图 3-7）。之后，随着热带气旋"黛比"走远，焦煤供应恢复，价格开始回落。

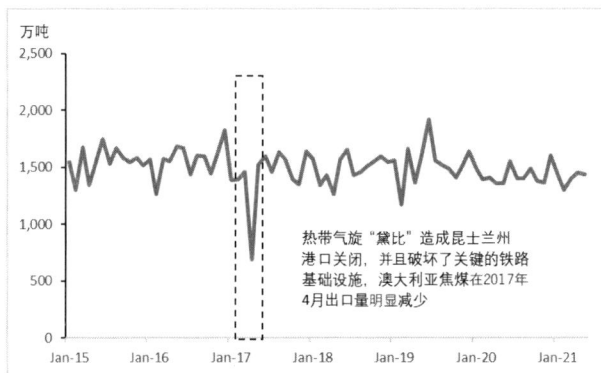

图 3-6　澳大利亚焦煤出口量

来源：澳大利亚统计局

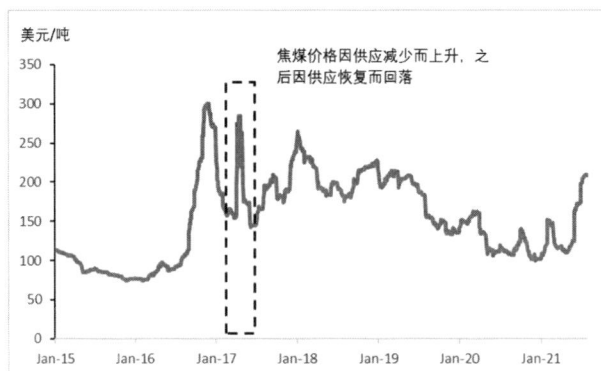

图 3-7　澳大利亚焦煤期货价格

来源：新加坡交易所

但恶劣天气若影响农产品的播种、生长或收获，使其错过这一季的生产阶段，则需要等到下一轮才能恢复供应。另外，持续的需求上涨可驱动价格上涨，同时会促使生产商大规模投资，扩大产能以满足需求，当产量的提升超过需求的增加时，又会压制价格。

以原油为例，供应和需求是影响其价格的主要因素。原油价格因美国页岩油带来的供给冲击及沙特阿拉伯的疯狂增产，由 2014 年 6 月的 100 美元/桶以上，暴跌至 2016 年 1 月的 30 美元/桶以下，跌幅达 76%（见图 3-8），供应过剩导致的低油价使各产油国蒙受损失。进入 2016 年，全球经济回升，带动原油消费上升，同时受供应中断，包括加拿大山火及尼日利亚动荡等影响，原油价格开始回升。2016 年年底，欧佩克和俄罗斯达成合作减产协议，即从 2017 年年初开始限制产量。欧佩克和俄罗斯的联盟成为全球原油市场重要的影响力量，在联盟超高减产执行率的支撑下，原油价格开启了连续两年的攀升之路，直到 2018 年 10 月，由于各国减产执行率下降，叠加主要产油国产量的攀升，原油价格又掉头向下。在 2020 年年初原油价格暴跌之后，随着全球经济逐渐好转，原油需求逐步复苏，因此带动了原油价格自主回升，并于 2021 年 6 月再次超过 70 美元/桶。

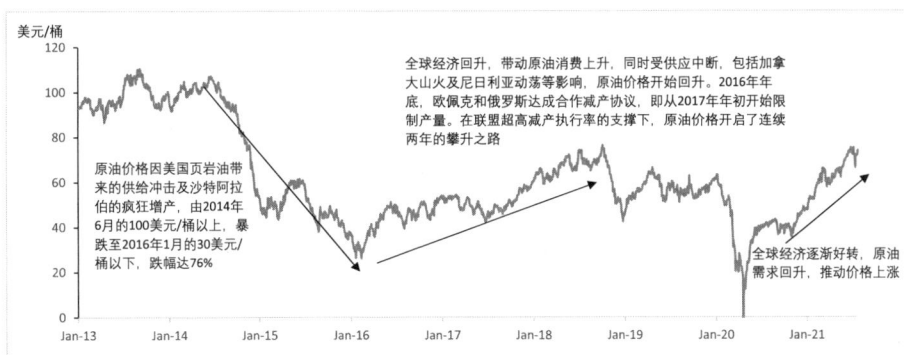

图 3-8 WTI 原油价格

来源：纽约商品交易所

3.1.3 一个全面的供需模型提供了解读全局的最佳角度

供需平衡表处于动态调整的状态，因为多种因素影响大宗商品的供应和需求，如宏观数据、政策、生产成本、天气变化、美元指数等。同时，供需的变化影响大宗商品的价格，大宗商品的价格变化也造成供应和需求的变化。因此，一个及时更新数据并因变化而随时调整预测的供需模型提供了解读全局的最佳角度。在供需的动态变化中，库存就像连接供给和需求的蓄水池，同时受两端的作用，影响价格。

对工业金属而言，一波上涨行情基本起始于库存量最高而价格最低之际，价格随着库存下降、需求上涨、供应减少而走高；而一波下跌行情基本发端于库存量最低而价格最高之时，价格随着库存增加、需求下跌、供应增加而走低。例如，当供需平衡点因需求上涨而得以突破时，需求大于供给，价格开始上涨。生产商的供应由于产能增加耗时较长，且产能利用率和开工率都有上限，不可无限制提高，因此短期内无法大幅提高产量，只能消耗工厂的成品库存，开始被动去库存阶段。贸易商见需求向好，开始囤货以待价而沽。下游用户担忧价格越涨越高及供应短缺，也开始囤货，增加自己的原材料库存，从而加速生产商的被动去库存。价格的进一步上涨促使生产商提高产能和产量，此为主动补库存阶段。高价格同时会抑制需求的继续上升，因此下游用户减少采购，开始消耗之前积累的原材料库存，贸易商也担忧需求转弱而价格下跌，开始抛售手里的存货，促使生产商的库存进一步增加。库存的增加抑制价格的上涨，需求也开始掉头下降，但供应由于惯性仍在增加，此时生产商处于被动补库存阶段。价格的持续下跌造成生产商盈利减少甚至开始亏损，因此生产商开始减产甚至关停产能，库存开始减少，此为主动去库存阶段。

下面介绍 2015 年年底开始的钢铁库存周期导致供应、需求、库存和价格的联动变化。2015 年，国内钢铁行业产能过剩明显，供需双降，产能利用率持续下降至 70%，远低于合理水平，2015 年年底钢材价格更是跌至历史新低（见图 3-9），钢厂普遍出现亏损，"僵尸企业"大幅增加。不过 2014 年发布的基建和地产政策相对宽松，2015 年国内钢市进入被动去库存阶段，如图 3-10 所示。2016 年年初，随着供给侧结构性改革的推进，产能去化明显，市场需求恢复，钢材价格开始攀升，钢铁供需双升，进入主动补库存阶段。在供给侧结构性改革、下游需求增长及采暖季限产的综合作用下，钢材价格一路上涨至 2018 年。之后，钢材价格于 2018 年年中开始掉头向下，库存上升，需求放缓，进入被动补库存阶段。2019 年年初，钢材价格持续向下，库存随之下降，进入主动去库存阶段。

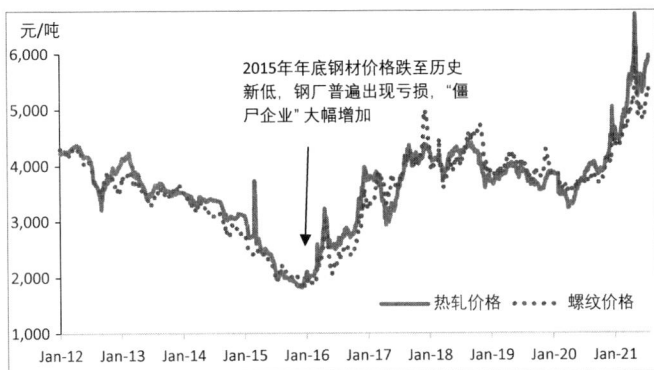

图 3-9　钢材价格（热轧和螺纹）

来源：上海有色网

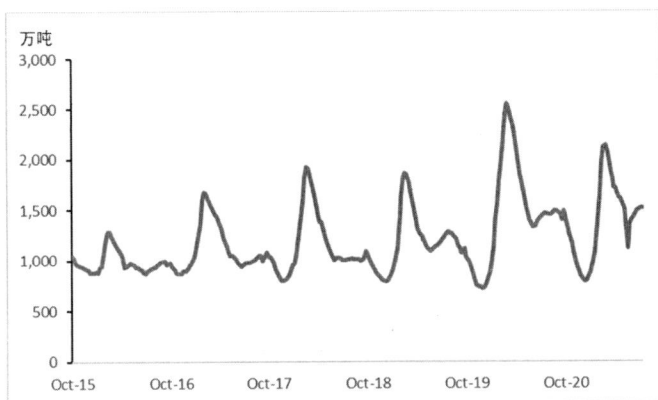

图 3-10　全国钢材库存

来源：上海有色网

3.2　供需的动态变化

当具体分析某大宗商品时，其供需都在动态变化中。例如，供应层面包括产量、进口量和期初库存，需求层面包括消费量和出口量，每一项都因受各种因素影响而变化，因此供需平衡往往并不存在，或只在短时间内存在，大部分时间市场处于供大于求或供小于求阶段。

3.2.1　供大于求迫使价格下行的实例分析

2020 年 4 月 20 日，即将于 21 日到期的纽约商品交易所 5 月交货的 WTI

原油期货价格跌至负值，当日结算价为-37.63 美元/桶。一方面，由于多个国家进入封锁状态，严重影响燃油需求，同时油价的暴跌引起投资者对经济衰退的担忧；另一方面，由于石油储存满仓无法运送到炼油厂或无处存放，致使石油的存储成本已超过石油本身的商业价值。

其实在 2020 年年初需求减少之前，全球原油市场已经供大于求，近十年来供应的增加远超需求的增加。自 2014 年起，美国页岩油给市场带来供给冲击，沙特阿拉伯疯狂增产，原油价格暴跌。2016 年 11 月，欧佩克宣布减产，并与其他非欧佩克产油国（包括俄罗斯、哈萨克斯坦和墨西哥等）达成减产协议。同一时间，美国页岩油产量持续上升，使美国 2019 年原油产量同比增长11%（见图 3-11），并于 2019 年 9 月首次成为石油净出口国。

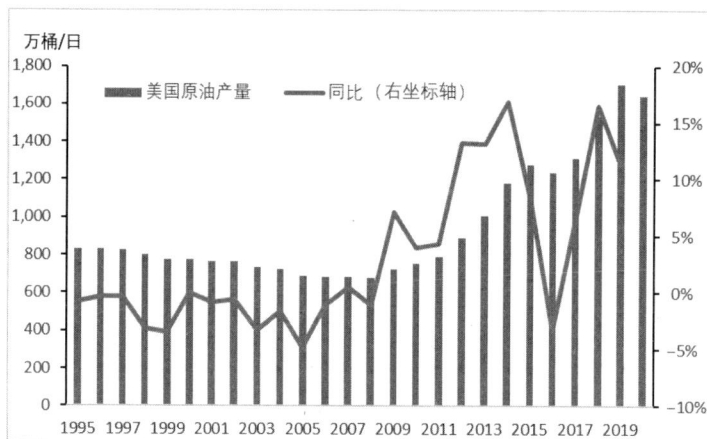

图 3-11　美国原油产量及同比

3.2.2　求大于供驱使价格上涨的实例分析

自 2018 年 6 月起，国内猪肉价格开启了新一轮的上涨周期，猪肉平均批发价格于 2019 年 11 月创下历史高位 51.21 元/千克，涨幅达 197%（见图 3-12），背后的驱动因素主要为非洲猪瘟疫情和猪的养殖周期。由于猪肉是主要的肉类消费品种，在 CPI "篮子" 中相对其他食品所占比重较大，猪肉价格的暴涨推动了 CPI 上涨，CPI 由 2019 年 1 月的 1.7%上涨至 11 月的 4.5%，如图 3-13所示。

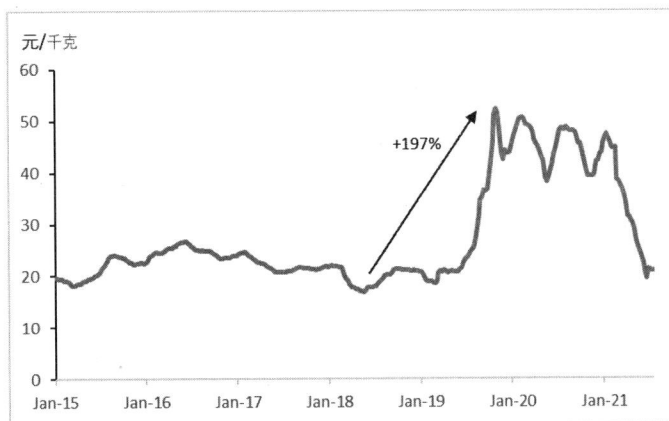

图 3-12　猪肉平均批发价格

来源：商务部

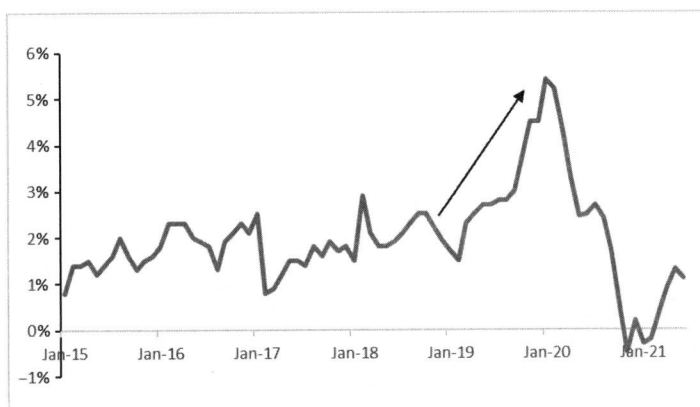

图 3-13　CPI 同比

来源：国家统计局

非洲猪瘟对我国也造成了重大影响，生猪存栏量和能繁母猪存栏量从
2018 年 11 月开始大幅下降。至 2019 年 8 月，生猪存栏量同比下降 38.7%，
如图 3-14 所示，能繁母猪存栏量同比下降 37.4%，如图 3-15 所示，二者的环
比降幅也处于低位，分别是-9.8%和-9.1%。直至 2019 年 10 月，能繁母猪存
栏量才首次自非洲猪瘟疫情出现以来开始环比增长，11 月生猪存栏量也开始
止跌回升，这表明生猪生产开始转好，猪肉的供需矛盾开始缓解，猪肉价格也
自历史高位回落。由于生猪补栏到出栏仍大约需要 6 个月的时间，因此从存栏
到上市供应还需要半年。

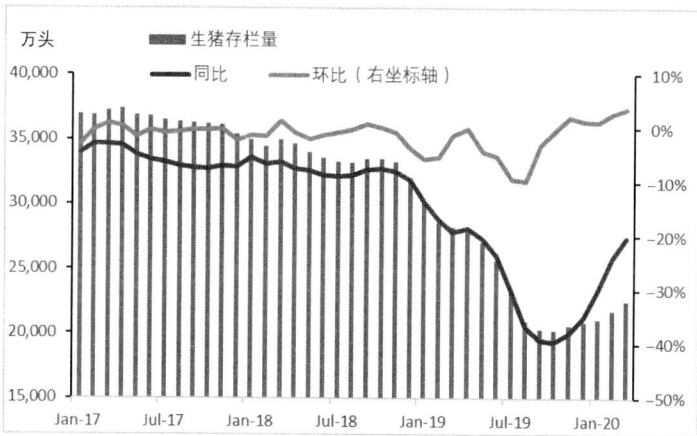

图 3-14　生猪存栏量变化

来源：农业农村部

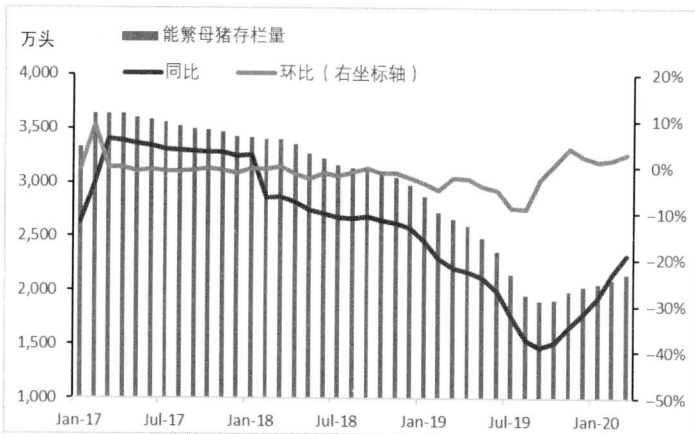

图 3-15　能繁母猪存栏量变化

来源：农业农村部

　　此次猪肉价格暴涨也叠加了猪周期。猪周期的循环一般促使猪肉价格上涨，推动母猪存栏量增加，因此生猪供应增加，造成猪肉价格下跌，而利润的下降又促使养殖户淘汰母猪，减少了生猪供应，周而复始。2015 年，环保禁养政策使得大量中小养猪场户退出，猪肉供应减少，但仍未改变生猪养殖产业集中度低、规模养殖比重低的状况。我国大多数养猪场户是年出栏量在 500 头以下的中小养猪场户，其生产了全国近一半的猪。在非洲猪瘟疫情前，上一轮猪周期中积累的过剩产能已出清，生猪存栏量和能繁母猪存栏量已下跌超过一年，因此猪肉价格原以具备上涨动力，环保禁养政策和非洲猪瘟疫情加速了供应的下跌，而同时消费量基本稳定，供小于求驱动价格快速上涨。

　　由于供应短缺及价格高涨，中国自 2019 年起提高进口猪肉量，全年进口猪肉 210.8 万吨，同比增长 75%，如图 3-16 所示。中国证券监督管理委员会在 2022 年 4 月 24 日批准大连商品交易所开展生猪期货交易，因此投资者通过操作芝加哥商品交易所的瘦猪肉期货（Lean Hog Futures）检验自己对中国猪肉价格后市的判断。瘦猪肉期货曾经由 2018 年 8 月上涨 88%至 2019 年 5 月的阶段性高位，如图 3-17 所示。

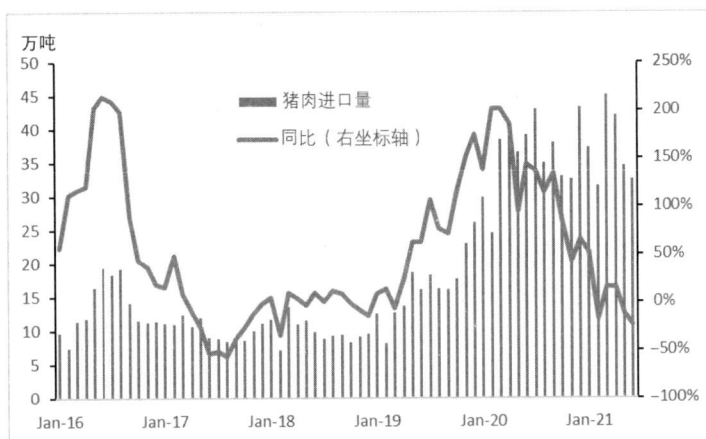

图 3-16　中国猪肉进口量

来源：海关

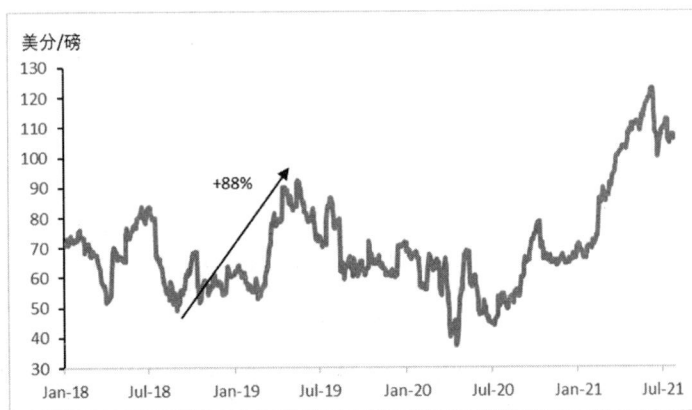

图 3-17　瘦猪肉期货

来源：芝加哥商品交易所

3.3 自己如何搭建供需平衡表

投行会搭建自己对大宗商品的供需平衡表，可以跟踪供应和需求层面的变化，并以此为基础做出对未来价格的预测。除了投行，一些行业协会、政府部门、国际组织也会公布某些大宗商品的供需平衡表，因此我们可在其基础上搭建自己的供需平衡表。

3.3.1 供需平衡表的基本元素

供需平衡表的基本元素是供应和需求，供应包括当期产量、进口量和期初库存，需求包括消费量和出口量，供应大于需求的部分就是库存。当期供应大于需求的部分就是当期的期末库存，结转到下一期，就是下一期的期初库存，即在供需平衡表中，期初库存+（当期）产量+进口量=消费量+出口量+期末库存。在图 3-18 所示的中国棉花供需平衡表中，在 2016/2017 年度，供应部分=期初库存+（当期）产量+进口量=1111+482+111=1704 万吨，需求部分=消费量+出口量=828+1=829 万吨，供应部分与需求部分的差额 875（1704-829=875）万吨就是 2016/2017 年度的期末库存，结转到下一期，就是 2017/2018 年度的期初库存。

	2014/2015 年度	2015/2016 年度	2016/2017 年度	2017/2018 年度	2018/2019 年度	2019/2020 年度	2020/2021 年度	2021/2022年度（2022年2月预测）
期初库存（万吨）	1,240	1,280	1,111	875	743	721	736	760
产量（万吨）	616	493	482	589	604	580	591	573
进口量（万吨）	167	96	111	132	203	160	275	220
消费量（万吨）	741	756	828	849	824	723	840	820
出口量（万吨）	2	2	1	4	5	3	3	3
期末库存（万吨）	1,280	1,111	875	743	721	736	760	730
国内棉花31,28B均价（元/吨）	13,894	12,916	15,710	15,917	15,193	12,584	15,387	16,000~18,000
Cotlook A指数（美分/磅）	70.75	71.13	82.77	89.28	82.38	71.27	87	90~120
库存消费比	1.73	1.47	1.06	0.88	0.88	1.02	0.90	0.89

注释：棉花市场年度为当年9月至下年8月

图 3-18 中国棉花供需平衡表

来源：农业农村部

供需平衡表中有历史数据，图 3-18 中有 2014/2015 年度至 2020/2021 年度的期初库存、（当期）产量、进口量、消费量、出口量，一般会计算库存消费比，即本期期末库存/本期消费量，用此指标来看供应过剩或紧缺的程度。若库存消费比下降，则说明供小于求；若库存消费比上升，则说明供应充足。

如图 3-19 所示，中国电解铝月度库存消费比自 2019 年 3 月起下降至当年年底，原因在于 2019 年上半年铝厂受亏损影响减产集中，下半年受事故影响减产集中。

供需平衡表分为年度供需平衡表和月度供需平衡表，月度供需平衡表对价格的引导作用更直接。在分析月度供需平衡表时，我们可对每期数据进行对比，当数据发生重大变化时，价格也会发生波动。例如，当产量上升库存增加，但消费量并无明显变化时，价格会下跌；当消费量快速增长，年末库存减少，而产量无明显变化时，价格会上升。

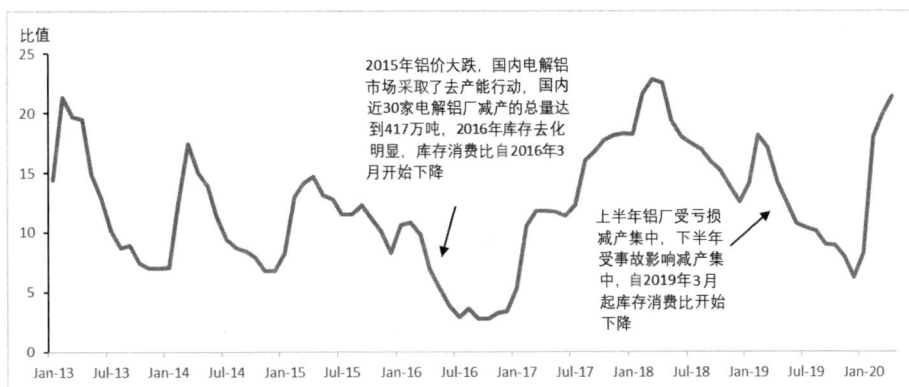

图 3-19　中国电解铝月度库存消费比

来源：上海有色网

基于图 3-18 中国棉花供需平衡表中的 2014/2015 年度至 2020/2021 年度的数据，可做出对 2021/2022 年度的各项供应和需求的预测，并随时根据市场的变化更新预测。在此基础上，可得到对价格区间的预测。棉花市场年度为当年 9 月至下年 8 月，因此农业农村部自每年 5 月开始预测下一年度的棉花供需平衡情况及价格，并且每月更新，如图 3-20 所示。例如，2021 年 5 月，对 2021/2022 年度国内棉花的价格预测为 14 000～16 000 元/吨，对 Cotlook A 指数预测为 75～90 美分/磅，之后随着市场的变化，供需预测不断更新，对价格区间的预测也会随供需预测的变化而不断修正，至 2022 年 2 月，对于 2021/2022 年度的国内棉花的价格预测为 16 000～18 000 元/吨，对于 Cotlook A 指数预测为 90～120 美分/磅，价格预测空间较 2021 年 5 月上涨。

	2020/2021年度	2021/2022年度预测									
		2021年5月更新	2021年6月更新	2021年7月更新	2021年8月更新	2021年9月更新	2021年10月更新	2021年11月更新	2021年12月更新	2022年1月更新	2022年2月更新
期初库存（万吨）	736	770	760	760	764	764	759	759	760	760	760
产量（万吨）	591	573	573	573	573	573	573	573	573	573	573
进口量（万吨）	275	250	250	250	250	250	250	250	240	240	220
消费量（万吨）	840	820	820	820	820	820	820	820	820	820	820
出口量（万吨）	3	3	3	3	3	3	3	3	3	3	3
期末库存（万吨）	760	771	761	761	765	765	760	760	750	750	730
国内棉花31,288均价（元/吨）	15,387	14,000~16,000	14,000~16,000	14,000~16,000	14,000~16,000	14,000~16,000	14,000~16,000	16,000~18,000	16,000~18,000	16,000~18,000	16,000~18,000
Cotlook A指数（美分/磅）	87	75~90	75~90	75~90	75~90	75~105	75~105	75~105	75~105	75~105	90~120
预测调整原因					全球棉花需求复苏，流动性仍保持宽松，国际棉花价格波动区间上限调增至每磅105美分	截至11月5日，全国新棉采摘进度为82.8%，同比下降3.5个百分点，上调国内棉花价格区间	自9月以来，我国纺织品服装出口增长率持续下降，棉花进口量较去年同期下降67.5%，进口下调10万吨				前期中央储备棉轮出，待售新棉规模较大、棉花质量提升，进口下调20万吨。全球棉花产不足，需上调国际棉价预测区间

图 3-20　中国棉花供需平衡表 2021/2022 年度预测月度更新

来源：农业农村部

3.3.2　如何预测短期供应和需求

有了历史数据，下一步应对供需平衡表中的每个因素进行预测。期初可从前一期的期末库存结转，对工业品来说，产量的预测可用产能乘以产能利用率，农产品则可用收获面积乘以单产（单位面积产量）。进口量和出口量一般比较稳定，可先假设与前一期相同，之后通过海关每月公布的数据进行修正，也可通过追踪船舶动态地图，对船舶的离港、航行、到港进行实时动态追踪，根据离港和到港船舶的运载量，预测进出口量。消费的预测可借助前文介绍的自上而下或自下而上两种方法。至此，供需平衡表的预测基本完成，但是之后还应依据市场的变化而不断修正并更新预测。

下面以工业品为例展开说明。图 3-21 所示为中国精炼铜供需表，在输入2021 年数据后，我们可以预测 2022 年的产能。通过收集和调研每家铜冶炼厂每条生产线的产能变化情况（增产、减产或保持不变），得到 2022 年中国精炼铜产能为 1455 万吨，假设产能利用率保持 2021 年的 72%，则 2022 年中国精炼铜产量为 1042 万吨。

接下来预测 2022 年铜消费量，如图 3-22 所示，我们采用自下而上的需求预测方法，找到分别与下游板块（包括电力、家电、交通运输、建筑、机械电子等）有线性关系的变量，通过做回归分析，得到线性方程式，并推算出各板块 2022 年的需求，加总得到 2022 年耗铜量为 1364 万吨。

	2013年	2014年	2015年	2016年	2017年	2018年	2019年	2020年	2021年	2022年预测
产能（万吨）	910	988	1,050	1,080	1,130	1,213	1,295	1,330	1,365	1,455
产能利用率	71%	70%	70%	72%	71%	72%	69%	70%	72%	72%
产量（万吨）	649	695	740	776	800	873	894	927	985	1,042
同比		7%	6%	5%	3%	9%	2%	4%	6%	6%
进口量（万吨）	320	360	368	363	325	372	348	452	335	320
出口量（万吨）	29	27	21	43	34	36	35	21	28	33
表观消费量（万吨）	940	1,028	1,087	1,096	1,091	1,209	1,207	1,358	1,292	1,329
库存变化（万吨）	(10)	35	45	15	0	10	2	92	(14)	10
实际消费量（万吨）	950	993	1,042	1,081	1,091	1,199	1,205	1,266	1,306	1,319
同比		5%	5%	4%	1%	10%	1%	5%	3%	1%
废铜实际消费量（万吨）	90	104	85	80	100	50	52	35	32	45
耗铜量（万吨）	1,040	1,097	1,127	1,161	1,191	1,249	1,257	1,301	1,338	1,364

图 3-21　中国精炼铜供需表

来源：上海有色网

	2013年	2014年	2015年	2016年	2017年	2018年	2019年	2020年	2021年	2022年预测
电力需求（万吨）	485	504	517	533	546	568	575	595	615	627
同比		4%	3%	3%	2%	4%	1%	3%	3%	2%
家电需求（万吨）	146	160	167	172	178	190	194	198	202	206
同比		10%	4%	3%	3%	7%	2%	2%	2%	2%
交通运输需求（万吨）	110	123	127	132	136	141	134	137	139	142
同比		12%	3%	4%	3%	4%	-5%	2%	1%	2%
建筑需求（万吨）	104	106	105	107	108	111	112	116	119	123
同比		2%	-1%	2%	1%	3%	1%	4%	3%	3%
机械电子需求（万吨）	85	91	97	101	105	113	114	119	123	125
同比			7%	4%	4%	8%	1%	4%	3%	2%
其他（万吨）	110	113	114	116	118	126	128	136	140	141
同比		3%	1%	2%	2%	7%	2%	6%	3%	1%
总需求/耗铜量（万吨）	1,040	1,097	1,127	1,161	1,191	1,249	1,257	1,301	1,338	1,364
同比		5%	3%	3%	3%	5%	1%	4%	3%	2%

图 3-22　采用自下而上的方法预测中国铜需求

来源：上海有色网

最后，预测 2022 年铜进出口量。笔者认为铜进口量将从 2020 年创下历史高位后逐渐恢复至合理水平，推测 2022 年铜进口量为 320 万吨。根据历史数据，可观测到铜出口量占供应比例较铜进口量占供应比例小，因此我们可假设 2022 年出口量为 33 万吨，占 2022 年产量的 3%。

至此，我们完成了 2022 年的供需平衡情况预测，之后在 2022 年，此供需平衡表应随各因素的变化而更新。

再以农产品为例，图 3-23 所示为中国大豆供需表。大豆的产量预测可通过估计收获面积和单产，再将二者相乘得到，收获面积和单产都需要根据天气、种植情况、灾害情况等不断调整。进口量可先预估，再根据海关数据、进口成本等进行更新，出口量则相对较小。消费的预测可运用自下而上的方法，通过分析压榨、食用、种子、损耗及其他的用量加总而得。其中，由于压榨消费量约占大豆消费量的 86%，分析压榨消费量是预测需求的关键。由于2021/2022 年度大豆实际产量低于预期，大豆价格将持续较高，从而抑制压榨需求，预计 2021/2022 年度压榨消费量将同比增长 5.8%，低于预期。由供需平衡表可预测国产大豆销区批发均价为每吨 5300～5500 元，进口大豆到岸税后均价为每吨 3600～3800 元。

	2014/2015 年度	2015/2016 年度	2016/2017 年度	2017/2018 年度	2018/2019 年度	2019/2020 年度	2020/2021 年度	2021/2022年度 （2022年2月 预测）
播种面积（千公顷）	6,800	6,590	7,202	8,245	8,400	9,354	9,882	8,400
收获面积（千公顷）	6,800	6,590	7,202	8,245	8,400	9,354	9,882	8,400
单产（千克/公顷）	1,787	1,762	1,796	1,853	1,905	1,935	1,983	1,950
产量（万吨）	1,215	1,161	1,294	1,528	1,600	1,810	1,960	1,640
进口量（万吨）	7,835	8,323	9,349	9,413	8,275	9,853	9,978	10,200
消费量（万吨）	8,983	9,667	10,811	10,705	10,293	10,860	11,326	11,808
压榨消费（万吨）	7,734	8,289	9,290	9,112	8,672	9,100	9,500	10,047
食用消费（万吨）	915	1,035	1,118	1,204	1,253	1,380	1,420	1,355
种子用量（万吨）	50	54	64	69	78	80	76	76
损耗及其他（万吨）	284	289	339	320	290	300	330	330
出口量（万吨）	14	12	12	14	12	9	6	15
结余变化（万吨）	53	(195)	(180)	222	(430)	794	606	17
国产大豆销区批发均价（元/吨）	4,675	4,300	4,635	4,100	4,065	4,938	5,952	5,300～5,500
进口大豆到岸税后均价（元/吨）	3,265	3,215	3,315	3,400	3,397	3,212	4,317	3,600～3,800
库存消费比	0.01	-0.02	-0.02	0.02	-0.04	0.07	0.05	0.001

注释：大豆市场年度为当年10月至下年9月

图 3-23　中国大豆供需表

来源：农业农村部

3.3.3　如何预测长期供应和需求

在预测长期供应和需求时，可运用年同比分析（Year-over-Year Analysis），即查看历史增长率，并取历年的平均值，应用于下一年的预测。例如，当预测长期供应时，可通过假设未来产能或产量的年增长率，或者假设未来的产能利用率来推算。我们用 n 代表前一年，当我们用短期预测的方法，即通过推测每个项目或冶炼厂的产能和产量，加总得到全行业的产能和产量，预测了第 $n+1$、$n+2$、$n+3$ 年的产能 C_1、C_2、C_3 后，可以假设第 $n+4$ 年的产能 C_4 以之前三年增长率的平均值 [$r_4=(r_1+r_2+r_3)/3$] 或者前一年的年增长率（$r_4=r_3$）增长，则第 $n+4$ 年的产能 $C_4=C_3×(1+r_4)$。下面用图 3-24 和图 3-25 详细说明对中国铜平衡表长期预测的推算。

	n	$n+1$	$n+2$	$n+3$	$n+4$	
	2021年	**2022年** **预测**	**2023年** **预测**	**2024年** **预测**	**2025年** **预测**	
产能（万吨）	1,365	1,455	1,480	1,500	1,545	
同比	*3%*	*7%*	*2%*	*1%*	*3%*	用之前三年增长率的平均值：(7%+2%+1%)/3≈3%

图 3-24　假设第 $n+4$ 年的产能 C_4 以之前三年增长率的平均值 $[r_4=(r_1+r_2+r_3)/3]$ 增长，C_4=1545 万吨

	n	$n+1$	$n+2$	$n+3$	$n+4$	
	2021年	**2022年** **预测**	**2023年** **预测**	**2024年** **预测**	**2025年** **预测**	
产能（万吨）	1,365	1,455	1,480	1,500	1,520	
同比	*3%*	*7%*	*2%*	*1%*	*1%*	用前一年的年增长率1%

图 3-25　假设第 $n+4$ 年的产能 C_4 以前一年的年增长率（$r_4=r_3$）增长，C_4=1520 万吨

接着，我们可通过假设产能利用率来预测产量。一般我们假设行业的产能利用率从第 $n+4$ 年开始，会维持第 $n+3$ 的水平，即假设 u_4（第 $n+4$ 年的产能利用率）=u_3 来做长期预测。因此，第 $n+4$ 年的产量为 $C_4×u_4$，如图 3-26 所示，之后每年的产量也可以这样计算得到。

	n	$n+1$	$n+2$	$n+3$	$n+4$	
	2021年	**2022年** **预测**	**2023年** **预测**	**2024年** **预测**	**2025年** **预测**	
产能（万吨）	1,365	1,455	1,480	1,500	1,520	
同比	*3%*	*7%*	*2%*	*1%*	*1%*	用前一年的增长率1%
产能利用率	*72%*	*72%*	*72%*	*72%*	*72%*	用前一年的产能利用率72%
产量（万吨）	985	1,042	1,060	1,074	1,089	
同比	*10%*	*6%*	*2%*	*1%*	*1%*	

图 3-26　预测第 $n+4$ 年的产量为 1089 万吨

进出口量一般相对稳定，除非有突发事件，所以可假设和前一年一致，或者根据市场趋势假设每年有一定的增减幅度，如图 3-27 所示。

	n	$n+1$	$n+2$	$n+3$	$n+4$	
	2021年	**2022年** **预测**	**2023年** **预测**	**2024年** **预测**	**2025年** **预测**	
进口量（亿吨）	335	320	320	320	320	假设与前一年一致
出口量（亿吨）	28	33	33	33	33	假设与前一年一致

图 3-27　预测第 $n+4$ 年的进出口量与前一年相同

我们可以继续用自下而上的方法预测第 $n+4$ 年的需求，由于各下游行业与需求相关指标的未来预测具有一定的局限性，因此可用年同比分析来预测第 $n+4$ 年的下游各板块消费量。我们可以用之前三年增长率的平均值 $[r_4=(r_1+r_2+r_3)/3]$ 来计算，如图 3-28 所示，或者用前一年的年增长率（$r_4=r_3$）来计算，如图 3-29 所示。

	n	n+1	n+2	n+3	n+4	
	2021年	2022年预测	2023年预测	2024年预测	2025年预测	
电力需求（万吨）	615	627	645	663	681	
同比	3%	2%	3%	3%	3%	用之前三年增长率的平均值：(2%+3%+3%)/3≈3%

图 3-28　假设第 n+4 年电力需求以之前三年增长率的平均值 $[r_4=(r_1+r_2+r_3)/3]$ 增长

	n	n+1	n+2	n+3	n+4	
	2021年	2022年预测	2023年预测	2024年预测	2025年预测	
家电需求（万吨）	202	206	211	214	218	
同比	2%	2%	2%	2%	2%	用前一年的年增长率2%

图 3-29　假设第 n+4 年家电需求以前一年的年增长率（$r_4=r_3$）增长

至此，我们完成第 n+4 年（2025 年）的供需平衡表预测，如图 3-30 所示。

	2013年	2014年	2015年	2016年	2017年	2018年	2019年	2020年	2021年	2022年预测	2023年预测	2024年预测	2025年预测
产能（万吨）	910	988	1,050	1,080	1,130	1,213	1,295	1,330	1,365	1,455	1,480	1,500	1,520
产能利用率	71%	70%	70%	72%	71%	72%	69%	70%	72%	72%	72%	72%	72%
产量（万吨）	649	695	740	776	800	873	894	927	985	1,042	1,060	1,074	1,089
		7%	6%	5%	3%	9%	2%	4%	6%	6%	2%	1%	1%
进口量（万吨）	320	360	368	363	325	372	348	452	335	320	320	320	320
出口量（万吨）	29	27	21	43	34	36	35	21	28	33	33	33	33
表观消费量（万吨）	940	1,028	1,087	1,096	1,091	1,209	1,207	1,358	1,292	1,329	1,347	1,361	1,376
库存变化（万吨）	(10)	35	45	15	0	10	2	92	(14)	10	0	0	0
实际消费量（万吨）	950	993	1,042	1,081	1,091	1,199	1,205	1,266	1,306	1,319	1,347	1,361	1,376
同比		5%	5%	4%	1%	10%	1%	5%	3%	1%	2%	1%	1%
废铜实际消费量（万吨）	90	104	85	80	100	50	52	35	32	45	55	70	90
耗铜量（万吨）	1,040	1,097	1,127	1,161	1,191	1,249	1,257	1,301	1,338	1,364	1,402	1,431	1,466
耗铜量按行业拆分：													
电力需求（万吨）	485	504	517	533	546	568	575	595	615	627	645	663	681
同比		4%	3%	3%	2%	4%	1%	3%	3%	2%	3%	3%	3%
家电需求（万吨）	146	160	167	172	178	190	194	198	202	206	211	214	218
同比		10%	4%	3%	3%	7%	2%	2%	2%	2%	2%	2%	2%
交通运输需求（万吨）	110	123	127	132	136	141	134	137	139	142	146	149	153
同比		12%	3%	4%	3%	4%	-5%	2%	1%	2%	3%	3%	3%
建筑需求（万吨）	104	106	105	107	109	111	112	116	119	123	127	130	134
同比		2%	-1%	2%	1%	3%	1%	4%	3%	3%	3%	3%	3%
机械电子需求（万吨）	85	91	97	101	105	113	114	119	123	125	127	129	131
同比		7%	6%	4%	4%	8%	1%	4%	4%	2%	2%	2%	2%
其他（万吨）	110	113	114	116	118	126	128	136	140	141	145	146	147
同比		3%	1%	2%	2%	7%	2%	6%	3%	1%	3%	1%	1%
总需求/耗铜量（万吨）	1,040	1,097	1,127	1,161	1,191	1,249	1,257	1,301	1,338	1,364	1,402	1,431	1,465
同比		5%	3%	3%	3%	5%	1%	4%	3%	2%	3%	2%	2%

图 3-30　中国精炼铜供需平衡表

来源：上海有色网

在预测长期供应和需求时也要考虑行业即将发生的结构性变化，如新能源汽车崛起，对钴、锂、硫酸镍的需求发生结构性改变，以及在汽车轻量化进程中，铝材代替钢材在车身材料中的应用。

3.4　投行偏爱远期曲线——供需的最佳图表展示

大宗商品的期限结构（Term Structure）可以实时反映其基本面。当市场供应紧张时，远期曲线（Forward Curve）上的远期价格低于近期价格，即远期贴水（Backwardation）；当市场供应过剩时，远期价格高于近期价格，即远期升水（Contango）。远期曲线反映一定条件下某种大宗商品不同交割月份的价格结构，还反映该商品的供需关系，同时是判断未来价格走势的关键。

3.4.1　远期曲线的定义及其影响因素

在期货交易所上市交易的每种期货合约都有两个以上交割月份，其中一些离现货月份较近，称为近期合约；另一些离现货月份较远，称为远期合约。大宗商品的远期曲线是某种商品按不同交割月份依照合约到期时间先后，串联而成的一条曲线。远期价格反映的是市场参与者今天愿意为未来某个远期时点买入或卖出某种商品所付出或接受的价格。当近期价格高于远期价格，即远期贴水时，说明短期内供应紧张或需求上升，远期曲线向下倾斜，如图 3-31 所示；当远期价格高于近期价格，即远期升水时，说明短期内供应充足或需求疲软，远期曲线向上倾斜，如图 3-32 所示。

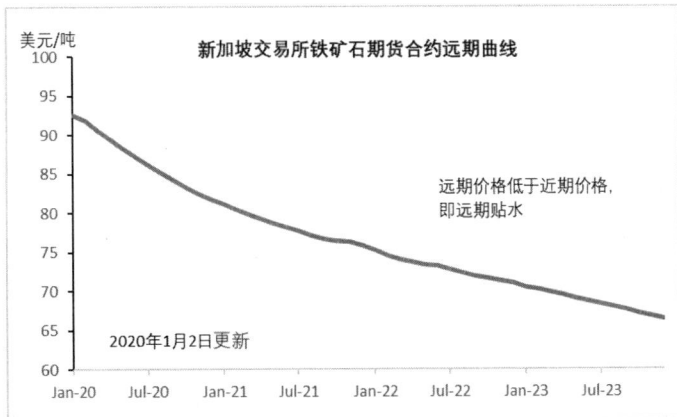

图 3-31　远期贴水示例

来源：新加坡交易所

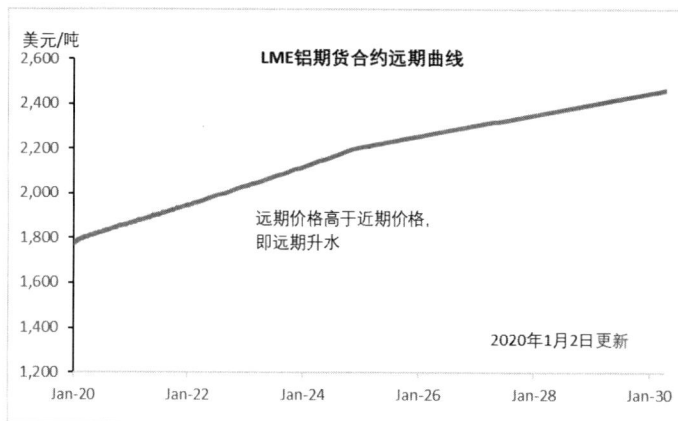

图 3-32　远期升水示例

来源：LME

价差（Spread）是不同到期日的期货合约之间的价格差，影响价差的主要因素之一是持仓成本（Cost of Carry）。理论上，由于持仓成本包含仓储费用、利息、保险费用等，远期合约价格应比近期合约价格高。但在实际市场中，价差受多种市场因素频繁变化的影响，包括短期供需、长期供需、库存、季节等。因此，观察由不同交割月份的价格结构组成的远期曲线是分析某大宗商品供需关系的关键，同时是判断该大宗商品未来价格走势的重要指标。

远期曲线的形成要求市场中有套期保值者、套利者和投机者。大宗商品远月合约上的参与者主要包括生产商、下游用户等，通过实物交割起到定价作用。投机者主要出现在近月合约中，他们结合期货保证金制度用少量资金寻求获取高额收益的机会。套利者则寻找远期曲线近/远月合约间出现的不合理价差，以获取低风险收益。套期保值者、套利者和投机者的共同参与提高了市场的流动性，促进了价格的发现，减弱了价格波动。

远期曲线不是一成不变的，而是在不断变化的。例如，曲线斜率会因仓储费用、利息、保险费用的变动而改变，甚至整条曲线也会因突发事件造成的市场供应中断或需求暴跌而由远期贴水结构变为远期升水结构。如图 3-33 所示，因美国页岩油带来的供给冲击及沙特阿拉伯的疯狂增产，叠加需求低迷，WTI 原油远期曲线由 2014 年 4 月的远期贴水变为 2014 年 12 月的远期升水。

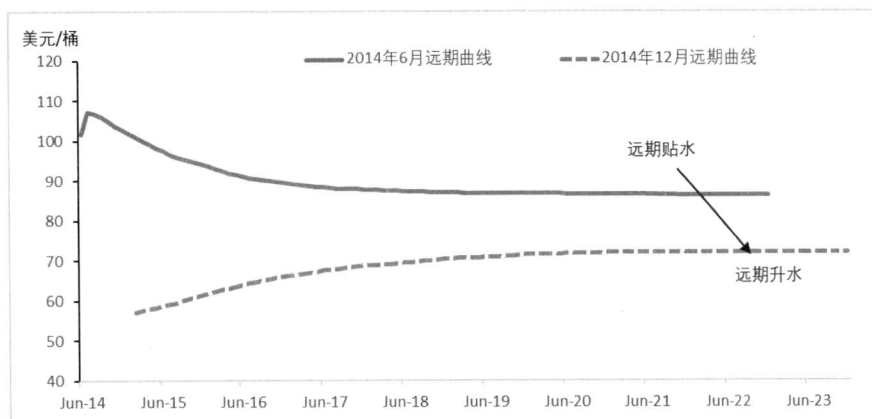

图 3-33　WTI 原油远期曲线

来源：纽约商品交易所

3.4.2　如何根据远期曲线解读近期和远期的供需情况

根据远期曲线的结构，可以解读某大宗商品近期和远期的供需情况。通过比较同一商品不同时期的远期曲线（如其通常为远期贴水的结构在某一段时间变为远期升水）可以找出造成某种变化的原因，并且可以对市场未来的走势做出预测。

铁矿石期货合约的远期曲线如图 3-34 所示。2021 年 8 月 5 日更新的铁矿石远期曲线，大部分时间呈远期贴水结构，这是由于海外四大矿山（力拓、必和必拓、淡水河谷、FMG），以及非主流的中小型铁矿石矿山的运营较 2020 年逐渐恢复，新产能陆续投放，产量增加，市场对远期价格担忧，但近期价格受到了中国钢厂的产量增加，以及铁矿石生产大国澳大利亚和巴西的气候影响。铁矿石基本不再供应短缺，已逐步转向供强需弱。四大矿山季度产量如图 3-35 所示。

在一般情况下，由于商品有持仓成本，其远期合约价格应比近期合约价格高，即远期升水。但当远期价格呈现超级升水（Super Contango），即价差高于对应时间内的持仓成本时，说明市场认为当前供应过剩，库存容量接近饱和，因此近期价格低。由于价差高，套期保值者通常会选择在远月交割，将当下的供应转至远期，降低即期供应和库存，套利者和投机者则会通过买近抛远进行借入掉期交易获利，超级升水逐步转为升水。此时，现货价格开始反弹，近期合约价格也开始上涨。当供应下降或需求上升时，近期价格上涨，远期曲线呈现远期贴水状态，投资者可通过抛近买远进行借出掉期交易获利。供应和库存持续下降，而需求持续上升，并且由于缺货，空头不敢贸然空仓近月合约，防止被多头逼空，近月价格继续上涨，形成超级贴水（Super Backwardation）。

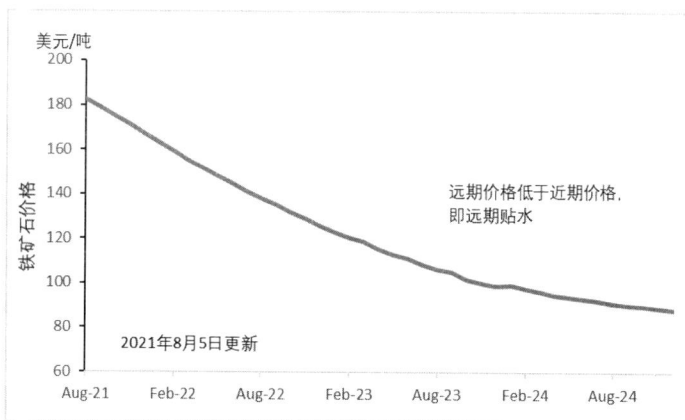

图 3-34　铁矿石期货合约的远期曲线

来源：新加坡交易所

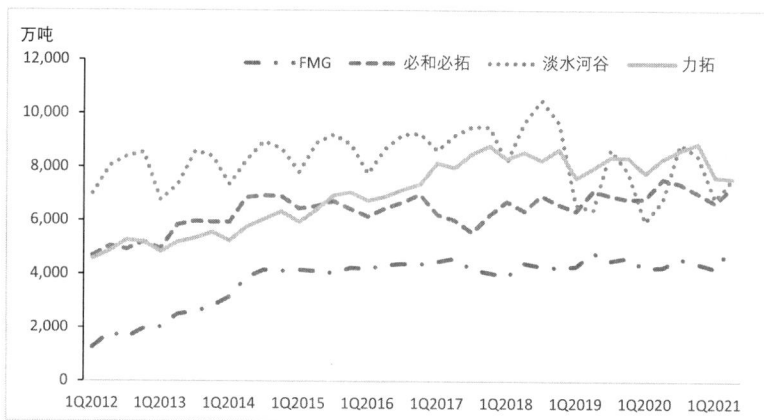

图 3-35　四大矿山季度产量

来源：各公司季度报告

下面以原油期货为例进行详细说明。如图 3-36 所示，由于全球经济增速放缓，原油需求萎靡，但在供应层面，欧佩克没有采取限产措施，美国页岩油持续增产，并且主要经济体的原油储备充足，原油由 2014 年 6 月 100 美元/桶以上的价格开始暴跌。远期曲线从 2014 年 6 月的远期贴水变为 2014 年 12 月的远期升水。

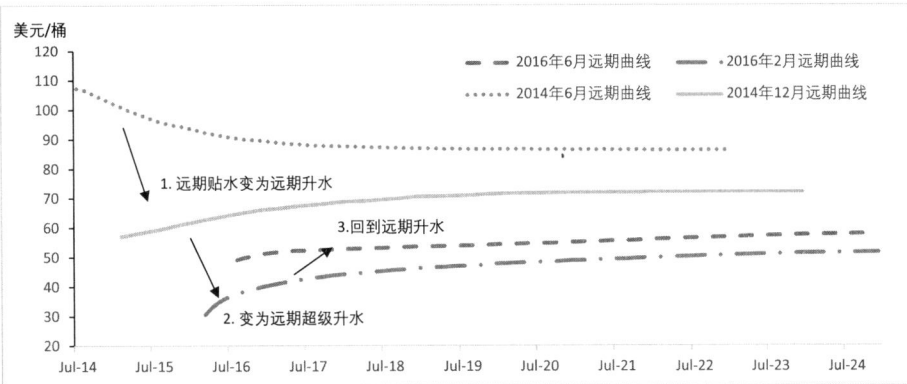

图 3-36　WTI 原油远期曲线

来源：纽约商品交易所

原油价格一路下跌至 2016 年 1 月，触及 2003 年以来的低点 30 美元/桶以下，跌幅达 76%，如图 3-37 所示。远期曲线于 2016 年 2 月跌到超级升水，近期和远期扩大的价差远高于持仓成本，因此吸引了大量套利资本，这些资本主要通过买近抛远来获利。未来需求提前反映在当下，当下的供应转移至远期，近期价格上升，远期升水缩小，价差的缩小说明原油供大于求的程度在降低，近期价格看涨，原油价格于 2016 年 2 月开始反弹，直至其远期曲线于 2016 年 6 月回到升水状态。

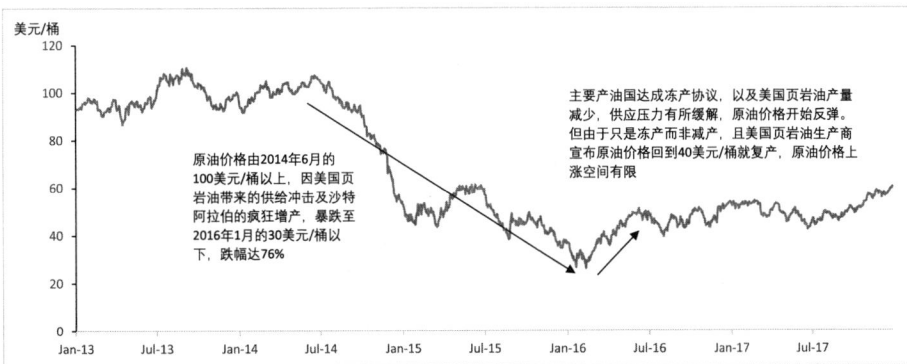

图 3-37　WTI 原油价格（2013—2017 年）

来源：纽约商品交易所

3.4.3　基于远期曲线如何交易

基于远期曲线，套利者可进行跨期交易，即同时买入、卖出同种商品不同交割月份的期货合约，以期在有利时机同时将这些期货合约对冲平仓获利。跨期套利分为牛市跨期套利和熊市跨期套利。

这里先介绍牛市跨期套利。如果近期供给不足且需求旺盛，近期合约价格的上升幅度大于远期合约价格，或者近期合约价格的下降幅度小于远期合约价格，则投资者可通过买入近月合约且卖出远月合约进行牛市套利。假设1月1日，LME铜5月交割合约的价格为6040美元/吨，7月交割合约的价格为6060美元/吨，则7月交割合约相对5月交割合约的远期升水为20美元/吨。套利者可根据历年数据，判断远期升水偏高，如无特殊情况，价差会缩小，因此套利机会出现。3月1日，LME铜5月交割合约的价格上升为6055美元/吨，7月交割合约的价格上升为6070美元/吨，价差缩小为15美元/吨，所以获得净利5美元/吨，如图3-38所示。

	近月合约	远月合约	远期价格-近期价格
1月1日	买入1手5月交割的LME铜合约，价格为6040美元/吨	卖出1手7月交割的LME铜合约，价格为6060美元/吨	6060-6040=20（美元/吨）
3月1日	卖出1手5月交割的LME铜合约，价格为6055美元/吨	买入1手7月交割的LME铜合约，价格为6070美元/吨	6070-6055=15（美元/吨）
套利结果	盈利15美元/吨	亏损10美元/吨	
	净利5美元/吨		

图3-38　牛市跨期套利案例一：价格上涨

若3月1日价格下跌，但5月下跌幅度小于7月，价差缩小，仍可产生套利利润，如图3-39所示。因此，牛市跨期套利无论期货合约的价格是升还是降，价差缩小才可盈利。

	近月合约	远月合约	远期价格-近期价格
1月1日	买入1手5月交割的LME铜合约，价格为6040美元/吨	卖出1手7月交割的LME铜合约，价格为6060美元/吨	6060-6040=20（美元/吨）
3月1日	卖出1手5月交割的LME铜合约，价格为6020美元/吨	买入1手7月交割的LME铜合约，价格为6035美元/吨	6035-6020=15（美元/吨）
套利结果	亏损20美元/吨	盈利25美元/吨	
	净利5美元/吨		

图3-39　牛市跨期套利案例二：价格下跌

我们再来看看熊市跨期套利。如果近期供应增加且需求减少，近期合约价格的下降幅度大于远期合约价格，或者近期合约价格的上升幅度小于远期合约价格，则投资者可通过卖出近月合约且买入远月合约进行套利。假设 1 月 1 日，LME 铜 5 月交割合约的价格为 6040 美元/吨，7 月交割合约的价格为 6060 美元/吨，则 7 月交割合约相对 5 月交割合约的远期升水为 20 美元/吨。套利者可根据历年数据，判断远期升水偏低，如无特殊情况，价差会扩大，因此套利机会出现。3 月 1 日，LME 铜 5 月交割合约的价格下跌至 6020 美元/吨，7 月交割合约的价格下跌至 6045 美元/吨，价差扩大为 25 美元/吨，所以获得净利 5 美元/吨，如图 3-40 所示。

	近月合约	远月合约	远期价格-近期价格
1月1日	卖出1手5月交割的LME铜合约，价格为6040美元/吨	买入1手7月交割的LME铜合约，价格为6060美元/吨	6060-6040=20（美元/吨）
3月1日	买入1手5月交割的LME铜合约，价格为6020美元/吨	卖出1手7月交割的LME铜合约，价格为6045美元/吨	6045-6020=25（美元/吨）
套利结果	盈利20美元/吨	亏损15美元/吨	
净利5美元/吨			

图 3-40　熊市跨期套利案例一：价格下跌

若 3 月 1 日价格上涨，但 5 月上涨幅度大于 7 月，价差扩大，仍可产生套利利润，如图 3-41 所示。因此，熊市跨期套利无论期货合约的价格是升还是降，价差扩大才可盈利。

已经持有近月合约的投资者也可基于远期曲线进行掉期交易（Carry Trade），将交割日期延期，避免进行实物交割。掉期交易包括同时买入近期交割合约并卖出远期交割合约的借入操作，相当于空头往后移仓或多头往前移仓；同时卖出近期交割合约并买入远期交割合约的借出操作，相当于多头往后移仓或空头往前移仓。若投资者持有期货多头，市场结构呈远期升水，其产生负收益；市场结构呈远期贴水，则产生正收益。若投资者持有期货空头，则情况正好相反。

	近月合约	远月合约	远期价格-近期价格
1月1日	卖出1手5月交割的LME铜合约，价格为6040美元/吨	买入1手7月交割的LME铜合约，价格为6060美元/吨	6060-6040=20（美元/吨）
3月1日	买入1手5月交割的LME铜合约，价格为6060美元/吨	卖出1手7月交割的LME铜合约，价格为6085美元/吨	6085-6060=25（美元/吨）
套利结果	亏损20美元/吨	盈利25美元/吨	
净利5美元/吨			

图 3-41　熊市跨期套利案例二：价格上涨

3.5 投行实战案例

在实际交易中,基于供需平衡表,通过分析供应和需求的变化,并与市场预期相比,可以对价格做出预测。此时,供应和需求的变化幅度及促使其变化的原因,市场如何解读与预期,是驱动价格变动的关键。例如,某大宗商品的需求上升 5%,假设供应不变,则价格理应上升。但如果市场之前普遍预期其需求上升 10%,则价格实际上升 5%(低于预期),因此在实际交易中,大宗商品的价格会因实际需求低于预期而下降。

3.5.1 供大于求驱使价格变动的实例分享——镍生铁替代电解镍成为不锈钢的主要原料

2007 年 5 月,LME 三月期镍的价格达到历史高位 51 600 美元/吨,由不锈钢需求疲软及镍生铁供应增加带动,之后三个月镍的价格处于下跌状态,至 8 月跌至阶段性低点 25 100 美元/吨,跌幅达 51%,如图 3-42 所示。据世界金属统计局数据,2007 年全球精炼镍产量为 146.4 万吨,需求为 142.7 万吨,供应过剩 37 000 吨。2008 年供应仍旧过剩,供应多于需求 54 100 吨。

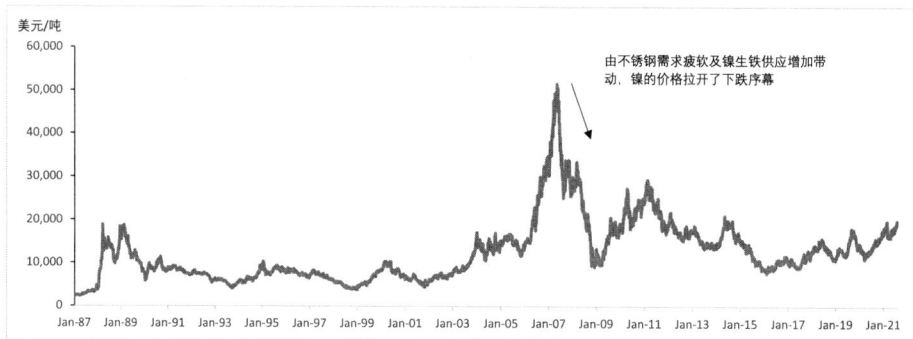

图 3-42　LME 三月期镍的价格

来源:LME

镍的主要下游是不锈钢,2007 年占总需求的 65%。在此之前,不锈钢厂的生产原料主要是电解镍及少数镍铁。由于电解镍需要从硫化镍矿中冶炼,而硫化镍矿资源日渐不足,镍的供应受到限制。而另外一种红土镍矿资源丰富,但受冶炼技术局限长期未能被有效利用,直到国内冶炼厂开发出高炉冶炼镍铁技术,可以自主生产镍生铁(含镍量<15%)和镍铁(含镍量>15%),以较

低的成本和产量的释放，改变了镍的供应短缺局面。镍的产业链如图 3-43
所示。

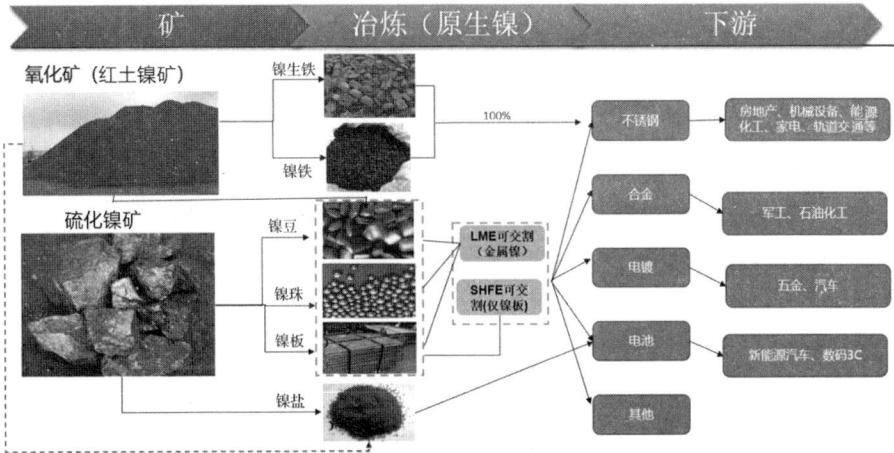

图 3-43　镍的产业链

来源：上海有色网

从 2005 年开始，国内以红土镍矿为原料生产的含镍生铁产量逐步上升，
2007 年年初镍价的暴涨加速了不锈钢行业中镍生铁对电解镍的替代，电解镍
需求减少。之后，镍的供应结构发生了根本性的改变，镍生铁占全球镍供应的
比重提高，由 2011 年的 18%上升至 2018 年的 32%，可交割品种镍的比重同
期由 53%下降至 39%，如图 3-44 所示。供应的大幅增加压制了镍的价格，拉
开了镍价的下跌序幕。

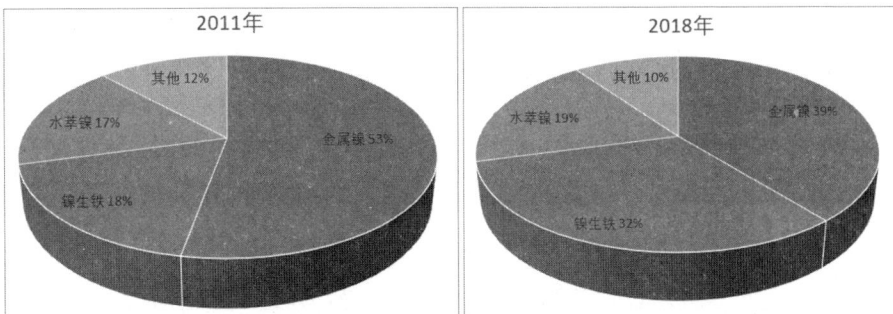

图 3-44　全球镍的供应结构（2011 年和 2018 年）

来源：上海有色网

3.5.2 供大于求驱使价格变动的实例分享——铝价的"前世今生"和"来日"

自 2001 年以来，中国电解铝的产量增长迅速，在 2008 年全球金融危机前，产量年增幅达 20%以上，在金融危机后的 2010 年至 2015 年，也基本维持 10%以上的年增长率，如图 3-45 所示。中国电解铝产量占全球产量的比重也从 2001 年的不到 15%上升至 2021 年的 58%，如图 3-46 所示。因此，全球电解铝供应版图被划分为两大块：中国和全球除中国之外。中国电解铝的飞速发展得益于同期中国经济的腾飞所带动的消费增长，以及生产工艺的大幅提高和生产成本的下降。

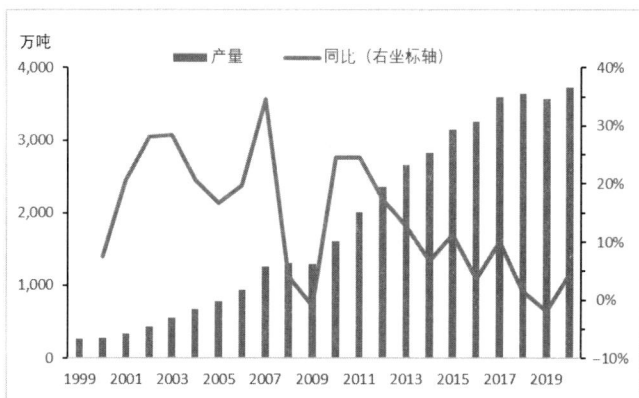

图 3-45　中国电解铝产量及同比

来源：国际铝业协会

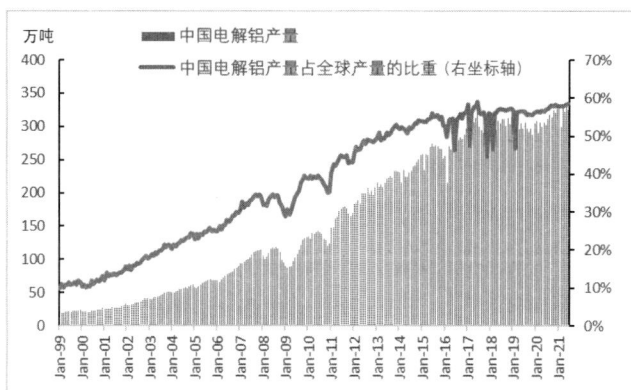

图 3-46　中国电解铝产量及其占全球产量的比重

来源：国际铝业协会

但产能和产量的增长造成行业产能过剩，产能利用率降至 80%以下，2015年为 78%，如图 3-47 所示。电解铝的价格因供大于求而受到压制，上海期货交易所三月期铝价自 2006 年 5 月历史高位 24 110 元/吨下跌近 60%至 2015 年11 月的低点 9670 元/吨，如图 3-48 所示。

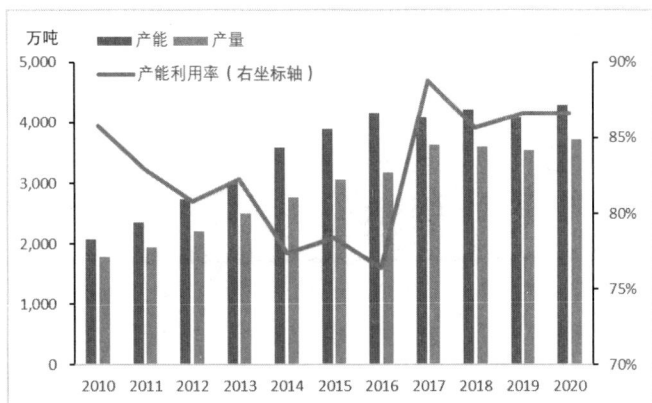

图 3-47　中国电解铝产能、产量及产能利用率

来源：上海有色网

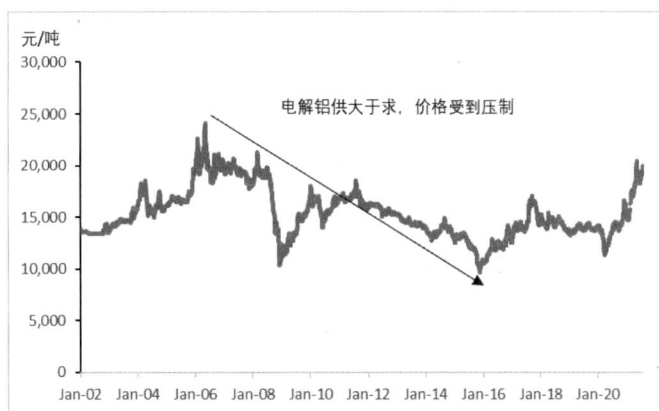

图 3-48　上海期货交易所三月期铝价

来源：上海期货交易所

铝价的下跌并没有促使铝厂减产，相反，由于多种原因，高成本的落后产能无法退出，低成本的新增产能不断投产，山东、新疆、内蒙古等地区新增低成本产能，使得供大于求。2020 年年底电解铝运行产能分布如图 3-49 所示。直至 2017 年 4 月，《清理整顿电解铝行业违法违规项目专项行动方案》出台，清理整顿了国内电解铝行业的违法违规项目，2017 年产能减少 76 万吨，铝价逐渐回升。2018 年，中国电解铝产量开始下降，当年产量为 3609 万吨，同比下降 1%，2019 年同比下降 2%。展望未来，随着政府对环保和产能过剩的治理，笔者认为中国电解铝产量增速将大幅下降，预计 2022 年产量增速为 2%，远低于之前 10% 以上的年增长率。2022 年电解铝产量预测如图 3-50 所示。

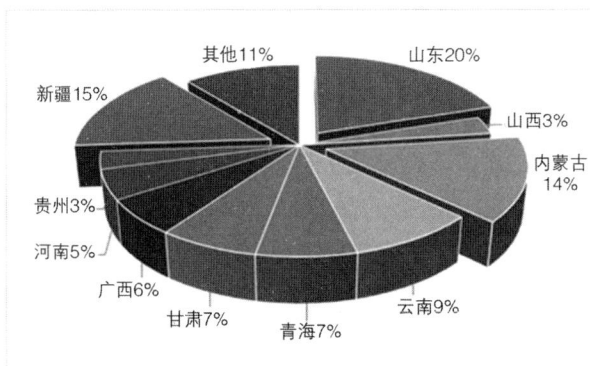

图 3-49　2020 年年底电解铝运行产能分布

来源：安泰科

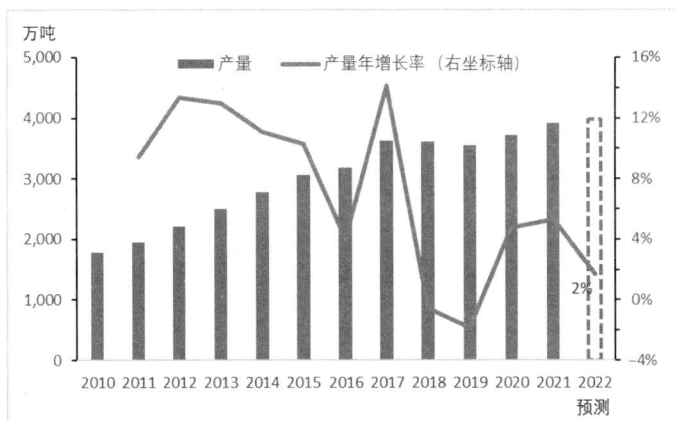

图 3-50　2022 年电解铝产量预测

来源：上海有色网

3.5.3　求大于供驱使价格变动的实例分享——中国炼厂和海外矿山的铜精矿博弈

全球铜精矿的产量由于受矿山品位下降及缺乏大型矿山投产的影响而增速放缓，如图 3-51 所示。2019 年，由于南美（包括全球最大的铜精矿生产国

智利）和非洲铜矿罢工事件发生，以及全球第二大铜矿 Grasberg 的作业方式
从露天开采转为地下开采，铜精矿产量下降，同比出现负增长。2020 年年初，
部分矿山封锁，生产中断或开工率下降，供应紧张，2020 年全球铜精矿产量
与 2019 年持平，未能达到 2019 年年底所预计的 2.1%的增幅。2014—2020 年，
智利、秘鲁和中国的铜精矿产量如图 3-52 所示。

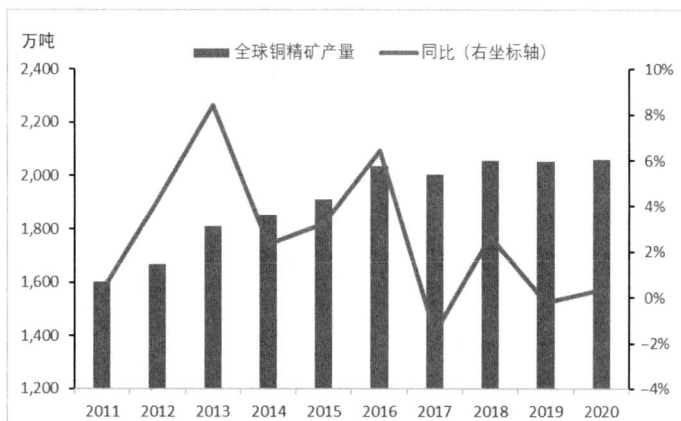

图 3-51　全球铜精矿产量及同比

来源：国际铜研究组织（ICSG）

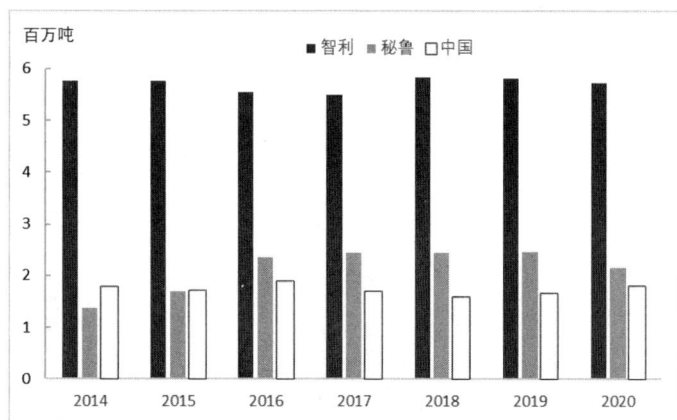

图 3-52　智利、秘鲁和中国的铜精矿产量

来源：世界金属统计局

随着中国铜冶炼厂新建和扩建产能的不断释放，对铜精矿的需求增加。中
国是全球最大的精炼铜生产国，2019 年中国精炼铜产能为 1295 万吨，同比上

升 7%，2020 年又上升 3%至 1330 万吨。精炼铜产量也随之上升，2019 年为
894 万吨，同比上升 2%，2020 年年初短期下降，之后迅速恢复，全年产量增
长 1%至 902 万吨，如图 3-53 所示。但中国的铜矿资源稀少，储量仅占全球总
储量的 3%，精炼铜的生产高度依赖海外铜精矿进口，中国铜原料自给率如
图 3-54 所示。因此，原料端与冶炼端供需的不匹配成为影响铜价的重要因素。

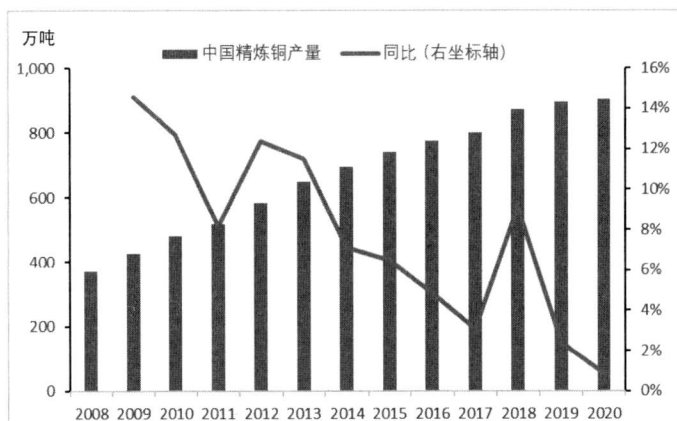

图 3-53　中国精炼铜产量及同比

来源：上海有色网

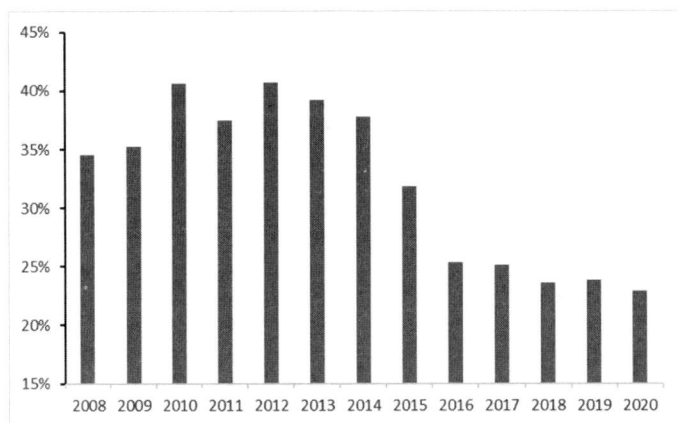

图 3-54　中国铜原料自给率

来源：上海有色网

TC/RC 即矿山向冶炼厂支付的粗炼费（Treatment Charges）/精炼费
（Refining Charges），也就是将铜精矿加工成精炼铜的费用，是铜精矿供需的晴

雨表。当铜精矿供应充足或冶炼厂产能减少时，TC/RC 上涨；当铜精矿供应紧张或冶炼厂产能增加时，TC/RC 下降。国内铜现货 TC 自 2019 年年初下降（见图 3-55），说明铜精矿求大于供，因此推动铜价在 2019 年一季度上涨；但之后宏观经济悲观情绪成为铜价上方压力，且国际关系问题使得多头表现谨慎，铜价开始向下震荡，直至 2019 年年底因全球经济数据表现超预期及国内地产、汽车消费数据向好，铜价开始反弹，如图 3-56 所示。铜偏紧的基本面给价格带来支撑。2020 年，铜价暴跌，海外矿山运营受阻，TC 也随之走低。但自 3月底受中国需求恢复、海外铜精矿供应紧张及全球宽松货币政策下资金流入大宗商品市场三个因素的推动，铜价一路高歌猛进。

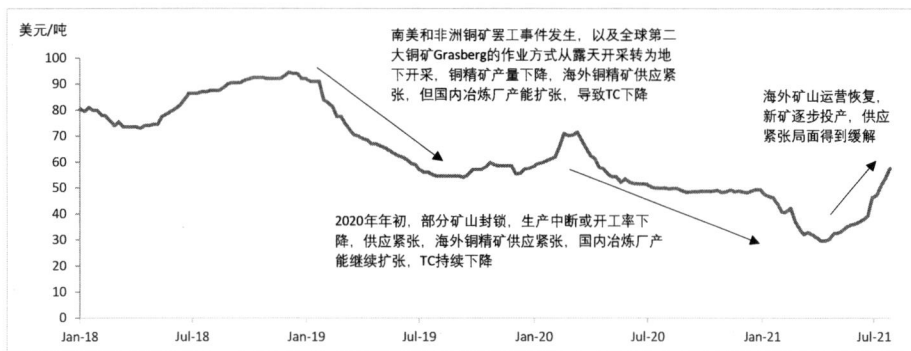

图 3-55　铜现货 TC

来源：上海有色网

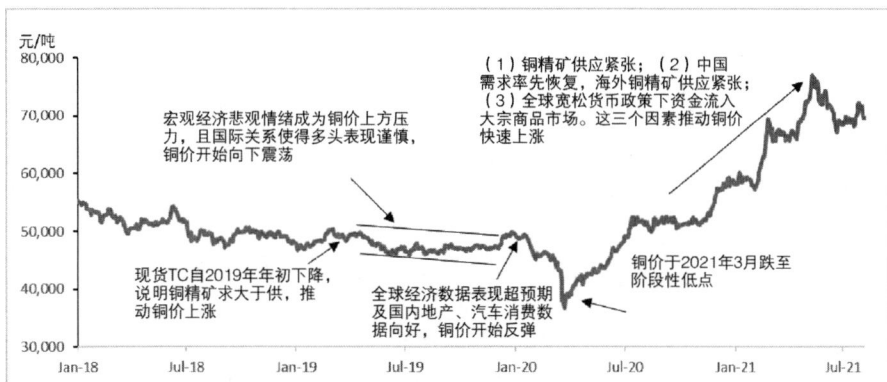

图 3-56　上海期货交易所三月期铜价

来源：上海期货交易所

3.5.4 求大于供驱使价格变动的实例分享——金融危机后铁矿石价格因中国需求上升而上涨

2009 年受金融危机影响，全球粗钢产量同比下降 7%，除中国之外的全球粗钢产量下跌 19%，但中国粗钢产量在各项经济刺激政策下，自 2009 年 6 月始终保持较高水平，全年产量逆势上涨 13%，如图 3-57 所示。中国粗钢产量占全球粗钢产量的比重也由 2008 年的 39% 跳升至 2009 年的 47%，如图 3-58 所示。

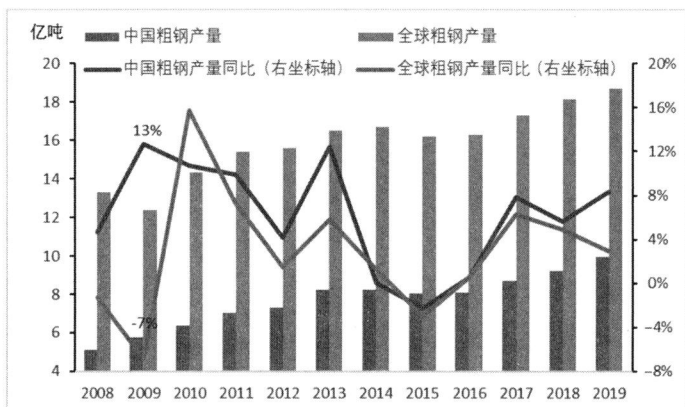

图 3-57 中国和全球粗钢产量及各自的同比

来源：世界钢铁协会

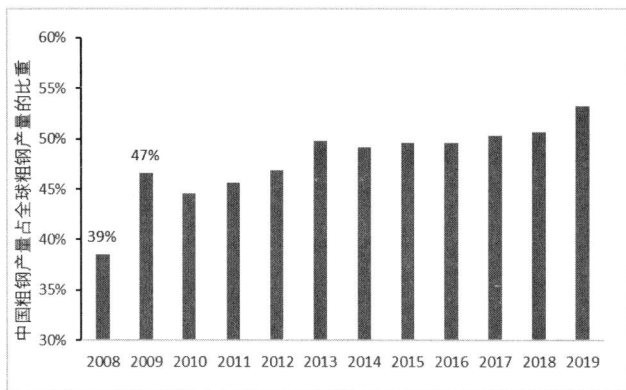

图 3-58 中国粗钢产量占全球粗钢产量的比重

来源：世界钢铁协会

国内粗钢产量的上涨为铁矿石的需求和价格变动提供了有效的支撑，也使得中国铁矿石的进口量猛增。2009 年，中国进口铁矿石 6.28 亿吨，同比增长 42%（见图 3-59），铁矿石对外依存度也上升为 69%。

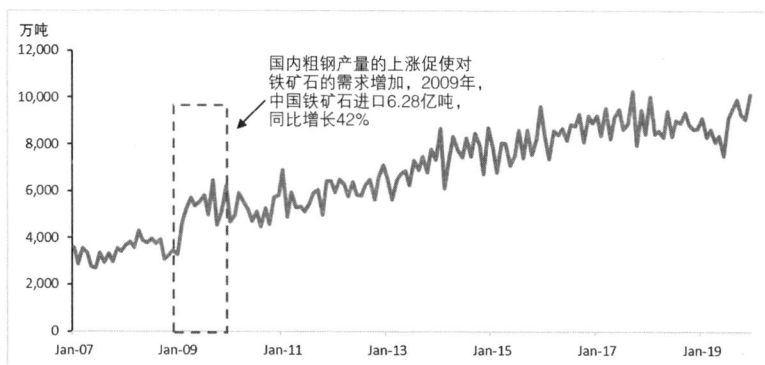

图 3-59　中国铁矿石进口量

来源：海关

2010 年，随着政府加大投资力度，新开工项目大幅增加，对钢材的刚性需求起到强劲的支撑作用。粗钢持续放量，2010 年产量同比增长 9%（达 6.3亿吨），钢材出口也得到有效恢复，在 2009 年受金融危机影响而处于低出口水平的基础上，同比跳升 73%。受进口铁矿石价格涨幅过高和国内铁矿石产量放量影响，全年进口铁矿石 6.2 亿吨，同比下降 1%，同时铁矿石对外依存度下降为 63%。铁矿石价格持续攀升至 2011 年年底，受国内外经济增速放缓和国内钢铁行业产能过剩影响，中国粗钢产量增速放缓至 3%，且钢铁企业大面积亏损，中国钢材价格下跌（见图 3-60），并且带动进口铁矿石价格掉头向下，如图 3-61 所示。

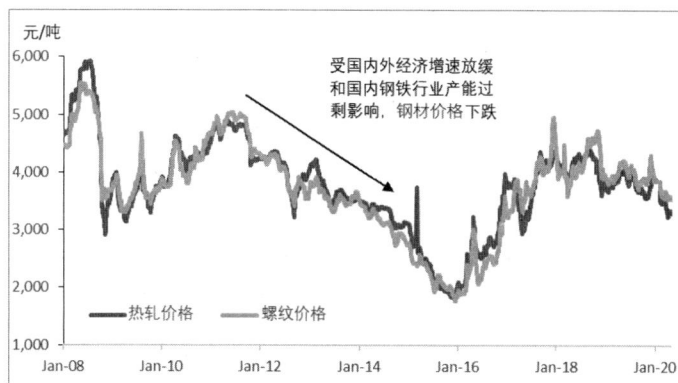

图 3-60　中国钢材价格

来源：上海有色网

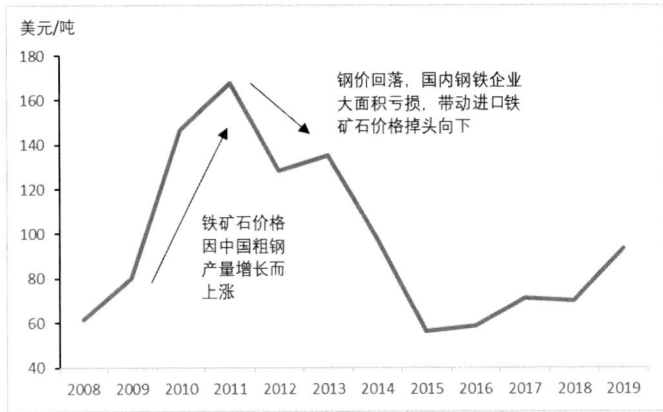

图 3-61　进口铁矿石价格

来源：国际货币基金组织

第 4 章

4

价值百万元的成本曲线有何神奇之处

4.1 投行为何重视成本曲线

供需平衡表和成本曲线是分析大宗商品基本面的两个重要参考内容。大宗商品的成本曲线提供了一个行业快照，投资者可将商品的价格叠加到成本曲线上，以此判断哪些生产者盈利、哪些生产者亏损，并进一步判断价格的支撑点。因此，相较供需平衡表，成本曲线更能指引价格区间。

4.1.1 何谓成本曲线

成本曲线（Cost Curve）是一个二维图表，展示了行业的产能（或产量）和成本的关系。在成本曲线上，Y 轴表示单位生产成本，X 轴表示累计产能（或产量）。柱形的宽度表示矿山或项目的产能（或产量），柱形的高度表示单位生产成本。按生产成本由低到高在 X 轴上排序，生产成本最低的排在最左边，生产成本最高的排在最右边，因此 X 轴最右边，Y 轴最上边的矿山或生产商的生产成本高。图 4-1 所示为中国铜矿山 2019 年成本曲线。由于在构建成本曲线时需要收集每个生产商的基本信息，有时甚至包括每个生产商的每个矿山或每个冶炼厂的基本信息，因此一份包括全球所有项目的成本曲线价值不菲，按包含内容的不同，价值为几万元至几百万元。

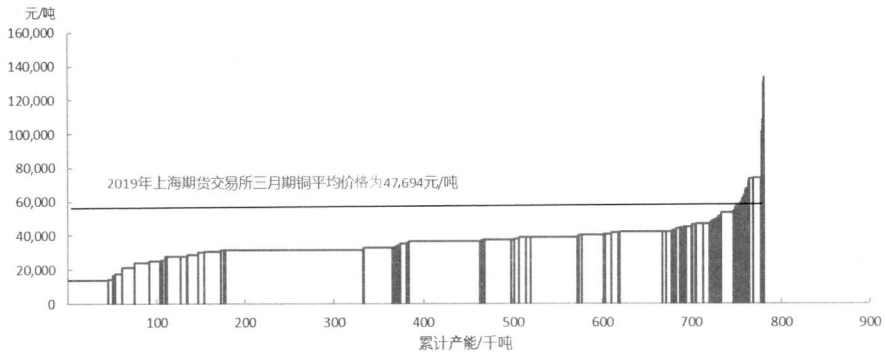

图 4-1　中国铜矿山 2019 年成本曲线

来源：上海有色网

投资者可将某一时期的商品价格叠加到成本曲线上，然后判断哪些生产商是盈利的，其盈利区间是多少，盈利生产商的总产量占全行业产量的比例是多少，亏损的产量所占比例是多少等。图 4-1 将 2019 年上海期货交易所三月期铜平均价格叠加到中国铜矿山的成本曲线上，可看到 95%的铜矿山在铜价为 47 694 元/吨的情况下是盈利的。

生产商可在成本曲线上找到自己所在的位置，评估自己在行业内的竞争水平，以及分析自己是否有进一步降低成本的空间。同时，生产商可以找出自己和竞争对手的差距，并做出如何维持自身低成本或降低自身高成本的决策，以使自己保持低成本运营或成为低成本的生产商。

4.1.2　如何解读成本曲线

图 4-2 所示为世界黄金协会公布的 2019 年第四季度全球黄金矿山的成本曲线，从中可看出有将近 5%的产量的成本高于当季的黄金价格。这说明如果黄金价格或者矿山的成本不变，这些亏损的矿山以高于售价的成本持续运营的时间不会太长，这些产能将会被关闭。一般将超过 90%的那部分以最高成本生产全部产量的 10%的生产商称为边际生产商（Marginal Producers）。如果价格在一段时间内维持低于边际生产商的成本，则理论上应停产，以使供需重新达到平衡。因此，成本曲线的第 90 个百分位（90th Percentile）可被视作成本曲线上的关键支撑位。

美元/盎司

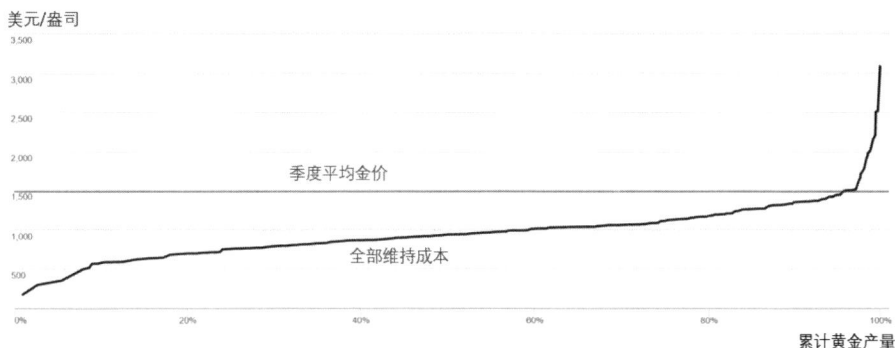

图 4-2 2019 年第四季度全球黄金矿山的成本曲线

来源：世界黄金协会

当有新增或扩建产能开工时，我们可在供需平衡表内添加相应的产能和产量，同时可在成本曲线上找到该新增或扩建产能的成本所对应的位置，以此分析该产能的竞争力及对行业成本曲线的影响。如果其成本相较当前价格利润空间较大，则可预期其投产和达产速度较快；如果其成本竞争力不足，则预期其建设和投产时间较长，生产商可能是预期中期或长期价格上涨而做的相应布局。

若商品价格长期低于成本曲线上的关键支撑位，则说明行业供过于求情况严重，供应需要大量削减或者需求有待强劲复苏，只有这样才能驱使价格重拾升势。当然，若生产商判定未来商品价格会反弹，尽管亏损，但只要持续产生现金流，其生产运营仍可维持，而一旦关闭就再无机会重启。

成本曲线也是动态变化的，随着高成本生产商关停，成本曲线右端会逐渐趋于平缓。对矿山来说，随着可开采矿山的矿石品位逐渐下降，新建矿山大多位于偏远地区，运输及配套设施建设的开销增加，矿山开采成本上涨，成本曲线左端也会逐渐上升。

4.1.3 成本曲线对大宗商品价格的影响

当大宗商品价格上升时，由于大宗商品的相互联动性，成本端价格也会上升，以给予价格成本支撑。例如，当宏观经济向好带动原油价格上升时，其他大宗商品，如易受宏观面影响的有色金属"铜博士"的价格也会在宏观面的支撑下上涨。但铜的原材料成本也受到原材料价格上涨的带动而上升，因此铜的下方成本支撑线也相应上浮。

在大宗商品价格下跌的情况下，可通过成本曲线评估价格的支撑位。当价格跌至生产商的成本线时，企业一般会进行年度检修或降低开工率，以减少产出，缩小亏损。如果商品价格维持低位或继续下跌，企业会减产甚至停产，直至供应减少，价格恢复平稳，之后随着价格的反弹，工厂开始重启或增加产量。

如图 4-3 所示，上海期货交易所三月期铝价自 2020 年 2 月底开始下跌，并于 4 月初触及四年来的低点 11 355 元/吨。同期，铝价也跌破国内平均生产成本，大部分冶炼厂亏损，只有极少数低成本冶炼厂保持微盈利。因此，笔者认为铝价已接近阶段性底部，随着冶炼厂的减产和检修开始增加，铝价将由价格低位开始反弹。之后，供应减少，叠加国内下游需求开始恢复，铝价于 4 月开始反弹。

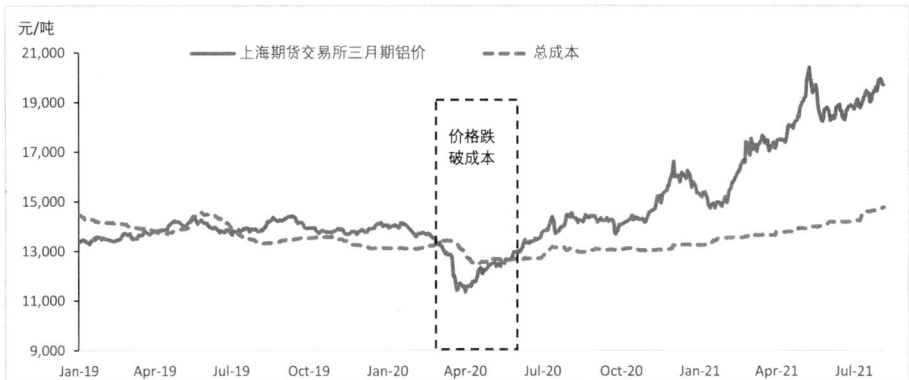

图 4-3　国内电解铝价格和总成本

来源：上海有色网

4.2　如何分析大宗商品的成本

只要大宗商品的价格高于生产成本，生产商一般都会维持运营。因此，对生产商来说，其在成本曲线上的位置决定了其能否经受住大宗商品价格的起落，如果大宗商品的价格长期低于其成本，该生产商可能会停止运营。因此，分析大宗商品的成本可预测产能和产量的变化，以及对价格的影响。

4.2.1　大宗商品成本的构成

大宗商品的成本一般由原材料成本、能源成本、人力成本，以及其他费用（如折旧费用、财务费用、税收、运输费用等）构成。按包含费用的种类不同，大宗商品的成本可分为完全成本和现金成本。完全成本是指生产商在生产该大宗商品期间发生的全部费用。在完全成本的基础上,减去固定费用,即折旧、三项费用(销售费用、管理费用和财务费用)及维修费用,得到的就是现金成本。当横向比较不同生产商的成本时,要确保比较的是同一类成本,图 4-4 和图 4-5 分别比较了 2020 年第一季度位于不同省、自治区、直辖市的电解铝生产商的现金成本和完全成本。

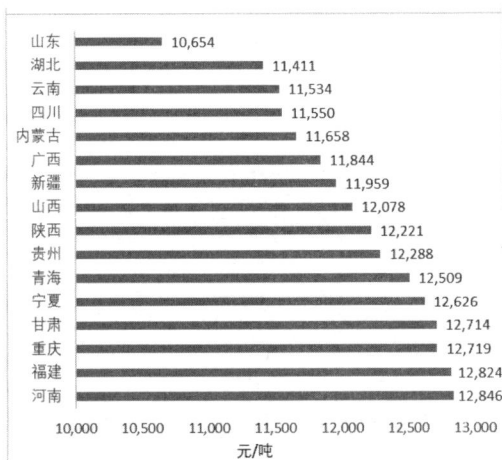

图 4-4　2020 年第一季度中国电解铝现金成本(按省、自治区、直辖市)

来源:上海有色网

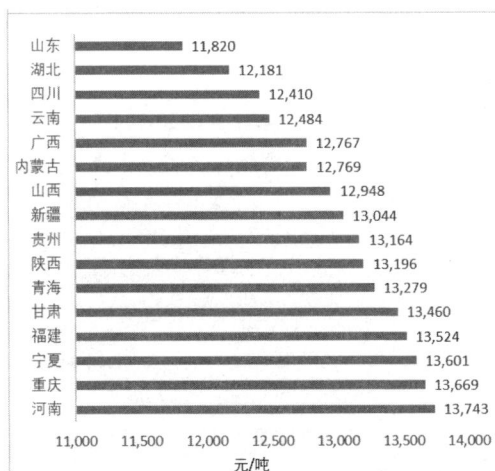

图 4-5　2020 年第一季度中国电解铝完全成本(按省、自治区、直辖市)

来源:上海有色网

当大宗商品的价格下跌，甚至跌破生产商的完全成本时，一般生产商还会继续生产。但如果跌破现金成本，意味着生产商不仅亏损，还影响了现金流，则生产商会开始减产或停产。从分析基本面的角度来看，此时行业的供应开始减少，当供应下降到一定程度时，大宗商品的价格开始反弹。

不同商品及不同生产阶段（如矿山和冶炼厂）的成本构成有所不同。例如，铝土矿是世界上十分重要的铝矿资源，对其进行精炼会得到氧化铝，再采用电解工艺可以生产电解铝。氧化铝和电解铝位于同一产业链，但其成本构成完全不同，如图 4-6 和图 4-7 所示。

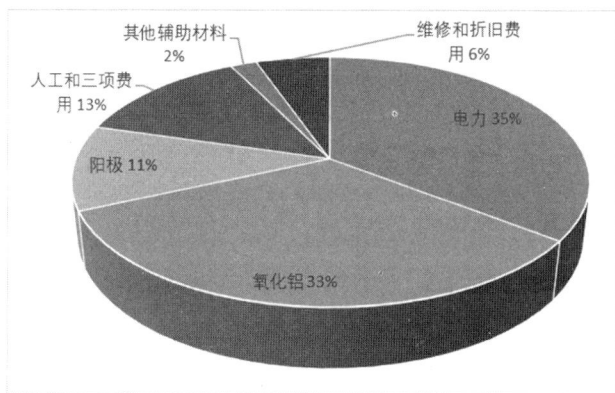

图 4-6　电解铝的成本构成

来源：上海有色网

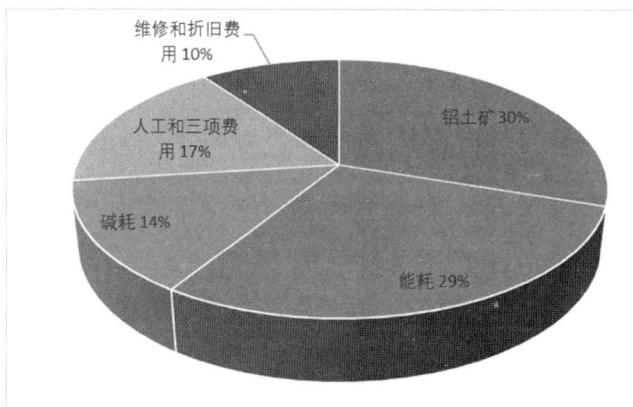

图 4-7　氧化铝的成本构成

来源：上海有色网

当大宗商品的价格上涨时，有些大宗商品的生产成本远低于其价格，因此行业对成本的关注度不高，如黄金。如图 4-8 所示，全球黄金矿山的平均总维持成本自 2014 年第一季度以来低于 1000 美元/盎司，而同期黄金价格在 1000 美元/盎司上方运行，2012 年以来的最低点在 2015 年 12 月触及，为 1051 美元/盎司（见图 4-9），高于矿山成本。但有些行业（如电解铝行业）利润率较低，因此对成本的关注度较高，当价格接近成本线时，可引发生产商的大规模关停，以减少供应。

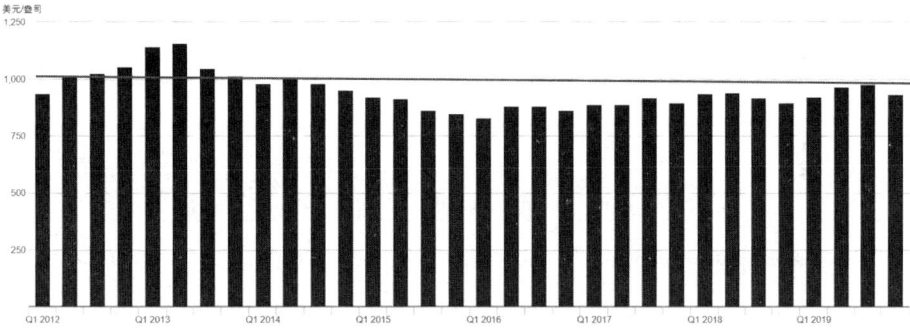

图 4-8　全球黄金矿山的平均总维持成本

来源：世界黄金协会

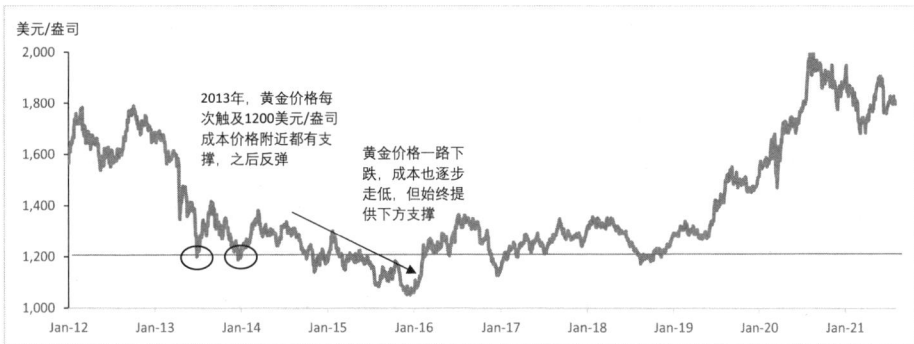

图 4-9　黄金价格

来源：世界黄金协会

4.2.2　投行的成本数据库里有什么

成本数据库（Cost Database）里往往包含过去几年甚至 10 年以上行业的成本，可按照每个项目、每座矿山、每个冶炼厂或每个国家及地区来细分。以此为基础可做横向和纵向比较，分析成本在不同分类下，以及不同时期的变化。

图 4-10 所示为中国氧化铝现金成本（按省、自治区、直辖市划分）。首先，我们可看到在所有列出的地区中，广西的成本最低，这是由于广西铝土矿资源丰富，已查明铝土矿总储量占全国总储量的 24%，且品位高，易开采，广西生产氧化铝的现金成本低。其次，我们可看到 2019 年氧化铝成本和 2018 年相比有所下降，进一步分析原因，是由于其原材料烧碱价格走低。其中，山西、河南和山东下降幅度较大，这是由于山西和河南的部分氧化铝厂陆续完成低温线改造并投入使用，降低了平均碱耗，山东进口铝土矿价格下跌。

单位：元/吨

	2018年				2019年			
	一季度	二季度	三季度	四季度	一季度	二季度	三季度	四季度
重庆	2,500	2,541	2,541	2,639	2,541	2,555	2,562	2,471
贵州	2,114	2,114	2,134	2,176	2,110	2,109	2,120	2,050
云南	**1,961**	**1,961**	**1,961**	**2,044**	**1,962**	**1,922**	**1,958**	**1,969**
广西	1,962	1,964	1,966	1,961	1,872	1,825	1,834	1,777
山西	2,277	2,412	2,675	2,724	2,677	2,587	2,486	2,445
内蒙古	2,218	2,218	2,218	2,328	2,255	2,290	2,315	2,238
河南	2,344	2,382	2,533	2,630	2,556	2,507	2,472	2,315
山东	2,262	2,262	2,305	2,364	2,306	2,201	2,210	1,949

图 4-10 中国氧化铝现金成本（按省、自治区、直辖市划分）

来源：上海有色网

对比不同国家的成本，也可得出未来行业供应版图的变化。图 4-11 所示为全球镍生铁的现金成本。中国和印度尼西亚是镍生铁的两大主要生产国，从图 4-11 中可看出，印度尼西亚回转窑工艺生产的镍生铁的成本在 2020 年一季度为 6300～7249 美元/镍吨，远低于中国的成本。因此，我们可预测未来印度尼西亚的镍生铁产量受低成本驱动会持续增加，这也已经在 2019 年一季度至 2020 年一季度的产能数据中显示。中国回转窑工艺生产的镍生铁产能在 2019 年一季度为 55.3 万吨，2020 年一季度增加到 58.7 万吨，大约上升 6%，同期印度尼西亚的产能由 34.2 万吨增加到 43.4 万吨，大约上升 27%，增幅远超中国。

	2019年一季度	2019年二季度	2019年三季度	2019年四季度	2020年一季度
			中国		
山东					
回转窑工艺					
产能（万镍吨）	18.1	20.3	20.3	20.3	20.3
现金成本（美元/镍吨）	9,131	9,050	9,262	10,395	9,939
辽宁					
回转窑工艺					
产能（万镍吨）	3.6	3.8	3.8	3.8	3.8
现金成本（美元/镍吨）	10,731	10,656	11,455	12,831	12,376
电炉工艺					
产能（万镍吨）	0.9	0.9	0.9	0.9	0.9
现金成本（美元/镍吨）	11,428	11,370	12,140	13,502	13,039
江苏					
回转窑工艺					
产能（万镍吨）	15.6	14.9	14.8	14.8	14.8
现金成本（美元/镍吨）	10,857	10,976	11,801	13,242	12,782
电炉工艺					
产能（万镍吨）	0.9	0.9	0.9	0.9	0.9
现金成本（美元/镍吨）	11,626	11,666	12,462	13,899	13,432
内蒙古					
回转窑工艺					
产能（万镍吨）	3.2	3.2	3.2	3.2	4.5
现金成本（美元/镍吨）	11,652	11,567	12,369	13,681	13,036
电炉工艺					
产能（万镍吨）	4.5	4.5	4.5	4.5	3.2
现金成本（美元/镍吨）	12,329	12,252	13,029	14,347	13,685
广西					
回转窑工艺					
产能（万镍吨）	2.4	2.4	2.5	2.5	2.5
现金成本（美元/镍吨）	11,143	11,054	11,865	13,292	12,834
广东					
回转窑工艺					
产能（万镍吨）	5.8	6.4	6.4	6.4	6.4
现金成本（美元/镍吨）	9,723	9,668	10,192	11,445	10,987
福建					
回转窑工艺					
产能（万镍吨）	6.6	6.4	6.4	6.4	6.4
现金成本（美元/镍吨）	10,240	10,175	10,999	12,398	11,943
			印度尼西亚		
Sulawesi					
回转窑工艺					
产能（万镍吨）	9.6	10.7	11.2	11.8	11.8
现金成本（美元/镍吨）	7,337	7,476	7,526	7,176	7,249
Obi					
回转窑工艺					
产能（万镍吨）	2.9	2.9	2.9	2.9	2.9
现金成本（美元/镍吨）	7,169	7,284	7,375	7,031	7,097
Morowali					
回转窑工艺					
产能（万镍吨）	21.7	22.4	23.8	25.9	28.7
现金成本（美元/镍吨）	6,335	6,448	6,585	6,240	6,300
电炉工艺					
产能（万镍吨）	0.9	0.9	0.9	0.9	0.9
现金成本（美元/镍吨）	13,098	13,199	13,235	12,876	12,587
Gebe					
电炉工艺					
产能（万镍吨）	0.9	0.9	0.9	0.9	0.9
现金成本（美元/镍吨）	12,901	13,017	13,048	12,689	12,397

图 4-11　全球镍生铁的现金成本

来源：上海有色网

4.2.3 有趣的调研企业成本的例子

由于电力成本约占电解铝总成本的三分之一，中国电解铝自 2010 年起向低电力成本地区迁移，如新疆，新疆丰富的煤炭资源使得电力成本低廉。因此，新疆的电解铝产量由 2010 年占全国总产量的 0.4%，在 2020 年一跃成为全国第二大电解铝地区，占全国总产量的 16%。2014 年一季度，中国部分省、自治区、直辖市的电解铝现金成本如图 4-12 所示。

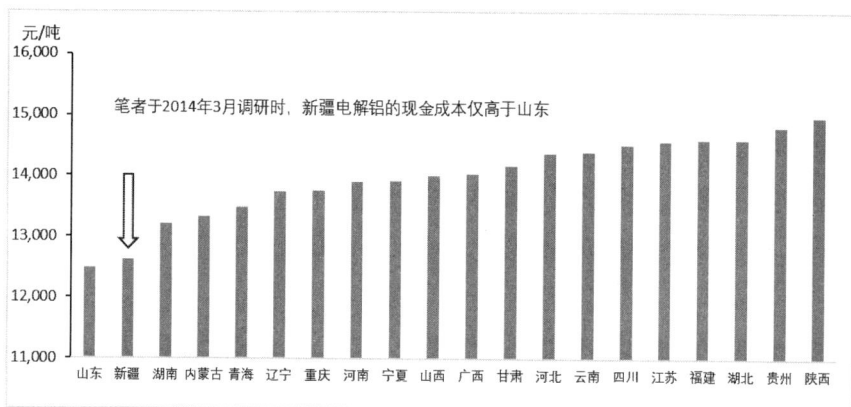

图 4-12 中国部分省、自治区、直辖市的电解铝现金成本（2014 年一季度）

来源：上海有色网

笔者曾调研新疆五彩湾工业园区的新疆神火铝业，如图 4-13 至图 4-16 所示。从乌鲁木齐出发，经过两个多小时的车程，来到五彩湾工业园区，这是笔者调研各矿山、冶炼厂、下游企业的过程中所见到的自然风景中最美的一次。准东地区也是新疆主要煤田的所在地之一，烟囱和一片片的厂房提示着这里也是煤电铝一体化铝生产基地。

图 4-13 远观新疆神火铝业厂区

图 4-14 新疆神火铝业厂区周边

图 4-15　近观新疆神火铝业厂区

图 4-16　新疆神火铝业生产车间

新疆神火铝业是神火集团的子公司，集团为了降低成本，从高电力成本的河南向新疆迁移。新疆神火自备电厂，有效地降低了自身电力成本。由于新疆地处偏远，当地除了煤炭资源，并无铝土矿等其他资源，无法建设涉及铝土矿—氧化铝—电解铝的产业链。因此，新疆铝冶炼厂的原材料氧化铝从产地河南或山西采购，产成品铝锭也需要运输到中东部铝锭消费地销售。但即使加上额外的运输费用，新疆的铝锭生产成本仍具有优势。通过 2014 年 3 月的调研，笔者认为新疆电解铝产量在未来 2～3 年内将随着新建的煤电铝一体化项目的逐步投产而增加，且由于其成本具有竞争力，在中国电解铝的版图上将维持领先地位。2016 年，新疆电解铝产量已达 635 万吨，较 2013 年的 242 万吨上涨了近 1.6 倍。

4.3　普通投资者如何构建自己的成本曲线

由于成本曲线的构建需要耗费大量的精力和财力，对普通投资者而言，可通过各种经济可行的方法获取自己的成本曲线。

4.3.1　企业财报里的线索

上市公司定期披露的财务报告、面向投资者的演讲材料及新上市公司的招股说明书中，不时会对行业的历史成本及未来成本趋势做出分析，并将自己的成本与行业进行比较，说明公司的比较优势，因此这些资料是普通投资者获得成本信息的良好渠道。

图 4-17 所示为全球铝行业现金成本曲线，其基于 2019 年 2 月的成本将各国分为第一四分位、第二四分位、第三四分位、第四四分位。我们可看到沙特

阿拉伯、卡塔尔、冰岛、挪威和加拿大是成本较低的五个国家，位于第一四分位；美国和西班牙的现金成本十分高，超过了伦敦金属交易所三月期铝价。

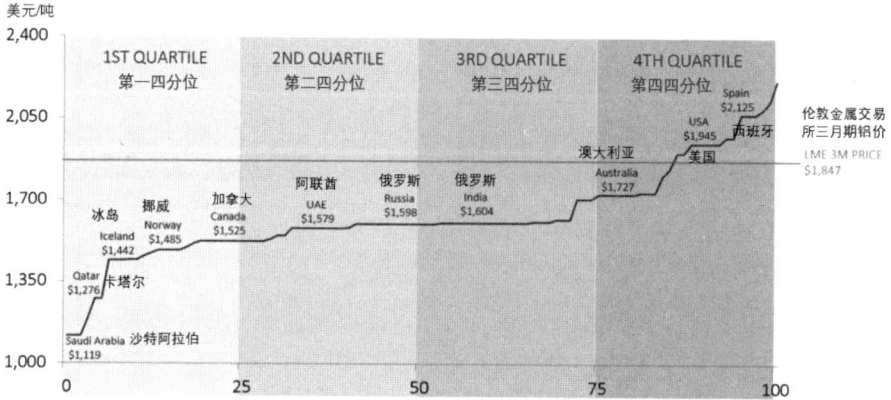

图 4-17　全球铝行业现金成本曲线（2019 年 2 月）

探明储量最大的石油公司 Saudi Aramco（沙特阿美）是全球最大的石油公司之一，其在 2019 年 12 月上市招股书中按国家标准对回报率为 10% 的新原油项目税后盈亏平衡成本做了至 2030 年的预测，从中可看出沙特阿拉伯的陆上及海上项目的成本竞争力很强。

4.3.2　询问你的开户经纪行的分析师

各开户经纪行一般都有大宗商品行业的研究员，他们能为客户提供对行业供需及价格走势的预测，并且有对成本的分析。此外，有些公司由于人力资源有限，无法做出详尽的成本曲线分析，也会购买第三方的数据和信息。

笔者曾供职于金属生产商，协助过专业行业数据服务商调研成本信息。服务商除了可以向集团公司业务负责人了解公司层面的成本信息，还可以详细询问集团下属每座矿山或每个冶炼厂的信息，并将所获信息输入自己的成本模型中，再进行检验和对比。此外，服务商还可以到大型的矿山和冶炼厂进行实地调研，确保数据的准确性。由于服务商覆盖全球的大宗商品成本数据，而不同国家的矿山所计算成本的标准可能不同，因此要微调数据，确保可横向比较。

例如，对于黄金开采公司，由于各公司对现金成本的定义不同，数据的可比性不高。世界黄金协会于 2013 年引入总维持成本和总投入成本两个成本指标，现已被黄金开采公司广泛使用，从而提高了行业成本信息的透明度。全球黄金行业总维持成本和总投入成本说明如图 4-18 所示。

成本类别	来源	美元/盎司
矿山现场开采和加工成本（基于销售量）	损益表	(a)
矿山现场一般成本和行政成本	损益表	(b)
特许权使用费及生产税	损益表	(c)
对经营成本套期保值的已实现损益	损益表	(d)
与在产矿山相关的社区成本	损益表	(e)
与在产矿山相关的许可成本	损益表	(f)
第三方的冶炼、精炼和运输成本	损益表	(g)
非现金薪酬（以现场为基础）	损益表	(h)
矿堆、堆浸场和产品库存的减记	损益表	(i)
生产剥采成本	损益表	(j)
副产品和联产品信用（注：将成为信贷）	损益表	(k)
小计（调整后的运营成本）		(l)=(a)+(b)+(c)+(d)+(e)+(f)+(g)+(h)+(i)+(j)+(k)
包括股权激励成本在内的公司或区域一般成本和行政成本（维持成本）	损益表	(m)
复垦和治理——增值和摊销（在产矿山）	损益表	(n)
勘探和研究成本（维持成本）	损益表	(o)
资本勘探（维持成本）	现金流量表	(p)
资本化的露天和地下矿山开采工程（维持成本）	现金流量表	(q)
维持性资本支出	现金流量表	(r)
维持性租赁	现金流量表	(s)
总维持成本		(t)=(l)+(m)+(n)+(o)+(p)+(q)+(r)+(s)
与在产矿山无关的增长和开发成本	损益表	(u)
与在产矿山无关的社区成本	损益表	(v)
与在产矿山无关的许可成本	损益表	(w)
与在产矿山无关的复垦和治理成本	损益表	(x)
勘探和研究成本（非维持成本）	损益表	(y)
资本勘探（非维持成本）	现金流量表	(z)
资本化的露天和地下矿山开采工程（非维持成本）	现金流量表	(aa)
非维持性资本支出	现金流量表	(bb)
非维持性租赁	现金流量表	(cc)
总投入成本		=(t)+(u)+(v)+(w)+(x)+(y)+(z)+(aa)+(bb)+(cc)

图 4-18　全球黄金行业总维持成本和总投入成本说明

来源：世界黄金协会

4.3.3　关注大宗商品行业协会的年度报告

大宗商品都有全球行业协会，这些协会会在自己的网站上公布整个行业的运营状况、产量、进出口量、消费量等数据。有些协会也会在其网站或者每年的展望报告中公布行业平均成本数据甚至成本曲线，对投资者来说，这些是免费获得行业成本信息的渠道。

例如，世界黄金协会会定期在其网站上公布全球黄金矿山的成本曲线，如图 4-19 所示。从图中可以看出，在 2019 年第四季度，全球有 4% 的矿山的总维持成本高于当季黄金价格的平均值，所以投资者可做出推断，如黄金价格在 2020 年仍维持当前价格，则这一小部分矿山可能会考虑减产或停产，行业的供应可能会有变动。

美元/盎司

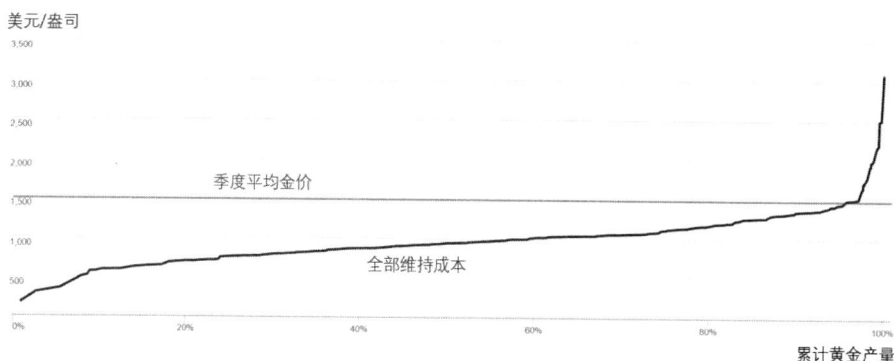

图 4-19　2019 年第四季度全球黄金矿山的成本曲线

来源：世界黄金协会

　　拿农产品来说，美国农业部定期发布全球农产品数据和信息，包括大豆、玉米、棉花、小麦等。图 4-20 所示为美国农业部发布的该国大豆的生产成本，并罗列了每一项成本支出。

	2019	2018	2017	2016	2015	2014	2013	2012
运营成本								
种子（美元/公顷）	56.10	57.40	58.07	58.79	59.21	58.78	58.18	55.32
肥料（美元/公顷）	25.48	24.06	25.06	28.14	33.45	35.92	37.45	37.54
化学物质（美元/公顷）	26.05	26.19	26.83	27.64	26.96	28.00	27.63	26.38
服务（美元/公顷）	10.80	10.52	10.32	10.60	10.47	10.03	9.76	9.41
燃料、润滑油和电力（美元/公顷）	14.58	14.54	13.57	11.89	13.77	21.12	21.15	21.24
维修（美元/公顷）	24.53	24.09	23.34	22.82	22.91	22.83	22.33	22.23
购买灌溉用水（美元/公顷）	0.07	0.06	0.06	0.06	0.06	0.06	0.05	0.06
营运资本利息（美元/公顷）	1.66	1.64	0.83	0.37	0.14	0.05	0.08	0.11
总运营成本（美元/公顷）	159.27	158.50	158.08	160.31	166.97	176.79	176.63	172.29
分摊开销								
雇佣劳动力（美元/公顷）	3.51	3.46	3.26	3.19	3.18	3.03	2.99	2.81
无报酬劳力的机会成本（美元/公顷）	21.61	20.57	19.40	18.90	18.37	17.68	17.35	16.76
机械设备的资本回收（美元/公顷）	96.41	92.65	90.99	88.84	88.35	86.30	82.98	81.16
土地的机会成本（美元/公顷）	148.48	145.39	142.86	143.72	157.91	155.04	150.97	137.55
税收和保险（美元/公顷）	11.02	10.74	10.66	10.52	10.57	9.95	9.78	9.58
一般农场开销（美元/公顷）	19.44	18.89	18.25	17.98	17.95	17.93	17.61	17.44
总分摊开销（美元/公顷）	300.47	291.70	285.42	283.15	296.33	289.93	281.68	265.30
成本								
总成本（美元/公顷）	459.74	450.20	443.50	443.46	463.30	466.72	458.31	437.59

图 4-20　美国大豆的生产成本

来源：美国农业部

4.4　投行实战案例

　　在实际交易中，通过分析大宗商品的成本，在价格上涨时，可计算生产商的盈利空间，并预测之前因成本过高、价格过低而停产的企业何时会重启，增加供应；在价格下跌时，可判断生产商在什么价位可能减产甚至停产，行业的供应因此减少，价格得到支撑。

4.4.1　案例一：通过研究页岩油生产成本判断油价中长期走势

美国页岩油产量自 2011 年起快速增长，美国能源信息署（EIA）公布该国 2019 年原油产量为 1229 万桶/天，比 2018 年上升 12%，如图 4-21 所示。其中，页岩油产量为 770 万桶/天，占原油总产量的 63%。但页岩油的开采、提炼成本较高，因此只有油价维持在一定的水平，页岩油产量才会持续增长。2020 年，受价格暴跌需求下滑影响，美国原油产量较 2019 年下降 8% 至 1128 万桶/天。

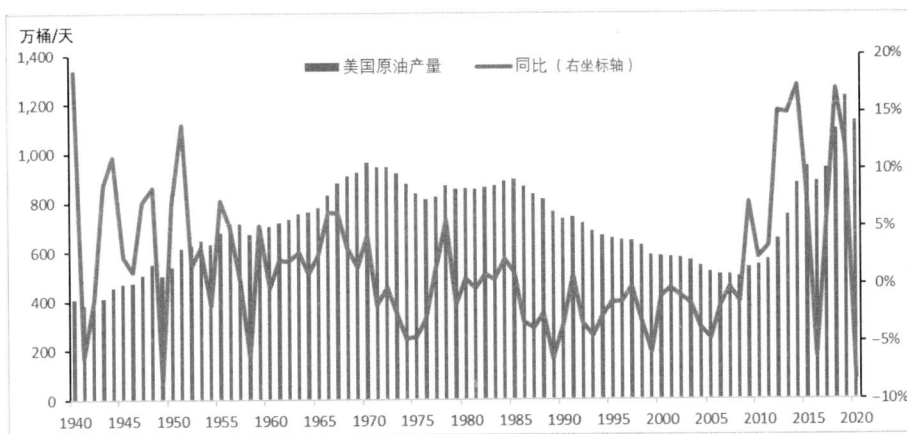

图 4-21　美国原油产量及同比

来源：美国能源信息署

页岩油产量的增长也使美国于 2019 年成为全球最大的产油国，并于 2019 年 9 月首次成为石油净出口国。国际能源署（IEA）于 2019 年 3 月公布的报告预计美国的石油出口将于 2024 年超过俄罗斯，逼近沙特阿拉伯，从而实现市场供应的多样性，如图 4-22 所示。

美国页岩油产量的增加改变了全球原油供应格局，由于其生产不受欧佩克和其他非欧佩克产油国的减产条件约束，当油价上升时，页岩油的放量限制了油价的涨幅，当油价下跌时，如果低于页岩油的生产成本，则页岩油生产商会缩减增产规模甚至减产，使产量的增长速度放缓。因此，通过分析页岩油的成本，可以判断页岩油企业何时会增产、何时会减产，从而判断行业的供应。

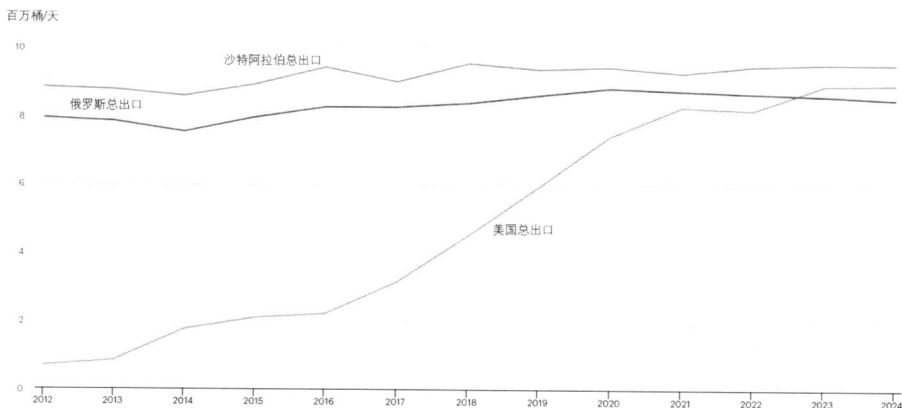

图 4-22　美国的石油出口将于 2024 年超过俄罗斯，逼近沙特阿拉伯

来源：国际能源署（IEA）

如图 4-23 所示，2020 年当原油价格由于原油消费下降，以及沙特阿拉伯和俄罗斯关于减产的争议而暴跌时，美国开采新页岩油所需的盈亏平衡价格仍为 46～52 美元/桶，因此勘探开发公司的计划资本支出显著减少，且已投产的油井的运营费用也难以支付。于是，美国页岩油企业减产甚至停产，部分企业资金周转困难甚至破产。页岩油产量下降，供应减少。只有当油价高于成本或者维持在更高价位时，生产商才会加大勘探开发的资本支出。

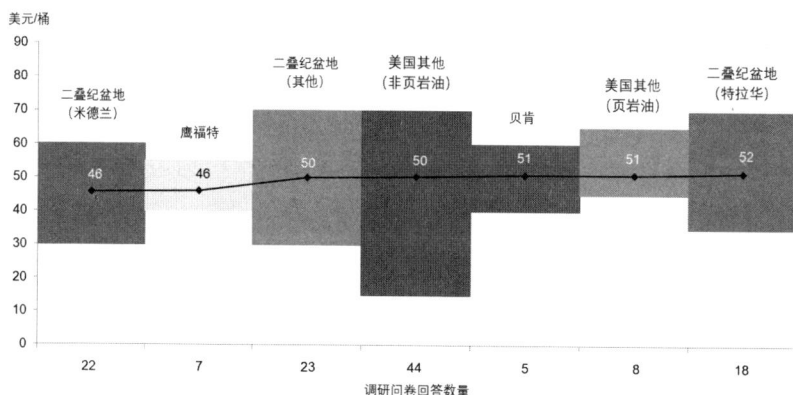

注：向高管们提出的问题是"在你公司活跃的领域，你的公司在 WTI 原油价格为多少时才能钻一口新井且获利?"。
线表示平均值，条表示回答的范围。
在 2020 年 3 月 11 日至 19 日的调查期间，来自 92 家勘探和生产公司的高管回答了这个问题。

图 4-23　美国新油井的盈亏平衡价格

来源：达拉斯联邦储备银行

4.4.2　案例二：从黄金矿商的成本判断黄金价格支撑位

黄金虽是大宗商品之一，但其特有的金融属性及避险作用，使得黄金对政治经济的走势相当敏感，实物的供需层面对价格的影响较其他大宗商品弱。黄金的实物需求包括首饰需求和科技需求，2019 年二者分别占总需求的 48%和7%，如图 4-24 所示。黄金也有投资需求，在投资组合中配置黄金，能够优化投资组合的表现，这也是一种可靠的长期保值手段。除了可投资金币和金条，近年黄金 ETF（Exchange Traded Fund，交易所交易基金）需求也随投资者的避险情绪和投资欲望的增长而上升。此外，各国央行增加黄金储备也是黄金的重要需求之一，2019 年占全球黄金总需求的 15%，如图 4-25 所示。但 2020 年全球经济受到冲击，黄金的首饰消费下降，同比降低 34%，避险情绪推动黄金的投资需求，同比上升 39%。因此，2020 年黄金的需求结构发生了变化，投资成为黄金最大的需求板块，占黄金总需求的 48%，超过占比 38%的首饰需求。

不过，黄金价格的阶段性趋势往往受其在经济危机及"黑天鹅事件"发生时的"避险天堂"作用、利率，以及汇率波动、ETF 持仓变化等因素驱动，受实物黄金需求及矿山供应的影响不大。由于金矿项目开发及生产周期很长，矿山产量对黄金价格变动的反映较慢，全球黄金供应变化也不大，如图 4-26 所示。2020 年，部分金矿的运营受到影响，全年矿山产金 3487 吨，同比下降 3%，不过回收金总量增加了 1%，部分抵消了矿山金产量的下降，黄金全年总供应同比减少 3%。但黄金需求同比下降 14%至 3732 吨，为 2009 年以来首次低于4000 吨，且降幅超过供应同比减少的 3%，如图 4-27 所示。但供需情况并未影响黄金价格的上涨，受全球量化宽松政策和避险情绪推动，黄金价格于 2020年 8 月触及历史高位 2063.54 美元/盎司，全年均价较 2019 年上涨 27%。高涨的黄金价格远超过矿山的生产成本，因此投资者对成本曲线的关注度下降。

当黄金价格下跌时，即使受到全球经济和利率走势、其他商品价格拖累等，矿山的生产成本也是黄金价格的一个重要支撑位。因为如果黄金价格跌破矿山的成本，矿山会考虑减产，从而减少供应，支持价格反弹。例如，2013 年4 月黄金价格在短短两个交易日内暴跌 14%至 1348 美元/盎司，掀开了黄金价格下跌的序幕。黄金价格会下跌到什么位置和成本支撑位在哪儿是当时市场急于寻找的答案。

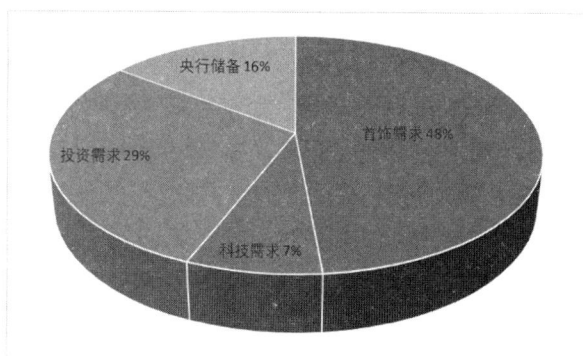

图 4-24　全球黄金需求分类（2019 年）

来源：世界黄金协会

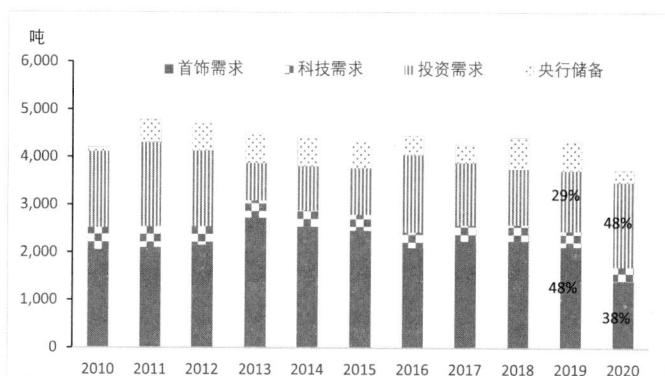

图 4-25　黄金各板块需求（2010—2020 年）

来源：世界黄金协会

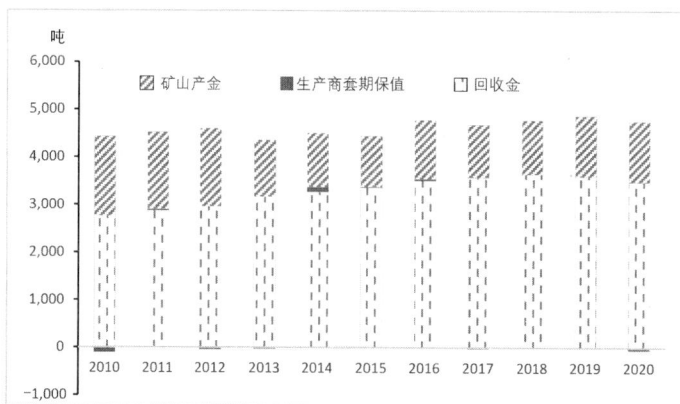

图 4-26　全球黄金供应分类

来源：世界黄金协会

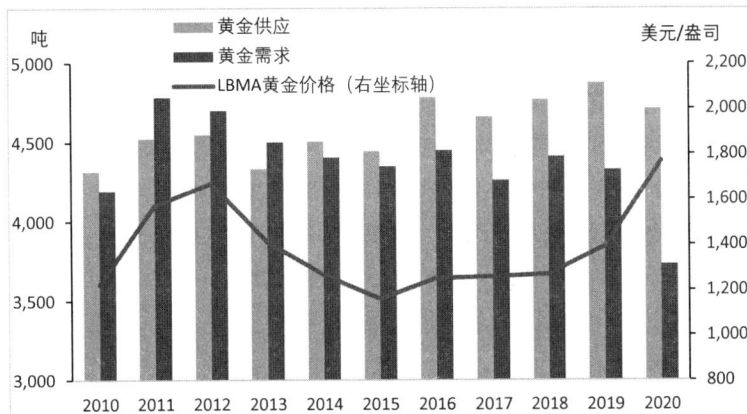

图 4-27　全球黄金供应与需求及 LBMA 黄金价格

来源：世界黄金协会

根据世界黄金协会的数据，2013 年第一、二季度，全球矿山总维持成本在 1200 美元/盎司下方，如图 4-28 所示，因此短期来说黄金价格在 1200 美元/盎司附近有成本支撑。当 2013 年 6 月黄金价格跌至 1200 美元/盎司后，迅速反弹。至 2013 年年底，黄金价格再度跌破 1200 美元/盎司，虽然此时成本位也逐渐走低至 1050 美元附近，但价格仍在 1200 美元/盎司这一投资者的心理价位反弹。之后，黄金价格持续下跌，成本位也逐渐下降，直至 2015 年年底，黄金价格跌至 2010 年以来低位 1051 美元/盎司,其对应的生产成本位低至 900 美元/盎司附近。

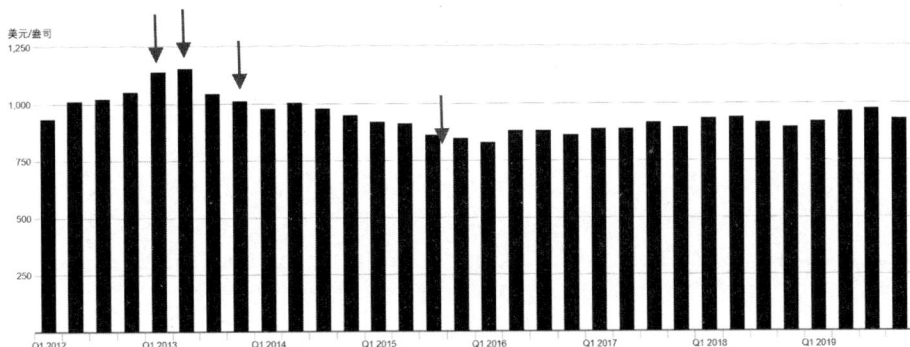

图 4-28　全球黄金矿山总维持成本

来源：世界黄金协会

4.4.3 案例三：铜精矿成本曲线预示铜价下跌有支撑

自 2020 年 2 月起，铜价随着全球经济下滑及需求萎缩而下跌，上海期货交易所三月期铜于 3 月 23 日触及 2016 年以来的低位 36 740 元/吨，铜价是否还会持续下跌和下方支撑位在哪儿是 2020 年 3 月市场关注的重点。通过图 4-29 所示的成本曲线，可看到在此低位，我国一半以上的铜矿处于亏损状态，海外矿山成本低于中国，但 LME 三月期铜也同步下跌，触及 4630 美元/吨，海外矿山也亏损。笔者认为当矿山成本无太大压缩空间的时候，亏损意味着价格即将触底反弹。叠加海外矿山的生产及港口的运输受限，新建和扩建项目延缓，部分矿山减产甚至停产，影响了供应，国内外铜价从 3 月底开始反弹，如图 4-30 和图 4-31 所示。

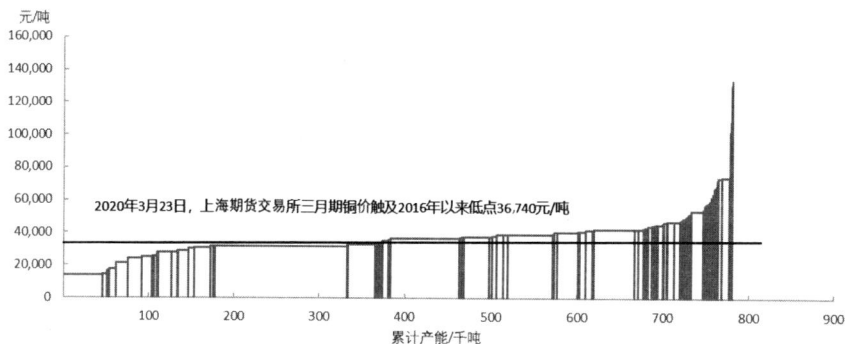

图 4-29　中国铜矿山 2019 年成本曲线

来源：上海有色网

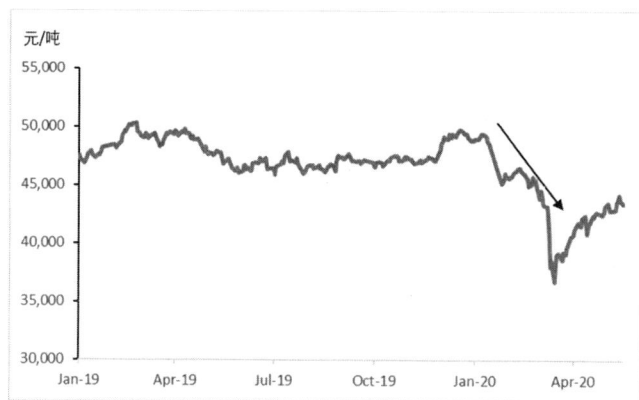

图 4-30　上海期货交易所三月期铜价

来源：上海有色网

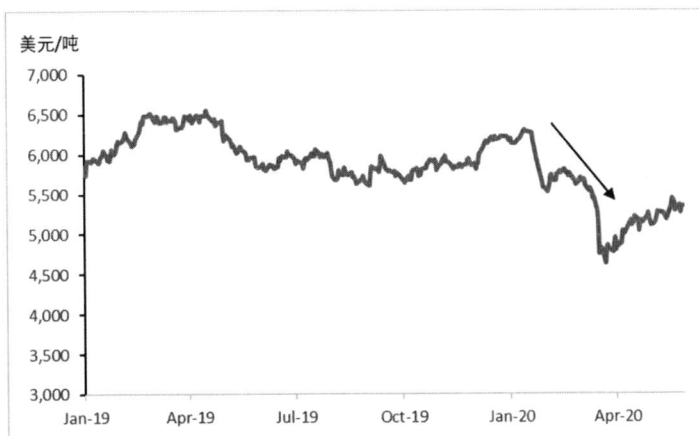

图 4-31　LME 三月期铜价

来源：上海有色网

　　铜价后市何去何从呢？从供应的角度，中国冶炼厂的新建和扩建产能在 2020 年得到释放，产能同比增长 3% 至 1330 万吨，如图 4-32 所示。但是否有足够的原料（铜精矿）来维持冶炼厂运营是影响产量增长的因素。2019 年，全球铜矿产量接近零增长，2020 年增速在 2019 年年底预测是 2% 左右，但 2020 年年初海外矿山运营受到扰动，供应趋紧，铜精矿加工费自 3 月中以来一直下跌就是佐证。

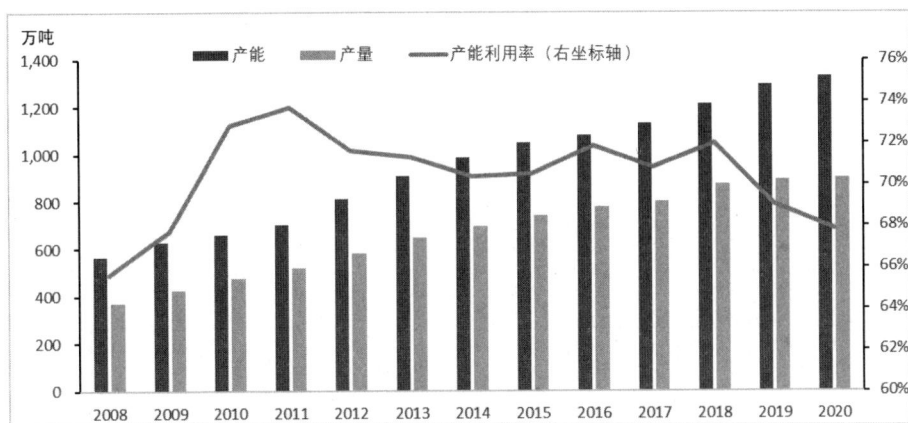

图 4-32　中国精炼铜产能、产量和产能利用率

来源：上海有色网

从需求的角度来看，下游订单及需求开始逐渐恢复。虽然一季度下游各行业的消费下降，但笔者认为需求只是受到抑制，其释放仅被推迟而没有消失。随着国家金融和行业政策的出台，新基建将引领新一轮的投资，且其释放的积极信号也提振市场信心，铜价在需求复苏和供应紧张的双因素支持下势必上涨。

技术面
分析篇

❖ 第 5 章　投行技术面分析

第 5 章

5

投行技术面分析

5.1 技术面分析只是投行交易中的一个环节

投行的交易制定依赖于基本面分析和技术面分析，二者相辅相成，基本面可以定性，技术面用来定量。投行既可以由基本面判断行情趋势后，通过技术面分析决定具体进入点位；也可以在技术图表上观测到新趋势后，用基本面分析来佐证。技术面分析与基础面分析有一些共通的基础点，它们向不同方向延伸衍化，其中一个分支就是量化分析。

5.1.1 投行的交易包括什么？从布局到仓位分配，从风控到止损

投行的交易过程及交易策略通常对外界保密，这是为了防止外界复制，导致交易策略失效。例如，假设投行通过基本面分析和技术面分析，决定在 3 月 1 日某大宗商品的某个点位进行买入操作，并预测价格会在之后的一个月内上涨 10%。如果此交易策略被外界复制，则在 3 月 1 日会有大量多单涌入，之前设定好的价位可能转瞬即逝，投行也会因此失去建仓良机。

投行进行交易有一个完整的流程，从制定交易策略到仓位和资金分配，对交易的全过程要进行风险控制，以防出现突发事件或行情出现意想不到的极端变化。例如，WTI 原油 5 月份合约在 2020 年 4 月 20 日首次跌至负值（见图 5-1），造成一些风险模型失败，因此投行应不断更新风险模型，或者对交易活跃和快到交割期的合约采取限制新仓位和减少持仓的措施，以降低交易风险。

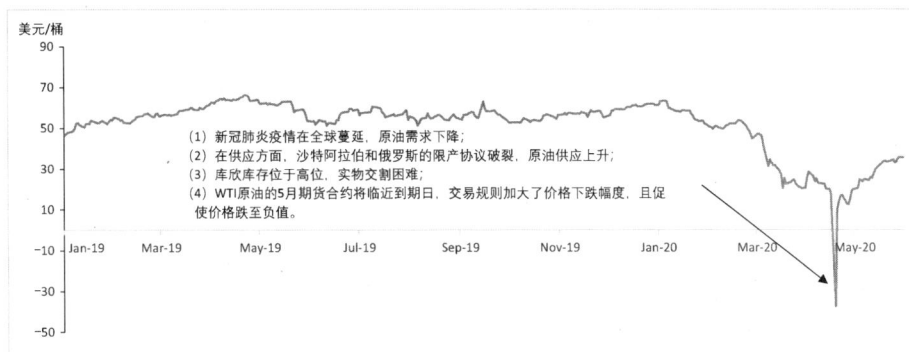

图 5-1　WTI 原油的价格

来源：纽约商品交易所

　　止损和止盈也是交易中的重要环节，投行与普通投资者的区别在于投行执行交易的纪律性更强，而普通投资者在面临盈利不断增加或者亏损不断加大时能否冷静离场，主要看其自控力。同时，止损点设置要兼顾资金管理的要求，包括设定总投资额占全部资本的比例，设定在同一类别的大宗商品投入的保证金限额，以及最大亏损金额占总资本的比例等，具体的比例因不同的风险控制要求而异。

　　假设总资本为 100 万元，一般可设定最大亏损金额为总资本的 5%，即 5 万元；对某类大宗商品所投入的保证金限额为总资本的 20%，即 20 万元。在决定以某价位买入某大宗商品期货合约后，先决定购买多少张合约。假设每张合约保证金为 4 万元，则购买 5（20÷4=5）张合约。如果每张合约 5 吨，买入点是 50 000 元/吨，合约变动单位为 10 元/吨，技术面分析图上显示支撑位在 48 100 元/吨，则止损指令一般设置为 48 090 元/吨，即支撑位下方，则每张合约的风险金额为 9550［（50 000-48 090）×5=9550］元，5 张合约的总风险金额为 47 750［9550×5=47 750］元，处于 5 万元限额以内，符合资金管理的要求。如果支撑位再低一点，假设为 48 000 元/吨，则止损位为 47 990 元/吨，每张合约的风险金额为 10 050［（50 000-47 990）×5=10 050］元，5 张合约的总风险金额为 50 250［10 050×5=50 250］元，超过了所设定的最大亏损金额。为了保证不超过最大亏损金额，则只可调低买入合约张数，降为 4 张，如图 5-2 所示。

总资本		100万元
保证金限额	总资本×20%	20万元
最大亏损金额	总资本×5%	5万元
某大宗商品期货合约		
每张合约	5吨	
每张合约保证金	4万元	20÷4=5张
期货合约变动单位	10元/吨	
买入点	50 000元/吨	
	情境假设一	**情境假设二**
	支撑位48 100元/吨	支撑位48 000元/吨
	止损位48 090元/吨	止损位47 990元/吨
每张合约风险金额	(50 000−48 090)×5=9550元	(50 000−47 990)×5=10 050元
5张合约风险金额	9550×5=47 750元	10 050×5=50 250元
是否处于最大亏损金额内	是	否
	可买入5张合约	只可买入4张合约

图 5-2　资金管理在止损位和合约张数中的设定

5.1.2　投行进行交易是部门合作，不是单兵作战

由于投行进行交易牵涉多个部门，一般交易部门进行技术面分析，制定交易策略及执行交易，合规部门监督整个交易过程，风险控制部门监控交易风险，财务部门进行资金划转、审核信用额度及审计等。因此，投行进行交易不是交易部门单兵作战，而是各部门合作。

因此，交易员进行交易时不能随心所欲，要遵循投行内部的交易准则和程序，以控制风险和确保交易合法。例如，交易时一般有头寸限制、每日结算限制及交易类型审批等。其中，头寸限制是指每名交易员有其可交易的额度，超过该额度，需要另行申请和批准；每日结算限制是指公司会检查交易的未来现金结算对每日结算额度的影响，确保不会超过设定的最大限额；交易类型审批是指投行有系统来阻止交易员建立其或该公司无权进行的交易的头寸。头寸限制和每日结算限制也适用于普通投资者，以督促人们进行资金管理。交易类型审批对普通投资者来说，就是不要投资自己不熟悉、未研究过的品种。

资金管理是整个交易过程中关键的一环，包括如何配置投资组合、如何分配每笔交易中的金额、如何设置最大亏损金额等，如图 5-3 所示。资金管理关系着投资者能否在一次次或亏损或盈利的交易中，始终有资本坚持到最后。投行各种准则和规定的作用是未雨绸缪地控制风险，从而保住资本。不同交易者有不同的风险接受度，他们或大胆买入，或保守稳健。投资者要制定适合自己的资金管理准则，并在进行交易前、交易中及交易后严格遵守。

资金管理准则
1. 总投资额一般限制在全部资本的50%以内，剩下的50%备用
2. 对某类大宗商品所投入的保证金限额一般为总资本的 20%以下，如黄金和白银可视为同类 商品，同属贵金属品类且一般趋势相同，应避免对同类商品投入过多资金
3. 单类大宗商品的最大亏损金额一般限制在总资产的5%以内

图 5-3　资金管理准则

5.1.3　投行热衷技术面分析，成立技术面分析组

一些重视技术面分析的投行，配有专门的技术面分析组，技术面分析组负责对近期市场关注的热点商品发布技术面分析报告。对量化交易来说，技术面分析是其策略的一部分，很多技术指标是市场择时策略的基础。例如，趋势量化择时策略一般选用 MA、MACD、DMA 等，市场情绪化量化择时则选用反映市场活跃度的换手率和成交量等。在各证券交易所占很大一部分交易量的高频交易相当倚重技术面分析。

一种新型的交易方式也在投行中被引入，即算法交易。它是指由交易员和程序员共同开发程序，利用电子平台，输入涉及算法的交易指令，执行预先设定好的交易策略。这些程序可基于技术面分析指标，如交易量或价格变动，也可基于新闻事件等基本面因素。

技术面分析相对于基本面分析来说有其灵活性，由于基本面研究资料繁复，彻底钻研某个或某类大宗商品的基本面需要投入大量的精力，且不同种类大宗商品的属性大相径庭，跨品种的基本面分析需要从头再来，大多数基本面分析师往往"从一而终"，专门研究某个商品或某类商品。而技术面分析在掌握基本理论后，可适用于任何品种，因此当商品 A 出现某种行情时，技术面分析师可随时转移阵地分析商品 A 的行情，而没有覆盖商品 A 或其同类商品的基本面分析师很难在短时间内对 A 商品做出深入研究及行情判断。

对大宗商品期货来说，由于期货交易所要求的保证金较低，基本不超过交易额的 10%，即使行情判断正确，如果入市时机错误，投资者仍会因为价格朝不利的方向波动而损失部分甚至全部保证金。因此，先通过基本面分析判断市场方向，再通过技术面分析计算入场、出场的时间和点位，可降低由于期货市场的杠杆作用而导致交易损失的风险。对此，笔者有过惨痛教训。笔者刚参加工作时，通过基本面分析判断由于中国需求暴涨，铝价在 2004 年会展开新一

轮的上涨行情，但是入市时间过早，在短短的两周内由于价格回调而损失了部分保证金。经过短期回调，上海期货交易所三月期铝价展开了一波升势，由 2003 年 11 月 20 日上涨 23%至 2014 年 2 月 20 日的阶段性高点。上海期货交易所三月期铝价（2003 年 1 月—2006 年 12 月）如图 5-4 所示。

图 5-4　上海期货交易所三月期铝价（2003 年 1 月—2006 年 12 月）

来源：上海期货交易所

一些投行技术分析师会考取 CMT（Chartered Market Technician，特许市场技术分析师）证书，这是一个类似 CFA（Chartered Financial Analyst，特许金融分析师）的证书。若一个人考取了此证书，则标志着其学完了专门的培训课程并通过了相关考试，有一定的工作经验，拥有技术面分析的技能。

5.2　投行如何进行技术面分析

投行交易员从宏观层面及大宗商品基本面寻找机会，通过研究技术图表来进行交易和检测机会。投行的技术面分析采用基于价格和成交量转换的模型及交易规则，如相对强弱指数（RSI）、移动平均线、回归、市场间和市场内的价格相关性、商品周期等。

5.2.1　投行也看 K 线图、趋势线，计算支撑位、阻力位

技术面分析遵循三个基本原理，即市场行为包容消化一切、价格呈趋势变动和历史会重演，基本的技术面分析指标包括相对强弱指数、移动平均线、回

归等，这些都是投行进行技术面分析的基础。在这些基础之上，有往细处和深
处的各种延伸，从而引出各种分支。

投行也看 K 线图、趋势线，分析成交量、持仓量，计算支撑位、阻力位，
如图 5-5 所示。在预测价格走势时，投行倾向于确定一个区间，而不是一个精
准的价格。例如，投行会预测商品 A 的价格在未来两到三个月内在 2000～2100
元波动，而不是商品 A 的价格会在未来两个月达到 2050 元，这是因为技术面
分析研究的是概率和可能性。

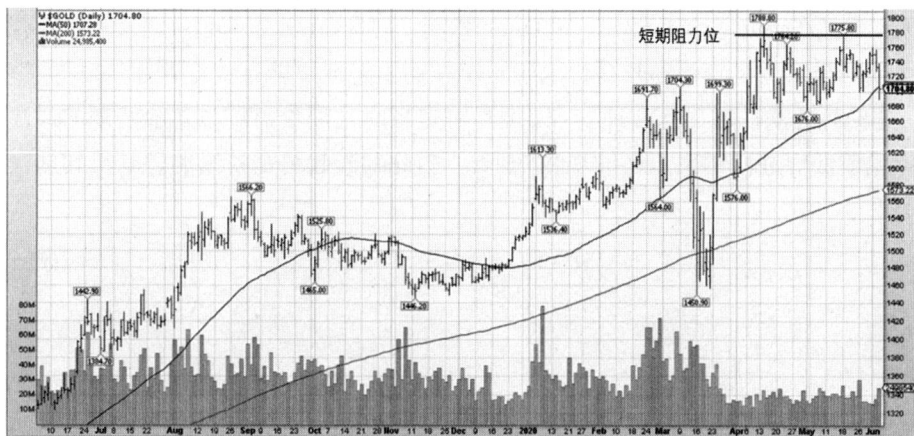

图 5-5　黄金价格

来源：Stockcharts

在进行技术面分析时，仓位控制和资金管理也是重要的一环。投行经验丰
富，并且严格遵守交易规则，风险控制部门和内部审计部门也对交易进行监
管。例如，如果价格触及预先设定的止盈位，根据交易策略，应结清头寸离场，
即使价格可能上涨会获益更多。纪律性要求交易员必须抽离情感，因为获益更
多的反面也可能是价格触及止盈点后掉头向下。如果价格触及预先设定的止
损点，根据交易策略，也应该止损出局。

5.2.2　投行的技术面分析更精细，并搭载分析工具

投行的技术面分析除了有传统的分析指标（如移动平均线、相对强弱指
数、百分比回撤等），还有利用计算机进行更精细分析的分支，如量化分析。
对量化交易来说，技术面分析是其策略的一部分，很多技术指标是市场择时策

略的基础。

投行的技术面分析也搭载一些其他工具，如德马克指标（DeMARK Indicators）。该指标被众多全球知名的投行运用，其市场择时可以预测价格变动，而不仅仅是事后做出反应。德马克理论认为重要的是指标在超买和超卖期运行的时间，而不仅仅是是否超买和超卖。其包括多种专有的市场时机指标，适用于各种交易风格、策略、时间跨度和任何资产类别。

德马克指标是振荡指标的一种，可与其他指标叠加使用。德马克序列是构成其分析的基础，包括建立（Set up）和倒计时（Count down）。建立是指寻找连续四个以上呈趋势的收盘价来确定潜在的上升或下降行情（见图5-6），数字9是趋势的潜在耗尽点和逆转点。倒计时是指对当期收盘价与之前两期的最高价或最低价进行对比，连续观测13天，由此判断趋势是持续的还是反转的，如图5-7所示。

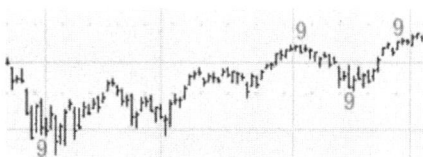

图 5-6 德马克序列的建立

来源：德马克网站

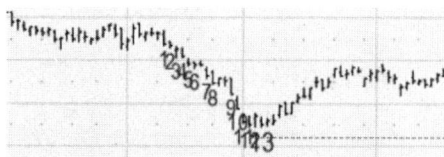

图 5-7 德马克序列的倒计时

来源：德马克网站

5.2.3 完整的策略是关键，是从买入、建仓到止损止盈的全盘布局

技术面分析只是交易的一个环节，完整的交易策略包括资金管理、预测收益风险比、分配仓位、通过技术面分析确定具体的入市和出市点、风险控制、设置止盈和止损位等，需要全盘布局。投行会看收益风险比（收益÷风险），在进行每笔交易前，估算所获收益及可能的亏损额，一般收益风险比要大于3才会执行该交易。

投行并不是所有交易都获利，事实上，部分交易也会亏损。由于期货交易采用保证金制度，只要市场朝已建立的头寸的反方向移动，亏损就会放大，此时一旦价格触及事先设定的止损点，必须平仓。而在一波行情启动前，价格往往会反复，因此止损可能不止一次，这时对心理及交易纪律性是一个很大的考验。最大化利润，同时最小化亏损，是经验丰富的交易员采取的策略。

如图 5-8 所示，假设预期原油将从 30 美元/桶上涨至 60 美元/桶，并设置止损位在 25 美元。当其在 30 美元价位买入后，原油价格没有立即上涨，而是回调到了止损位 25 美元，此时止损平仓，损失 5 美元；之后原油价格开始反弹，于是在 28 美元补仓，但价格再度回调到 25 美元，再度止损平仓，损失 3 美元；在价格反弹至 31 美元，再度补仓，之后上涨行情开始，上涨至 60 美元，获利 29 美元。因此，在这三笔交易中，两笔亏损一笔盈利，总亏损=5 美元+3 美元=8 美元，总获利为 29 美元，净获利=29 美元-8 美元=21 美元。

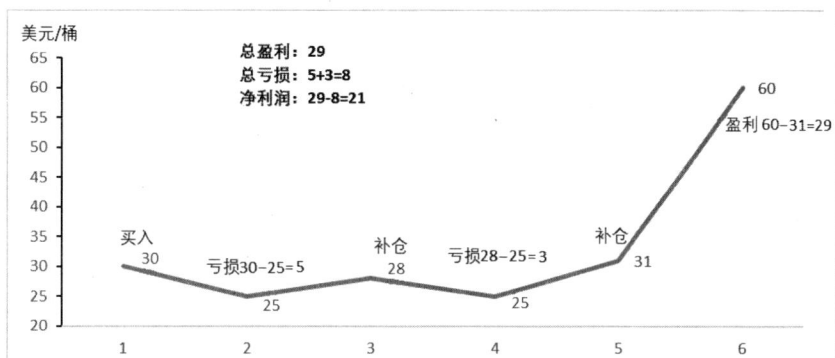

图 5-8 通过假设原油价格解释反复建仓、止损、补仓

5.2.4 把交易程序化

投行往往选择把交易程序化，这样可排除人们主观情绪的影响，严格遵守相关规定。当为了分散风险而进行多品种组合时，如多个品种同时发生交易，则由于个人的反应速度和能力有限，容易顾此失彼。而将交易程序化，即将交易策略的逻辑与参数在借助计算机程序运算后，将策略系统化，当趋势确立时，系统会发出多空信号锁定市场中的价量模式，从而使投资者抓住趋势波段并获利。

程序化交易只是一种工具，关键内核仍是交易策略，交易策略可以是趋势型、套利型及数量化策略等。由计算机下单可确保不错过每个入市的机会，消除下单前的恐惧和犹豫。当事先设计好止盈和止损位后，程序化交易可使利润充分增长，并把损失限制在设定的范围内，去除了人性的恐惧和贪婪的影响。结合风险管理和资金管理，可确保交易策略在预估的风险范围内有效执行。

程序化交易的种类如图 5-9 所示。

图 5-9　程序化交易的种类

市场中有各种程序化交易软件，个人投资者选择的时候可从功能的实用性、版面的干净性及策略模型编写语言的难易性等方面综合考量。不过，程序化交易在市场出现巨变或发生"黑天鹅事件"时，可能会失效或发生错误。此外，程序错误或风险控制的不完善也会使程序化交易出现问题。

5.2.5　实例分享：投行技术面分析所做出的图

WTI 原油五月合约在 2020 年 4 月 20 日触及史无前例的负值，六月合约跌至 17 美元/桶。全球经济下滑严重打击原油需求，原油供过于求，储存空间吃紧，造成油价暴跌。油价短期内何去何从是投资者关心的问题，由于基本面分析主要针对中长期，因此很难给出短期（如明天或下周的）价格预测，而技术面分析是行之有效的解决方法。

如图 5-10 所示，在 WTI 原油价格图上运用了波浪理论分析，可看到自 2020 年 1 月 8 日开始的这轮五浪，在 4 月 20 日已处于第五浪。同时，MACD 指标显示第五浪的下跌趋势已减弱，暗示趋势即将反转。之后，原油价格在 4 月底走完第五浪，开始反弹。基本面也开始转好，沙特阿拉伯和俄罗斯提前实施减产，新一轮减产将于 5 月正式实施，缓解了供应过剩的压力，支持价格反弹。

因此，在进行技术面分析的时候应大致了解基本面，在分析基本面的时候看图表趋势可及时预测市场变化方向。当大行情开始前，基本面可能并未发生明显的变化，因为基本面所用到的数据可能还未公布，而市场变化其实已发生。技术面分析可提前警示，因为市场价格蕴含所有的超前指标。也可以说，当行情突变时，基本面数据未能及时更新，而技术指标可给出价格指引。

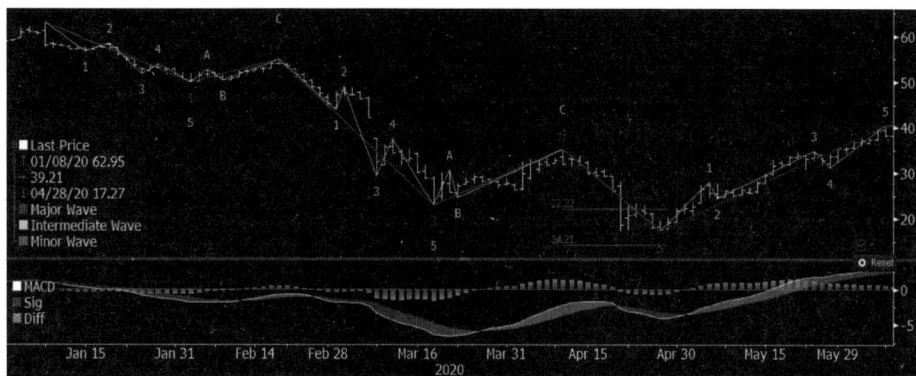

图 5-10　WTI 原油六月合约技术面分析图

来源：彭博

5.3　量化分析的崛起——更精细的技术面分析

量化分析是指从大量的历史数据中选出能带来超额收益的品种来制定策略，这些历史数据如果包括价格和成交量，则说明运用了技术面分析的手段，这时可以用数量模型验证及固化策略，最后执行策略以获得高于平均收益的超额回报。

5.3.1　投行搭建量化模型，用具体的数据表示模糊的猜测

人类的大脑处理信息的能力有限，海量数据的处理需要计算机，数据量化分析是随着投资标的增多、分析指标的涌现而兴起的，通过运用统计学和数学的方法，选出超额收益的品种制定策略并进行投资。计算机可整理和分析大量数据，并且能对投资策略的未来不确定性进行多维度的预测，因此量化分析和量化交易是一个完整的从分析和制定策略、数据回测、交易到资金管理和风险控制的体系。

量化分析在大宗商品领域的运用可以是针对基本面的各种数据（如库存、产量、需求等），也可以是针对技术面分析的各种技术指标（如移动平均线、成交量等），通过收集历史数据，建立量化模型，从而找到各数据内在的关系，并判断未来的走势。

量化交易策略主要包括均值回归（Mean Reversion）策略、趋势跟踪（Trend Following）策略、统计套利（Statistical Arbitrage）策略、算法的模式识别（Algorithmic Pattern Recognition）策略、行为偏差识别（Behavioral Bias Recognition）策略等，如图 5-11 所示。其中，均值回归策略和趋势跟踪策略是基础，前者基于利用价格序列长期均值的存在性，且偏离该长期均值的短期偏差最终将恢复；后者利用投资者心理和大型基金结构，在市场趋势上"搭顺风车"，可以在一个方向聚集动量，并跟随趋势直至其反转。

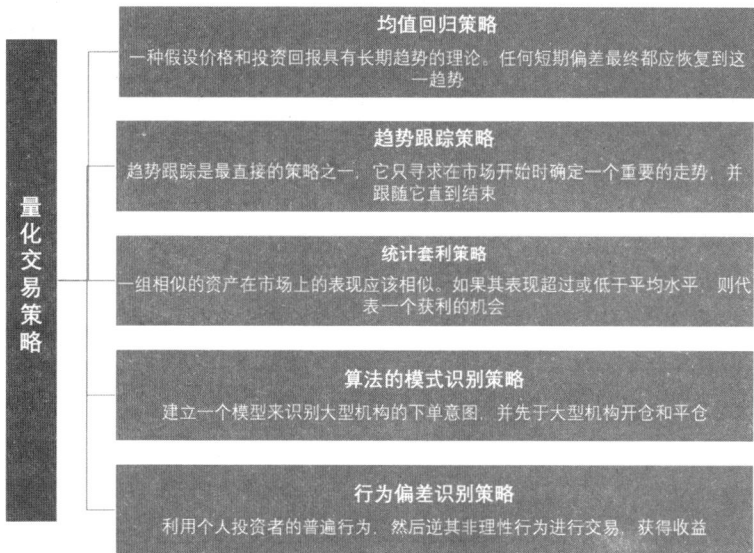

图 5-11　量化交易策略

5.3.2　自动或半自动策略依据多种变量进行时效判断

在进行了量化分析且通过计算机运算并发出交易指令后，如果投资者自己下单，则为半自动交易；如果由计算机下单，则是全自动交易。半自动交易和全自动交易各有利弊，全自动交易可通过托管机房缩短信号传输的时间，在行情发生剧变时比半自动交易有下单快速的优势，但全自动交易的程序往往十分复杂，程序维护上的微小差错就会造成巨大影响。

最简单的量化交易策略可只使用一个参数，如价格。首先，假设黄金价格可能在交易日的某个特定时间上涨，因此可设定一个程序，检查可追溯的最长时间的黄金价格（见图 5-12），并对其每秒的价格变动进行分解。其次，可根据这些信息构建一个统计模型，以确定黄金价格是否会在交易日的某个特定时间上涨。如果模型发现有此趋势，且概率为 80%，则可据此建立头寸入市获利。

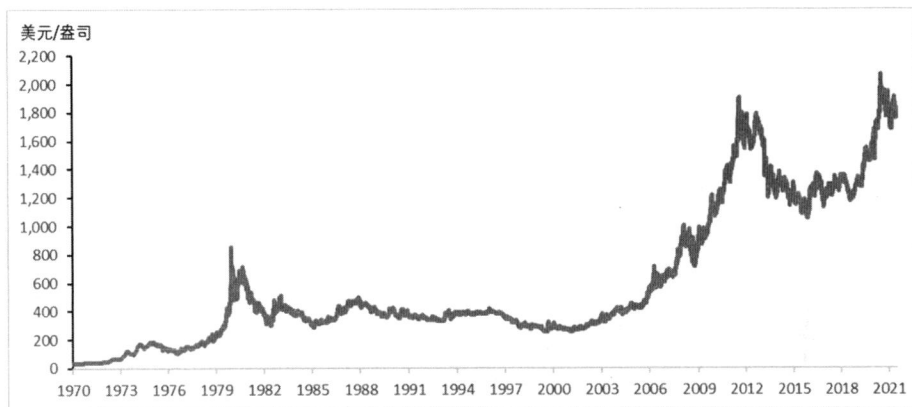

图 5-12　黄金历史价格

来源：世界黄金协会

投资者也可设定多个参数，量化交易最常用的两个数据是价格和成交量。此外，其他任何可被提取成数值的参数都可被纳入策略中，如近年来兴起的在社交媒体上通过一些工具监控投资者的情绪。从技术面分析到基本面分析，可挑选各种参数，以实现利润最大化的投资组合。

量化交易需要强大的计算能力，因此投行和银行使用较多。但近年来，随着新技术、新软件的出现，越来越多的个人交易者参与其中。在一些交易软件中，投资者可编写自己制定的指标和策略，也可在平台的策略选项里，从常见的技术指标列表中进行选择，搭建可自动交易的策略。例如，投资者可设定当 10 日移动平均线超过 20 日移动平均线，以及 10 日相对强弱指数在超卖区域由下往上超越 20 日相对强弱指数时，建立多头头寸，则计算机就可根据策略来跟踪市场，当符合买入规则时，开立头寸。

5.3.3　如何运用量化分析进行大宗商品期货的套利

大宗商品的套利是指在买入或卖出某种期货合约时，卖出或买入相关的另一种合约，并在某个时间同时将两种合约平仓的交易方式。套利可分为跨期套利、跨市场套利、跨商品套利和期限套利四种。套利交易相对来说风险低、收益稳定，因此在量化交易中应用较为广泛，通过实施一种算法来识别在各市场、各商品间的价格差异，从而定位到定价有偏差的资产，并且获得盈利机会。

套利策略主要是赚取差价，核心在于均值回归。对跨品种套利来说，一般可选择同产业链或可互相替代的品种进行。例如，同产业链的螺纹钢与铁矿石、大豆与豆粕、焦煤与焦炭，以及互为替代品的热轧板与螺纹钢、豆油与菜籽油、强麦与玉米等。以螺纹钢和铁矿石套利为例，如图 5-13 所示。首先，可看到二者的比值有平稳期和波动期，如比值自 2017 年 4 月起显著走高，并于 2018 年 9 月起走低。其次，可根据其内在逻辑搭建套利策略，如生产一吨螺纹钢需要消耗 1.6 吨铁矿石，制定量化参数并进行数据回测。如果回测成功，就可实施此量化套利策略并交易，同时做好风险管理。

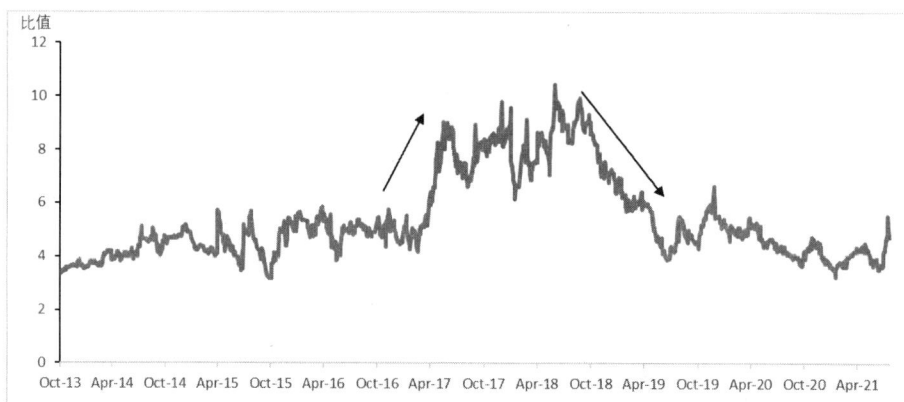

图 5-13　上海期货交易所螺纹钢期货价格和大连商品交易所铁矿石期货价格的比值

来源：上海期货交易所、大连商品交易所

跨市场套利可以是有色金属在上海期货交易所和伦敦金属交易所之间的套利，也可以是大连商品交易所的大豆、玉米及郑州商品交易所的强麦与芝加哥交易所相对应的品种之间的套利，还可以是橡胶期货在上海期货交易所和东京工业品交易所的套利等。以铜期货套利为例，如图 5-14 所示，沪铜和伦铜的走势基本保持一致，二者之间的价差是由利率、汇率、增值税、运费造成的，其比值在一定范围内波动，受以上各因素及两地铜基本面和突发事件的影响，当比值出现偏离时，套利机会出现。

图 5-14　现货沪铜和伦铜的比值

来源：上海有色网

5.3.4　量化交易之高频交易在商品期货交易量中的占比提高

量化交易按交易速度可分为非高频交易和高频交易（High Frequency Trading，HFT）。非高频交易一般指持有资产时间超过一个交易日的策略；高频交易通常指在日内短时持仓，利用计算机系统预先编制指令，快速下达大量指令，以微秒甚至毫秒级速度执行交易。一些交易机构将服务器安装到离交易所服务器很近的地方，以缩短交易指令通过光缆传送的时间。

2010 年 5 月 6 日，道琼斯工业平均指数从下午 2:40 开始的 30 分钟内下跌 9%，造成闪电崩盘（Flash Crash），高频交易是诱因之一，如图 5-15 所示。之后，美国商品期货交易委员会（CFTC）和美国证券交易委员会（SEC）开始对高频交易进行监管。在欧洲国家中，德国在 2013 年出台了全球第一部针对高频交易的法案，要求金融服务机构获取高频交易许可，监管部门有权要求交易者提供程序化交易信息、交易策略和参数等；意大利则在 2013 年出台了针对高频交易的特殊税收政策。

国内的高频交易还在兴起阶段，其中在期货中较多，这是由于期货市场有 $T+0$ 交易制度、保证金杠杆制度及较高的流动性。高频交易常用的套利策略有高频造势交易、高频统计套利、自动化基于新闻和社交媒体的交易等。高频造势交易是通过提交限价买入或卖出委托来赚取买卖盘差价。高频统计套利是发掘哪些资产发生了暂时性的、可预测的统计偏离，进而获利。自动化基于新闻和社交媒体的交易是指通过计算机程序阅读新闻和社交媒体的信息，识别关键字甚至语义，从而快速对新闻和社交媒体信息做出反应并达成交易。

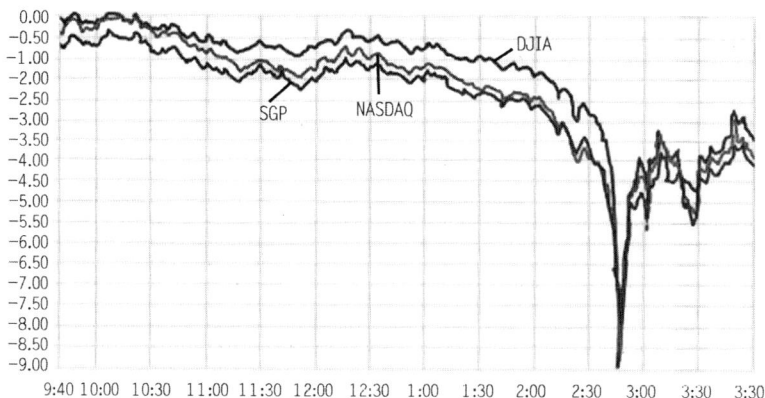

图 5-15　美国三大股指 2010 年 5 月 6 日价格百分比变动

来源：纽约证券交易所、纳斯达克证券交易所

5.3.5　程序化交易造成 2013 年黄金价格大跌的案例分析

2013 年 4 月 12 日，周五，黄金价格跌破 1500 美元/盎司，周末之后的第一个交易日——4 月 15 日（周一），黄金价格再度跌破 1400 美元/盎司，短短两个交易日黄金价格断崖式下跌，跌幅达 14%，之前持续了 12 年的牛市宣告终结，如图 5-16 所示。

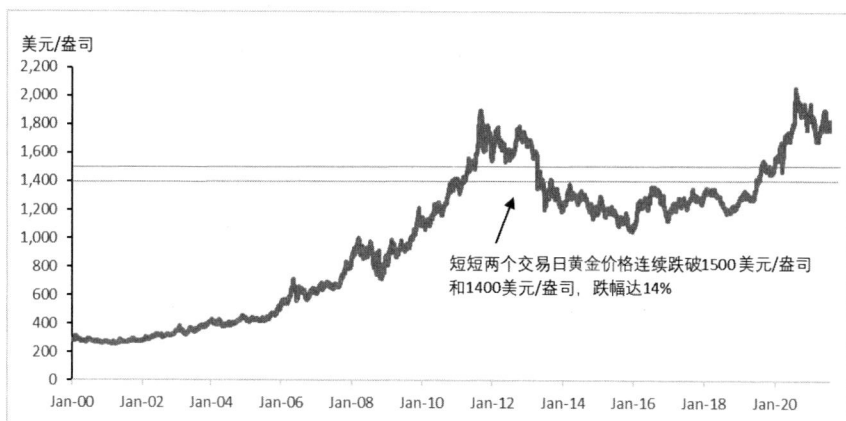

图 5-16　黄金价格

来源：世界黄金协会

市场分析多种原因造成黄金价格暴跌：（1）在 4 月 12 日黄金价格开始下行前，高盛集团将 2013 年黄金价格预期从 1610 美元/盎司约下调 4%至 1545 美元/盎司，将 2014 年黄金价格从 1490 美元/盎司约下调 9%至 1350 美元/盎司；（2）投资者担心塞浦路斯央行出售黄金，从而引发欧洲其他负债较高的国家的央行开始抛售黄金；（3）中国和印度这两个最大的黄金消费国需求疲软，其中中国农历新年期间黄金需求疲软，而印度在 2013 年年初将黄金进口税率上调至 6%，抑制了该黄金需求大国的进口；（4）黄金 ETF 持仓量明显下滑，SPDR Gold Trust 这一全球最大的黄金 ETF 的持仓量在 2012 年年底创下历史高位后，在 2013 年不断下降，至 2013 年 4 月 15 日下降 15%至 1154.35 吨，如图 5-17 所示。

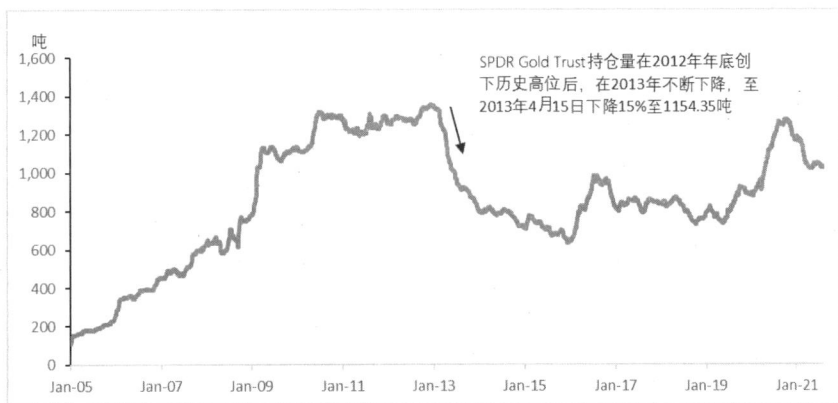

图 5-17　SPDR Gold Trust 黄金 ETF 持仓量

除了以上原因，黄金价格下跌过程中程序化交易触发多头的止损盘及空头的追空单也是原因之一。当商品价格跌至预先设置的价位时，程序化交易会发出指令，自动执行买入和卖出，从而提高了价格下滑的幅度和速度。投行和基金公司的大笔交易都是通过算法完成的，由于大型机构希望在不影响其所买卖资产的市场价格的情况下，执行大量买单或卖单，因此它们通常将指令发送给多家经纪商和交叉网络等，分散下单。

5.4　新兴的大数据分析

大宗商品范畴内的大数据既可以是基于卫星影像计算的商品库存、开工率或产量，主要下游板块为房地产建筑工地的阶段进展，也可以是跨市套利时两个市场行情的关联变化。先挖掘海量数据，再运用计算机进行大数据分析，在分析大数据时运用人工智能，这是大数据应用的出口之一。

5.4.1　人工智能在大数据分析中的应用

近年来，随着科技的发展，大数据的收集使得计算机有了足够的样本进行分析，人工智能（Artificial Intelligence，AI）的模型训练有了充分的数据支撑，从而使得人工智能在大数据领域的运用增加。机器学习（Machine Learning）是一种实现人工智能的方法，指的是运用人类设定的特定性能和运算方法来分析和解释大数据，通过不断地试验和试错，修改算法，从而预测未来趋势或做出决策。

在大宗商品领域，通过分析基于卫星影像收集的大数据，可获得矿山生产及库存情况、港口货物运输情况等。例如，可通过矿坑中的采掘设备活动及附近堆场的大小推测挖掘量，通过港口库存、在港船只和离港船只的数目及装载量计算商品发运量等，通过计算陆上浮顶式储油罐的数量及油槽的屋顶估算原油库存等。可以说，利用人工智能收集的数据不仅可以补充披露信息不透明的地区或生产商的数据，还较少有常规统计信息的滞后性，从而能获得实时数据。同时，卫星数据与人工智能的结合可以不断提升数据的准确度。

对交易来说，在市场公布重大数据时第一时间反应，或在突发事件出现时进行准确解读，是获得利润的关键。例如，当美联储议息会议发布利率变动决策时，市场几乎同时反应，这不是人类可以做到的，而是基于计算机对关键字的捕捉和分析能力。计算机可对公告中的某些关键字与以往公告中的关键字及频率做对比，从而对美联储是维持原利率还是升息或降息做出反应，并执行预先计划的交易。

5.4.2　分析市场情绪指标

在进行技术面分析时，市场的情绪指标也是辅助工具之一。情绪指标可跟踪个人投资者、基金公司、生产商/消费商等群体的表现，还可通过情绪指标判断市场总体是看多还是看空。

波动率指数（Volatility Index，VIX）是分析市场情绪的指标之一。波动率指数又称恐慌指数，是由芝加哥期权交易所（Chicago Board Options Exhcnage，

CBOE）创造的用以衡量标准普尔 500 指数期权未来波动程度的一项基准指标。因为隐含波动率代表对市场未来风险程度的预期，所以波动率指数被视为市场的风向标。高波动率指数代表市场恐慌程度高，人们的投资意愿下降，从而导致市场流动性降低。波动率指数如图 5-18 所示。

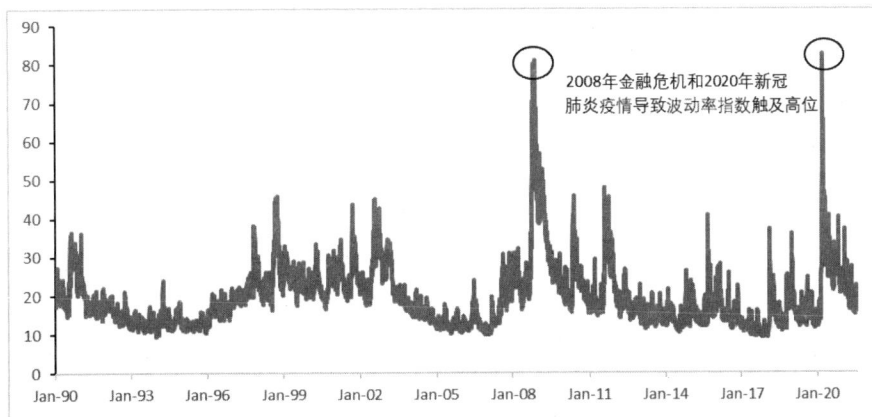

2008年金融危机和2020年新冠肺炎疫情导致波动率指数触及高位

图 5-18　波动率指数

来源：芝加哥期权交易所

在大数据获取能力的提高及人工智能分析方法的运用下，从新闻和社交媒体抓取反映市场情绪的数据，并加以分析，以做出交易决策和下单，是一种新趋势。基于新闻和社交媒体自动分析及交易的势头在逐渐增强，计算机程序能够阅读新闻和访问各个社交媒体，捕捉预先设定的关键字，不仅可以衡量不同的情绪（包括乐观、悲观、紧迫性等），还可以衡量金融专业术语（如价格预测、涨幅等），以及特别的主题（如股票、期货、债券等）。投资者可创立或检验其交易策略，预测波动率，并且进行风险管理。

5.4.3　投行的社交网络情绪量化分析法

投行和基金公司利用先进的计算机技术和强大的数据分析能力，自己分析数据或购买第三方服务，将从新闻和社交媒体收集的反映投资者情绪的原始信息，转换为可管理的市场情绪数据，并且将其纳入分析和决策过程中，预测市场走势及制定交易策略并执行。例如，在社交媒体中收集到的与担忧相关的词句表明投资者非常谨慎，因此市场较倾向于短期抛售，从而压低商品价格。与此相反，基本面的利好消息会渗透投资者的意识，从而推动价格向上。

研究发现，在过去的 20 年，每周、每月和每年的市场情绪指标排名靠前的公司，其股票表现往往比排名靠后的公司更受欢迎。

如图 5-19 所示，在箭头所指的三个节点，2018 年 3 月底、11 月初和 2020 年 3 月中，新闻和社交媒体的恐慌指数达到阶段性高位。与此同时，标准普尔 500 指数也出现下跌。

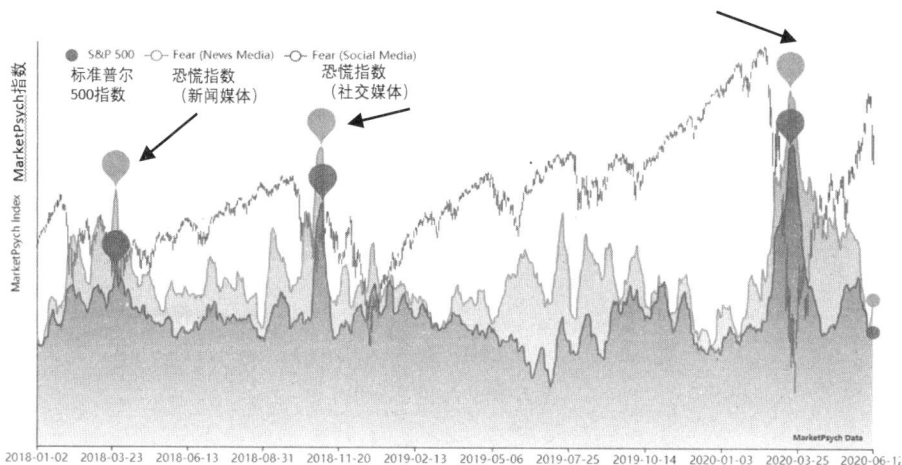

图 5-19　恐慌指数与标准普尔 500 指数

来源：百度学术

5.5　投行实战案例

在实际交易中，通过运用各种技术指标，可以预测市场价格变化的趋势。技术面分析与心理学有着千丝万缕的联系，如价格图表可以展示价格的形态，反映投资者对市场看多或看空的心理。将技术面分析与基本面分析相结合，可以更好地理解市场，从而"知其然，也知其所以然"。

5.5.1　由情绪指标分析 WTI 原油期货

原油是十分重要的大宗商品之一，其价格受多种因素影响，包括基本面的供需、宏观层面的货币经济政策，以及基金公司和生产商/消费商的持仓等。由于原油期货是广受投资者青睐的资产之一，因此投资者的情绪对原油价格的影响力也日渐提升。

　　媒体的情绪有时会在重大转折点上引领价格，从图 5-20 所示的原油价格与市场情绪指标中可以看出，当市场情绪指标转为负面时，原油价格通常会跟随这种情绪走低；当市场情绪指标转为正面时，则会对价格产生上行拉动作用。可见，市场情绪指标在一定程度上预测了原油价格的变化趋势。

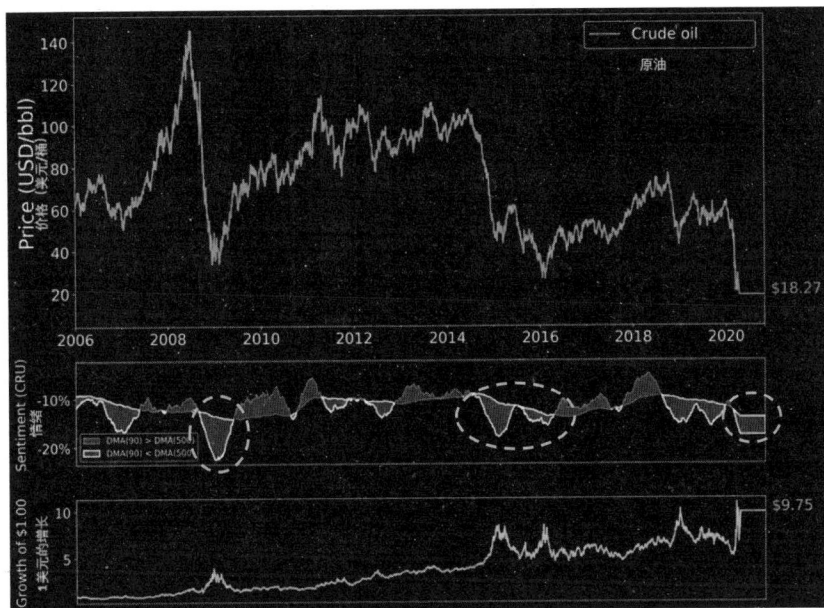

图 5-20　原油价格与市场情绪指标

5.5.2　黄金价格分析图叠加大事记

　　黄金与其他大宗商品不同，基本面对其价格走势影响不大，其价格主要受经济扩张、市场风险、机会成本和动量四大因素影响。黄金价格与经济增长呈正相关，来自珠宝、科技及长期储蓄的需求随经济上行而上涨。市场风险和不确定性使得投资者视黄金为安全港湾，他们认为黄金可对冲货币贬值、高通胀及经济下滑的风险。其他宏观经济变量（如利率）可影响持有黄金的相对成本。价格的动量及类似的趋势变量可进一步增强或抑制黄金价格的走势。黄金短期价格除了受以上四大因素影响，还受投资者需求影响。

　　黄金在 1970—1980 年走出第一轮牛市，第二次石油危机及两伊战争导致黄金价格上涨，1980 年 1 月 21 日创出 850 美元/盎司新高。之后，由于黄金产量大增，生产成本因规模化而下降，叠加央行降低黄金储备量，熊市延续到

1999 年 8 月底,黄金价格下跌至 252.55 美元/盎司。黄金价格随后进入为期 11 年的牛市,于 2011 年 9 月达到历史高位 1900 美元/盎司。之后,黄金价格下调,直至 2020 年全球经济下行,黄金价格上涨,并于 2020 年 8 月创出历史新高,如图 5-21 所示。

图 5-21　黄金历史价格

来源:世界黄金协会

5.5.3　由铜期货的跨市套利基差分析铜价走势

中国是全球最大的铜消费国,由于自身铜资源短缺,主要依靠从国外进口,中国为跨市套利提供了基本面支撑。上海期货交易所和伦敦金属交易所的铜期货呈高相关性,自 2000 年 3 月以来的相关系数为 0.98,如图 5-22 所示。

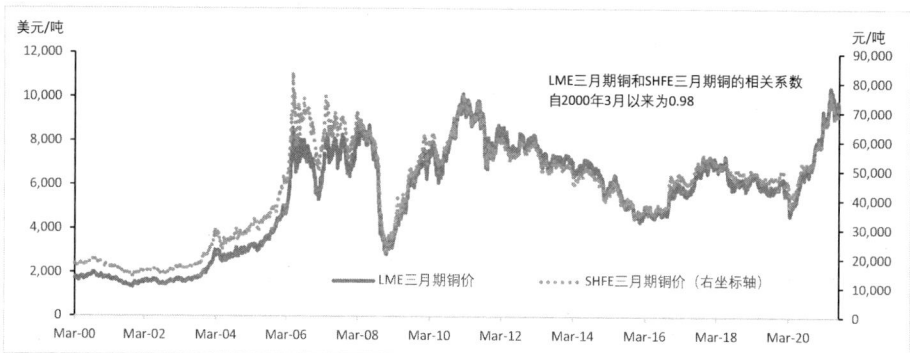

图 5-22　LME 和 SHFE 三月期铜价

来源:上海期货交易所、伦敦金属交易所

　　沪铜和伦铜的走势基本保持一致，二者的比值在一定范围内波动。当比值出现偏离时，套利机会出现，出现偏差的一方，或沪铜或伦铜的价格由于套利盘的出现而偏差缩小，比值会再度回归到正常水平。

　　其中，买伦铜抛沪铜的跨市套利被称为正向套利，由于我国缺乏铜资源，进口关税为 0，如果套利失败，投资者仍可将伦铜转变为现货进口，进行实物交割。而抛伦铜买沪铜的跨市套利被称为反向套利，由于我国为了保护铜资源，征收出口关税，反向套利的风险在于如果将伦铜大量抛空，容易成为国际资金的挤仓目标。

大宗商品
新趋势篇

第6章

大宗商品定价权的变化趋势

6.1 大宗商品定价权的现状

中国是大部分大宗商品的最大消费国和进口国，但由于海外供应商的强势及海外期货合约大多以美元计价，定价权长期握于海外供应商手中。不过，随着中国实体经济实力的增强和以人民币定价的大宗商品期货的推出，以人民币定价和结算的贸易数量开始增加，这意味着定价权开始逐渐向中国倾斜。

6.1.1 伦敦金属交易所掌控金属定价权

伦敦金属交易所（LME）成立于1877年，是全球工业金属的交易中心，全球金属业的参与者（包括生产商、消费商、贸易商）通过买卖LME期货和期权合约来对冲价格波动，投资者可进行套利和投机交易。通过LME分布在几十个国家和地区的众多仓库网络，实物交割的便利性确保了其成为金属行业理想的对冲场所，并起到发现价格的作用。2020年，LME成交的金属量达1.55亿手，未平仓合约高达200万手。高流动性水平及价格的全球影响力使LME成为铜、铝、镍、铅、锌等基本金属的价格形成场所，其价格被世界各地的工业和金融参与者用于对冲、实物结算、合同谈判等。

LME金属合约的交割时间选择较多，实物和三个月以内的合约，每个交易日均可交割；三个月至六个月的合约，每周三可交割；超过六个月的合约，每月的第三个周三可交割，交割期可长达123个月。图6-1所示为LME铝合约的远期曲线，其交割时间选择的便利性，可灵活满足业界的交易配对和对冲需求。

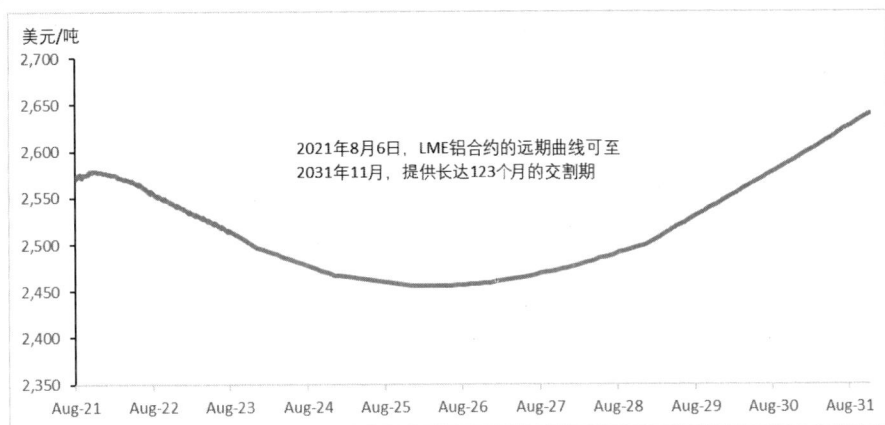

图 6-1　LME 铝合约的远期曲线

来源：LME

　　随着中国金属产量和消费的增长，上海期货交易所的金属交易规模逐年上升，促使其成为亚洲金属的价格中心。在上海期货交易所和 LME 进行跨市套利，是不少投资者获利的途径之一。以铜期货套利为例，沪铜和伦铜的走势呈高相关性，自 2000 年 3 月以来它们的相关系数为 0.98。如前文所述，二者之间的价差是由利率、汇率、增值税、运费造成的，其比值在一定范围内波动，受以上各因素及两地铜基本面和突发事件的影响，当比值出现偏离时，套利机会出现。现货沪铜和伦铜的比值如图 6-2 所示。

图 6-2　现货沪铜和伦铜的比值

来源：上海有色网

6.1.2　纽约商品期货交易所——原油价格的标杆

全球原油市场有三大基准价格，在美国生产或销往美国的原油在计价时以 WTI 原油为基准，西北欧、北海、地中海、非洲和也门等地区以布伦特原油为基准，中东产油国生产或销往亚洲的原油以欧佩克的油价为基准。其中，芝加哥商品交易所（CME）旗下纽约商品期货交易所（NYMEX）的 WTI 原油流动性极强且交投十分活跃。WTI 原油合约日均交易量和持仓量如图 6-3 所示。

图 6-3　WTI 原油合约日均交易量和持仓量

来源：芝加哥商品交易所

随着美国石油产量和亚洲需求量的增加，以及美国出口禁令的废除，WTI 原油成为全球石油价格的首选指标。美国于 2019 年 9 月首次成为石油净出口国，并且从区域供应商转变为全球的边际供应商，带动更多交易以 WTI 原油定价。原油市场高度波动，价格受众多因素影响，包括自身供需及宏观经济数据、地缘政治因素及资金流动，因此 WTI 原油近乎全天候交易，并可在有突发事件时迅速做出反应。

2020 年 4 月 20 日，将于 4 月 21 日开始实物交割的 WTI 原油 5 月合约跌至 -37.63 美元 / 桶，首次达到负值。多个国家由于新冠肺炎疫情进入封锁状态，严重影响了燃油需求，同时原油价格的暴跌引起投资者对经济衰退的担忧。另外，由于石油储存满仓，无法运送到炼油厂或无处存放的石油的存储成本超过其自身价值。

6.1.3　芝加哥期货交易所大豆期货——国际豆类期货品种的权威

芝加哥商品交易所旗下芝加哥期货交易所（CBOT）的大豆期货极其活跃且流动性极强，世界各地的交易者、投资者和商业公司可进行套期保值、套利、投机和风险管理。2017/2018 年度，全球大豆产量超过 120 亿蒲式耳，期货交易所的交易量是产量的 21 倍。CBOT 的日均大豆期货交易量超过20 万份合约，最高持仓量接近 90 万份合约，开仓和平仓非常便捷，而且可透过中央限价买卖盘记录册（Central Limit Order Book）、大额交易（Block Trades）等充分利用流动性。针对不同的需求，CBOT 还提供迷你大豆期货合约，一份合约为 1000 蒲式耳，而一般大豆期货合约为 5000 蒲式耳，如图 6-4 所示。

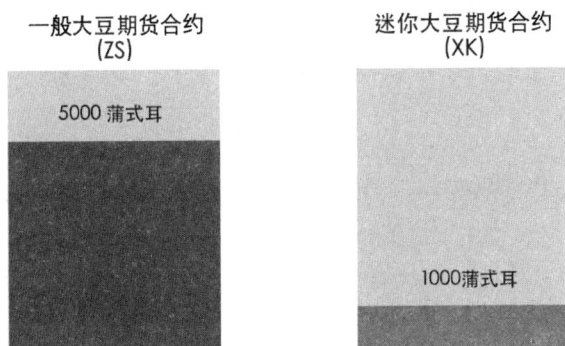

图 6-4　CBOT 大豆期货针对不同需求的不同合约规模

来源：芝加哥商品交易所

由于美国是最大的大豆生产国和出口国，其大豆的种植、生长和收割对大豆价格具有重大影响。交易者及全球各地的企业、农户多根据美国农业部发布的全球农产品供需估算报告，以及播种预测、粮食库存、作物产量等报告了解、分析及跟踪市场。全球大豆供应和需求如图 6-5 所示。

但美国农业部发布的信息是否能全面、准确地反映全球大豆市场的情况，特别是中国大豆市场的情况仍值得商榷。因此，中国企业除了依靠美国农业部发布的报告，还需要另外寻找信息来源，多方面获取和验证信息，确保对行业的发展有准确的了解和判断。由于期货价格反映了基本面的情况，因此从CBOT 的大豆期货价格可观测全球大豆市场的变化。

单位：百万吨

2019/2020	期初库存	产量	进口	国内压榨	国内总计	出口	期末库存
全球	114.09	339.88	165.05	312.42	358.36	165.06	95.6
美国	24.74	96.67	0.42	58.91	61.85	45.7	14.28
除美国外其他国家	89.35	243.21	164.63	253.51	296.51	119.36	81.32

2020/2021估算							
全球	95.6	366.23	165.61	315.31	362.7	164.33	100.41
美国	14.28	114.75	0.54	58.26	61.05	61.52	6.99
除美国外其他国家	81.32	251.48	165.07	257.05	301.65	102.81	93.42

2021/2022预测							
全球	99.88	372.57	168.43	325.72	374.92	170.74	95.2
美国	6.99	120.71	0.41	59.6	62.79	55.79	9.52
除美国外其他国家	92.89	251.86	168.02	266.12	312.13	114.95	85.68

图 6-5　全球大豆供应和需求（2022 年 1 月更新）

来源：美国农业部

6.1.4　洲际交易所——指引国际棉花的期货价格

洲际交易所（ICE）于 2007 年收购纽约期货交易所（NYBOT）后，将后者的重要产品棉花期货和期权收入囊中。ICE 的 2 号棉花期货和期权是国际棉花行业进行定价及对冲交易的重要依据。棉花期货可现货交割，因此生产商、消费者及贸易商可用于套期保值、发现价格。

ICE 棉花期货交割物的原产地是美国，因此美国农业部定期发布的全球棉花供需估算报告主导 ICE 棉花期货价格甚至全球棉花价格。美国、印度和中国是全球棉花生产大国，三国棉花产量占全球棉花总产量的 60% 以上，其中美国是第三大棉花生产国，同时是全球最大的棉花出口国，如图 6-6 和图 6-7 所示。虽然中国在 2019/2020 年度棉花的消费量和生产量都很高，但在国际棉花价格上几乎没有定价权，而美国农业部基于全球棉花市场供需情况对全球市场做出的预测对全球棉花价格的影响较大。

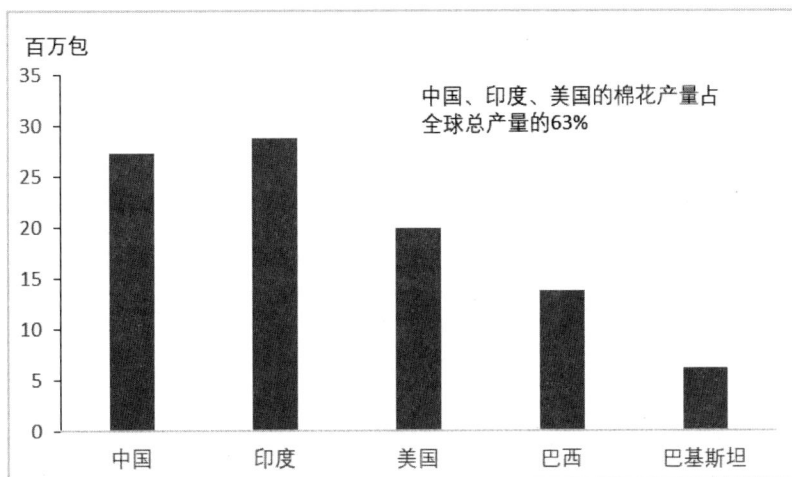

图 6-6　2019/2020 年度全球前五大棉花生产国

来源：美国农业部

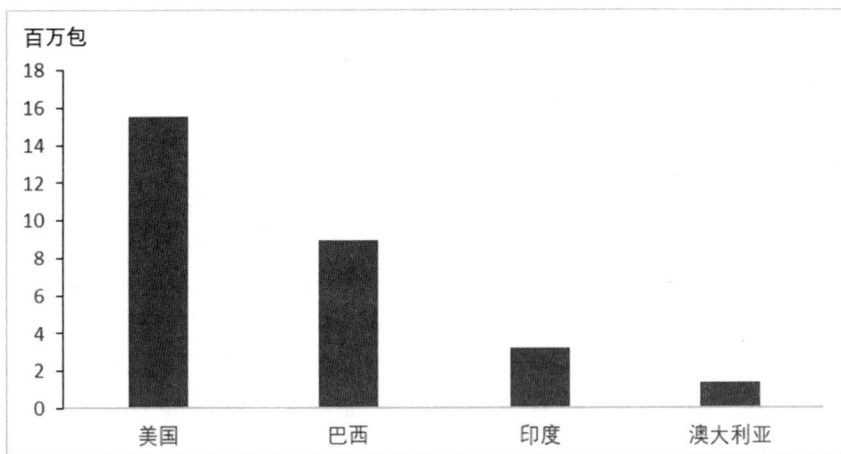

图 6-7　全球前四大棉花出口国

来源：美国农业部

　　ICE 棉花期货的最高价格出现在 2011 年 3 月，当时全球棉花供需失衡，具体表现为中国棉花种植面积大幅下降、印度棉花出口减少，但全球需求在金融危机后开始恢复并大幅增加，以及国际投资炒作，ICE 棉花期货价格触及历史高位 215.35 美分/磅，如图 6-8 所示。

图 6-8　ICE 棉花期货价格

来源：ICE

6.2　中国等新兴市场的崛起

随着中国大宗商品产量和消费量的飞速增长，中国在国际大宗商品版图上的重要性在逐年上升。但由于大宗商品的交易及定价在西方兴起，定价权之前一直握在国外供应商或贸易商手中。中国一直在为争取定价权而努力：一方面，中国不断推出自己的大宗商品期货合约，使其更能反映自身的供需情况；另一方面，中资金融机构及企业走出国门，成为国外交易所的会员或在海外收购矿产资源，以提升中国在全球大宗商品市场上的影响力。

6.2.1　崛起的中国经济，快速增加的中国需求

中国对大宗商品的需求自 2000 年起随着全球制造业向中国转移及中国城市化的推进而快速增加。以石油为例，中国经济的高速发展促进对能源的巨大需求，石油需求高速增长，2000 年中国的原油消费为 2.24 亿吨，2020 年中国的原油消费增长至 6.69 亿吨，涨幅约达 199%。

中国是农业生产大国，但由于国内消费量巨大，因此又是进口大国。中国是最大的大豆进口国，占全球贸易量的一半以上。在矿业方面，中国资源丰富，但一些矿产资源品位较低或位于交通欠发达地区，开采成本较高，因此中国又是资源进口大国，进口商品包括原油、铁矿石、铜精矿、铝土矿、红土镍矿等。

例如，中国粗钢产量自 2001 年的 1.5 亿吨增长了 6 倍至 2020 年的 10.53 亿吨（见图 6-9），推动了对原材料铁矿石的需求。

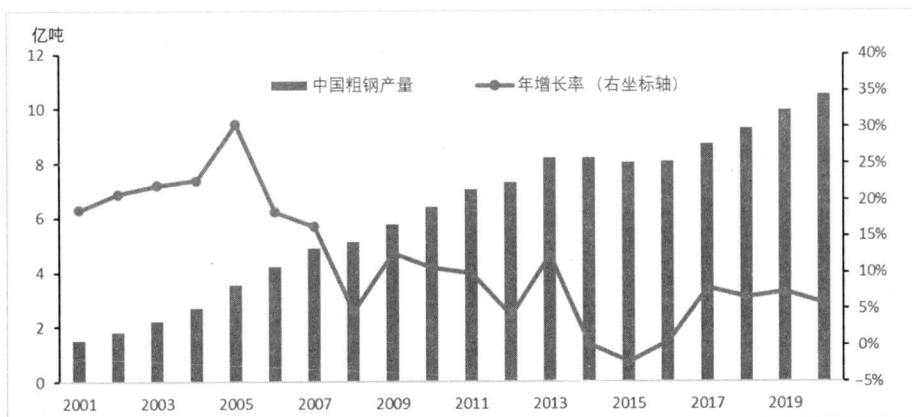

图 6-9 中国粗钢产量及年增长率

来源：世界钢铁协会

中国需求的增长促使海外供应商新增产能和扩产，带动了当地供应商及经济的发展。以铁矿石为例，由于地质原因，全球优质的铁矿资源主要分布在澳大利亚、巴西和非洲地区，中国铁矿石储量较大但品位低，因此主要依赖进口海外高品位铁矿石。中国钢铁产量的增长推动海外铁矿石生产商的产量规模不断扩大，全球主要矿山淡水河谷、力拓、必和必拓和 FMG 2020 年的产量接近全球总产量的一半，如图 6-10 所示。

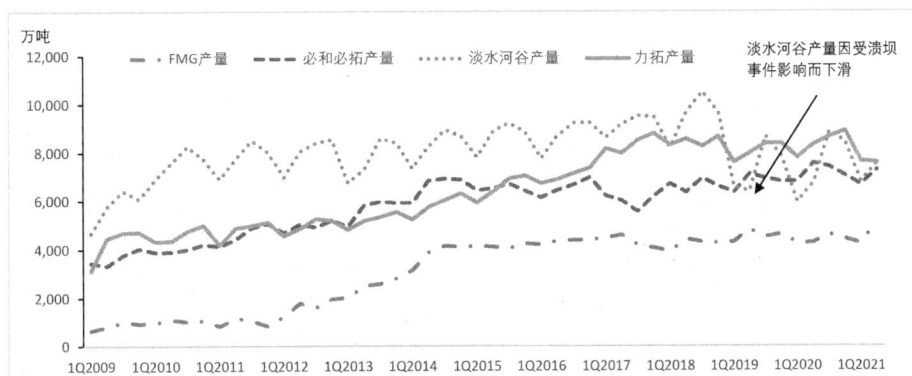

图 6-10 四大矿山季度产量

来源：各公司季度报告

6.2.2 沃尔克法则提出后，国际投行退出自营大宗业务

沃尔克法则是由美国经济学家保罗·沃尔克提出的，核心是禁止银行从事自营性质的投资业务，以及禁止银行拥有、投资或发起对冲基金和私募基金。该法则于 2013 年 12 月由美国联邦存款保险公司（FDIC）、美联储（FED）、美国证券交易监督委员会（SEC）、美国商品期货交易委员会（CFTC）和美国货币监理署（OCC）五大金融监管机构通过，并于 2014 年 4 月 1 日生效，这预示着对华尔街核心、十分赚钱的业务的监管加强了。

沃尔克法则促使华尔街投行开始拆分自营交易部门或重组大宗商品业务。高盛集团于 2012 年 9 月把旗下电力公司 Cogentrix 出售给私募基金凯雷（Carlyle），以削减其在电力市场的敞口。2014 年 3 月，摩根大通以 35 亿美元出售实物大宗商品资产和交易业务；同年 5 月，高盛集团出售旗下仓储业务（Metro 国际贸易公司）。由于监管压力的加大及大宗商品业务收益的下降，摩根士丹利、德意志银行、瑞银集团、巴克莱银行等也纷纷削减大宗商品业务。2018 财年全球投行排名如图 6-11 所示。

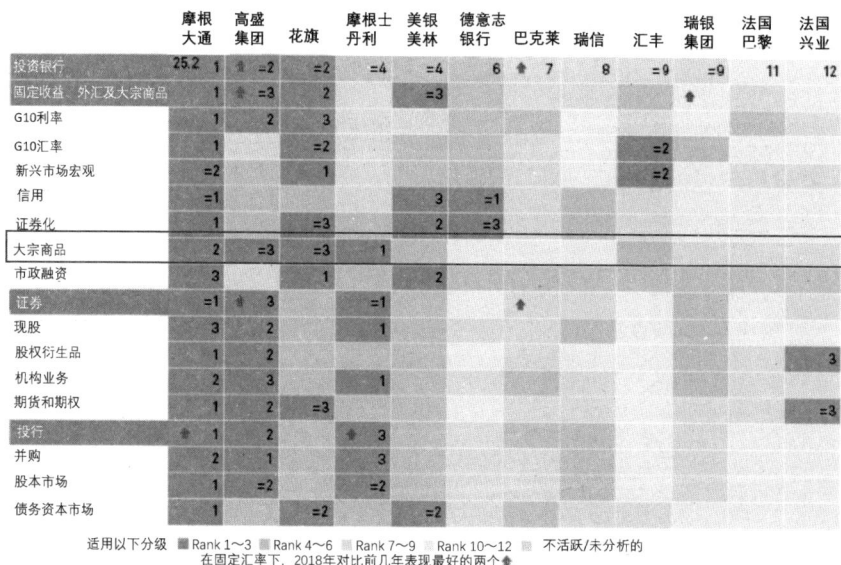

图 6-11　2018 财年全球投行排名（图片仅供参考）

来源：Coalition

国际投行纷纷退出大宗商品业务,因此给中资金融机构、企业和贸易商带来机会。于是,既有中银国际、建银国际、工银、招商证券、广发、南华等金融机构成为 LME 会员,也有生产商和贸易商在海外收购资源公司。同时,国内期货交易所加快推出新的期货交易品种,开启国际化步伐,以提高对大宗商品的定价权和掌控力。

6.2.3 中资投行走向海外

中国香港交易所在 2012 年斥资 13.88 亿英镑收购了 LME,从此 LME 会员中出现了中资企业的身影,中银国际率先踏入 LME,成为自 LME 成立以来第一家中国会员。之后,建银国际、工银、招商证券、广发、南华和利记集团纷纷成为 LME 会员,不同等级的会员享有不同的权利,如图 6-12 所示。

第一类会员	权利
建银国际 广发	▪可在场内公开叫价,以及在电话市场和电子盘交易合约 ▪有权向客户签发合约 ▪作为清算会员,被允许代表自己和客户进行清算交易
第二类会员	
中银国际 工银 南华	▪可在电话市场和电子盘交易合约 ▪有权向客户签发合约 ▪作为清算会员,被允许代表自己和客户进行清算交易
第五类会员	
利记集团	▪可以是第一类、第二类或第四类会员的客户 ▪可接收客户合约但不能签发合约 ▪不需要被监管

图 6-12 LME 的中资会员

来源:LME

这些中资机构的加入可以更好地服务国内企业并提供除上海期货交易所之外的另一个交易平台,以对冲风险和进行套利交易。同时,这些中资金融机构可夺取外资同行的份额。2013 年发布的沃尔克法则禁止海外银行的大宗商品自营交易,由于收入减少、利润收窄、监管收紧,外资银行逐渐退出大宗商品实体业务,而中资机构可依靠中国不断增加的产量和消费量而不断提升自身的国际影响力。

中资投行也收购外资同行股权、大宗商品资产及在海外布局大宗商品中心。例如，工商银行于 2008 年收购南非标准银行（Standard Bank）20%股权，成为第一大股东，之后于 2015 年收购工银标准银行公众有限公司 60%股权，走向海外，同时布局大宗商品中心。工银标准银行在 2016 年 5 月宣布买入巴克莱银行在伦敦的金库，此举使其成为第一个在伦敦拥有金库的中资银行。中国银行、浦发银行等纷纷在新加坡这个全球重要的贸易融资和大宗商品贸易中心开展全球大宗商品业务。中国大宗商品企业（如中石化、中石油、海南农垦集团、沙钢集团、中国化工等）在新加坡设立分部，拓展进出口和境外融资业务，以及建立全球营销服务网络。

6.2.4 上海期货交易所的 INE 原油期货——以人民币计价和结算

目前，全球有十余家期货交易所推出了原油期货，CME 旗下的 NYMEX 和 ICE 为影响力最大的两个原油期货交易中心，分别提供 WTI 原油和布伦特原油期货，并将其作为美国和欧洲基准原油期货合约。迪拜商品交易所（DME）上市的阿曼原油期货也是重要的基准原油期货合约。上海期货交易所旗下的上海国际能源交易中心（INE）的原油期货自 2018 年 3 月 26 日上市以来，经过不断发展，由上市之初主力合约单边持仓量不足 2000 手，成交量 2 万余手，到 2020 年全年累计成交 4158.58 万手，累计成交金额 11.96 万亿元，在原油期货品种中的市场规模仅次于 WTI 原油和布伦特原油期货，部分交易日已跻身最具代表性的亚太时区原油期货合约。国际主要原油合约对比如图 6-13 所示。

中国自 1996 年起成为原油净进口国，随着需求的不断上升，进口量也逐年攀升。据海关数据，2004 年至 2020 年，中国原油进口量从 1.23 亿吨上升至 5.42 亿吨，如图 6-14 所示。2020 年，中国已成为全球第一大原油进口国，其中来自中东地区的原油进口量占总进口量的近一半，如图 6-15 所示。

	上海国际能源交易中心 （中质含硫原油）	洲际交易所 （布伦特原油）	芝加哥商品交易所 （WTI原油）	迪拜商品交易所 （阿曼原油）
交易品种	中质含硫原油，基准品质为API度32，含硫量1.5%	北海一揽子原油 （布伦特、Forties、Oseberg、Ekofisk、Troll）	西得克萨斯中间基原油	阿曼原油
交易单位	1000桶/手	1000桶/手	1000桶/手	1000桶/手
报价单位	元/桶	美元/桶	美元/桶、美分/桶	美元/桶
最小变动价位	0.1元/桶	0.01美元/桶	0.01美元/桶	0.01美元/桶
交割方式	现货交割	现金结算	现货交割	现货交割
交割方法/类型	能源中心指定交割地点、保税交割	期货转现货	FOB管道交割	FOB装船港交割
最低交易保证金	合约价值的5%	2250～4940美元/手	远月合约保证金从4650美元/手到2325美元/手逐额递减	5000美元/手，最低保证金3600美元/手
合约月份	最近1至12个月为连续月份及随后八个季月	96个连续月份	本年和未来8年的月度合约，以及2个额外的连续月份合约。在本年12月合约交易终止后，上市新一年的月度合约和2个额外的连续月度合约	交易本年及后5年月份挂牌。在本年12月合约交易终止后，将新增一个日历年

图 6-13　国际主要原油合约对比

来源：上海国际能源交易中心原油期货合约交易操作手册第 15 页

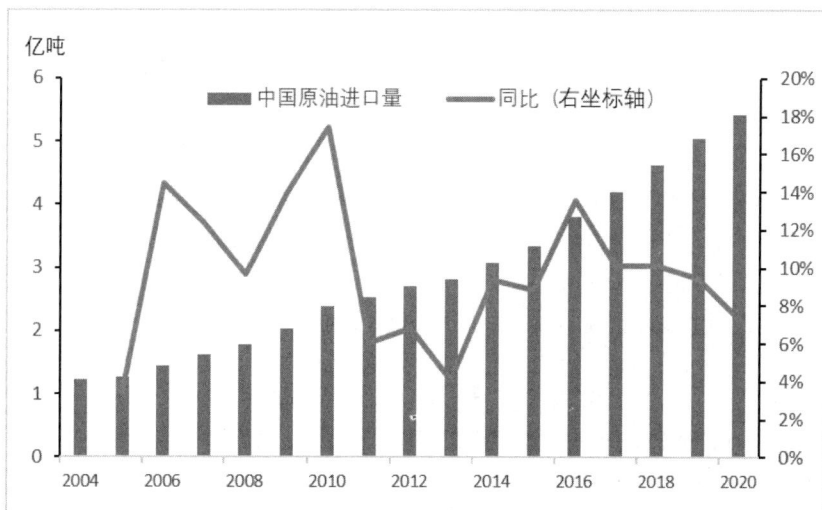

图 6-14　中国原油进口量及同比

来源：海关

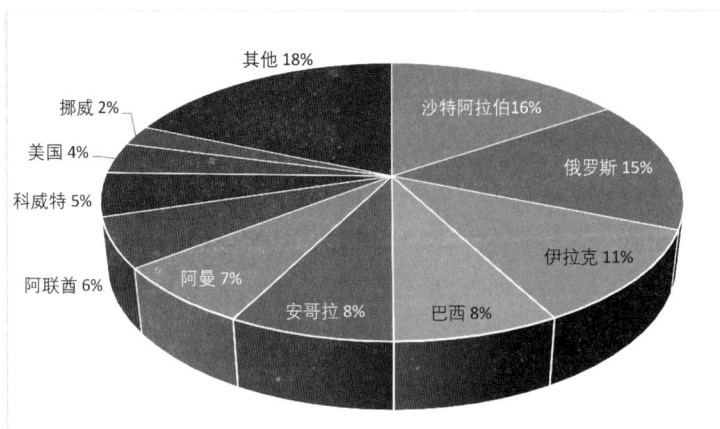

图 6-15 2020 年中国原油进口来源分布

来源：海关

在推出 INE 原油期货之前，WTI 原油和布伦特原油领导了全球的原油定价，尽管中国是原油消费和进口大国，但在原油定价上基本没有话语权。由于欧佩克在亚洲地区供应上占据垄断地位，其迫使亚太客户接受高价，即亚洲溢价，造成亚洲地区的石油进口国要比欧美国家支付更高的金额。中国需要自己的原油期货市场，反映中国自身的原油供需情况，在全球定价权上谋求一席之地。INE 原油期货的合约标的为中质含硫原油，不同于 WTI 原油和布伦特原油的轻质低硫原油，为中国及周边亚洲国家进口原油的主要品种，因此可更好地服务中国的消费企业。作为中国第一个国际化期货品种，INE 原油期货虽以人民币计价，但也接受美元等外汇作为保证金，也为境外投资者（包括跨国石油公司、贸易商和投行）提供直接或间接的交易方式。

6.2.5　大连商品交易所——铁矿石的国际定价中心

中国的铁矿石期货合约于 2013 年 10 月 18 日在大连商品交易所上市，铁矿石期货价格如图 6-16 所示。2018 年 5 月 4 日，大连商品交易所铁矿石期货正式引入境外交易者，是我国首次已上市期货品种实行对外开放，成为继原油期货后，第二个迈出国际化步伐的期货品种。大连商品交易所铁矿石期货合约交易量和持仓量充足，境外交易者的参与使中国铁矿石期货市场由区域性市场变为全球性市场。2018 年，中国铁矿石期货成交量是全球第二大铁矿石衍生品市场新加坡交易所的掉期和期货的 22 倍，为国内钢厂套期保值、虚拟库存管理及风险管理提供了一定的保障。

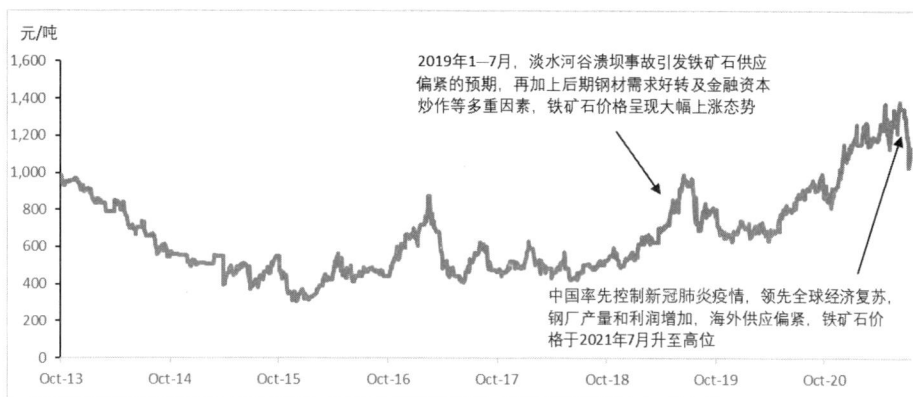

图 6-16　铁矿石期货价格

来源：大连商品交易所

中国是全球最大的铁矿石消费国和进口国，2020 年中国铁矿石进口量占全球铁矿石贸易量的 71% 以上，如图 6-17 所示。国内铁矿石虽然储量大但品位低且开采成本高，因此依赖进口海外高品位铁矿石。中国钢铁产量的增长带动了对铁矿石的需求，但海外特别是主流矿山之前处于强势垄断地位，由 2010 年前的国内钢厂和三大矿的年度基准价格谈判机制，到 2010 年与季度指数挂钩的定价模式，再到与其他大宗商品相似的点价模式，国内钢厂一直努力争取铁矿石的定价权，寻求能反映供需双方真实情况且公平、透明的定价机制。

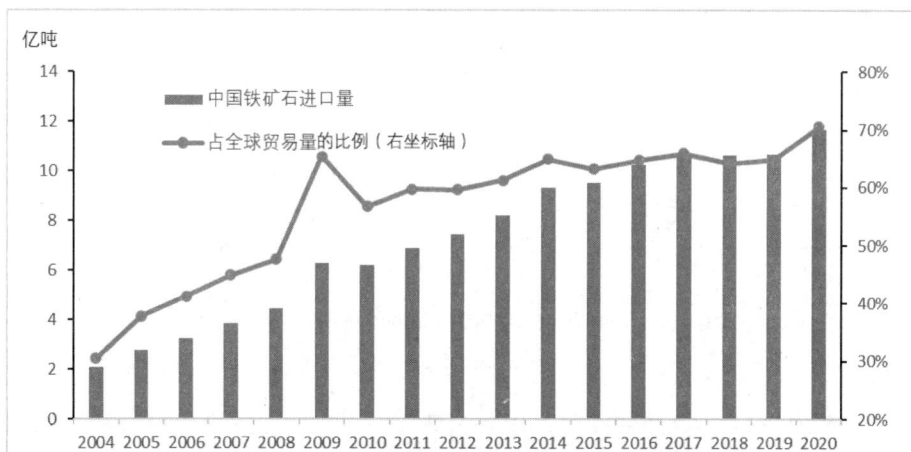

图 6-17　中国铁矿石进口量及其占全球贸易量的比例

来源：海关

新加坡交易所于 2009 年首次推出铁矿石掉期合约，并于 2013 年 4 月推出铁矿石期货，以 TSI 铁矿石价格指数进行结算。大连商品交易所的铁矿石期货于 2013 年 10 月推出，以现货为标的，是全球唯一实物交割的铁矿石期货品种，交易额远超其他交易平台，并形成内外盘价格的联动机制，跨市套利机会的出现也会吸引投资者。大连商品交易所接着在 2019 年 12 月推出铁矿石期权，提供完备的期货和期权等衍生工具，可供铁矿石产业链上的相关企业以更低的成本和更优质的策略控制价格波动的风险。

6.2.6 郑州商品交易所——PTA 期货的国际化

精对苯二甲酸（PTA）期货于 2006 年 12 月在郑州商品交易所上市，使中国成为全球首个上市 PTA 期货的国家。PTA 是重要的大宗有机原料之一，是石油的末端产品，同时是化学纤维的前端产品，用于化学纤维、轻工、电子、建筑等领域。PTA 产业链流程图如图 6-18 所示。

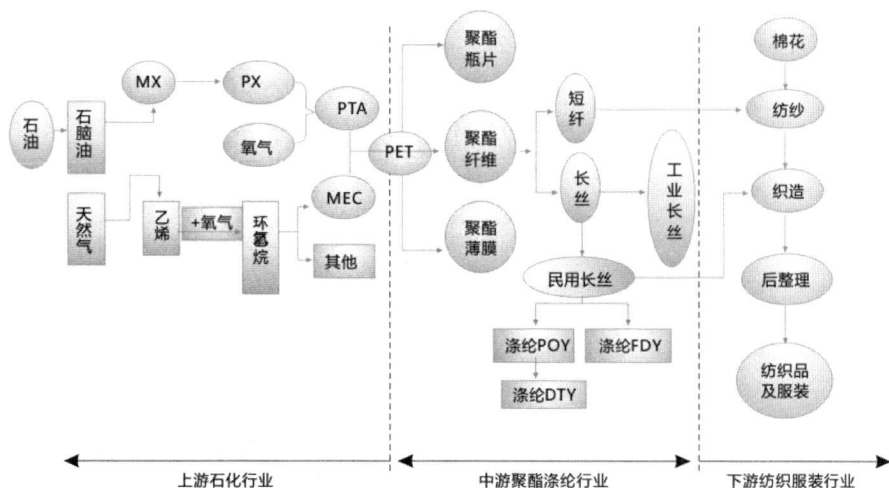

图 6-18 PTA 产业链流程图

来源：郑州商品交易所

中国是全球主要的 PTA 生产国和消费国，但由于 2008 年全球金融危机期间原材料价格波动加剧，大批化纤纺织企业倒闭，不过也促使更多产业链客户对上游原材料 PTA 进行套期保值。郑州商品交易所 PTA 期货成交量上升，流动性增强，其合约价格成为国内外市场的指导价格。不过，国内生产企业对上游原材料二甲苯（PX）进口依存度较高，主要从日本和韩国进口，因此 PX 的进口定价权仍有待提高。PTA 期货合约价格如图 6-19 所示。

图 6-19　PTA 期货合约价格

来源：郑州商品交易所

2018 年 11 月，PTA 期货开启国际化进程，正式引入国际投资者，成为继原油和铁矿石之后中国第三个国际化期货品种，同时也是第一个国际化化工品种。由于 PTA 期货是中国独有的期货品种，也是全球唯一一个聚酯类期货品种，其国际化将提升中国 PTA 期货在全球的定价影响力。另外，PTA 期货价格与上游原材料 PX 现货价格及下游聚酯长丝和短纤的相关性较高，可帮助产业链客户进行套期保值及管理价格波动的风险。

6.2.7　全球稀土看中国——贸易战中的中国"稀土牌"

稀土是中国重要的战略资源，被称为"工业的黄金"和"工业的维生素"，应用领域十分广泛，可用于冶金化工、玻璃陶瓷、基础电子材料等，以及高端科技、国防军工、电动车行业。中国是全球最大的稀土储量国、生产国和出口国。2020 年，中国稀土储量为 4400 万吨，占全球总储量的 38%（见图 6-20）；产量为 14 万吨，占全球总产量的 58%（见图 6-21）。

因此，尽管自 2018 年起美国开始针对中国输美商品加征不同额度的关税，但稀土并不在美国的征税名单上，这是因为美国依赖从中国进口稀土，从中国进口的稀土占其进口总量的近 80%。2020 年，美国是全球第二大稀土生产国，但其产量仅占全球总产量的 16%，仅为排名第一的中国产量的 28%。如果中国停止对其出口，美国虽然理论上可以通过扩大生产规模弥补缺口，但美国本土投资建厂需要时间和资本投入，且其人工和环保成本比较高，当然其还可以从其他国家进口，但更改供应链也耗时耗财。

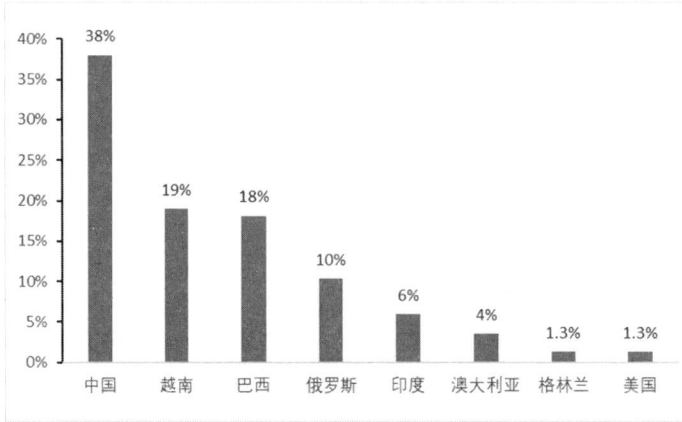

图 6-20　前八大稀土资源国占全球总储量的比例

来源：美国地质调查局

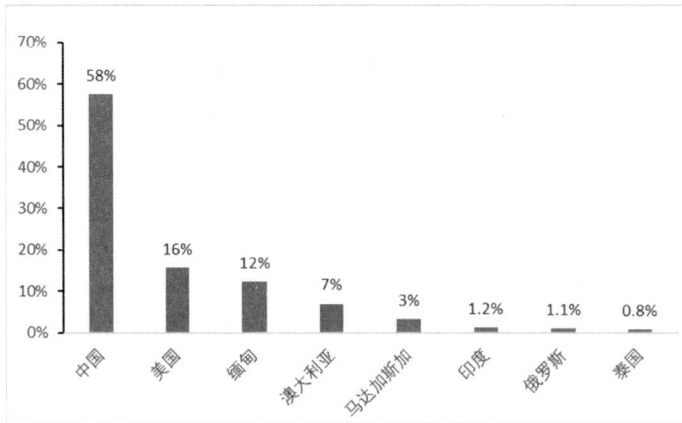

图 6-21　前八大稀土生产国占全球总产量的比例

来源：美国地质调查局

稀土是镧系元素和钪、钇 17 种元素的总称，由于其分布在难以开采的地区且和其他元素形成合金，因此开采成本较高。巴西、越南、俄罗斯稀土储量紧随中国之后，但由于开采难度大和环保需要而未大规模开发。为了治理对稀土资源的非法开采，中国在 2011 年提出建立以大型生产企业为主导的稀土行业格局，提高行业集中度。至 2016 年，我国组建了六大稀土生产集团，包括北方稀土、中国铝业集团、中国五矿集团、厦门钨业、中国南方稀土集团和广东省稀土产业集团，资源控制度接近 100%。中国每年规定生产限额，在这六个集团中分配，且配额不可互相转换。2020 年，全国稀土开采和冶炼配额分别为 14 万吨和 13.5 万吨，同比增长 6.1% 和 6.3%，配额的增长表明中国有能力增加供应，这给海外计划增加产能的供应商造成压力。

6.3　中国大宗商品市场的发展

中国是大多数大宗商品的消费大国，但由于中国大宗商品市场的起步晚于欧洲和美国，缺少反映本国供需关系的基准价格，定价权受海外供应商和贸易商的控制，而且进口消耗大量美元。因此，发展用人民币定价的商品期货并将其国际化，吸引海外大宗用户参与迫在眉睫。以 INE 原油期货为开端，铁矿石、PTA、橡胶等期货品种已走上国际化之路。

6.3.1　国际投行的中国布局

一般而言，国际投行在大宗商品的交易、做市、融资等方面较具优势。对于中国大宗商品市场，随着 2019 年 7 月国务院金融稳定发展委员会办公室将原定于 2021 年取消期货公司外资股权比例限制的时点提前到 2020 年，符合条件的境外投资者持有期货公司的股权比例可达 100%，国际投行开始加大对其合资期货公司的投资。2020 年 6 月，中国证监会发布公告，核准摩根大通期货获批为中国首家外资全资控股期货公司。外资全资控股期货公司的诞生有助于中国期货市场的对外开放，借鉴其服务机构客户的经验，同时可提高国内期货公司的集中度，将资源转向大型期货公司。

此外，国际投行开始在中国布局大宗商品融资业务。由于中国是大宗商品的生产和消费大国，生产企业和贸易商在生产和销售过程中需要银行提供个性化结构性融资方案，从而管理流动性及控制风险。此外，由于大宗商品行业的特殊性，其很难和其他标准资产一样获得融资，从原材料采购、生产到货物销售，对资金的需求很高，结构性融资可确保整个流程的可操作性。常用的融资方案有结构性存货融资，即生产商将产品的所有权转让给银行而获得融资，再由购买者直接向银行支付销售款；结构性出口前融资，即生产商通过将已签订的出口销售合同及其项下应收账款转让给银行进行融资，还款来源为出口所得款项，并由购买者直接向银行支付。大宗商品结构性融资贸易的种类如图 6-22 所示。

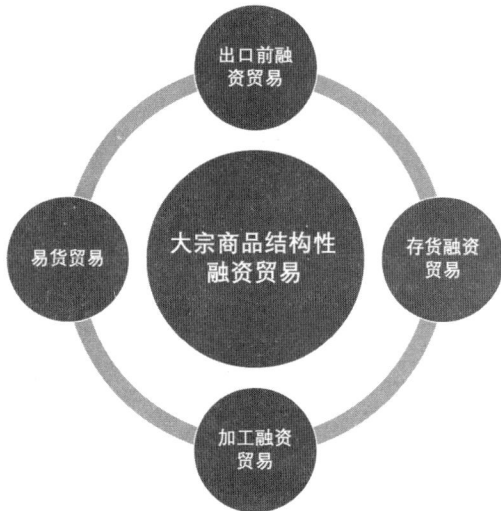

图 6-22　大宗商品结构性融资贸易的种类

　　大宗商品结构性融资需要较高的资本额，并且有相应的贸易周期，不同的投行有自己擅长的商品品种和对地域及杠杆比率的偏好。海外投行在服务产业客户方面积累了较多的产品设计方案，对行业的判断经验丰富、货物处置能力强，有广泛的人脉，其正在向中国市场渗透。

6.3.2　国外资本逐鹿中原

　　以 INE 原油期货为开端，铁矿石、PTA、20 号胶、低硫燃料油等期货品种的国际化吸引境外资本参与，成交量和持仓量增加，提升了中国大宗商品价格在国际上的影响力。境外生产企业、贸易商、投资公司等的加入使期货合约参与主体更加多样，有助于发现价格，同时境外企业可规避与境内相关企业贸易中的价格风险。各主要类别商品交易量较高的五家期货交易所如图 6-23 所示。

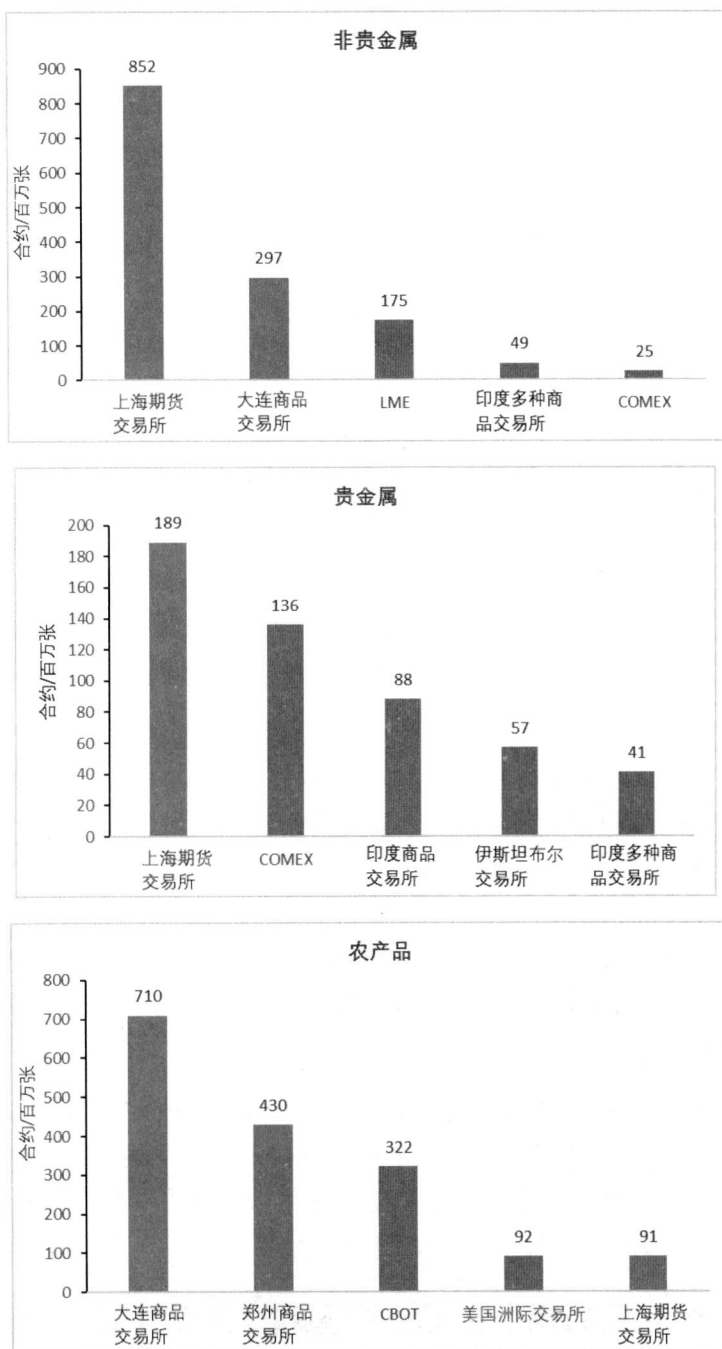

图 6-23　各主要类别商品交易量较高的五家期货交易所

来源：美国期货业协会月度统计数据（2019 年 12 月）

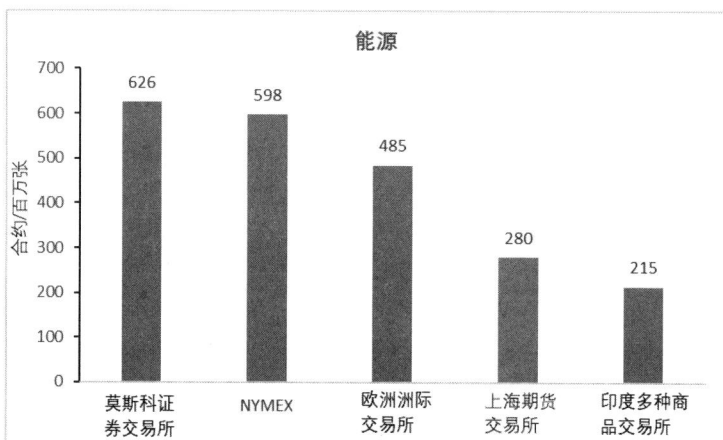

图 6-23　各主要类别商品交易量较高的五家期货交易所（续）

来源：美国期货业协会月度统计数据（2019 年 12 月）

例如，INE 原油期货的成交量在上市后不久就超过迪拜原油期货合约，成为仅次于 WTI 原油和布伦特原油的全球第三大原油期货合约，以及全球石油市场的晴雨表。产业链客户在贸易中也可将 INE 原油期货价格作为基准价签署合同，以及进行套期保值操作。

铁矿石期货国际化后，迅速成为全球规模最大的以单一实物交割的铁矿石合约，国外矿商和贸易商可用以人民币计价的期货合约对冲风险，并推动其对中国客户推出以期货定价、人民币计价的新的结算方式，减少了国内钢厂的汇兑损失，提升了人民币在国际贸易中的地位。2020 年 1 月，国内最大的钢铁集团宝武钢铁集团旗下的宝钢股份分别与海外三大铁矿石巨头淡水河谷、必和必拓、力拓完成了铁矿石贸易的人民币跨境结算，说明国内钢厂开始逐渐提升自身对铁矿石的议价权。

国际大宗商品大多以美元进行定价和结算，因此对大宗商品消费大国中国而言，大宗商品以人民币定价和结算不仅可以减少进口商品的汇兑损失，还可以降低价格风险。随着人民币在跨境贸易、投资中使用范围的扩大，以及境外对人民币接受度的提高，人民币逐渐国际化。

6.3.3　全球只有两个市场：中国和全球除中国之外

中国大宗商品的消费量随着经济的腾飞而增长。2020 年，中国对铝、铜、煤、钢材的需求占全球总需求的一半以上，中国钢材表观消费量占全球的比例由 2001 年的 21%上升至 2020 年的 56%，如图 6-24 所示。中国也是很多大宗商品的进口大国，铁矿石、原油、大豆等的进口量为全球第一，因此中国在全球大宗商品的版图上举足轻重。

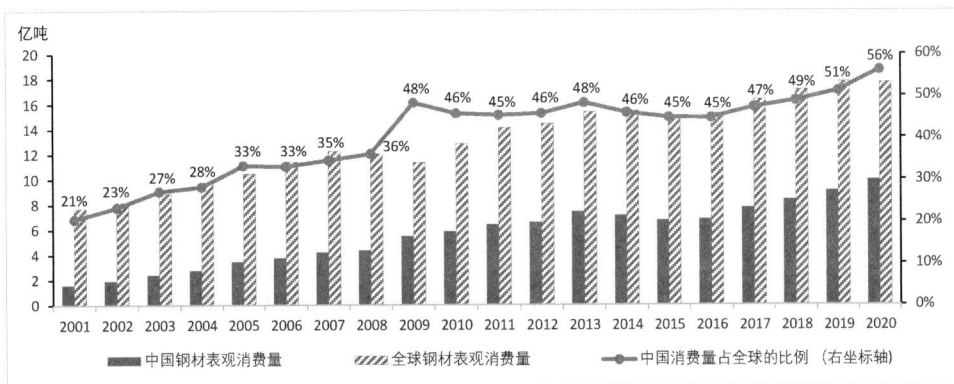

图 6-24　中国和全球钢材表观消费量及中国消费量占全球的比例

来源：世界钢铁协会

中国是全球最大的电解铝生产国和消费国，电解铝产量自 2001 年起飞速提升，由只占全球总产量的 14%提升至 2020 年的 57%，如图 6-25 所示。因此，全球电解铝供应版图分为两大块：中国和全球除中国之外。中国电解铝的飞速发展得益于同期中国经济的腾飞所带动的消费增长，以及生产工艺的大幅提高和生产成本的下降。随着其他地区成本较高产能的关停，中国在全球供应版图上不断扩张。不过，产量的上升也带来环境污染问题，随着政府对落后产能及重污染生产线的整治，行业的集中度大幅度提高，并且龙头企业不断改造产品线，以生产更多高附加值铝材，满足国内日益增长的对高端铝材的需求。

中国是全球第一大钢铁生产国和消费国，粗钢产量占全球总产量的一半以上，超过其他国家的总和，如图 6-26 所示。河北作为中国钢铁生产大省，钢铁产量是全球排名第二的印度钢铁产量的 2.5 倍。钢铁行业有个段子："全球钢铁看中国，中国钢铁看河北。"中国粗钢产量增长迅速，随着政府关停"地条钢"企业，控制钢铁新增产能，坚持以供给侧结构性改革为主线，提升行业绿色化发展水平，钢铁行业开始进入高质量发展阶段。中国粗钢产量及其年增长率如图 6-27 所示。

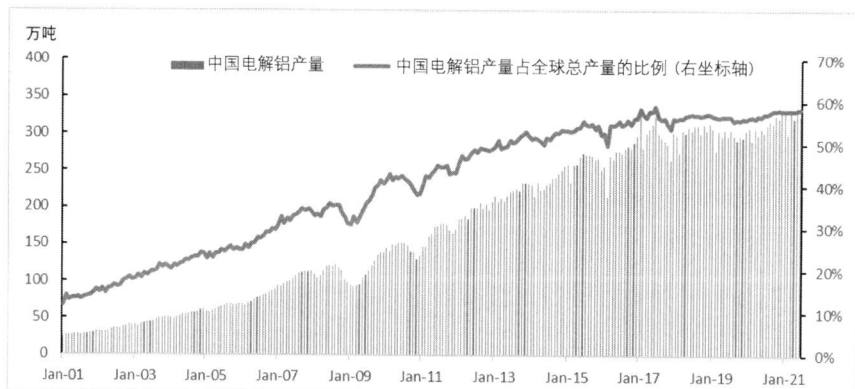

图 6-25　中国电解铝产量及其占全球总产量的比例

来源：国际铝业协会

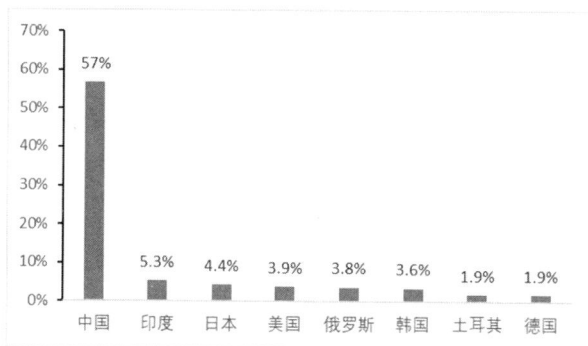

图 6-26　各国粗钢产量占全球总产量的比例

来源：世界钢铁协会

图 6-27　中国粗钢产量及其年增长率

来源：世界钢铁协会

6.3.4 中国消费对全球矿商的影响

中国需求的增长促使大宗商品自 2002 年开启了 10 年的牛市。大宗商品价格的上涨促使海外矿商扩建和新建产能，以满足中国日益增长的需求。例如，秘鲁铜矿由于中国强劲的进口需求，年产量自 2011 年的 124 万吨，增加到 2019 年的 247 万吨，翻了近一倍，但 2020 年其产量同比下降 13%，如图 6-28 所示。此外，几内亚的铝土矿、菲律宾的红土镍矿产能因中国铝厂和镍厂的原材料需求而跳升。

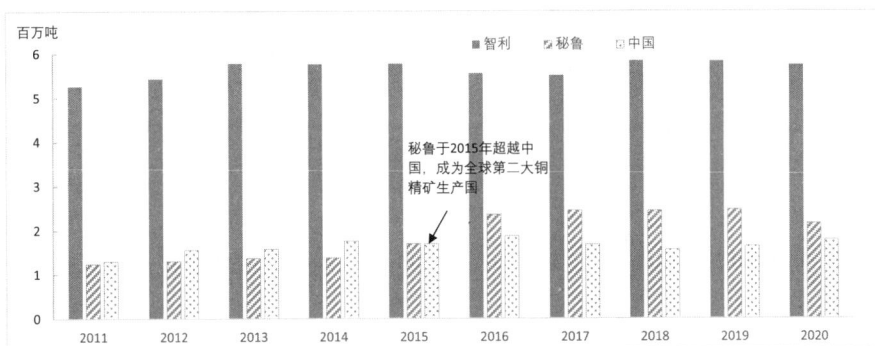

图 6-28 全球前三大铜精矿生产国产量

来源：世界金属统计局

中国的需求也带动大宗商品生产大国（如澳大利亚）的货币升值，在自 2002 年开始的大宗商品 10 年牛市下，澳元兑美元的汇率由 0.5 最高上升至 1.1（见图 6-29），因此澳元又被称为"商品货币"。矿产品、贵金属及其制品是澳大利亚主要出口商品，2020 年出口额分别占澳大利亚出口总额的 68% 和 7.8%。

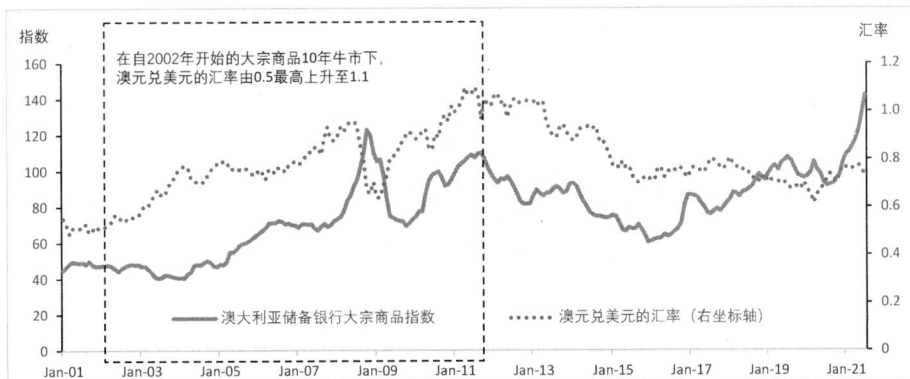

图 6-29 澳大利亚储备银行大宗商品指数与澳元兑美元的汇率

来源：澳大利亚储备银行

　　中国是澳大利亚第一大出口国，2020 年澳大利亚对中国的出口额超过 1000 亿美元，占其对外出口总额的 41%。2020 年，在中国从澳大利亚进口的商品中，铁矿石的进口金额占比很高，排名第一，如图 6-30 所示；排名第二的是液化天然气（LNG），因强劲的国内消费和碳达峰、碳中和下国内对清洁能源的推动，2020 年中国从澳大利亚采购了 2912 万吨 LNG，占全部 LNG 进口量的 43%，如图 6-31 所示。因此，增加中国大宗商品原材料的来源国数量，降低对澳大利亚进口的依赖，签订长期供应协议，提高国内原材料产量，是提升中国原材料自给率和确保原材料稳定供应的未来趋势。

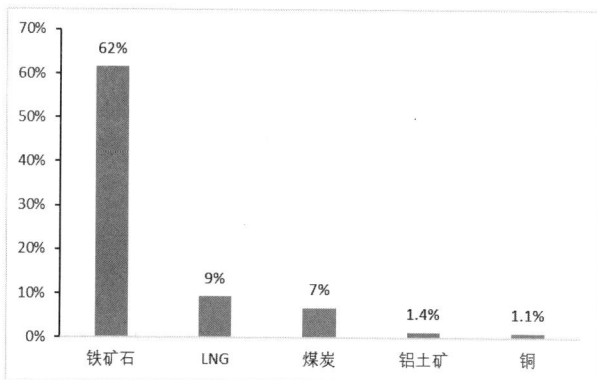

图 6-30　2020 年中国从澳大利亚进口商品金额占比排名

来源：海关

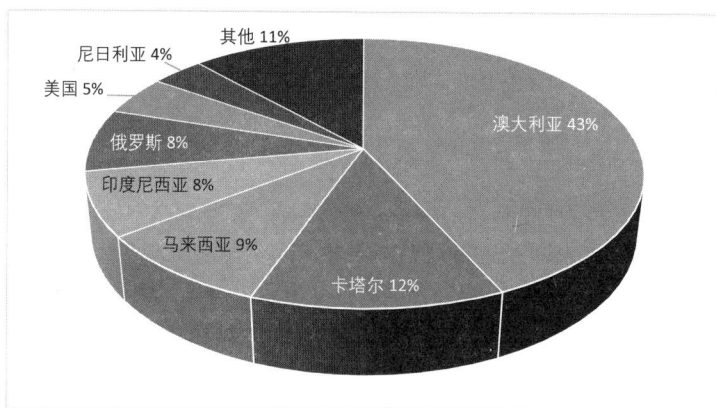

图 6-31　中国 LNG 进口国

来源：海关

　　中国经济腾飞带动大宗商品需求快速增长是自 2002 年开始的大宗商品

10 年牛市的主要推手。当中国经济增速放缓，大宗商品需求的年增长率由两位数下降至个位数时，大宗商品价格自 2013 年开始回调，直接影响了海外矿商的收入。直至 2016 年，在全球经济复苏，以及中国环保限产政策控制了产量的粗放增长后，大宗商品价格开始反弹。2020 年年初，大宗商品价格暴跌，而后中国需求的率先恢复也带领价格走出了一波快速上涨的行情。

6.3.5　上海期货交易所铜期权——从 LME、CME 手中分得一杯羹

中国是全球最大的精炼铜生产国和消费国，2019 年的产量占全球精炼铜产量的 41%（见图 6-32），消费量占全球精炼铜消费量的 51%（见图 6-33）。中国精炼铜产量和消费量的上升推动了铜产业链参与者（生产商、消费商、贸易商）的套期保值交易及投资者的投机和套利交易，带动上海期货交易所铜期货合约交易量上升，使得上海期货交易所和 LME、CME 一样，成为全球铜定价中心之一。

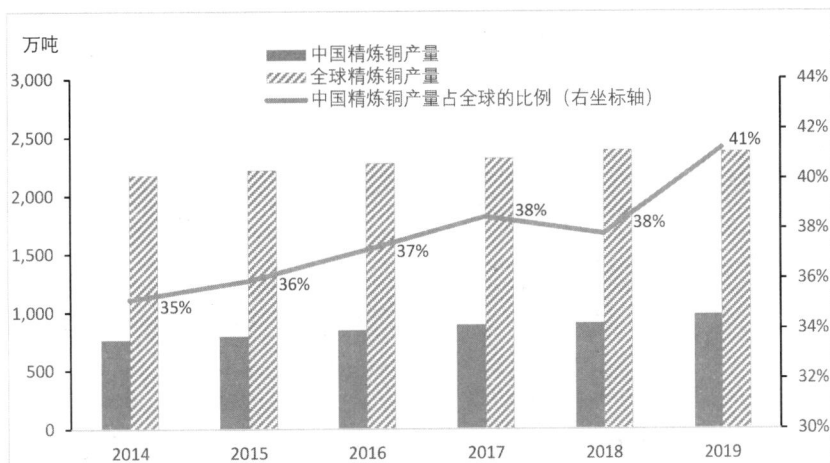

图 6-32　中国和全球精炼铜产量

来源：上海期货交易所有色金属合约交易操作手册

上海期货交易所于 2018 年 9 月 21 日推出铜期权，这既是中国首个工业期货期权，也是继豆粕和白糖期货期权之后国内第三个商品期权。海外提供铜期货期权的交易所有 LME、CME，上海期货交易所期权与 LME、CME 期权的主要不同是前者提供欧式期权，后者提供美式期权。美式期权在到期日前的

任何时间或在到期日都可履行合同，欧式期权只能在到期日履行合同。上海期货交易所、LME 和 CME 铜期货期权的比较如图 6-34 所示。

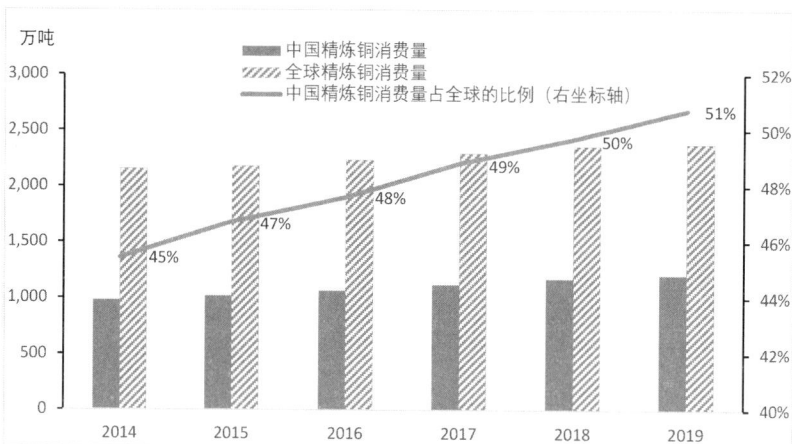

图 6-33　中国和全球精炼铜消费量

来源：上海期货交易所有色金属合约交易操作手册

	上海期货交易所	LME	CME
合约标的	上海期货交易所铜期货合约	LME铜期货合约	CME铜期货合约
行权方式	欧式期权	美式期权	美式期权
涨跌停板或熔断制度	与上海期货交易所铜期货合约涨跌停板幅度相同	无涨跌停板制度	无涨跌停板制度，铜期货有熔断机制
合约月份	与上海期货交易所铜期货合约相同	每月都挂牌，连续挂牌63个月	22个连续月
最后交易时间	标的期货合约交割月前第一月的倒数第五个交易日	合约月的第一个周三的前一个周二	合约月前一个月倒数第四个交易日下午1点到期
行权价格	行权价格覆盖铜期货合约上一交易日结算价上下1倍当日涨跌停板幅度对应的价格范围。当行权价格≤40,000元/吨时，行权价格间距为500元/吨；当40,000元<行权价格≤80,000元/吨时，行权价格间距为1,000元/吨；当行权价格>80,000元/吨时，行权价格间距为2,000元/吨	当执行价格在每吨25美元到9,975美元之间时，执行价格步长为25美元 当执行价格在每吨10,000美元到19,950美元之间时，执行价格步长为50美元 当执行价格在每吨20,000美元以上时，执行价格步长为100美元	在头3个月，有最少20个行权价格分布在高于或低于平值行权价格附近，间隔为1美元/磅；接着有间隔为5美分/磅的10个行权价格链接在1美分/磅价格区间后 对于3个月以上的，如果标的期货结算价小于2美元，那么行权价格与头3个月行权价格分布规则相同 对于3个月以上的，如果标的期货结算价大于2美元，那么有最少20个行权价格分布在高于或低于平值行权价格附近，间隔为5美分/磅；接着有间隔为25美分/磅的10个行权价格链接在5美分/磅价格区间后

图 6-34　上海期货交易所、LME 和 CME 铜期货期权的比较

来源：上海期货交易所、LME、CME

对产业客户而言，欧式期权的不确定风险更小，符合其对价格波动空间、时间和波动性的对冲需求。买入期权给予买方按规定价格买卖期货的权利，但不承担义务，因此冶炼企业买入期权，可防止原材料价格上涨超过目标价或者产品售价低于目标价，相当于买入一份保险。产业链参与者也可运用期权与期货的衍生品组合，满足上下游实体企业的不同需求，在国内进行对冲，更能反映中国自身的供需情况。

2020 年 11 月 19 日，国际铜期货在上海期货交易所子公司上海国际能源交易中心（以下简称上期能源）挂牌交易，是我国期货市场上首次以"双合约"模式实现国际化的期货品种，在保持现有上海期货交易所面向境内的沪铜期货合约不变的基础上，推出"国际平台、净价交易、保税交割、人民币计价"的国际铜期货合约，也是继原油、20 号胶、低硫燃料油之后在上期能源上市的第四个国际化期货品种。笔者认为国际铜期货的推出将全面引入境外交易者，为全球铜产业链提供以人民币计价的国际市场价格，沪铜期货和国际铜期货之间将存在无跨境障碍、无汇率风险的套利交易，可控制我国铜进口企业和冶炼企业的成本，进一步提高我国对全球铜供应链定价的话语权。

6.4　为何中国要争夺大宗商品的定价权

大宗商品的价格应由自身的供需关系决定，但供应商垄断、期货市场投机等使得其价格不由供需关系主导，部分供应商可影响某大宗商品的国际贸易价格。这些供应商以此夺取定价权，使得利润分配向自身倾斜，从而获取高额利润。因此，作为消费大国的中国需要争夺大宗商品的定价权，使其反映我国的供需情况。

6.4.1　期货价格是定价基准

全球大宗商品的贸易大多以期货价格为定价基准，即现货价格=期货价格+基差。基差是某一特定时间和地点的现货价格与期货价格的差额，由运输成本和持有成本构成。交易所的交割地点是标准交货地，与实际现货交易的交货地点之间的运费差异形成了空间上的基差。由于现货交易交货的时间与期货交割月份不一致，需要持有成本（包括仓储费用、保险费用和利息），这就形成了时间上的基差。

期货市场有价格发现和规避风险的作用，影响价格的主要因素有供需关系、宏观经济、汇率波动、进出口关税和生产成本等。由于期货价格是通过熟悉该大宗商品的从业人员（包括生产商、消费商和贸易商），在期货交易所这个交易平台撮合成交、公开竞争而形成的，因此可确保价格公开、透明。以农产品为例，美国是全球最大的农产品出口国，其玉米、大豆、小麦等期货市场价格是全球农产品价格的重要参考。

基于期货价格的基差定价是目前国内外大宗商品贸易的主流，被豆类、谷物、饲料和金属行业广泛应用。基差定价是以某月份的期货价格为计价基础，以期货价格加上双方协商的基差来确定买卖商品的价格。例如，海外铁矿石生产商与国内钢厂利用基差定价进行交易，国内钢厂可结合生产经营的实际情况决定拿货的时间，以锁定成本和利润。

6.4.2　以人民币计价和结算，利好中国企业

中国提供了庞大的大宗商品消费市场，但基本没有反映本地区供需关系的基准价格，这是由多种原因造成的。中国需要争夺大宗商品的定价权，以利好中国企业。

一直以来，大型企业有能力在海外市场进行套期保值对冲风险，但部分中小型企业受外汇管制和人力、财力限制，无法到海外市场进行交易，面临较大的价格波动风险，影响了经营的稳定性。以原油期货为例，在 2018 年 3 月上海期货交易所推出原油期货前，国内企业只能利用海外原油期货进行原材料价格管理，上海期货交易所的原油期货以人民币计价，并且选取中质含硫原油作为标的，填补了市场的空缺，满足了国内企业的套期保值需求。

以人民币计价的期货合约可减少我国企业对汇率波动的敞口，并且推进人民币的国际化。国际大宗商品大多以美元计价，当美元贬值时，大宗商品期货价格会上涨；当美元升值时，大宗商品期货价格会下跌。美元在大宗商品定价中的主导地位短期内很难被撼动，但中国作为消费大国，通过以人民币计价和结算的期货合约可获得一定的定价权，以及降低汇率变动带来的结算风险。随着以人民币定价的期货合约成交量和持仓量的上升，以及期货合约国际化吸引来的境外资本，可持续推进人民币的国际化。

6.4.3　提升中国在全球大宗商品市场的话语权

中国强大的消费力及对进口的高依存度，有些时候造成"中国买什么，什么就涨价"。原因之一是矿产资源被海外供应商牢牢掌控，海外矿山掌握着话语权。以原油为例，在上海期货交易所原油期货推出前，我国只能用海外期货合约定价，被动接受国际油价的波动。即使我国石油进口量逐年上升，在国际贸易中的议价权仍旧受限。中东石油输出国对出口到不同地区的原油采用不同的计价公式，由于存在亚洲溢价，亚洲石油进口国支付的价格要高于欧美国家。在农产品方面，美国是全球最大的农产品出口国，其期货价格是全球农产品价格的重要参考。美国期货价格主要受自身供需因素驱动，并不能充分反映其他地区的情况，这直接导致非美国地区相关农产品价格的变化，影响了商品定价基准。

因此，中资企业走出国门，在海外大规模收购矿山或参股海外油气类和矿产类资源公司，可以获得稳定的原材料供应。中资企业投资的品种主要是金矿、铜矿、铁矿石、煤、铀、锌矿、铝土矿、锂等。相较从海外进口矿产品，投资海外矿山可减轻原材料价格上涨带来的压力，以及提高管理和技术水平。

其中，紫金矿业是积极投资海外矿山的企业之一，已经由黄金生产商转型为跨国矿业集团，拥有金矿、铜矿、锌矿资源及冶炼配套设施。其在海外多个国家拥有矿业投资项目，包括巴布亚新几内亚波格拉金矿、刚果（金）科卢韦齐铜钴矿等大型在产矿山，2020 年 10 月进入试生产的哥伦比亚武里蒂卡金矿及 2021 年投产的刚果（金）卡莫阿铜矿、塞尔维亚 Timok 铜金矿，这些均为世界级超大型高品位矿山。紫金矿业因此成为国内最大的矿产锌生产商，以及领先的黄金和矿产铜生产企业。紫金矿业海外矿产资源如图 6-35 所示。

刚果（金）	塞尔维亚	澳大利亚	吉尔吉斯斯坦	哥伦比亚	厄立特里亚	南非	塔吉克斯坦	巴布亚新几内亚	俄罗斯	秘鲁
卡莫阿铜矿	Timok 铜金矿	帕丁顿金矿	左岸金矿	武里蒂卡金矿	碧沙锌多金属矿	加拉陶铂矿	塔罗/吉劳金矿	波格拉金矿	图瓦锌多金属矿	白河铜矿
科卢韦齐铜钴矿	波尔铜矿									

图 6-35　紫金矿业海外矿产资源

来源：公司年度报告

6.5 国际投行操纵大宗商品价格案例

国际投行利用大宗商品市场获得信息的不对称、自己对市场的影响力及拥有仓储资源等优势，影响大宗商品的供应、需求或市场资金面，以此推动大宗商品的价格向有利于自己的方向波动，从而获益。不过，随着多德-弗兰克法案的出台，投行受到更严格的监管，利润下降，为遵守法案所付出的成本增加，因此部分国际投行削减大宗商品业务甚至退出。

6.5.1 国际油价的 2008 年暴跌之旅

原油价格不仅受其大宗商品属性的供需关系影响，还受其金融属性的经济增长、货币政策、汇率波动等宏观因素驱动。在供需方面，全球原油市场供需偏紧。在金融属性方面，2007 年次贷危机的爆发促使美元贬值，带动原油价格上涨。另外，由于次贷危机的扩散，股市债市动荡不安，资本缺乏投资机会，于是涌入大宗商品期货市场，石油期货市场新增投机不断攀升。华尔街投行摩根大通、高盛集团、巴克莱银行和摩根士丹利控制了当年石油商品掉期交易头寸的约 70%。美元指数如图 6-36 所示。

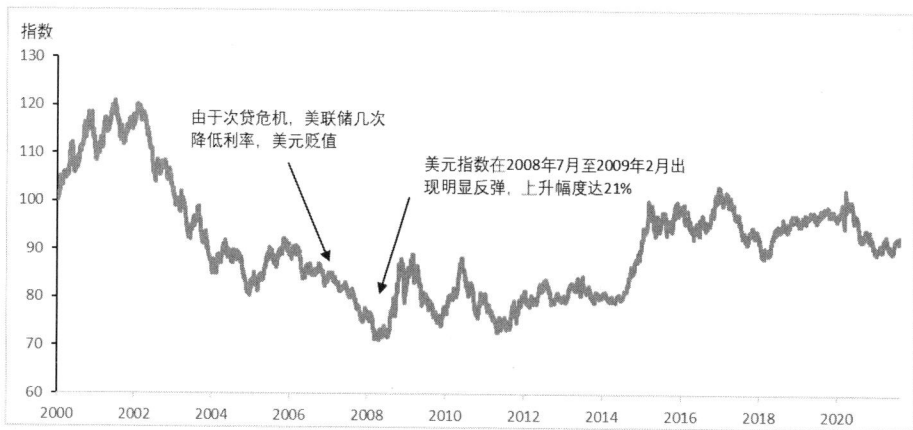

图 6-36 美元指数

来源：ICE

作为大宗商品期货市场上的重要参与力量，国际投行不断上调其对原油价格的预测，高盛集团在 2008 年上半年发布报告预计 2008 年下半年原油价格为 140 美元/桶，未来两年内可达到 150～200 美元/桶，影响了其他市场参与者。原油价格自 2007 年 8 月开始上涨，并自 2008 年年初急剧拉升，先是在 2008 年 1 月 3 日盘中突破 100 美元/桶大关，之后更是在 7 月 11 日触及 147.27 美元/桶的历史高位。之后，因全球经济增速放缓，石油需求下降、投机资金离场，以及美元走强，原油价格大幅下降，第一波先暴跌至 9 月 16 日的 91.15 美元/桶，短暂反弹后接着下跌至 12 月 19 日的 33.87 美元/桶，较历史高位约下跌 77%，如图 6-37 所示。投行选择退出，实体经济因原油价格大幅波动而受到影响。此轮原油价格的过山车行情，供需基本面的变动不足以促使行情大幅波动，投机资金是主要影响因素，其借助各种题材对原油价格的变化推波助澜。

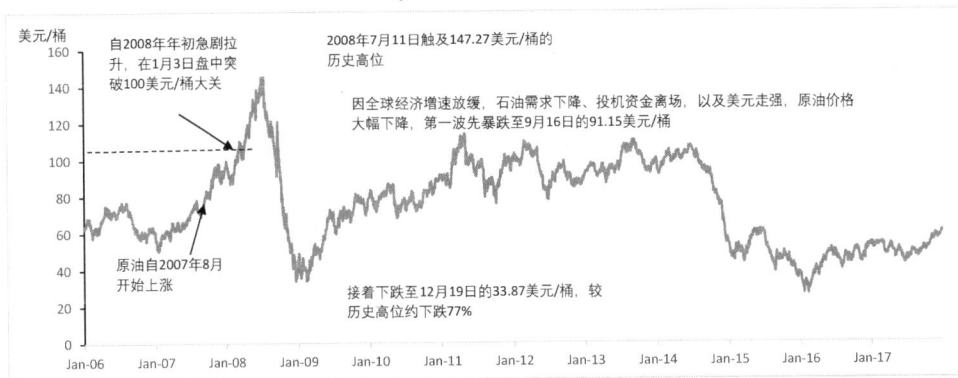

图 6-37　WTI 原油价格

来源：纽约商品交易所

6.5.2　德意志银行黄金价格操纵案

伦敦黄金市场是全球最大的黄金市场，每天进行两次黄金定价，由德意志银行、汇丰银行、法兴银行、巴克莱银行和加拿大丰业银行作为定价行，敲定每个交易日的定盘价，该价格影响纽约和中国香港的交易。其交易制度比较特殊，没有实际的交易场所，而是通过各大金商的销售联网进行交易。

2018 年 1 月 29 日，美国商品期货交易委员会、美国司法部刑事司和美国联邦调查局（FBI）联合宣布，德意志银行、瑞银集团和汇丰银行在 2008 年至 2014 年进行贵金属期货欺诈及幌骗，分别处以罚款 3000 万、1500 万和 160 万美元。随着电子科技的进步，高频交易提高了幌骗交易的频率和数量。虽然取消订单不违法，但 2010 年通过的多德-弗兰克法案规定，在无意执行订单的情况下下单是违法的。多德-弗兰克法案的主要内容如图 6-38 所示。

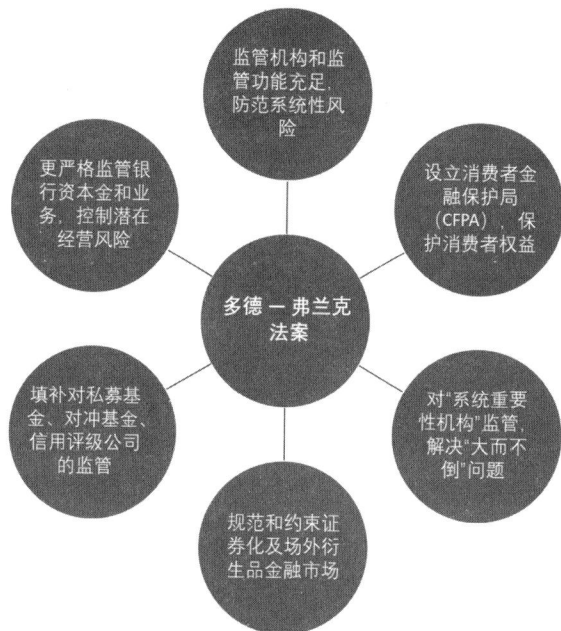

图 6-38　多德-弗兰克法案的主要内容

来源：美国商品期货交易委员会

其中，德意志银行和汇丰银行利用自身作为定价行的便利，决定定盘价的优势，操控黄金价格和优先获知价格。2019 年 6 月，美银美林也被美国商品期货交易委员会就其 2008 年至 2014 年操纵贵金属价格处以 2500 万美元罚款。而在美国商品期货交易委员会的系列指控前，2015 年 3 月，运行近百年的伦敦黄金定盘价被取消，被伦敦金银市场协会（LBMA）黄金价格取代。

6.5.3　国际投行旗下的仓储公司推动铝"库存门事件"

2013 年，LME 铝"库存门事件"爆发，高盛集团、摩根大通等投行被质疑通过旗下仓储公司控制、推高 LME 铝库存，从而推高金属价格。高盛集团和摩根大通拥有大量仓储资产，旗下的仓储公司 Metro（高盛旗下）和 Henry Bath（摩根大通旗下）控制了 LME 全球注册仓库的四分之一以上。

在 2008 年全球金融危机后，市场对金属需求量下跌，包括铝。由于铝冶炼厂的复产成本高，很难随需求的变化而灵活地调节自身产量，因此大多数铝冶炼厂选择继续生产，而把暂时无法销售的金属交割到 LME 仓库，待需求回升后再消化库存。金融危机后的几年，全球经济增速放缓，低息环境下催生了贸易融资、质押融资等金融工具。另外，LME 铝期货合约的升水吸引了投资者来套利。因此，LME 铝库存大幅上升，如图 6-39 所示。

图 6-39　LME 铝库存

来源：LME

冶炼厂和投资者把金属放在 LME 核准的交割仓库里，换取仓库向客户开具的仓单。如仓单持有人想提货，则需要注销仓单等候出货。LME 对仓库的出货量有最低要求，大型仓库每日需要至少运出 3000 吨。但由于一些仓库积存了大量金属，当很多仓单持有人同时注销仓单提货时，就要排队。其中，5 个大型的重要仓库轮候时间越来越长，达到一百日以上。而投行控制的仓储公司更是将至少运出 3000 吨当作最多运出 3000 吨来操作，造成出货速度缓慢。现货的紧张推高了现货溢价，如美国中西部铝溢价（US Midwest Aluminum Premium），工业用户（如可口可乐和米勒康）等不得不承担高期货铝价及现货溢价。美国中西部铝溢价如图 6-40 所示。

2013 年 11 月，LME 公布了新的仓库轮候期规定，对排队超过 50 天的仓库，要求其运出更多的铝，之后 LME 铝库存开始掉头向下。2014 年，高盛集团剥离旗下仓储公司 Metro，摩根大通也将旗下仓储公司 Henry Bath 出售给大宗商品贸易商摩科瑞（Mercuria）。

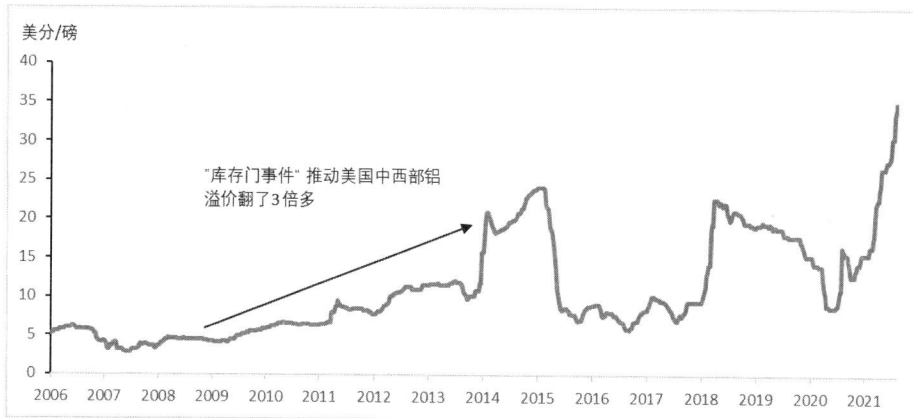

图 6-40　美国中西部铝溢价

来源：金属导报

6.5.4　ABCD 四大国际粮商操纵农产品市场

全球粮食市场 80% 的交易量被四大国际粮商 ABCD 控制，即美国的 ADM（Archer Daniels Midland）、邦吉（Bunge）、嘉吉（Cargill）和法国的路易达孚（Louis Dreyfus）。四大国际粮商都有百年以上历史，掌握着从上游种植、中游加工到下游市场渠道的产业链，控制了全球的粮食运输网络，具有全球农产品的定价权。

以大豆市场为例，ABCD 四大国际粮商一方面控制着美国、巴西、阿根廷等国大豆的种植和贸易，向当地农民提供资金，助力他们建立大型生产基地，获得原料；另一方面自 2000 年起进入中国市场，大举收购加工企业，和农民签订合同，为他们提供资金和培训且负责收购，掌握了我国大豆产业链，包括生产、加工、储存、物流和销售环节，如图 6-41 所示。在外资进入我国大豆市场后，挤压了我国企业的生存空间，在一定程度上影响了我国的食用油定价权。

图 6-41　大豆产业链

由于粮食行业极其敏感，近年来，中国本土粮商开始崛起。中粮集团在对外收购来宝农业（Noble Agri）和尼德拉（Nidera），对内整合华粮、华服和中纺等企业后，成为 ABCD 外的第五大国际粮商，其在 2020 年财富全球 500 强中排名第 136 位，位于 ADM 公司、邦吉公司和路易达孚集团之前（嘉吉未参与排名），如图 6-42 所示。国家也给予政策支持，在进口环节降低进口关税，生产过程中则以保护和提高大豆生产者收入为目标，通过鼓励生产者扩大种植面积、采用大豆良种、增加大豆种植补贴等，降低对进口的依赖度。在期货定价方面，芝加哥商品交易所的大豆期货是国际贸易的定价标准，大连商品交易所也在推进黄大豆 1 号期货的国际化。

2020年排名	2019年排名	公司名称	营业收入（百万美元）	利润（百万美元）
136	134	中粮集团	72,149	414
168	155	ADM公司	64,656	1,379
297	247	邦吉公司	41,140	−1,280
371	302	路易达孚集团	33,786	230

图 6-42　国际粮商 2020 年财富全球 500 强排名

来源：财富中文网

第 7 章

7

全球大宗商品金融化的趋势

7.1　基本面属性减弱，金融属性增强

　　大宗商品有两个属性，即商品属性和金融属性。当商品属性占主导地位时，该商品的实物供需关系是价格的决定因素；当金融属性占主导地位时，全球经济、政治形势、货币政策、投资者资金动向和情绪等因素会左右商品价格。大宗商品的价格反映了其作为资产的抗通胀、保值、增值等功能。

7.1.1　基本面不再主导大宗商品价格变化

　　一直以来，黄金是最具金融属性的大宗商品，这是由其所具有的货币职能，以及保值和避险功能决定的。黄金是与股票和债券平行的金融投资工具，黄金期货、期权和 ETF 作为风险对冲工具，可用于对抗通货膨胀及经济动荡，在资产配置中起到避险作用。此外，黄金也是融资工具，被金矿、首饰加工企业、银行用作租赁、质押业务，因为其单价高，拥有其他大宗商品所不具备的优势。因此，尽管 2019 年来自首饰和科技的需求约占黄金总需求的 56%，但是其商品属性的供需层面对价格的影响较弱，其金融属性对价格更具影响力。2020 年，黄金的首饰消费下降，同比下降 34%，避险情绪这一金融属性推动黄金的投资需求，同比上升 39%。因此，2020 年黄金的需求结构发生了变化，投资成为黄金最大的需求板块，占黄金总需求的 48%，超过占比 38%的首饰需求，推动黄金价格于 2020 年 8 月触及历史高位 2063.54 美元/盎司，2020 年全年均价较 2019 年上涨 27%。

近年来，原油、铜等大宗商品金融属性不断增强，其价格与汇率、利率等金融指标，以及货币政策、国际政治和经济形势等关联程度上升，不再完全由其自身的供需关系决定。在投资者的资产配置中，大宗商品占比提升，这样可以分散债券、股票等投资过度集中的风险，从而得到新的资产组合。与黄金的避险资产性质不同，原油和铜属于风险资产。因此，当发生全球经济危机或出现突发事件时，避险资产黄金受到追捧，而风险资产很可能会被抛售。

前文介绍了如何分析大宗商品的商品属性，包括供应、需求、供需平衡表及成本曲线，金融属性的研究也必不可少，特别是金融属性较强的品种，如贵金属、能源、工业金属等，农产品的金融属性由于不易储存而相对较弱。当进行交易时，更需要关注金融属性的变化，结合宏观层面、资金变动、市场情绪等因素，从而找到合适的进场点、出场点，以及进行风险控制。

7.1.2　大宗商品从商品到投资工具的演变

当商品属性占主导地位时，大宗商品的价格决定机制主要依赖于供需关系，交易的主体是实物商品的供应者和消费者。随着金融投资者的加入，基于其构建资产组合的需求而持有大宗商品头寸，成为期货合约的持有者。随着金融机构期货头寸的增加，金融属性增强，从而价格不再仅由供需等基本面因素决定，还受多种金融因素影响。

2013 年，除原油和棉花外的大宗商品价格震荡下跌，如图 7-1 所示。一方面，受到供需层面的影响，即大宗商品需求随全球经济复苏而缓慢增长，但同时供应增加，压制价格；另一方面，随着发达国家经济复苏，以及股市债市收益率回升，投机资金从大宗商品市场撤出，市场呈现"去金融化"。美联储逐步收紧货币政策，叠加发达国家加强金融监管，以防止大宗商品市场过度投机，其中美国采取了将场外交易纳入监管、剥离银行的衍生品交易业务等措施，从而影响了国际投行的大宗商品业务，商品市场的资金大幅流出，价格下行压力上升。

2015 年年底，国内钢铁结束自 2013 年开始的下跌势头，强势拉开反弹序幕，至 2016 年 4 月，明星品种螺纹钢价格上涨 80%。螺纹钢价格的上涨受到商品属性和金融属性的共同作用。在商品属性上，钢厂盈利、库存、开工率和产量在经历钢价持续两年下跌后，降至低位，在国家主导的去产能政策的推动下，供应层面收缩；需求受经济企稳及政策发力而走强，供应缩减而需求增加，形成短期供需错配，带动钢价上涨。在金融属性上，2015 年央行 5 次降息、4 次降准，形成 2016 年低利率的宽松货币环境，大量资金进入期货市场，拉高期货价格。由于资产配置缺乏渠道，投机资金涌入期货市场，推高钢铁产业链期货的金融属性，快速拉高价格。2016 年 4 月 21 日，螺纹钢主力合约成交量达到 2236 万手（2.236 亿吨），超过螺纹钢全年的产量，成交额超过 6000 亿元，超过当日沪、深两市 5421 亿元的总成交额。螺纹钢期货价格如图 7-2 所示。

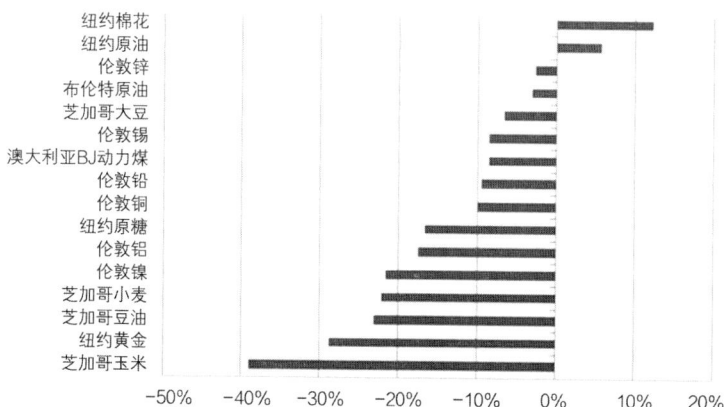

图 7-1　2013 年主要大宗商品价格变动情况（交易所价格累计涨跌幅）

来源：LME、CME

图 7-2　螺纹钢期货价格

来源：上海期货交易所

在历经 2020 年年初的暴跌行情后，在大宗商品中金融属性仅次于原油和黄金的"铜博士"的价格自 3 月底起一路高歌猛进，截至 2021 年 6 月 30

日，上海期货交易所三月期铜自 2020 年 4 月 1 日起的涨幅领先其他有色金属，包括上海期货交易所三月期铝、锌、铅、镍和锡，如图 7-3 所示。这一方面是由于铜的需求和供应上涨，中国需求自 2020 年二季度起率先恢复，海外需求也于年底逐渐复苏，而原材料端铜精矿的海外矿山供应仍然紧张；另一方面受美联储量化宽松政策下的通胀预期推动，资金持续流入。因此，商品属性和金融属性同时发力，促使铜价上涨，伦敦金属交易所铜价于 2021 年 5 月创下历史新高，上海期货交易所铜价也触及 2006 年 5 月以来的高位。

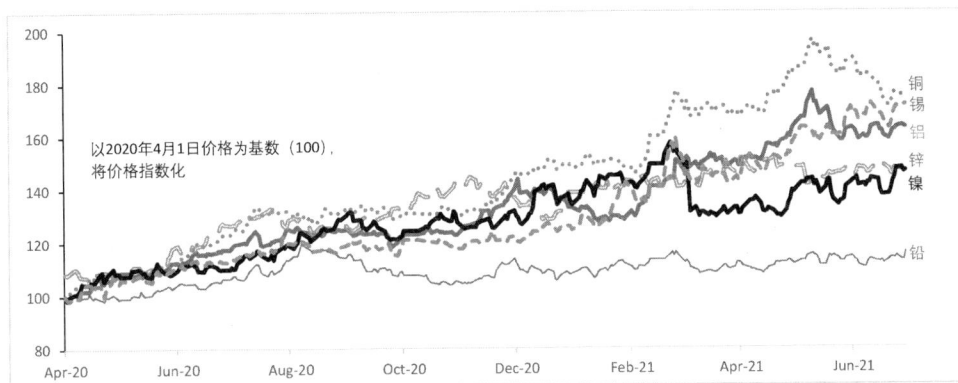

图 7-3　上海期货交易所有色金属价格变化（2020 年 4 月 1 日—2021 年 6 月 30 日）

来源：上海期货交易所

7.1.3　大宗商品价格的金融化趋势

随着大宗商品衍生品市场成交量的迅速增加，一些品种的衍生品成交量甚至远超过实际产量或贸易量，说明大宗商品的金融属性增强。金融机构逐步超越生产商和消费者，成为主要参与者，其交易方式不依赖商品属性的供需关系，通过指数化投资、资产配置等方式，使得大宗商品向金融资产演变。在金融因素的影响下，不同品种的大宗商品价格出现同质性的变动，价格走势背离了基本面，与宏观因素呈高相关性。

例如，大宗商品的价格受宏观经济指标之一利率的影响。在 2008 年金融危机后，各国政府纷纷推出经济复苏措施，通过降低利率刺激经济发展，实施量化宽松货币政策。在通胀预期的作用下，低成本资金投向大宗商品，从而推高大宗商品价格。图 7-4 和图 7-5 分别展示了原油这一最大的商品类别，以及工业金属中金融属性最强的品种"铜博士"，在美联储降息举措下，从 2009 年开始的价格反弹。2020 年，全球各国央行实施大规模的宽松货币政策，资金流入大宗商品市场，美元持续处于弱势，推高大宗商品价格。虽然原油和铜有着各自不同的供需面，但在金融属性的影响下，二者呈现出相同的价格变化趋势。

图 7-4　美联储基准利率上限与 WTI 原油价格

来源：NYMEX、美联储

图 7-5　美联储基准利率上限与 LME 铜期货价格

来源：LME、美联储

此外，美元指数的变化往往也推动各种大宗商品价格变动的同向性。美元是世界主要储存货币，全球大宗商品大多以美元计价。当美元贬值时，相应的美元购买力减弱，大宗商品变得昂贵，因此大宗商品期货价格会上涨；当美元升值时，大宗商品期货价格会下跌。图 7-6 和图 7-7 所示分别为美元指数和黄金价格、美元指数和 WTI 原油价格。

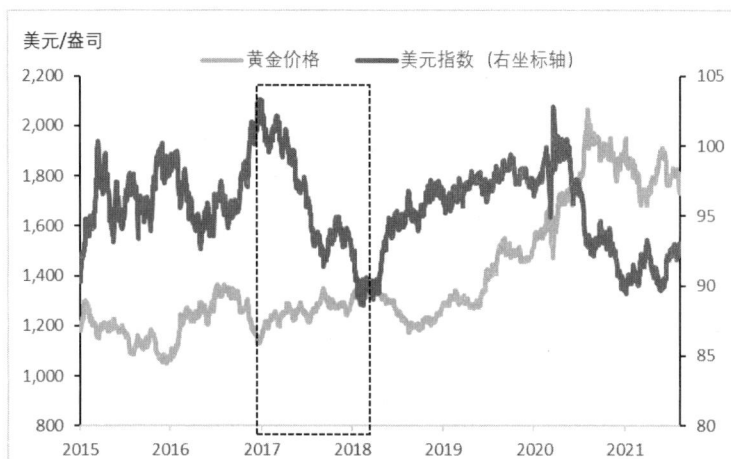

图 7-6　美元指数和黄金价格

来源：世界黄金协会、ICE

图 7-7　美元指数和 WTI 原油价格

来源：世界黄金协会、NYMEX

7.2　大宗商品的融资属性

由于大宗商品具有易储存性和较强的防通胀性，期货合约又使得商品完成了标准化，不同属性的商品成为可被买卖的合约，供投资者进行资产配置。

大宗商品具有投资价值，除了可满足传统的生产和消费需求，也可被用于融资，融资标的包括铜、铝、铁矿石、成品油等。

7.2.1　繁华的大宗商品融资业务，助推了中国房地产

融资企业通过银行开出美元信用证（通常为 90～180 天），在支付部分保证金后，在海外支付货款并将大宗商品进口至国内。由于货款只需于 90～180 天后信用证到期日缴清，融资企业将进口的大宗商品变现，如在国内市场销售，或注册成仓单并质押获得贷款，或再出口，从而可获得短期资金，资金可用于投资证券和房地产等。

由于货物在国内销售获得人民币，自 2005 年 7 月 21 日汇率制度改革后，我国实行浮动汇率制度，美元兑人民币的汇率降低（见图 7-8），融资贸易还可以赚取汇差。在 2008 年金融危机后，美国实行量化宽松货币政策，利率大幅下降并长期处于低利率水平，相比而言中国利率水平较高，因此融资贸易还可从中美利差扩大中获利。可观的利差和汇差使得以大宗商品为载体的贸易融资量加大，进口量上升，市场上出现很多不以实货贸易为目的进行的融资贸易，部分企业甚至放弃主营业务，将大宗商品进口作为融资工具，将抛售商品所得的货款投入高收益项目，获得更大的利差。中国和美国 10 年期国债收益率利差如图 7-9 所示。

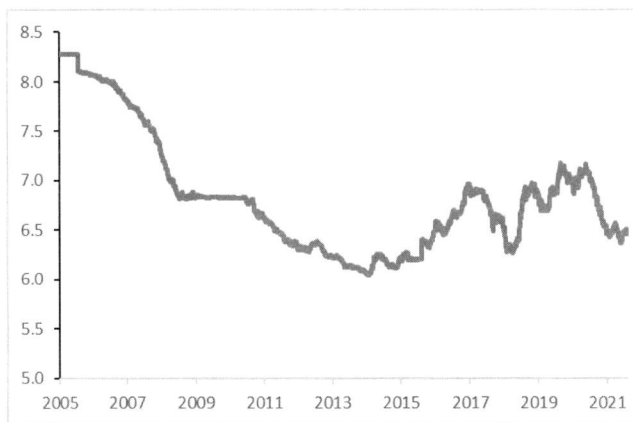

图 7-8　美元兑人民币的汇率

来源：中国外汇交易中心

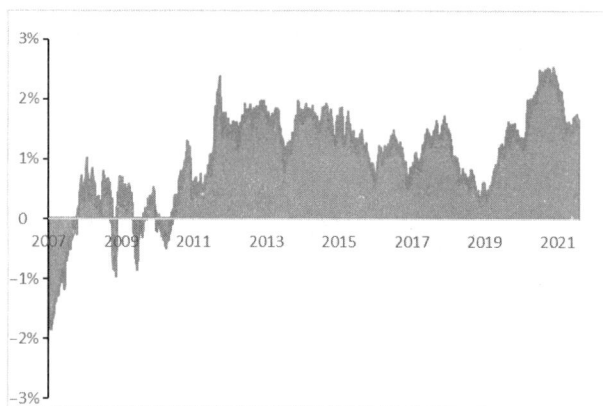

图 7-9　中国和美国 10 年期国债收益率利差

来源：美国财政部、中国外汇交易中心

在 2008 年金融危机后，中国经济率先复苏，宽松的信贷和四万亿经济刺激计划导致 2009 年房价增长过快，因此 2009 年 12 月，国务院出台"国四条"，提出增加供给、抑制投机、加强监管、推进保障房建设四大举措，以遏制房价过快上涨。之后 2010 年 4 月，国务院出台"史上最严厉的调控政策"，银行收紧对房地产行业的贷款，因此大宗商品融资的去向之一是具有高收益的房地产行业。2011 年 12 月至 2012 年 7 月，中国人民银行 2 次降息、3 次降准，宽松的货币政策促使 2013 年上半年房地产市场火热，2013 年上半年商品房销售额同比增长43.2%，新开工面积增速自 4 月起由负转正，房价快速上涨，如图 7-10 所示。

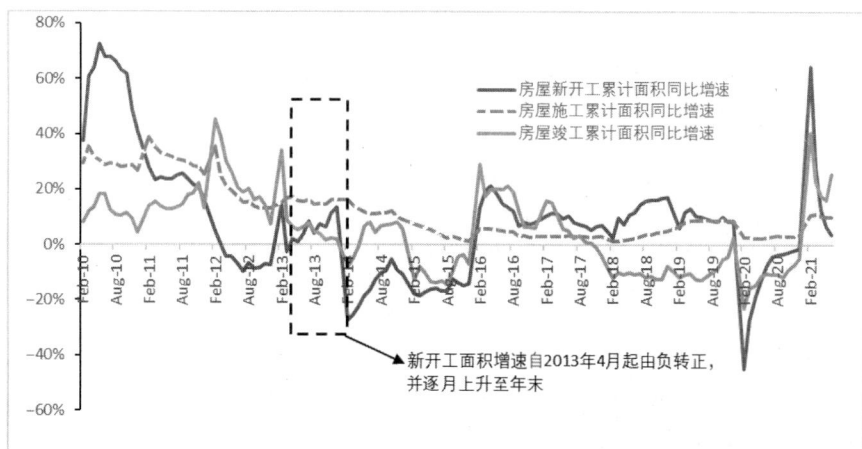

图 7-10　全国房屋新开工、施工、竣工累计面积同比增速

来源：国家统计局

7.2.2 "融资女皇"——融资铜的崛起和没落

2010 年下半年，受市场融资增多、通胀预期明显上升和宏观调控政策等因素影响，我国利率开始呈上升态势（见图 7-11），2011 年为完成维持物价基本稳定这一宏观调控的首要任务，银行业金融机构严格控制新增贷款，包括对房地产行业的贷款，国内资金紧张。而同时期美国实行量化宽松货币政策，处于低利率水平，如图 7-12 所示。企业通过银行开出的美元信用证进口铜至国内，进行销售或者注册保税区仓单，可获得一笔短期资金，并将资金用于企业经营业务，或收获中美之间的利差，也可投资高利率的房地产，收获更大的利差。此外，因人民币升值，企业可在 90～180 天信用证到期日内赚取汇差，融资铜业务爆发，保税区铜库存大增。

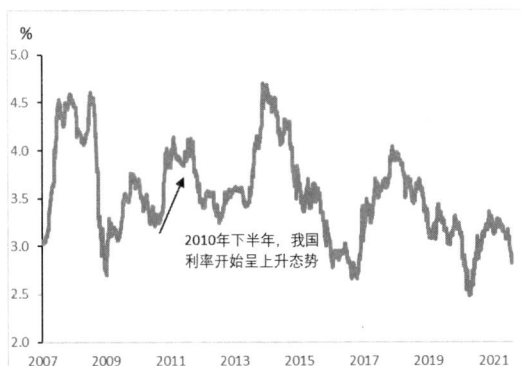

图 7-11 中国 10 年期国债收益率

来源：中国外汇交易中心

图 7-12 美国 10 年期国债收益率

来源：美国财政部

铜作为融资标的崛起的原因：（1）具有易储存性；（2）相对价值较高；（3）标准化程度高，估值和交割易操作；（4）中国对电解铜进口没有关税，国际间流通成本低，国内销售渠道多样，既可销售实物变现，也可通过期货市场提前锁定融资收益。因此，贸易商通过融资铜赚取利润；房地产商通过融资铜获得资金，并将资金投入房地产项目；部分铜生产商因很难从银行获得贷款，通过融资铜获取资金，用以生产经营。

融资铜主要的操作流程如下。国内企业 A 向境外公司 B 购买铜，签订购买合约，以此向银行申请开立美元信用证（作为付款工具），之后有三种操作方式：（1）A 将从 B 处购得的实物铜进口至国内并在市场上销售，获得资金；（2）A 将从 B 处购得的实物铜放在海外仓库或进口至保税区，注册为仓单，再将仓单质押获得贷款；（3）A 并未与 B 发生实物交割，仅从 B 处获得 B 已存于保税区的仓单，A 将仓单出售给境外公司 C（C 和 B 多为关联方），获得境外美元。A 将以这三种方式获得的资金投入房地产等高收益项目。其中，第三种方式被广泛运用。在该方式中，C 再将仓单折价卖给 B，因此在整个过程中，仓单流转，但保税区的铜并未移动。融资铜业务促使大量铜存于保税区仓库，造成保税区库存大幅上升。由于保税区库存是隐性库存，不像 LME、SHFE、CME 等有定期公布库存数据，对市场真正的供需状况造成了扭曲。融资铜的主要操作流程如图 7-13 所示。

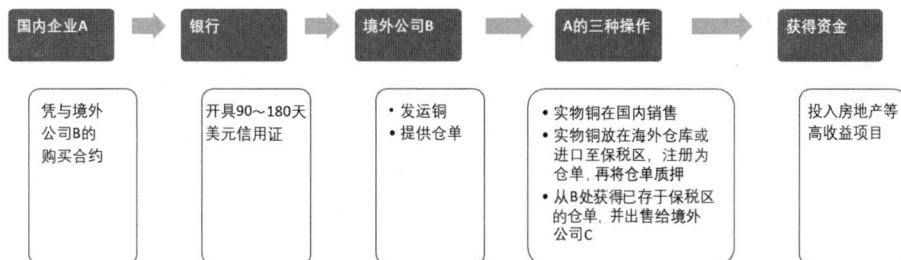

图 7-13　融资铜的主要操作流程

国家外汇管理局于 2013 年 5 月下发《关于加强外汇资金流入管理有关问题的通知》，对融资铜贸易进行了一定的打压，2014 年由于其他大宗商品（如金属）进口融资出现问题，银行加强了对融资进口的监控，收紧对融资的信用证开证。另外，2014 年 2 月的人民币贬值和大宗商品价格暴跌，以及房地产市场走低，压缩了贸易融资获利的空间，铜保税区库存逐渐回归正常水平。

7.2.3　青岛港事件——大宗商品融资交易的转折点

2014 年 5 月底，青岛港融资骗贷事件爆发，牵涉众多外资和中资银行。某些贸易公司将同一批金属库存，重复开具虚假仓单，作为获得银行融资的物权凭证，利用银行信息不对称的漏洞，在多家银行重复质押骗取银行贷款。

事件的发生使得市场对融资铜的担忧上升，担忧银行收紧信用证造成保税区铜库存的显性化，被融资交易锁住的库存流入市场，压制铜价。银行系统对融资业务加强了监控，企业开立信用证的难度增加，一些小型企业被银行从授信名单上清除，在缺少银行的"输血管道"后，部分小型企业的资金链断裂。叠加人民币贬值和房地产市场走低，以及银行对融资业务取消优惠利率，压缩了贸易融资获利的空间，融资铜明显受到影响，保税区仓库数量也显著下降。不过，融资业务由于利差的存在仍在进行，只是需要面临银行更严格的审查及上升的交易成本。

7.3　如何分析带有金融属性的大宗商品价格走势

在对金融属性较强的大宗商品进行分析时，除了分析其自身的供需基本面，还要结合全球宏观形势、资金动向等，分析其金融属性。金融属性对不同大宗商品的影响在时间上和程度上各有差异，对单个大宗商品的作用也会有差异。近年来，随着大宗商品在资产配置中占比的提升，金融属性对价格的影响力逐渐上升，并且有时会超过基本面对价格的作用。

7.3.1　大宗商品自身的基本面

前文介绍了如何对基本面的供应和需求进行分析，即供应面通过分析产能、产量、库存等，梳理出核心，再采用计算、调研、建模等方式进行历史回溯和逻辑推演未来趋势；需求面可通过自上而下或自下而上两种方式进行预测。通过判断市场是处于供需平衡、供大于需还是供小于需，预测大宗商品价格走势，并根据各种因素的实时变动，不断动态调整供需平衡表。

例如，原油的基本面是其价格走势的基本影响因素，供给端要研究主要供应国（包括欧佩克、美国、俄罗斯和其他产油国）的产量及出口量，需求端要研究交通、化工、工业等主要下游的需求情况，以及关联供给和需求两端的库存变化。原油价格的走势也受产业链各环节影响，包括上游的原油勘探开采产业，中游的炼化产业，以及下游的成品油和石化产品销售，每个环节都会通过运输、储存等影响产业链上其他环节，从而传导至原油价格。全球原油产量按地区划分如图 7-14 所示。

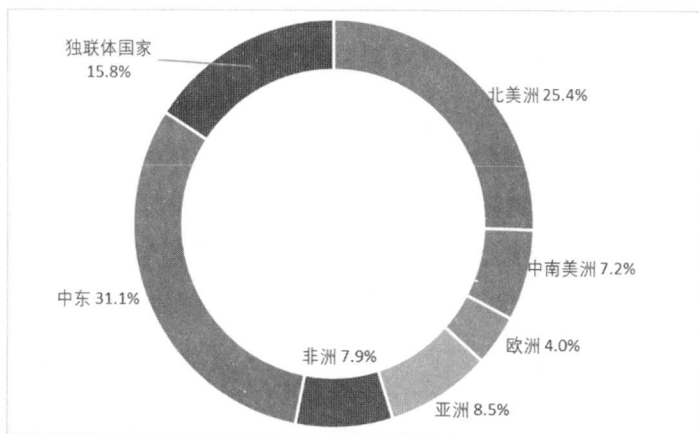

注：图中是四舍五入后的数据。

图 7-14　全球原油产量按地区划分

来源：BP

农产品的基本面分析与能源类、金属类大宗商品一样，都是分析供应和需求两个方面，不过其供应端受天气影响，不可控性较高，而需求端相对稳定，因此研究主要针对供应面。另外，农产品供应端的季节性明显，如北半球大豆每年 4—5 月播种，9—10 月收割；南半球大豆 10 月播种，次年 3—5 月收割。因此，7—8 月为大豆供应淡季，大豆价格上升；11 月新豆上市，供应增加，大豆价格下降。

7.3.2　结合全球宏观形势

大宗商品除了受商品属性的基本面因素影响，还受宏观经济、政治形势、货币政策、汇率波动等金融属性因素作用。由于大宗商品期货具有较高回报和较低波动性，并且令投资组合更多元化，因此近年来大宗商品在资产配置的占比上升，资金的流入和流出也造成价格的波动。例如，当全球发生经济危机或其他事件时，风险偏好下降，避险资产（如黄金）受到追捧，价格上升，而风险资产（如原油、铜等）被抛售。当风险偏好上升时，对风险资产的配置上升，而避险资产被减持。

以原油为例，地缘政治影响供应国与消费国的行为，促使其调整生产和购买的幅度，从而影响原油价格。例如，2018 年 5 月，美国退出伊核协议，并重启因伊核协议而豁免的对伊朗制裁，改变了全球原油供应版图。伊朗在被制裁前是欧佩克第三大产油国，被制裁造成短期全球供应紧张，原油价格上升。但很快随着沙特阿拉伯、俄罗斯提高产量，弥补了伊朗原油供应的缺口，以及北美页岩油产量持续上升，原油很快转为供应过剩，原油价格回落，伊朗的产量也下滑，2019 年其产量比 2018 年下跌 28%，排名后退一位，成为欧佩克第四大产油国，如图 7-15 所示。

	2020年产量（百万吨）	占全球的比例	2019年产量（百万吨）	占全球的比例	2018年产量（百万吨）	占全球的比例
沙特阿拉伯	520	11.6%	557	12.4%	577	12.9%
伊拉克	202	4.5%	234	5.2%	227	5.1%
阿联酋	166	3.7%	180	4.0%	177	3.9%
伊朗	143	3.2%	161	3.6%	225	5.0%
科威特	130	2.9%	144	3.2%	147	3.3%
安哥拉	65	1.4%	69	1.5%	74	1.7%
阿尔及利亚	58	1.3%	64	1.4%	65	1.5%
委内瑞拉	27	0.6%	47	1.0%	76	1.7%
利比亚	18	0.4%	58	1.3%	55	1.2%
刚果民主共和国	16	0.4%	17	0.4%	17	0.4%
加蓬	10	0.2%	11	0.2%	10	0.2%
赤道几内亚	8	0.2%	8	0.2%	9	0.2%
合计	1362	30%	1550	35%	1657	37%

图 7-15　欧佩克产油国产量

来源：BP

2020 年年初，全球经济迅速下行，停工停产、封锁和隔离，投资者信心受挫，各国的经济指标严重下滑，多国推出货币宽松政策以刺激经济，防范大规模的经济衰退。受到冲击的宏观经济也重创了原油的需求，原油价格恐慌暴跌。通过高效的执行机制和全面的应对措施，中国经济反弹，在一季度 GDP 同比下降 6.8%后，二季度 GDP 反弹，同比增长 3.2%，环比上升 11.5%，是全球主要经济体中首个由负转正的国家，如图 7-16 所示。之后，欧美等国制造业和零售指标得到改善，失业率开始下降，市场情绪开始好转。宏观经济的好转带动原油需求增加，原油价格开始回升。

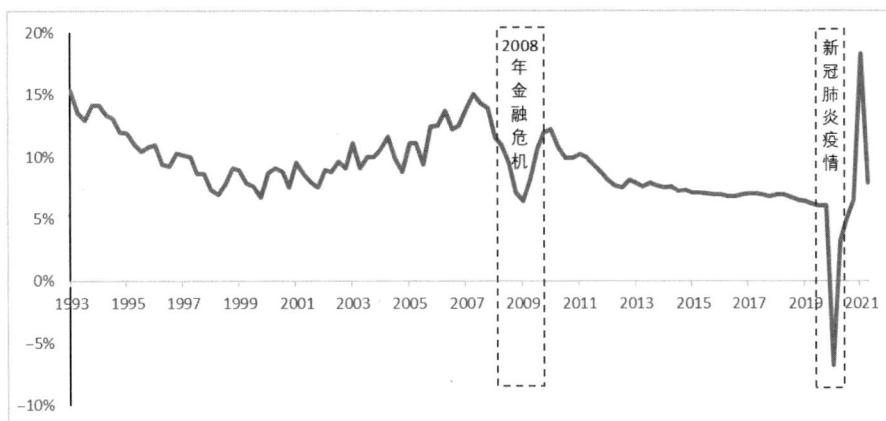

图 7-16 中国季度 GDP 年同比

来源：国家统计局

7.3.3 美元指数对大宗商品价格的影响

美元指数是美元相对于一揽子外国货币价值的指数，用来衡量美元的强弱。1975—2020 年美元指数如图 7-17 所示。在美元指数的构成中，欧元是占权重最大的货币，占 57.6%，日元占 13.6%，英镑占 11.9%，加拿大元占 9.1%，瑞典克朗占 4.2%，瑞士法郎占 3.6%，如图 7-18 所示。当美元相对于其他货币走强时，美元指数上升；当美元相对于其他货币走弱时，美元指数下降。

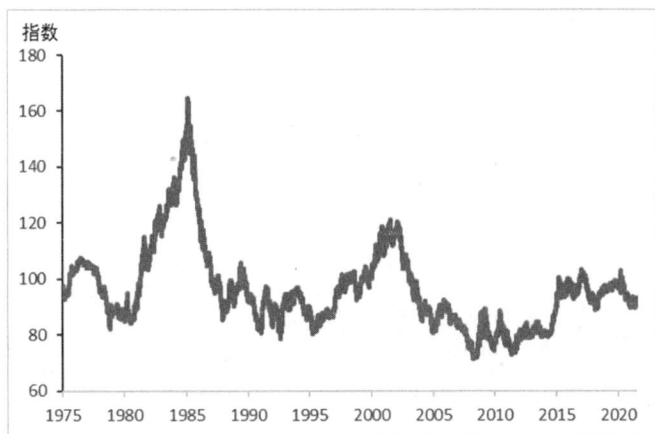

图 7-17 美元指数

来源：ICE

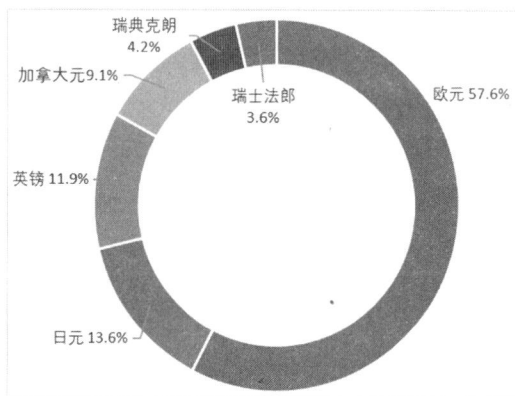

图 7-18　美元指数货币权重

来源：ICE

　　一般来说，美元指数与大宗商品价格呈负相关。当美元贬值时，大宗商品价格上涨；当美元升值时，大宗商品价格下跌。这是由于大宗商品大多以美元计价，美元又是全球适用范围最广的货币，当美联储采取宽松货币政策时，美元相对于其他货币走弱，美元指数下降。但宽松货币政策会刺激经济反弹，推升大宗商品的需求，同时市场对原油、铜等风险资产的偏好上升，两种因素的共同作用推高大宗商品价格。

　　不过，在中短期内，美元指数与大宗商品价格会无明显相关性或呈现同向走势。2001 年以前，美元指数与 WTI 原油价格相关性不高，仅为 0.45，这是由于原油价格受商品属性和政治属性影响较大。2001 年后，原油期货市场活跃度攀升，在投资者的资产配置中，原油占比上升，原油的金融属性上升，因此美元指数和 WTI 原油价格存在较强的负相关性，相关系数为-0.81，如图 7-19 所示。

图 7-19　美元指数和 WTI 原油价格

来源：ICE、NYMEX

自 2018 年 4 月起,原油价格和美元指数同向上升。首先,美国经济强劲,但欧洲及其他地区新兴经济体经济走弱,促使美元指数走强。其次,美国退出伊核协议,重启对伊朗制裁,引发了市场的避险情绪,支撑美元。再次,美国推行减税政策,刺激消费,提升了通胀预期,市场对美联储加快加息的步伐的预期上升,推升美元指数。对原油来说,欧佩克减产协议使得全球原油库存下滑,在地缘政治紧张局势下,原油价格上行。

7.3.4　黄金,以大宗商品之名,行货币之事

黄金作为大宗商品的一员,由金矿供应,被作为首饰和科技元件消费。但黄金又是投资品和货币资产,多国央行将黄金作为储备资产。1971 年,布雷顿森林体系瓦解,黄金与美元脱钩,走上了非货币化道路。但由于黄金的储存保值功能、支付功能和流通功能,黄金仍被视为世界货币且保持一定的货币功能。在许多国家的国际储备中,黄金仍占有重要的地位,而且越来越多国家的央行购入黄金,全球央行从黄金卖方变为买方,将其国际储备多样化,如图 7-20 所示。

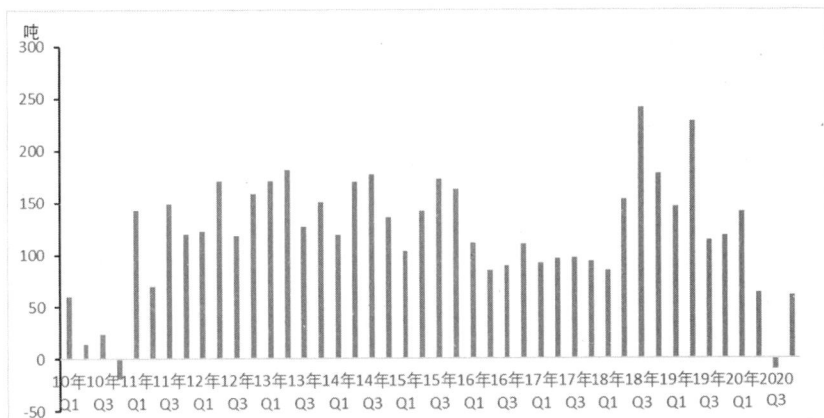

图 7-20　各国央行和组织黄金净购买量

来源:世界黄金协会

央行通过储备黄金(充当避险资产),分散投资组合,提高风险调整后的回报,并将其用作有价值的抵押物。通过持有黄金储备,可以平衡国际收支,维持或影响汇率水平。截至 2021 年 7 月,根据国际货币基金组织发布的数据,全球官方黄金储备(各国央行所持有的黄金)为 35 544.3 吨,为全球黄金矿产量的 10 倍。持有黄金超过 1000 吨的国家和组织有美国、德国、IMF、意大利、

法国、俄罗斯、中国和瑞士（见图 7-21），其中中国的黄金储备为 1948 吨，占中国外汇储备的 3.3%，美国和德国的黄金储备占其外汇储备的 70% 以上。

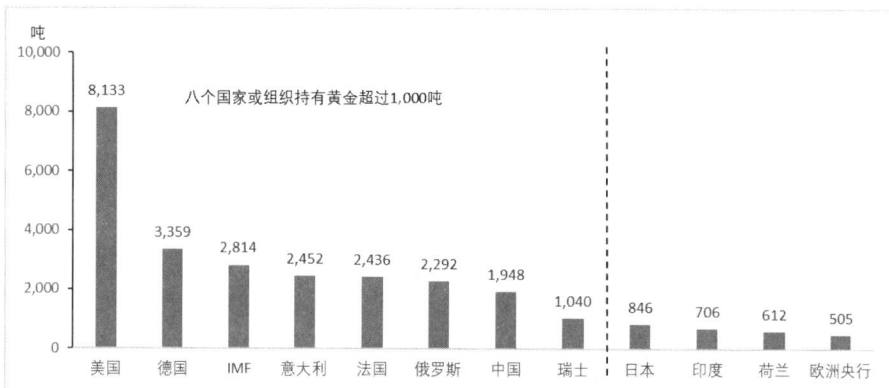

图 7-21　全球官方黄金储备前十二大国家和组织

来源：国际货币基金组织 2021 年 8 月版《国际金融统计》

因此，黄金对全球经济和政治形势的敏感度远胜于其商品属性中来自首饰和工业需求的变化，央行需求和投资需求是影响黄金价格波动的重要因素。例如，2020 年年初各国经济下滑，首饰和工业板块对黄金的需求大幅下降，但各央行采取的货币宽松政策，推动了避险情绪带动的对黄金的投资需求，叠加央行持续增持黄金，黄金价格在 2020 年 3 月初回落后快速走高。在通胀预期与 ETF 持续增仓的推动下，黄金价格于 2020 年 8 月突破 2000 美元/盎司关口，创下历史高位，如图 7-22 所示。

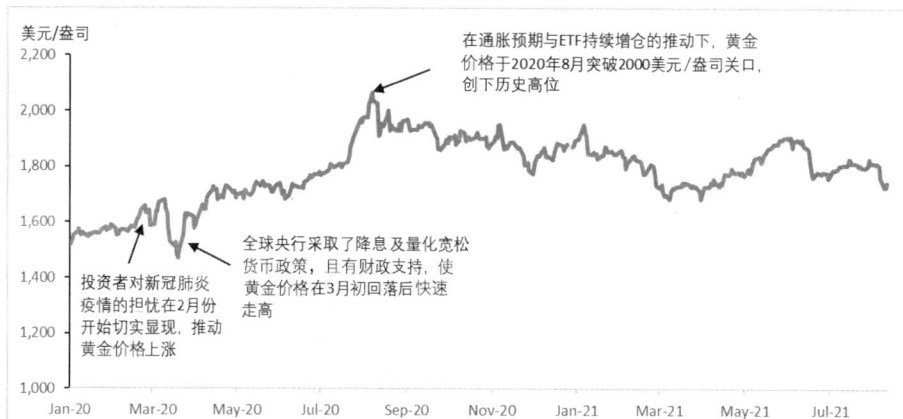

图 7-22　黄金价格走势

来源：世界黄金协会

7.4　实战案例

7.4.1　"铜博士"价格与宏观经济的走势分析

"铜博士"作为工业金属中金融属性最强的品种，其价格走势除了受供需关系影响，还受美元指数、全球政治和经济形势、进出口关税等宏观因素影响。铜的下游应用十分广泛，包括电力、建筑、家电、交通运输、机械电子等领域，与经济发展密切相关，因此铜价的变动可反映经济走势的变化。同时，铜作为风险资产被基金配置，一旦投资者产生避险情绪，则风险资产铜往往被抛售。

2020 年，全球经济衰退，冲击全球铜需求，打压铜价。此外，金融市场出现恐慌，美国市场于 2020 年 3 月在短短的 10 日内熔断 4 次，原油价格也暴跌，甚至触及负值。宏观因素的打压与铜自身需求的下降对铜价造成双重打压，SHFE 铜价连续跌停，LME 和 SHFE 铜价于 3 月 23 日触及自 2016 年以来的最低点，自年初以来分别下跌了 25% 和 26%。

多国央行纷纷降息，其中美国重新回归零利率与量化宽松货币政策，并投资基础建设，采取宏观调控措施应对经济衰退。投资者恐慌情绪逐渐消退，宏观面好转。在基本面上，中国经济的复苏带动铜需求好转，受影响的原材料供应国（包括智利、秘鲁等）的生产和发货受到影响，铜精矿供应持续紧张。LME 和 SHFE 铜价自 2020 年 4 月起止跌反弹，并一路上涨，如图 7-23 所示。随着海外需求逐步恢复，以及资金流入铜市场，LME 铜价于 2021 年 5 月创下历史新高，SHFE 铜价也触及 2006 年 5 月以来的高位。

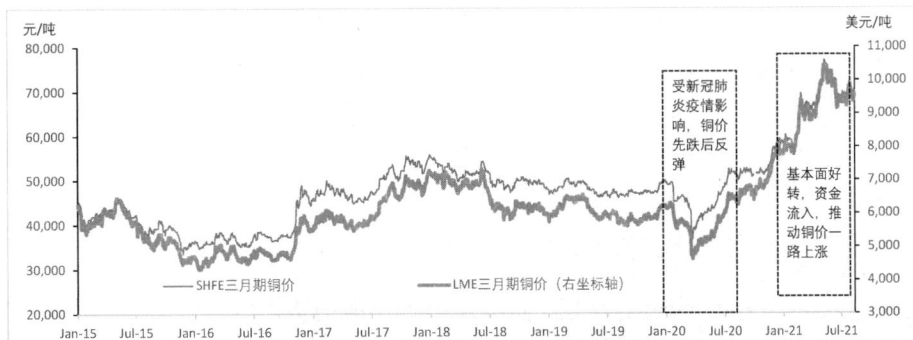

图 7-23　LME 和 SHFE 三月期铜价

来源：LME、SHFE

7.4.2 青岛港事件对大宗商品价格及上市公司估价的影响分析

2014 年 5 月底的青岛港融资骗贷事件，发生在青岛港（6198.HK）在中国香港交易所港股上市之前。负面消息影响了投资者的情绪，在上市前 2014 年 6 月 5 日公布的招股结果中，青岛港的公开发售获得 1189.5 万股申请，仅约占公开发行总数 7763.8 万股的 15%，认购不足额。在 6 月 6 日上市当日，股价破发，开盘报 3.76 港元/股，收盘于 3.71 港元/股，跌幅约为 1.3%。之后股价受此事件影响持续下跌，直至 7 月才开始回升，如图 7-24 所示。

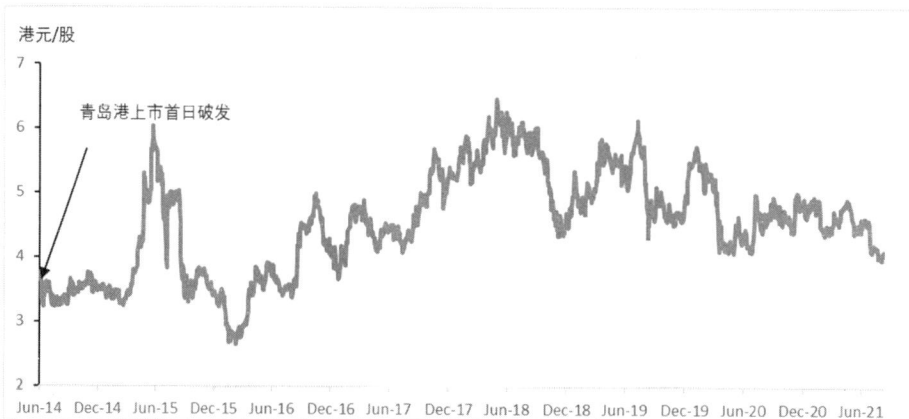

图 7-24 青岛港港股股价

来源：中国香港交易所

由于高企的保税区库存是悬在铜价上方的达摩克利斯之剑，一旦融资铜业务得以繁荣的土壤消失，大量保税区库存涌出，对铜价将造成巨大的冲击。中国的消费量约占全球精铜总消费量的一半，在青岛港事件后，国内外多家银行对金属融资收紧，导致部分贸易商因资金链紧张而甩卖质押的标的铜。端午节加期后的首个交易日 6 月 3 日，LME 三月期铜合约下挫 1%，截至 6 日的当周累计跌幅 4%。由于保税库存的压力，之前国内铜价一直低于海外铜价，6 月 3 日当周，SHFE 三月期铜价跌幅较小，仅为 1%，如图 7-25 所示。

由于融资铜是一种金融工具而不是用于国内消费，融资铜的盛行虚构了中国的实际铜需求量，使得海外投资者错误高估了中国的实际铜需求，推高了海外铜价。而国内铜价由于进口增加及高企的保税区库存而受到压制，造成

LME 铜价高于 SHFE 铜价，铜的下游消费商不得不承受高昂的原材料价格，打击了下游消费。不过，融资铜业务的缩减对实体下游企业有利，价格水分的挤出有助于降低其原材料价格。

图 7-25　青岛港事件发生前后 LME 和 SHFE 三月期铜价

来源：LME、SHFE

7.4.3　从"金油比""金铜比"等判断宏观经济形势

黄金与原油是市场十分关注的两种大宗商品，其比值（如"金油比"）被市场认为是反映市场风险结构变化的先驱指标。当经济不景气或有突发事件时，资金会涌入黄金避险，原油会因需求下滑及作为风险资产而被抛售，金油比升高。1984—1986 年，金油比的平均值为 18。当金油比快速上升时，一般预示着出现了经济危机或者发生了重大事件，资金购入黄金避险推高金价，油价因需求下滑及投资者抛售风险资产而下跌，因此金油比可作为衡量风险情绪的指标。

如图 7-26 所示，1986—1988 年，金油比攀升至 31，1994 年墨西哥金融危机和索马里战争、1999 年亚洲金融风暴及 2008 年金融危机，使金油比都上升至 27。2016 年，由于美国页岩油产量快速增长及欧佩克拒绝减产，油价下跌，而同期金价持稳，金油比更是触及 48。2020 年，原油消费萎缩，油价暴跌，但由于投资者对全球经济前景担忧，金价在投资需求的驱动下达到 2011 年以来的高位，油价和金价显著背离，金油比大幅跳升，达到历史高位。

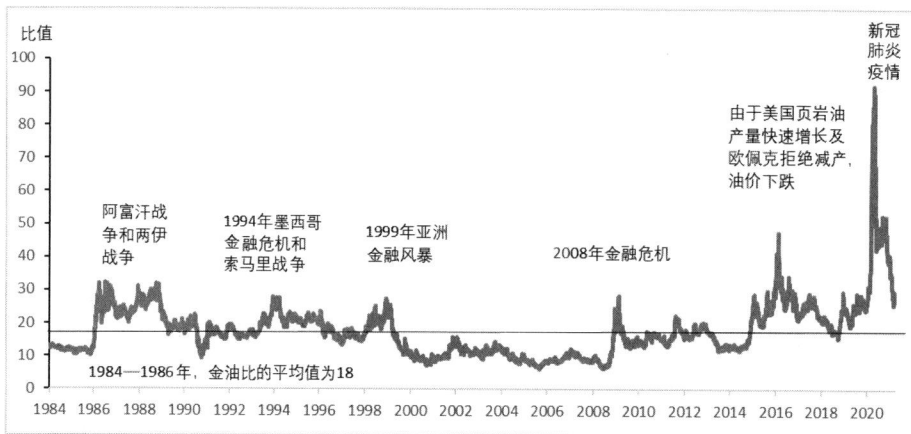

图 7-26　金油比（金价和油价的比值）

来源：NYMEX、世界黄金协会

金铜比是另一个反映全球经济形势的指标，相较于金油比，金铜比对宏观经济周期的反应更敏感。1987—2021 年，金铜比的平均值为 0.18，如图 7-27所示。2008 年出现经济危机，金铜比达到 0.30；2016 年由于铜价下跌，金铜比触及 0.29；之后在需求回升及新增产能减速的推动下铜价回升，带领金铜比回调；2020 年，美国股市连续熔断，波动率指数（VIX）创新高，金铜比也触及历史高位 0.34。之后，随着全球央行争相放水，流动性恢复，黄金的避险情绪减退，铜的需求恢复，供应紧张，带动铜价反弹，金铜比掉头向下。

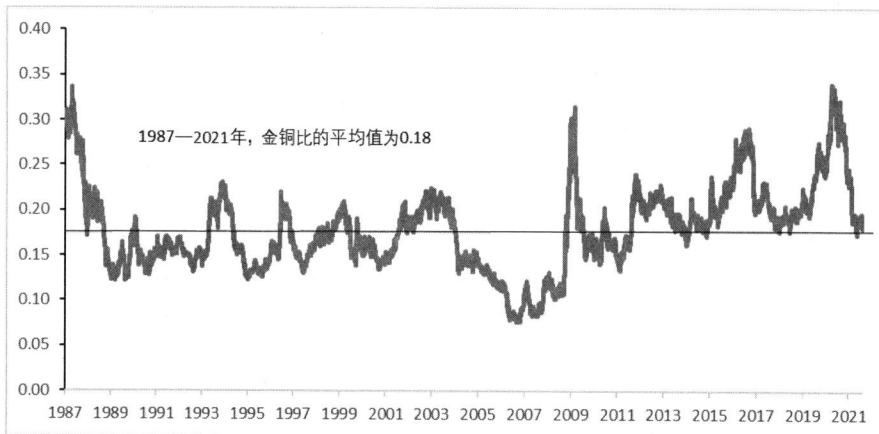

图 7-27　金铜比（金价和铜价的比值）

来源：LME、世界黄金协会

第 8 章

8

百年变局下的大宗商品价格预测

8.1　大宗商品未来价格展望

在 2020 年年初的暴跌行情后，各国央行采取了大规模的宽松货币政策，缓解了金融市场的恐慌情绪及流动性的紧张，叠加基本面的好转，特别是中国大宗商品需求率先恢复，中国的需求上涨部分弥补了全球其他地区疲弱的需求，并推动大宗商品价格回升。

8.1.1　大宗商品的"超级周期"来了吗

2020 年，为应对年初的暴跌和市场的恐慌情绪，全球各国广发采取了积极的财政政策和宽松的货币政策，以刺激国内经济和拉动需求，市场流动性宽松。美国宣布长期维持货币宽松，美元指数波动下行，以美元计价的大宗商品价格与美元指数呈负相关，美元指数的疲弱促使大宗商品价格走高。叠加大宗商品基本面的供需不匹配，大宗商品价格快速上涨。投资者纷纷问，大宗商品的"超期周期"来了吗？

在回答这个问题之前，先来看一下历史。如图 8-1 所示，通过过去 LME 铜期货合约的实际价格（经通货膨胀修正后的价格），笔者认为金属经历了三个主要的超级周期。第一个超级周期在 1800 年后期至 1900 年初期，受美国经济繁荣的推动；第二个超级周期为 1945—1975 年，主要由于欧洲战后重建和日本大规模经济扩张；第三个超级周期即最近的一次，是 21 世纪初到 2008

年金融危机后，受中国大规模城市化和工业化推动。这三个超级周期都与大宗商品人均消费量的相对高位吻合，因此笔者认为大宗商品人均消费量是衡量超级周期的重要指标。

图 8-1　铜的历史实际价格

来源：伦敦金属交易所

自 2000 年以来，中国对金属的需求量快速上升，人均表观消费量也随之增长，如图 8-2 所示，中国钢材人均表观消费量在 2020 年为 691 千克，高过 2016—2020 年的平均值 588 千克，并且超过美国和欧洲，主要由于中国的需求复苏强劲。但随着中国经济增长模式从投资驱动向消费驱动转变，大宗商品需求量的增长将放缓，笔者认为中国的人均商品消费量将下降。因此，从人均消费量的角度来看，大宗商品并不存在超级周期，但存在阶段性牛市。

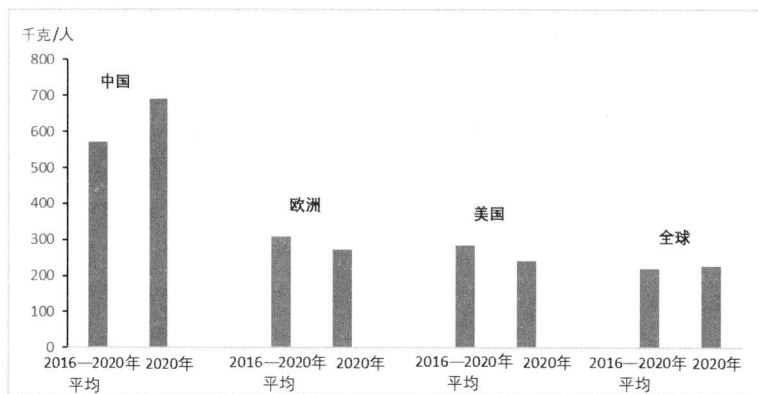

图 8-2　中国、欧洲、美国及全球钢材人均表观消费量

来源：世界钢铁协会

从大宗商品的商品属性和金融属性来看，笔者认为有三个方面的原因不支持超级周期。

（1）需求方面。大宗商品缺乏类似中国这样生产和需求增长快速的国家，印度的人口与中国相似，经常被视为潜在的新需求来源，但印度的增长雄心并未被唤起。此外，与中国相比，印度的消费对全球需求的重要性相形见绌。以钢材表观消费量为例，印度仅为中国的 10%左右（见图 8-3），并且印度的钢材表观消费量于 2020 年仅占全球的 5.0%，而中国占全球的 56.2%，如图 8-4 所示。因此，其他国家难以从中国手中接过需求快速增长的接力棒。

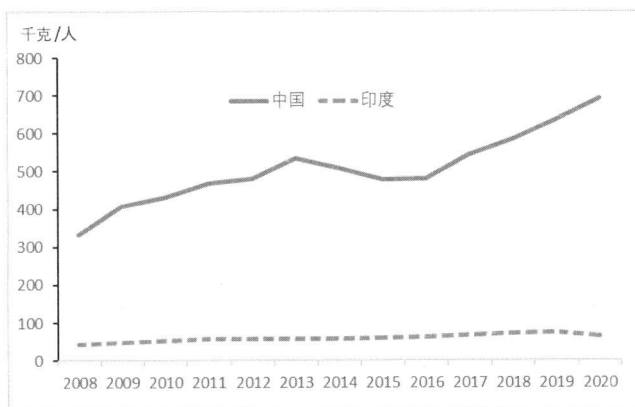

图 8-3　中国和印度人均钢材表观消费

来源：世界钢铁协会

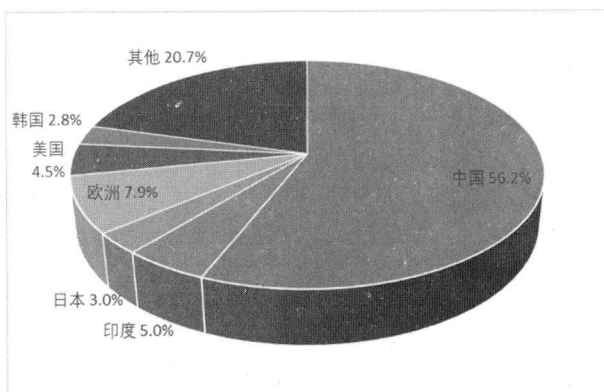

注：图中是四舍五入后的数据。

图 8-4　2020 年全球钢材表观消费量占比（按国别）

来源：世界钢铁协会

（2）供应方面。多个供应国（如智利、秘鲁、印度）在2020年中断了生产和运输，导致经济已率先恢复的国家（包括中国、部分欧洲国家）的需求不能被满足，供需不匹配，导致价格上涨。但近年来，全球大型矿企更偏向关注股东回报，而非增加产能，造成投资不足。图8-5统计了全球前40家上市矿企的资本支出，在2016年创2010年以来新低之后，并未显著回升，2018—2019年虽有小幅回升，但2020年矿企不得不再次调整计划，资本支出同比下降，助推2019年4月后价格快速上涨。但随着全球经济的恢复，当时笔者预计2021年矿企的资本支出将上升，这将有助于新矿的勘探、开发及现有矿山的扩大生产，从而提高供应量，但由于矿山的开发和产量增长是一个缓慢的过程，短期内供应不会放量，支持价格的牛市。

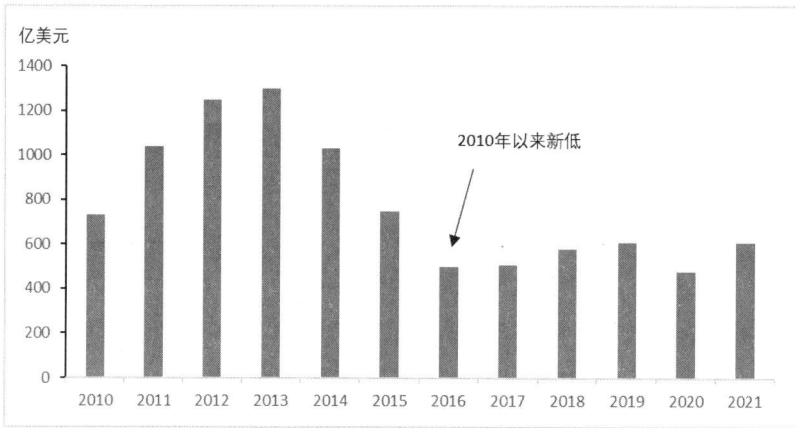

图 8-5　全球前40家上市矿企的资本支出

来源：公司报告

（3）资金方面。大宗商品交易所交易基金的净投资流入和全球交易所的净多头偏好表明，投资者对大宗商品这一资产类别的兴趣在提升。全球低利率环境和货币宽松供应是推高大宗商品价格的主要因素之一，并将继续支撑价格。但当通货膨胀达到令人担忧的水平时，各国央行将收紧货币政策，促使大宗商品价格的驱动因素回归到基本面的供应和需求，价格可能失去支撑，并开始回调。

8.1.2　碳中和对全球大宗商品的影响

中国和世界对碳减排和碳中和的承诺，可能推高碳排放交易权的需求，以及碳排放权交易所的交易量。所谓碳市场，是指以碳排放配额为基础商品，实现碳排放权交易的市场，将碳排放权当作商品进行买卖。政府将碳排放量达到一定规模的行业企业纳入碳排放配置管理，在一定规则下，向其分配年度碳排放配额。如果企业的配额不能满足生产经营需要，就需要向市场购买；如果企业节能减达标，或者有多余的配额，则可去市场卖出。根据美国、欧盟等地区的经验，碳排放交易体系是以低成本减排的最有效的工具之一。据世界银行统计，全球已有众多国家和地区开始实施碳税或碳交易制度，覆盖排放 120 亿吨二氧化碳含量，占全球温室气体排放总量的 21.5%。

我国的全国碳交易中心和登记结算中心分设上海和武汉两地，全国碳市场启动后，我国碳配额发放量全球第一，将成为全球最大的现货交易市场。近年来，全球可持续发展（ESG）交易所交易基金（ETF）资金流入，如图 8-6 所示。对于大宗商品矿商和冶炼厂，改造生产线和提升冶炼技术是企业减少碳排放的重要手段，但企业的现金流会因为投资改造生产线或研发减排技术而紧张。企业也可以依赖碳交易，虽然目前不需要资本支出或投入，但随着未来碳排放权价值的升高，会造成企业的成本上升。因此，部分高排放企业已将工厂搬迁到清洁能源富裕的地方，如部分电解铝厂将产能搬迁到水电资源丰富的云南。企业也可使用更多的可再生能源，如太阳能、风能等，或引入更多的绿色技术来减少碳排放。

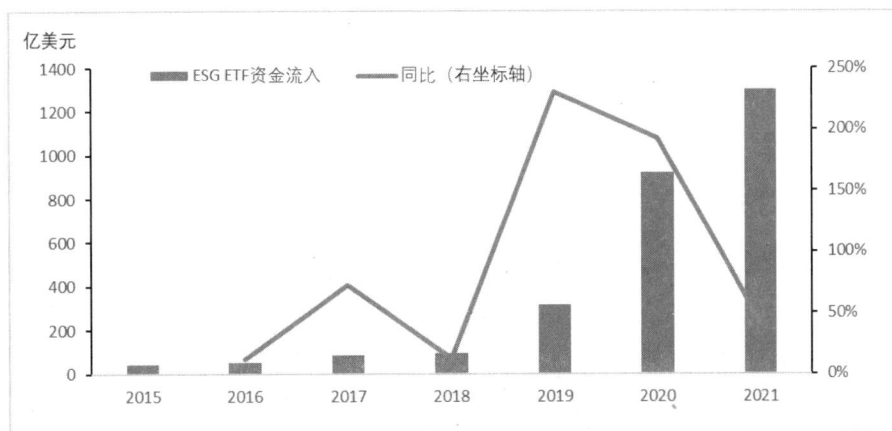

图 8-6　全球可持续发展（ESG）交易所交易基金（ETF）资金流入

来源：各网站

在我国 2030 年碳达峰和 2060 年碳中和的目标驱动下，占我国二氧化碳总排放量达 15% 的钢铁行业提出于 2025 年前实现碳排放达峰，2030 年碳排放量较峰值降低 30%，宝武集团、河钢和鞍钢等都制定了各自的碳减排时间表。石化行业也布局绿色低碳转型，调整自身的主营业务，由以化石能源为主转向以综合能源为主，拓展清洁能源的使用。电力行业目前以火电为主，因此电力企业纷纷投入研发费用，转型至风电、核电等清洁能源。煤炭行业则大力发展高端煤化工项目，并积极进军氢能源和储能等领域。

8.1.3　汽车行业的绿色革命促使大宗商品需求增长分化

全球新能源汽车的崛起将使大众对原油的依赖度降低，因此长期来看利空原油消费，原油消费将达峰值。但中短期来看，新能源汽车对燃油车的替代仍有限，因此对原油需求影响较小。我国新能源汽车发展趋势向好，2021 年上半年销量为 120.6 万辆，同比增长 2 倍，与 2019 年同期相比增长 92.3%。截至 2021 年 6 月底，我国新能源汽车保有量 603 万辆，占全球的 50% 左右。因此，预计我国新能源金属镍、钴和锂的需求增长潜力大，钴在 2020—2025 年的平均消费增长率为 10.0%，锂的平均消费增长率为 25.6%，二者的需求于 2030 年前都不会达峰。而有色金属铜、铝、铅、锌、锡在 2020—2025 年的平均消费增长率为 0.2%~3.5%，并将于 2030 年前达峰。因此，大宗商品受汽车行业的绿色革命影响需求出现分化。中国 2020—2025 年平均消费增长率如图 8-7 所示。

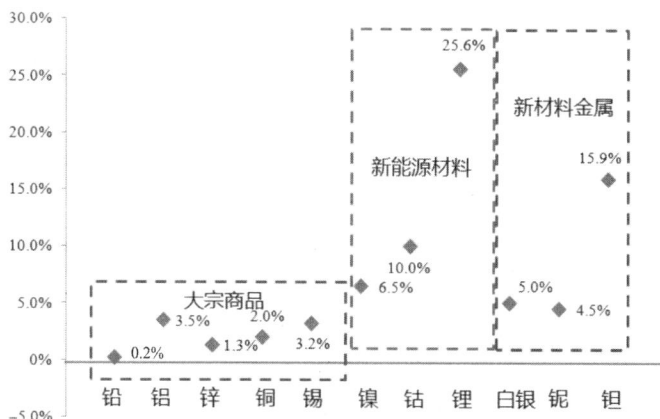

图 8-7　中国 2020—2025 年平均消费增长率

来源：安泰科

2020 年，全球多个国家纷纷推出财政刺激计划，部分将在低碳基础设施和制造业投入费用，绿色转型是未来十年推动基础设施投资的一个关键主题。对新能源发电，包括风电、太阳能及新能源汽车的需求增加，将会刺激镍、钴、锂、铜、铝等金属的消费。不过，相对于新能源汽车占钴和锂需求的 68.8% 和 35%（见图 8-8 和图 8-9），其占铜和铝需求的比例相对较低，因此从炒作的层面对价格有推动力，但从理性的基本面分析，影响不大。

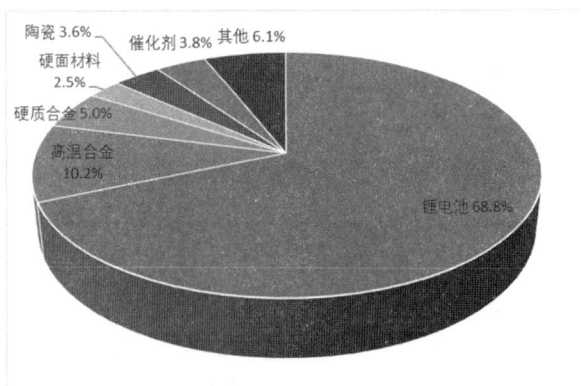

图 8-8 全球钴消费领域分布（2020 年）

来源：安泰科

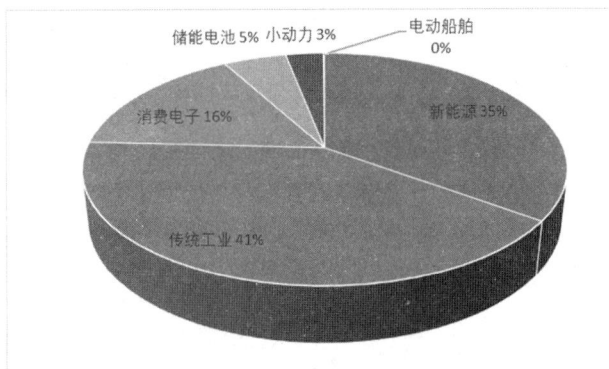

图 8-9 全球锂消费领域分布（2020 年）

来源：安泰科

8.2 能源

作为大宗商品中最受宏观指标驱动的原油，在 2020 年因全球经济下行及原油自身需求面萎缩而大幅下跌，其未来价格走势由全球经济复苏的步伐及自身供应过剩局面的改善程度决定。受 IMO 限硫令影响，低硫燃料油本应上涨，但全球人们出行减少打击航油需求，低硫和高硫燃料油价差将维持低位。清洁能源及安全电力供应将是全球关注的重点，核能发电量将受全球对清洁能源的需求及中国加快建设核能发电而推动。

8.2.1 原油——"黑色黄金"的上蹿下跳

原油价格在 2020 年 4 月暴跌触底后，因 OPEC+大幅减产、美国页岩油产量下降及需求复苏而逐步走高。2022 年年初，俄乌冲突爆发后，全球地缘经济影响了原油供应，原油价格快速上升，笔者预计 2022 年下半年原油产量将恢复至 1 亿桶/日水平。原油需求结构性的变化将长期存在，如全球对清洁能源的向往将推动电动汽车的发展，远程办公、欧洲国家推行的骑自行车出行等将阻碍原油需求的快速上升。从资本流动方面来看，工业金属降低碳排放的加速势头可能让工业金属取代能源成为大宗商品的主要分类指数，帮助金属这一大宗商品资产类别在未来几年重新获得战胜通胀的能力，当然这是以资本对原油的退出为代价的。同时，原油价格的上涨正在推高通胀，迫使各国央行采取更积极的行动来控制通胀。全球液体燃料供需预测如图 8-10 所示。

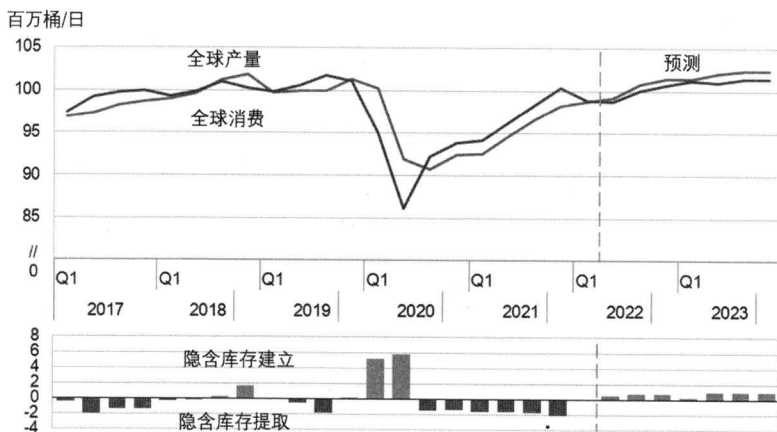

图 8-10 全球液体燃料供需预测

来源：EIA 短期能源展望（2022 年 6 月）

在供应方面，2020 年 4 月，OPEC 公布了持续两年的三阶段减产计划。第一阶段为 2020 年 5—6 月，减产规模为 970 万桶/日；第二阶段为 2020 年 7—

12 月，减产规模降至 770 万桶/日；第三阶段为 2021 年 1 月至 2022 年 4 月，减产规模为 580 万桶/日。2022 年年初，俄乌冲突爆发，在 6 月 2 日的会议上，OPEC 宣布上调 7 月和 8 月的产量目标。笔者预计，OPEC 2022 年下半年原油产量将同比上升，同时未来的增产计划会压制原油价格的上行空间。全球原油和液体燃料产量如图 8-11 所示。

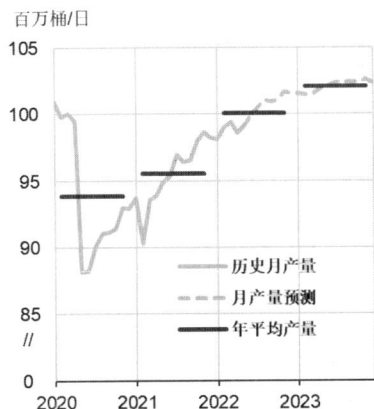

图 8-11 全球原油和液体燃料产量

来源：EIA 短期能源展望（2022 年 6 月）

展望后市，笔者认为俄乌冲突造成的经济冲击可能会对原油市场造成持久的影响，并且这种影响可能会持续多年。俄乌冲突的未来发展及何时结束，以何种形式结束，给油价带来了不确定性。在供应方面，OPEC 2023 年剩余产能将较 2022 年下降，趋向均值，如图 8-12 所示。

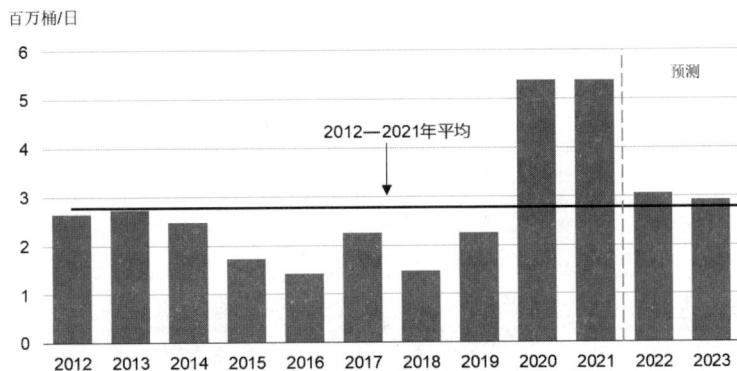

图 8-12 OPEC 原油剩余产能

来源：EIA 短期能源展望（2022 年 6 月）

8.2.2 燃料油——IMO 限硫令下何去何从

国际海事组织（IMO）规定自 2020 年 1 月 1 日起，全球船用油的硫含量上限从 3.5% 下降至 0.5%，降幅达 86%，如图 8-13 所示。自 2020 年 3 月 1 日起，禁止船舶以燃烧为目的，携带不合规的燃油，除非船舶采取其他等效措施。该规定可降低海运业的温室气体排放量，保护海洋环境，也推高了全球对低硫燃料油的需求。在 IMO 限硫令下，船东可采取以下措施：（1）使用低硫燃料油（LSFO）或者船用柴油来代替高硫燃料油（HSFO），船只基本无须改造，但用油成本上升；（2）船只继续使用含硫量不高于 3.5%m/m 的高硫燃料油，但需要安装脱硫塔，脱硫设施产生的废水、废气也需要进行处理；(3)选用 LNG（液化天然气）等新型能源作为动力燃料，但需要对船只进行改装。在这三种措施中，使用低硫燃料油是最经济可行的方法。

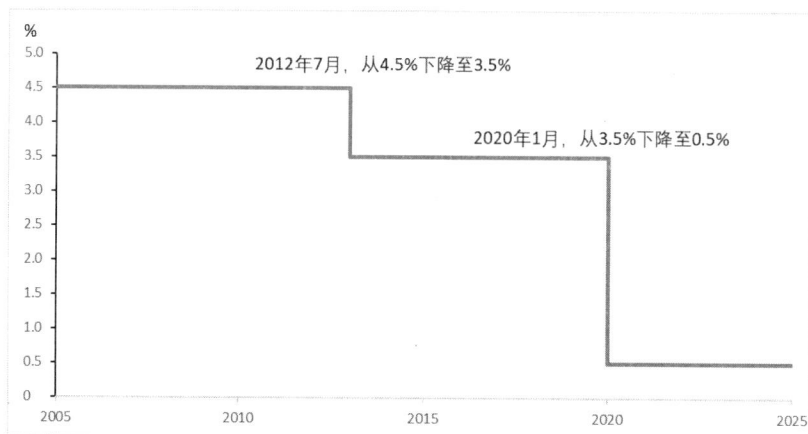

图 8-13　全球船用燃料油含硫量限制

来源：EIA

笔者最初预期 IMO 限硫令会在压制高硫燃料油需求的同时，推高低硫燃料油的需求，二者之间的价差会扩大，如图 8-14 所示。高企的低硫燃料油价格也促使炼化企业调整产品结构，或进行技术改造和设备升级来加工低硫燃料油。例如，中石化宣布 2023 年硫重质清洁船用燃料油产能将超过 1500 万吨。贸易商也纷纷囤积低硫燃料油，期待以高价出货。

但是，2020 年年初，全球出行减少打击了航运市场，燃料油需求下降，供需失衡使得之前囤积低硫燃料油的贸易商面临流动性风险，贸易商抛售库存，低硫燃料油和高硫燃料油之间的价差在 2020 年 1 月触及历史高点 221 美元。

但之后，由于国际旅行的快速萎缩，航空燃油的需求下降，炼油厂调低了高硫燃料油产量，低硫燃料油产量上升，并且高硫燃料油的生产成本由于产量降低而上升，导致高低硫燃料油的价差迅速回落，并自 2020 年 3 月起一直徘徊在 50 美元以下，价差缩小造成航运公司安装脱硫塔的投资回报期加长，抑制了安装脱硫塔的需求。不过，自 2021 年以来，随着原油价格反弹，高低硫燃料油的价差逐渐扩大（见图 8-15），笔者预计随着全球经济复苏，占燃料油需求 69%的船用燃料油的需求将持续向好，高低硫燃料油的价差将继续扩大，航运公司安装脱硫塔的意愿将随之增强。此外，中国低硫燃料油的供应逐渐放量，将减少对进口的需求，从而对全球燃料油市场的定价影响力将提升。2019 年中国燃料油消费结构如图 8-16 所示。

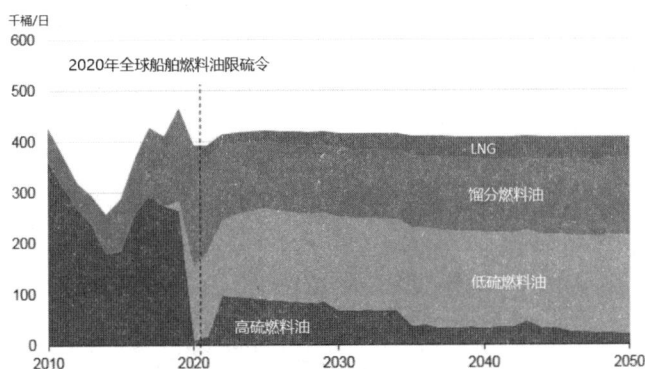

图 8-14　美国港口船用燃料油需求预测

来源：EIA

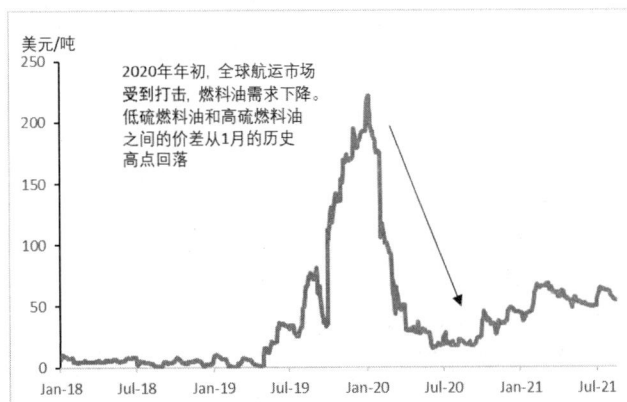

图 8-15　低硫燃料油和高硫燃料油的价差

来源：NYMEX

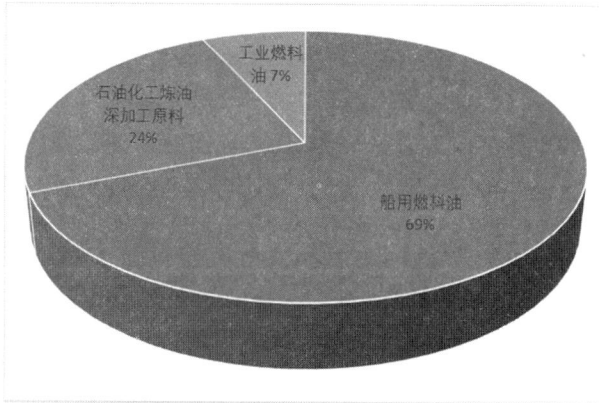

图 8-16　2019 年中国燃料油消费结构

来源：上海国际能源交易中心（INE）

8.2.3　核能发电的未来——进入尾声还是持续辉煌

进入 21 世纪，人类对温室气体排放等环境危机的关注度上升，核能发电作为境界能源的优势显现。尽管 2011 年 3 月发生的日本福岛核事故给世界核电造成巨大冲击，但在人口增长、电力需求上升、气候变化等问题前，核能仍然是解决能源安全的重要途径之一，全球核电的发展趋势并没有逆转，全球核电装机容量在 2011 显著下跌后，次年开始逐渐恢复，如图 8-17 所示。中国、韩国、印度、俄罗斯、美国等国家都有多台核电机组在建，其中亚洲是全球核电发展最快的地区，如图 8-18 所示。

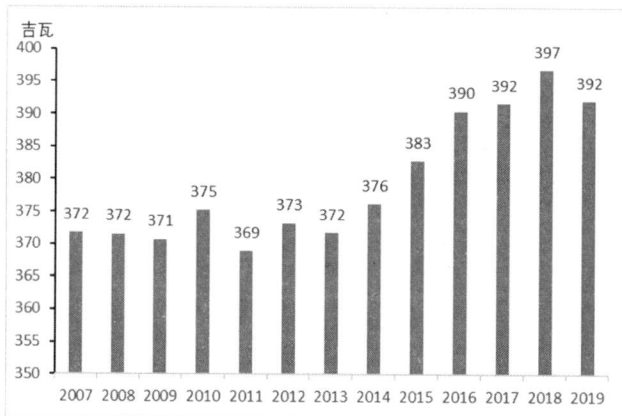

图 8-17　全球核电装机容量变化

来源：国际原子能机构

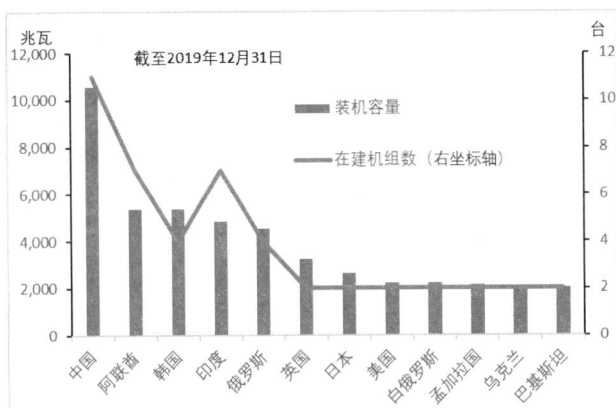

图 8-18　主要国家在建机组数和装机容量

来源：国际原子能机构

与使用煤炭或天然气的发电站不同，核电站极少污染空气或直接排放二氧化硫、氮氧化物等，如图 8-19 所示。相较使用可再生能源（如风电、水电等）的发电站，核电站具有容量大和发电成本低的优势，可以满足对大量电力的需求。西方国家发展核电较早，以美国为例，1966 年其就开始建造核电站，并大规模向西欧和亚洲出口设备和技术。美国是全球最大的核电国家，自 1990 年以来，其核能发电量占总发电量的 19%。法国是全球第二大核电国家，其核能发电量占总发电量的比例全球最高，为 70%。亚洲国家起步稍晚，我国的核电建设于 20 世纪 80 年代起步，并已成为全球第三大核电国家，如图 8-20 所示。

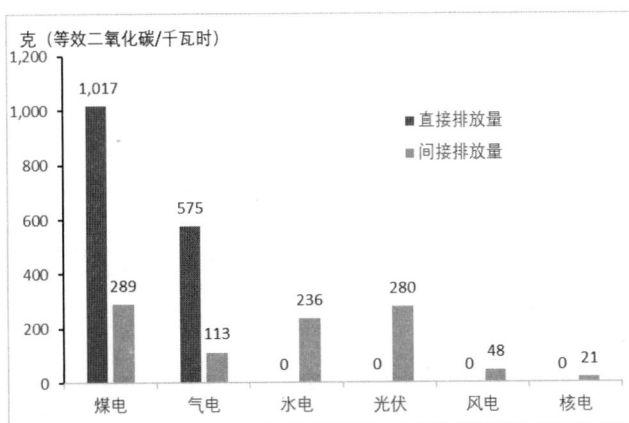

图 8-19　各主要发电方式温室气体排放量

来源：世界核协会

	核能装机量（百万千瓦）	核能发电量（百万千瓦时）	核能发电量占总发电量的比例（%）
美国	98.12	809.41	19
法国	63.13	382.40	70
中国	45.52	330.12	5
俄罗斯	28.37	195.54	18
韩国	23.09	138.81	25

图 8-20　全球五大核能发电国家（2019 年）

来源：EIA

近年来，由于发达国家于 20 世纪 70、80 年代建造的核电设施老化，同时新增机组减少，核能发电量的增长速度慢于全球用电量的增长，核电在全球电力供应中所占的份额一直在下滑，如图 8-21 所示。发达国家的核电机组的平均运营时间已达 35 年（见图 8-22），不少核电厂已达到设计使用年限，25%的现有核电装机量将于 2025 年关闭。

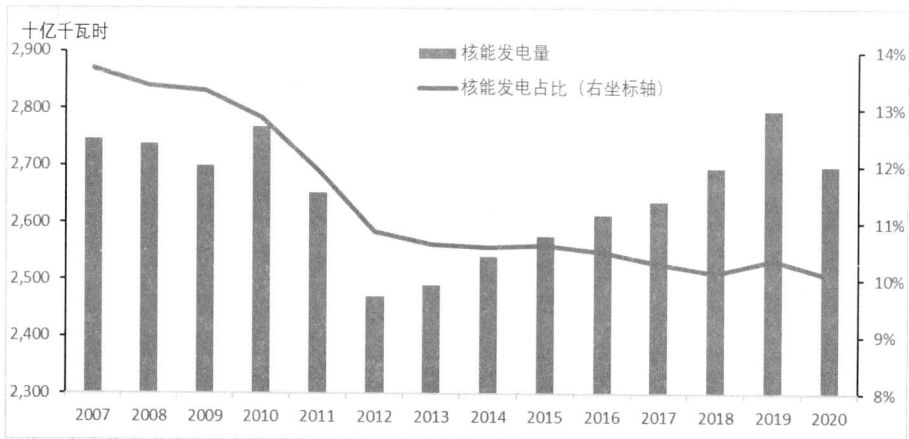

图 8-21　全球核能发电量

来源：BP

笔者预计核能发电量随着全球对清洁能源需求的增长，以及亚洲和中东欧国家核电机组的建设而上升，其中中国拥有很多在建核电机组，是推动全球核能发电量上升的重要一环。2020 年，中国核电厂的运营基本没有受到影响，

确保了电力供应的稳定，更凸显了清洁能源及安全电力供应的重要性。据 BP
预测，核能今后的发展将呈现两种不同的趋势，即 OECD（经济合作与发展组
织）成员的核能发电量将随着发电厂的退役及较少的新建机组而下降，而非
OECD 成员，特别是中国的核能发电量将上升。2040 年，中国的核能发电量
将等同于所有 OECD 成员的核能发电量，如图 8-23 所示。

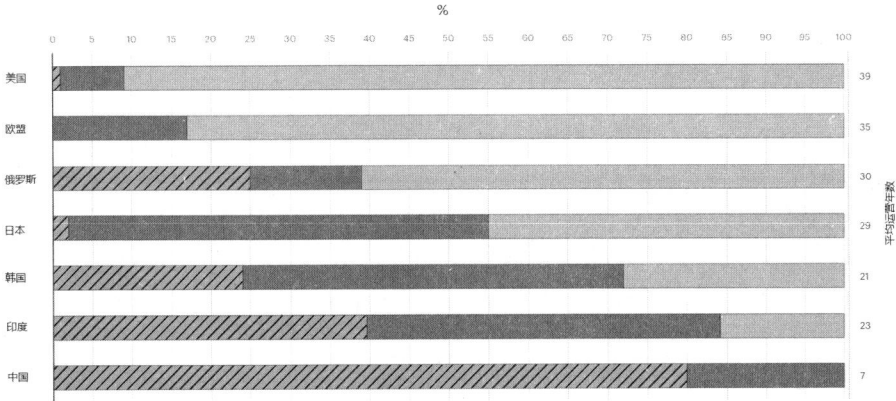

图 8-22　2019 年部分国家核电装机容量的运营年限分布

来源：IEA

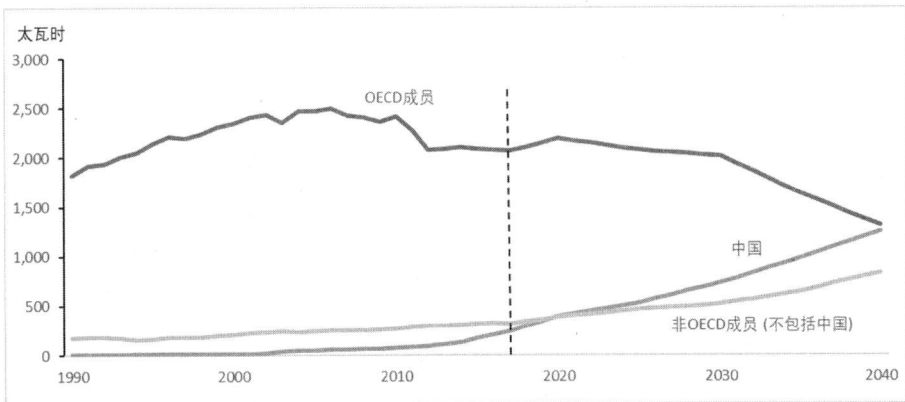

图 8-23　核能发电量预测

来源：BP

8.3 金属

贵金属中的黄金是所有金属中最具金融属性的品种，其价格的波动受国际政治和经济形势、利率、汇率等主导，受其大宗商品属性的供应和需求的影响较小。与之相反，黑色金属中的钢铁和铁矿石，以及有色金属中的铝、铅、锌、镍等主要受供应和需求驱动，有色金属中的铜最具金融属性，因其反映经济形势，被称为"铜博士"。

8.3.1 黑色金属

铁矿石是钢铁生产的重要原料，但长期以来，由于中国铁矿石品位较低且开采成本较高，不得不依赖海外进口。随着中国钢铁产量的上升，对铁矿石的需求也相应上涨，铁矿石价格的波动和中国钢企的被动地位吞噬了钢厂的利润，在钢铁产业链的利润分配上，上游矿山具有较高的份额。

1. 钢铁——反映中国经济运行的晴雨表

中国是全球最大的钢铁生产国和消费国，2020 年粗钢产量和钢铁表观消费量分别占全球的 57%、56.2%，但钢铁的原材料铁矿石的产量仅占全球的 10%，因此依赖进口铁矿石，铁矿石价格是影响国内钢厂利润的重要因素。与其他大宗商品价格在 2020 年年初暴跌，二季度开始反弹相反，铁矿石价格在 2020 年年初并没有下跌，且自 4 月开始因中国钢铁行业复工复产及海外供应紧张开始上涨，造成热轧生产亏损，如图 8-24 所示。但螺纹钢同期走出了一波独立上涨行情，称为"螺纹金"，并拉动螺纹钢利润一路增加，这主要基于市场对未来的乐观预期，预期政府将保增长、稳就业，在新基建计划的实行上发力。但笔者当时认为，2020 年我国经济结构已不同于 2008 年金融危机时，而且新基建更侧重产品的升级换代和高科技附加值，叠加全球经济下行及经济复苏前景的不确定性，这份乐观预期不会持久。2020 年二季度，我国房地产新开工面积、汽车产量、船舶产量环比增长分别为 146%、87%、56%，带动钢材价格上涨，螺纹钢和热轧的利润继续增加。但成本端的铁矿石的上涨幅度逐渐大于钢材价格，造成螺纹钢和热轧的利润分别自 6 月和 7 月开始下滑。据中国钢铁工业协会数据，2020 年上半年会员企业销售收入为 2.09 万亿元，同比增长 1.18%，利润为 686.7 亿元，同比下降 36.4%。

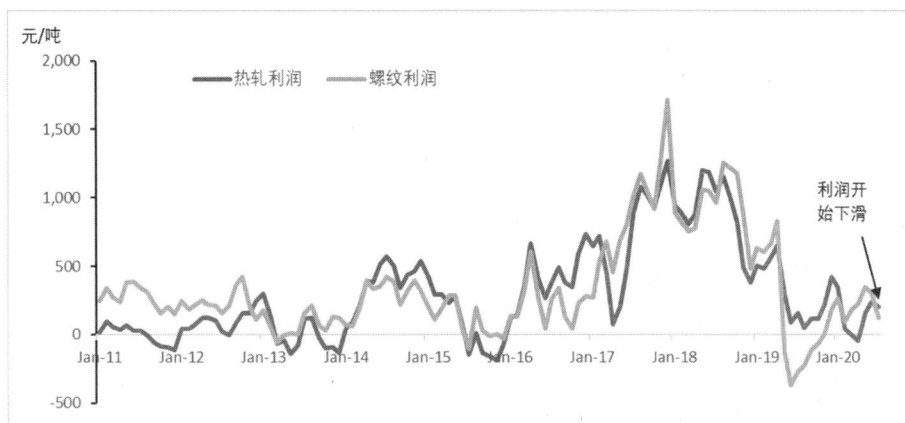

图 8-24　中国热轧和螺纹钢行业平均利润

来源：上海有色网

由于下游停工停产导致钢材需求萎缩，多国钢铁企业减产和停产，2020 年上半年全球粗钢产量同比下降 6%，但我国粗钢产量随着经济复苏，仍同比增长 1.4% 至 4.99 亿吨。2020 年，新基建计划和传统基建项目的执行及政府稳增长、促消费的政策支持，带动钢铁下游板块的消费，其中建筑、汽车、家电板块的消费分别占中国钢材消费的 44%、5%、2%，如图 8-25 所示。

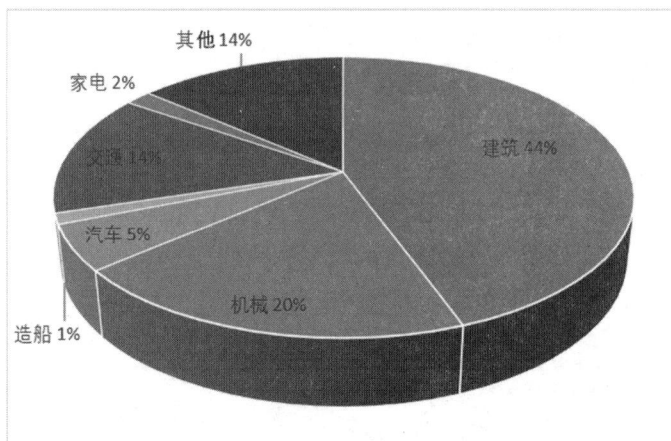

注：图中是四舍五入后的数据。

图 8-25　中国钢材下游分布（2020 年）

来源：上海有色网

中国钢铁需求领先全球其他国家，2020 年表观消费量同比增长 9%，而全球除中国之外地区的表观消费量同比下降 10%，受中国需求上升的影响，全球表观消费量同比微幅下降 0.2%。随着海外市场经济逐渐好转，其需求逐步恢复，笔者当时预计，2021 年全球钢铁表观消费量将增长 6%，中国的增长将放缓至 3%，2022 年全球将增长 3%，中国将增长 1%。在供应层面，政府继续化解钢铁行业的过剩产能，推动龙头企业兼并重组，提高行业产能集中率，于内提升龙头企业的市场份额和缓解无序竞争，于外以规模效应，在与海外铁矿石商的价格博弈中获得主动权。例如，2016 年成立的中国宝武集团，由宝钢集团和武钢集团合并而成，并于 2019 年合并了马钢集团，2020 年将太钢集团和重庆钢铁收入麾下，在 2020 年成为全球第一大钢铁生产商及全球唯一年产量超过一亿吨的钢铁公司，如图 8-26 所示。随着 2021 年全球铁矿石供应的增加，铁矿石价格将逐渐回落，钢厂利润率上升。

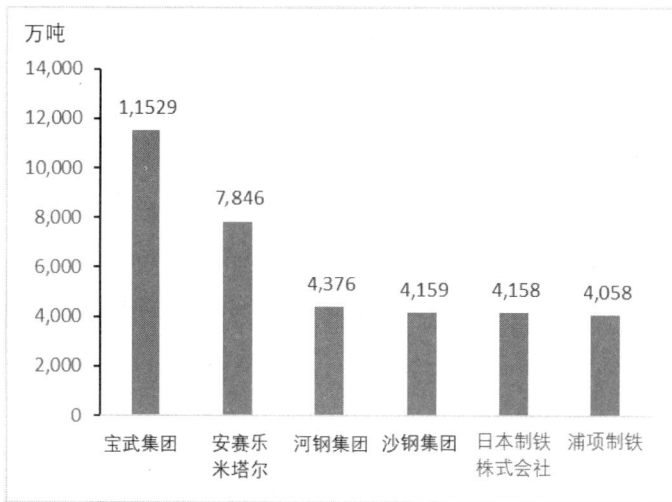

图 8-26　全球前六大钢企粗钢产量（2020 年）

来源：世界钢铁协会

在我国 2030 年碳达峰和 2060 年碳中和的目标驱动下，钢铁行业将面临降低排放及提高产品附加值的双重挑战。我国低端钢铁产能充足，而高端产能不足，依赖进口。2020 年年底举行的全国工业和信息化工作会议提出要坚决压缩粗钢产量，确保 2021 年粗钢产量同比下降，笔者认为这将促使钢铁厂进行从重"量"发展到重"质"发展的改变。此外，我国的电炉钢占比较低，2019年为 10.4%，低于欧盟的 40.9% 和美国的 69.7%，如图 8-27 所示。而合金钢、高合金钢等高附加值特殊钢品种的冶炼主要依靠电炉，并且以废钢为原材料的电炉炼钢的能耗是以铁矿石为原材料的转炉炼钢的 50%，二氧化碳排放量是转炉炼钢的 25%。笔者认为中国电炉炼钢的比例将随着废钢资源的增加而上升，并于 2025 年上升至 20%。

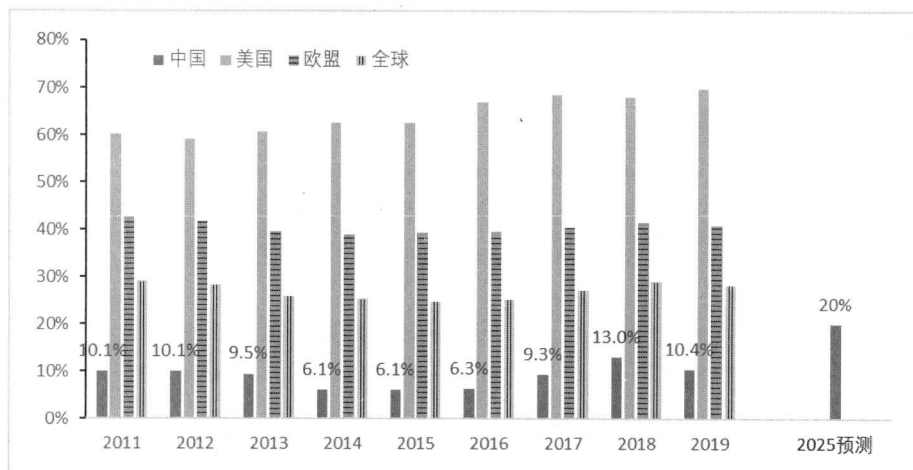

图 8-27　中国、美国、欧盟、全球电炉炼钢占比

来源：国际重复利用工业局

2. 铁矿石——从年度协议到疯狂的石头之演变

2020 年年初，国内铁矿石矿山运营受阻，不得不减产甚至停产，之后海外矿山供应缩减，特别是位于铁矿石供应大国巴西的淡水河谷的生产受限。但国内需求在企业复工复产后逐渐复苏，中国扩大交通、水利等重大工程建设，以及新基建计划的执行，推高铁矿石价格。2021 年，环保限产和需求增长带动钢铁价格上涨，助推原材料铁矿石价格上涨，而铁矿石更受其期货的投机影响，于 2021 年 5 月创下历史新高，并且涨幅大于钢价涨幅。钢厂利润下降甚至陷入亏损，钢材的终端下游用户也面临采购成本上升问题，采购意愿较低。图 8-28 和图 8-29 所示分别为中国铁矿石进口国分布和巴西铁矿石月度出口。

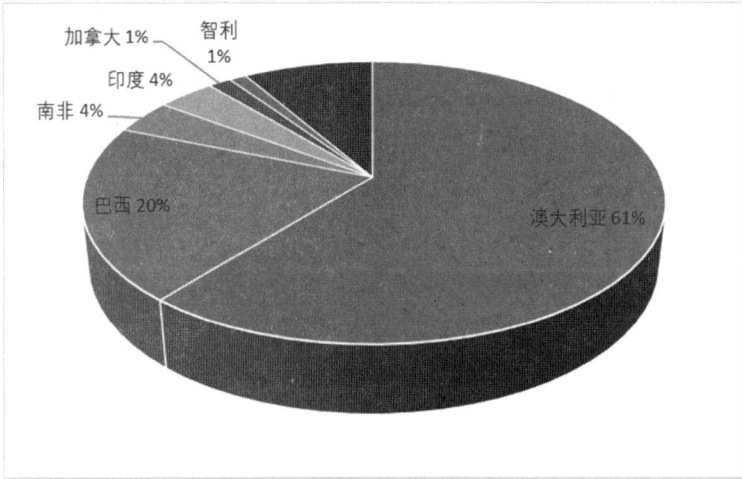

图 8-28　中国铁矿石进口国分布

来源：海关

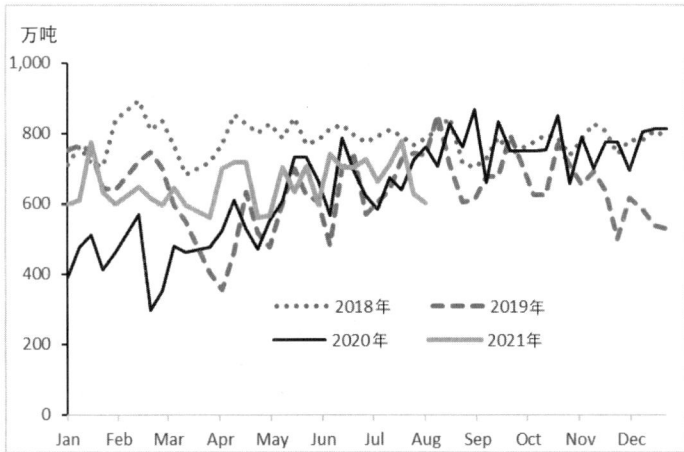

图 8-29　巴西铁矿石月度出口

来源：上海有色网

中国是全球最大的钢铁生产国，对进口铁矿石的依赖度超过 80%。澳大利亚、巴西是中国铁矿石主要供应国，分别占我国 2020 年铁矿石进口量的 61%和 20%。三大铁矿石巨头力拓、淡水河谷、必和必拓是主要供应商，产量快速增长的 FMG 已成为第四大巨头。随着我国铁矿石消费量的逐年上升，全球铁矿石定价机制也由 20 世纪 80 年代开始的年度长协定价机制，向 2010 年的季度定价机制，再向现货定价转变，铁矿石价格主要受国内钢厂需求和海外矿山供应影响，2020 年我国铁矿石进口量占全球铁矿石贸易量的 71%。

笔者预计铁矿石在供应层面，三大矿山必和必拓、力拓和 FMG 的产量基本处于饱和状态，进一步上升的空间不大，但其铁矿石多为露天矿且自动化程度高，矿山生产基本不受外界因素影响。巴西的淡水河谷发运量将逐步恢复至 2019 年米纳斯吉拉斯州尾矿坝溃坝事故前水平，非主流矿种，如印度、加拿大、南非的发运量在高利润刺激下仍将维持。在需求层面，一方面多个产钢大省（如江苏、山东、安徽等）纷纷部署 2021 年下半年限产减产工作，确保 2021 年粗钢产量不超 2020 年；另一方面环保限产也将继续趋严，削弱对铁矿石的需求。笔者预计全球铁矿石市场将于 2022 年转变为供应过剩，价格也将进一步走低，图 8-30 所示。

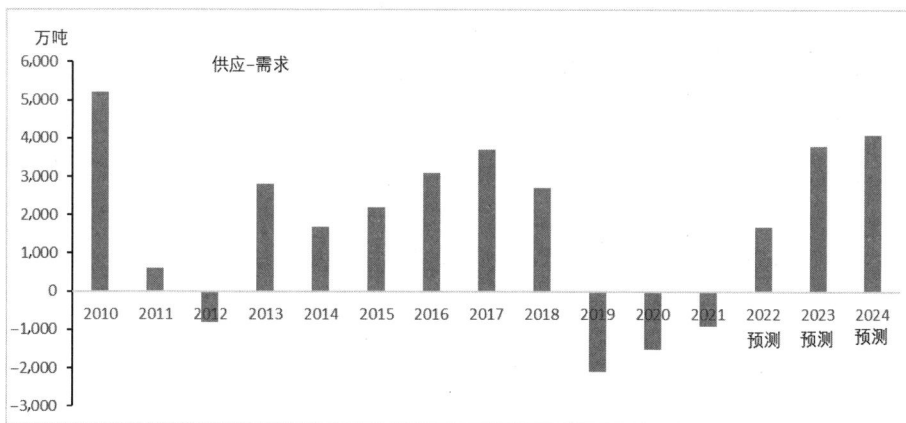

图 8-30　全球铁矿石供需平衡表

来源：上海有色网

8.3.2　有色金属

有色金属在历经 2020 年年初的暴跌行情后，各国央行采取了一系列措施，缓解了金融市场的恐慌情绪及流动性的紧张。资金的流入，叠加有色金属需求大国中国经济的率先反弹，以及因海外矿山停工停产对原材料端供应造成扰动，带动基本金属价格自 2020 年 3 月底起触底回升，并且升势延续至 2021 年。

1. 铜——预测经济走势的"铜博士"

2020 年年初，"铜博士"在全球金融市场动荡和需求的严重打击下暴跌，上海期货交易所和 LME 铜价自 1 月分别下跌 26% 和 27% 至 3 月下旬。在全球央行开启大规模的货币宽松下，投资者信心开始恢复，市场的关注点由恐慌情绪转变为经济和需求何时复苏，有色金属中与宏观经济形势相关性极高的铜的价格自 3 月底开始回升。全球铜精矿生产大国智利和秘鲁的矿山运营受到影响，部分矿山宣告发货不可抗力，如图 8-31 所示。笔者估算，当时全球铜矿山减产达到 40 万吨，造成铜精矿供应紧张，然而国内经济复苏带动铜消费回暖，同时，铜的金融属性增强，在投资者资金推动下，铜价自 3 月底开始上涨。

矿企	铜矿山	所在国	2019年产量（万吨）	采取的措施
Rio Tinto	Oyu Tolgoi	蒙古	5	放缓地下开发
Codelco	-	-	159	降低运营成本
BHP	Escondida	智利	114	限制合同工进入矿区，为期15天
	Pampa Norte		27	
Glencore	Collahuasi	智利	57	减少40%现场工作人员
	Antamina	秘鲁	10	宣布不可抗力
MMG	Las Bambas	秘鲁	38	减产，宣布不可抗力
Freeport McMoRan	Chino	墨西哥	8	停止派发股息和削减产量、成本
	Cerro Verde	秘鲁	45	检修15天，宣布不可抗力
Anglo American	Los Bronces	智利	34	降低运营比率，减缓生产
	El Soldado		5	
	Quellaveco	秘鲁	建设中	暂停建设
Antofagasta	Los Pelambres	智利	36	扩建项目暂停建设
Hudbay	Constancia	秘鲁	11	暂停运营
Teck Resource	Quebrada Blanca	智利	2	暂停项目二期建设
Ecuacorriente	Mirador	厄瓜多尔	6	暂停铜矿至港口的运输

图 8-31　2020 年年初，海外矿山生产运行受到干扰

来源：上市公司公告、上海有色网

2021 年年初，全球经济数据向好，下游需求复苏。但 3 月开始，铜精矿生产大国智利和秘鲁的情况有所反复，铜出口量下降。主要矿产商（如必和必拓、力拓等）一季度产量同比下降，供应恢复缓慢。供应紧张，需求增长，叠加资金进入铜市场，以及投资者对新一轮大宗商品超级周期的预期，LME三月期铜于 2021 年 5 月 11 日创下历史高位 10 460 美元/吨，打破了上一轮超级周期于 2011 年 2 月创下的纪录。

展望后市，在供应层面，笔者预计随着全球铜矿新建和扩建项目逐渐投产，铜精矿供应紧张态势将有所缓解。2021 年，全球铜精矿产量上升至 2100万吨，较 2020 年同比增长 0.3%。据国际铜研究组（ICSG）预测，2022 年全球铜精矿产量将同比增长 4%至 2189 万吨。

铜精矿净进口量占中国铜原料的 59%，废铜冶炼量占比为 15%，如图 8-32 所示。2020 年，由于占废铜金属量 60% 的进口来自复工复产速度较慢的欧美等地，废铜供应紧张，叠加海外铜精矿供应扰动，我国电解铜产量 2020 年仅增长至 902 万吨，如图 8-33 所示。2021 年，铜精矿产量上升，废铜供应也将逐渐恢复，笔者之前预计我国电解铜产量增长将于 2021 年提速，同比增长 6% 至 952 万吨，2022 年同比增长 4% 至 994 万吨。

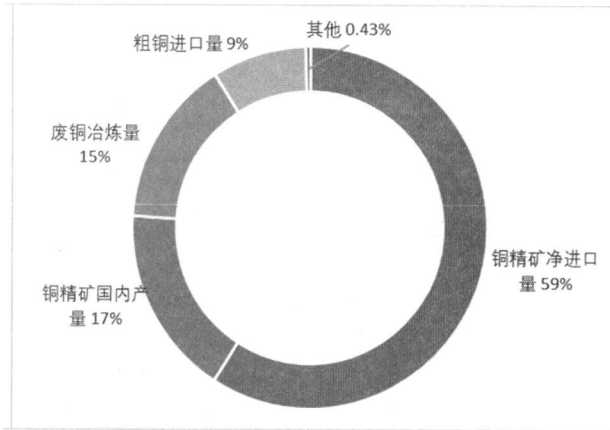

注：图中是四舍五入后的数据。

图 8-32　中国铜原料占比

来源：上海有色网

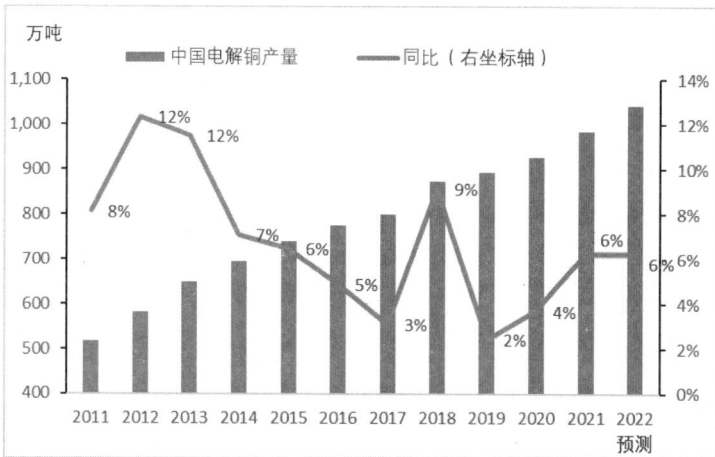

图 8-33　中国电解铜产量

来源：上海有色网

在需求层面，绿色转型将是推动基础设施投资的关键，对绿色能源（包括风能、太阳能等）发电，以及新能源汽车需求的增加会推动对铜的消费。根据国际铜业协会的数据，混合动力车、插电混合动力车和纯电动车的单车用铜量分别是 40 千克、60 千克和 83 千克，远高于燃油车的单车用铜量 23 千克，全球新能源汽车领域对铜的需求将于 2027 年达到 174 万吨，该数字 2017 年仅为 185 000 吨。笔者估计我国新能源汽车及充电桩 2025 年的用铜量将为 79 万吨，并且来自交通运输板块铜的消费比例会由 2020 年的 10%提升为 2025 年的 15%，如图 8-34 所示。

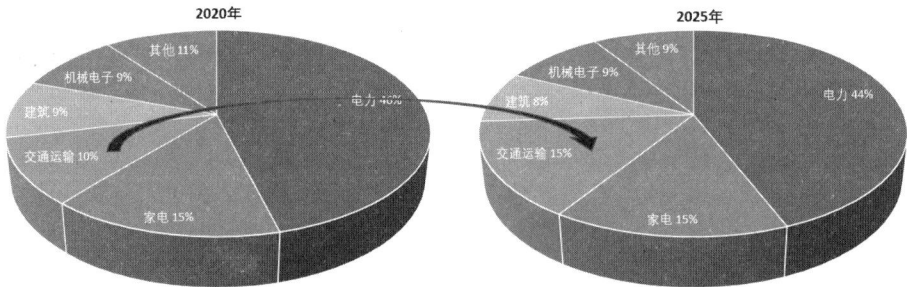

图 8-34　中国铜下游消费分类（2020 年和 2025 年）

来源：上海有色网

2. 铝——贸易战下，动荡的铝市

电解铝的全球市场可分为两部分，即中国和全球除中国之外。两个市场相对独立，有各自的供需结构，但又通过进出口贸易相连，因此两个市场的价格大部分时间走势相同，但也会出现分化。2018 年 3 月，美国宣布对铝进口征收关税，虽然中国是美国铝材的供应大国，不过贸易紧张并没有产生实质性影响，因为中国将对美国的出口转移至亚洲和欧洲国家，国内外铝价因美国冻结俄铝而大幅波动，走势基本一致。但 2019 年出现分化，在 4 月美国解除对俄铝出口的限制，5 月海德鲁铝业旗下位于巴西的 Alunorte 氧化铝厂生产禁令被法院解除而提升产量后，LME 铝价低于上海期货交易所铝价，如图 8-35 所示。

2020 年年初，两个市场的铝价都下跌，之后因中国需求恢复主导，上海期货交易所铝价自 4 月初开始反弹，LME 铝价复苏稍微滞后，于 5 月中旬开始反弹。据安泰科数据，2020 年，全球铝需求同比下降 3%至 6335 万吨，如图 8-36 所示，而产量同比增长 2%至 6532 万吨，国际铝市过剩 197 万吨。中国电解铝需求在一季度下滑后，在二季度大量释放，2020 年需求同比上升 5%。上海期货交易所铝价自 4 月初反弹，电解铝行业由大面积亏损转为盈利，刺激关停产能复产和新增产能投产，2020 年中国电解铝产量同比增长 5%。中国电解铝行业利润如图 8-37 所示。

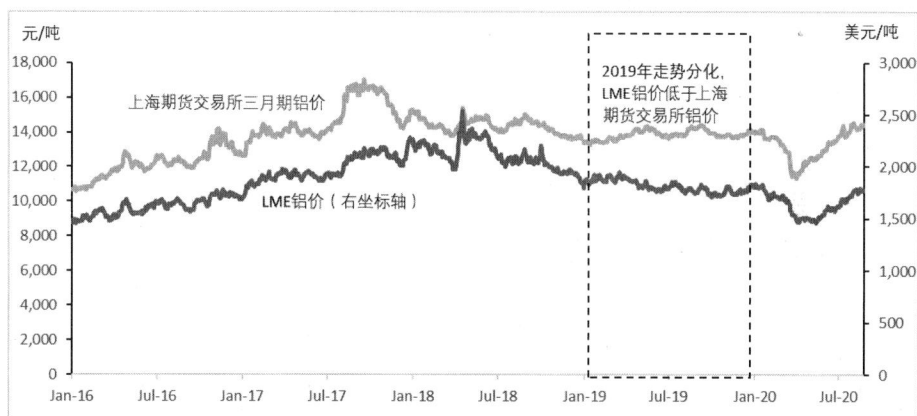

图 8-35　上海期货交易所和 LME 铝价

来源：上海期货交易所、LME

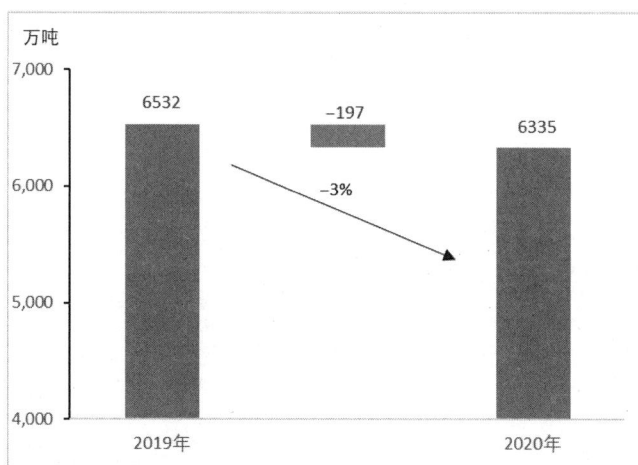

图 8-36　全球铝需求

来源：安泰科

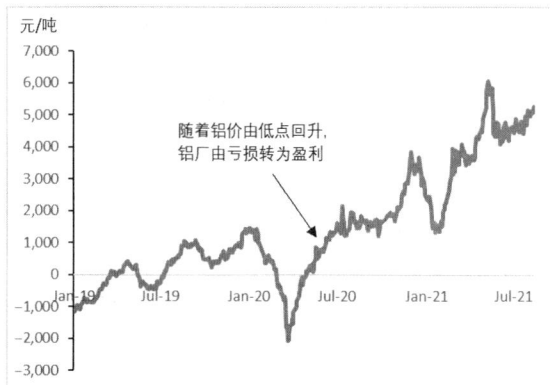

图 8-37 中国电解铝行业利润

来源：上海有色网

铝冶炼环节（包括氧化铝、电解铝和再生铝）的排放量占有色金属行业排放量的 75%，占全国总排放的 5%，因此笔者预计在"碳达峰、碳中和"的背景下，高能耗的电解铝行业的产能将于 2024 年达到 4500 万吨，双碳目标也将铝推至风口，成为资本的"新宠"。同时，电解铝的生产也将降低对煤电的依赖度，产能的布局将转移至能够提供清洁能源的地区，水资源丰富的云南的电解铝产能将于 2025 年占全国总产能的 18%，比 2020 年的占比 9% 上升 9 个百分点，如图 8-38 所示。同时，企业布局完整产业链以提高竞争优势，在境外获取权益铝土矿，建设自备电厂和自备氧化铝厂以提升原材料自给率，提高产成品的附加值，从而获取更高的销售收入和利润率。在"十四五"期间，我国铝消费也将转型，新能源汽车和光伏行业将成为铝消费的增长点，在城市公共设施及铝合金家具等方面的应用也将逐步扩大。

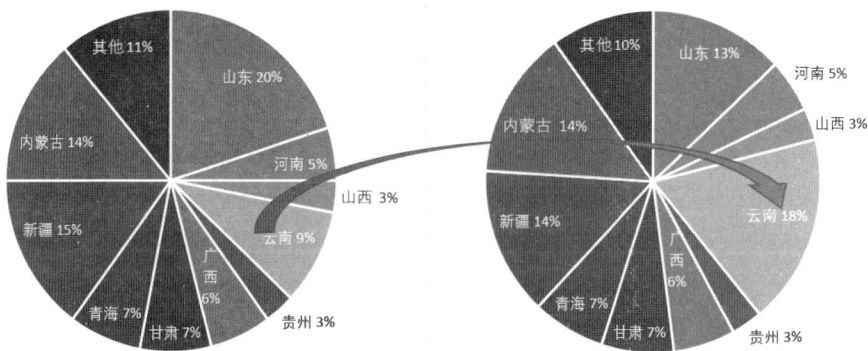

图 8-38 中国电解铝产能分布（2020 年和 2025 年）

来源：安泰科

3．锌——矿端过剩减缓，需求受中国基建推动

锌的走势受全球锌矿的供应变化及下游需求的复苏影响。锌在 2020 年上半年的走势弱于其他金属，直到 7 月才奋力追上，笔者认为一方面是由于供应端的释放，全球锌矿自 2018 年起处于扩产周期，供应宽松格局带动锌矿加工费上涨，在利润驱动下，冶炼厂提高开工率（见图 8-39），精炼锌产量上升，压制了锌价。上半年国内精炼锌产量为 286.7 万吨，同比上涨 4.57%。另一方面，需求端疲弱及高库存"拖累"了锌价，占锌消费达 60% 的镀锌板块的产量下降，而且由于镀锌板块的出口比例达到 40% 以上，海外需求的下滑拉低了镀锌板出口量。占锌消费 15% 的压铸锌合金因出口下降而减少了对原料锌的需求，占比 12% 的氧化锌消费受汽车需求下降而压制，如图 8-40 所示。

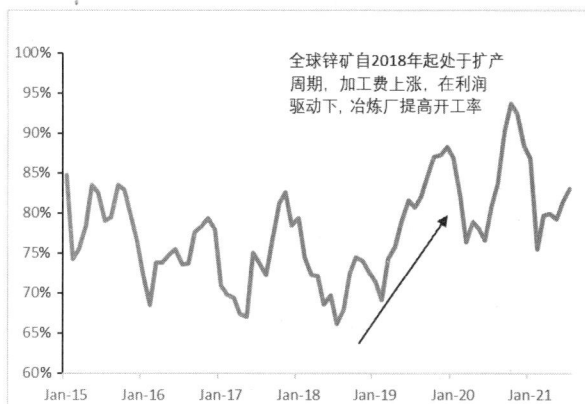

图 8-39　中国精炼锌生产开工率

来源：上海有色网

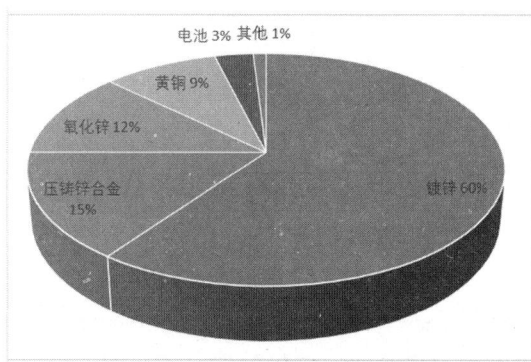

图 8-40　中国精炼锌消费分布

来源：安泰科

运行矿山的生产和运输在 2020 年受到干扰,部分新产能推迟了生产计划,高成本矿山的关停也抵消了部分供应增量。2020 年, 全球锌精矿产量同比下降 4.2%, 较 2019 年底笔者的预测下降 8.3%。2021 年, 全球新增锌矿产能的投放将加速, 弥补 2020 年的减量, 2021 年全球锌精矿产量同比上升 4%, 笔者预计 2022 年同比将上升 2.1%, 不过产量能否如预期上升有不确定性。锌矿的供应增加将带动冶炼端放量, 2021 年全球精炼锌的供应同比增速为 2%, 高于 2020 年 1% 的年增幅, 全球精炼锌继 2020 年供应短缺, 2021 年供应过剩, 并将持续至 2023 年, 如图 8-41 所示。

图 8-41 全球精炼锌供应和消费

来源:上海有色网

锌冶炼在有色行业中的碳排放量仅次于铝, 在碳达峰目标的指引下, "十四五" 期间我国锌冶炼新增产能总量可能有所压缩, 同时再生锌占比将进一步提高, 由 2020 年的 11% 上升至 2025 年的 14%, 安泰科预计锌行业将于 2024 年碳达峰。再生锌的生产过程可充分利用电炉灰、高炉灰等固废料, 并且可弥补国内铅锌矿品位下降造成的原料缺口。占锌消费比例较高的镀锌板被广泛应用于与基建相关的建筑、城市交通、铁路等领域, 2020 年二季度开始中国对基建的投资加速, 不仅进行了逆周期调节, 还在国内消费不足的情况下通过政府投资稳定和提振经济和市场信心, 带动了镀锌板的消费。笔者预计传统消费领域的基建将继续支撑锌消费, 新的消费领域 (如钢结构建筑、光伏支架、锌电池等) 形成规模化带动还需要时间。中国锌消费量预测如图 8-42 所示。

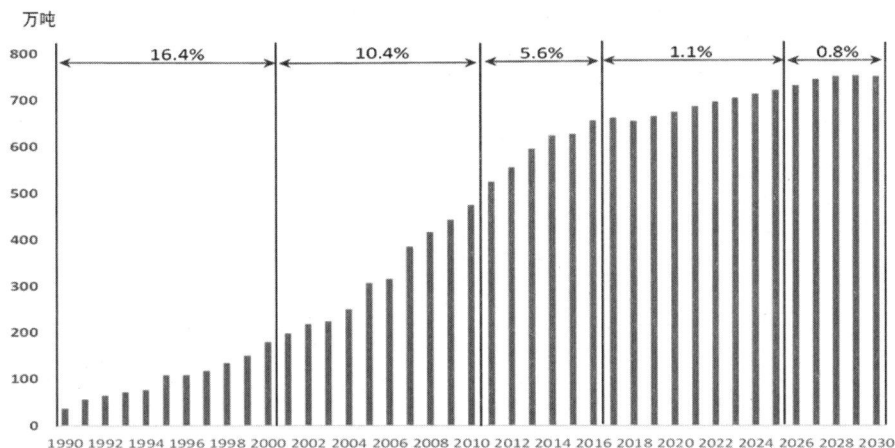

图 8-42　中国锌消费量预测

来源：安泰科

4．镍——新能源汽车需求足够推动镍价上涨吗

新能源汽车的快速崛起，带动了市场对动力电池的主要成分金属镍的关注。特斯拉总裁马斯克在 2020 年 8 月公司的季度电话会议上重申了镍对电池的重要性，并呼吁矿业公司用高效率、环保的方式大量开采镍。虽然增速飞快，镍需求在电池领域于 2012—2020 年的年均增长率高达 20%，但电池仅占 2020年镍总消费的 7%，如图 8-43 所示。不锈钢仍是用镍大户，占中国镍需求的81%。不过，随着新能源汽车的快速发展及电池高镍化趋势，预计镍在电池中的应用于 2025 年将上升至占镍总消费的 16%，如图 8-44 所示。

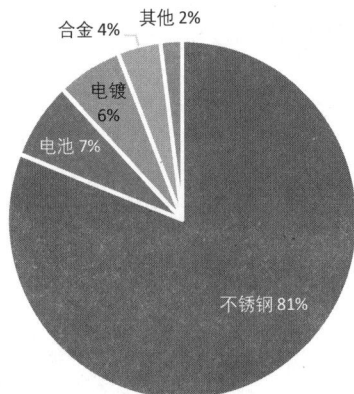

图 8-43　中国镍需求下游分布（2020 年）　　图 8-44　中国镍需求下游分布（2025 年）

来源：上海有色网　　　　　　　　　　　来源：上海有色网

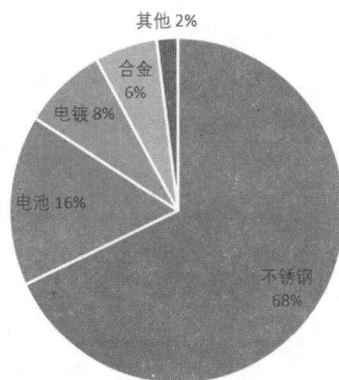

近年来，由于硫化镍矿的储量逐渐下降，中国镍消费者通过低品位的红土镍矿采用火法提取镍以生产镍生铁，用于下游不锈钢产业，中国镍生铁产量由2012 年的 37 万吨上升 57%至 2019 年的 58 万吨，2020 年由于受印度尼西亚产量的崛起而开始下降，如图 8-45 所示。印度尼西亚和菲律宾的红土镍矿产量自 2008 年起快速增长，中国自这两个国家的进口量占镍矿进口总量的 90%以上，如图 8-46 所示。

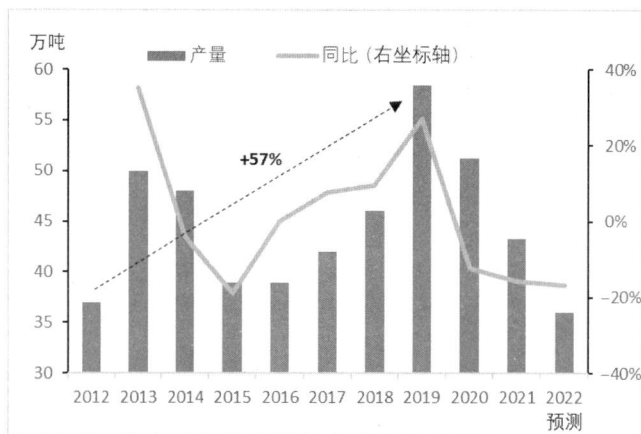

图 8-45　中国镍生铁产量

来源：上海有色网

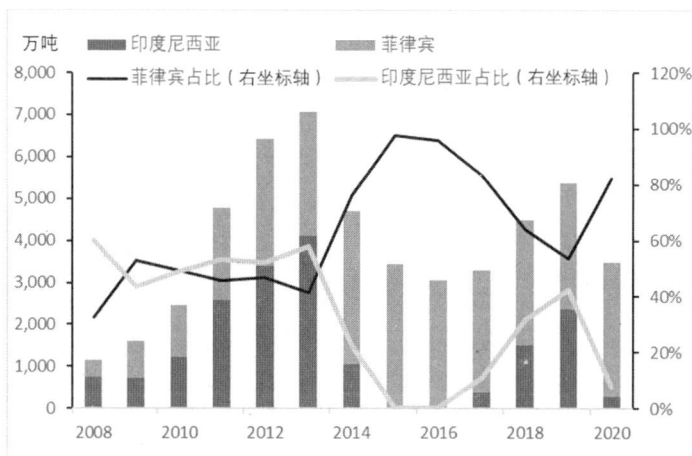

图 8-46　中国镍矿进口量

来源：海关

2014 年，印度尼西亚政府禁止镍矿出口，吸引外资投资建设冶炼厂，以促进当地经济增长和提升就业率，其产量大幅下降，菲律宾快速增产并取代印度尼西亚成为中国最大的进口国。2017 年，印度尼西亚有条件放宽出口限制，允许含镍量在 1.7%以下的低品位镍矿出口，出口量开始恢复，占中国镍矿进口的份额也自 2017 年的 11%提高到 2019 年的 42%。不过 2020 年 1 月起，印度尼西亚再次开始禁止出口，而这次菲律宾很难弥补印度尼西亚的供应缺口。一方面，菲律宾的镍矿储量和品位在逐年下降，另一方面当地政府针对镍矿企业的环保政策也日渐严格，其他供应国（如新喀里多尼亚）的产量相距甚远，短期内无法补给。

在印度尼西亚首次于 2014 年实施出口禁令前，中国下游用户已开始提前布局，在当地投资兴建镍生铁厂，就地消化镍矿，将国内的镍生铁产业链向印度尼西亚转移。其中，青山控股集团、德隆镍业布局较早，之后金川、新兴铸管、新华联等纷纷在印度尼西亚投资建厂。印度尼西亚的镍生铁自 2016 年起开始放量，并于 2020 年超越中国成为全球最大的镍生铁生产国，且产量仍处于增加趋势，如图 8-47 所示。中国镍生铁企业由于原料紧张面临巨大的成本压力，高成本的中小型企业不得不减产甚至关停。

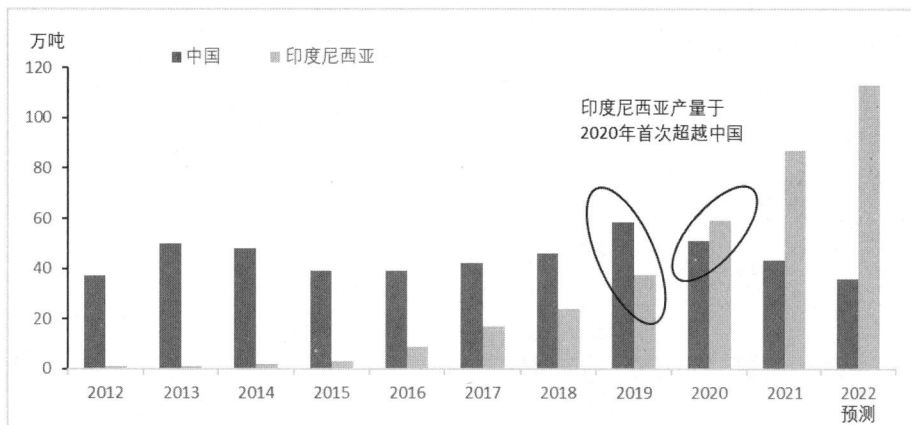

图 8-47　印度尼西亚和中国镍生铁产量

来源：上海有色网

8.3.3 贵金属

贵金属板块受全球政治形势、投资者避险情绪、宏观经济走势等多重因素影响，投资者的避险情绪开启了 2020 年黄金和白银价格的升势。白银的工业属性强于黄金，因此初期涨幅小于黄金，金银比于 2020 年 3 月初达到历史高位 124，之后逐渐回归至平均水平。在中短期内，利率将是影响金银价格金融属性的关键因素。

1. 黄金——硬通货属性，操盘需要跟踪外汇和利率走势

2020 年，部分矿山减产甚至停产，全球黄金供应量为 4712.4 吨，同比下降 3%，为自 2013 年以来最大的年度降幅。全球黄金消费同比下降 16%至 3657.4 吨，创 11 年来最低纪录，不过其中各品种需求有所分化。一方面，全球经济陷入负增长，投资者的避险情绪使得黄金作为避险资产受到资金青睐，各国央行为应对经济下滑向市场注入大量流动性，据世界黄金协会数据，全球黄金 ETF 于 2020 年的净流入量高达 877 吨，使得全球黄金 ETF 总持仓量增加了三分之一以上，创下 3752 吨的历史新高，推动黄金价格至历史高位。另一方面，2020 年黄金的实物消费（包括金饰品和科技）分别同比下降 38%和 7%，部分国家采取的封锁措施、下降的消费者可支配收入及上涨的黄金价格，重创了金饰和电子行业的用金需求，如图 8-48 所示。此消彼长下，投资需求一跃而起成为黄金最大的消费板块，2020 年占全球黄金总需求的 48%，2019 年仅为 29%，2020 年金饰需求占比为 38%，低于 2019 的 48%，如图 8-49 所示。

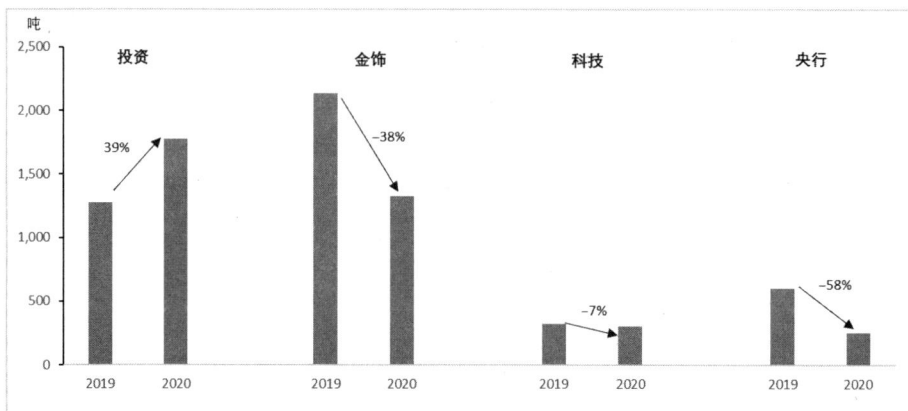

图 8-48　2020 年黄金各需求板块增幅

来源：世界黄金协会

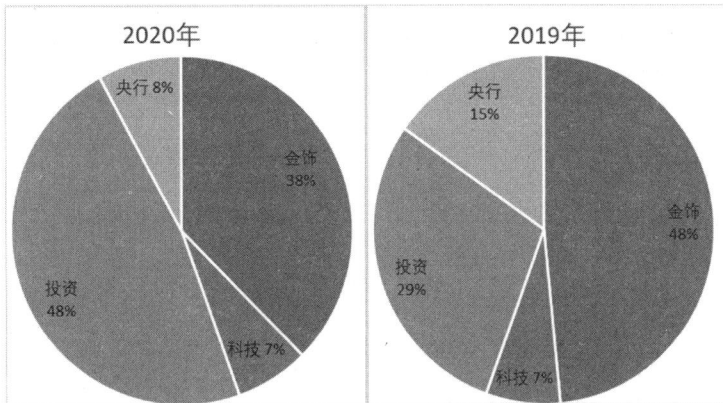

注：图中是四舍五入后的数据。

图 8-49　黄金各需求板块占比（2020 年和 2019 年）

来源：世界黄金协会

因全球地缘政治紧张、经济下滑、宽松货币政策、美元走弱及 ETF 创纪录的资金流入，黄金价格自 2020 年年初开始上涨，并于 8 月 6 日创下历史新高 2063.54 美元/盎司。黄金的金融属性在中短期内将受利率驱动，利率上升，黄金价格走低，但全球央行为了刺激经济而制定的宽松货币政策所造成的通胀、货币贬值等副作用将会在一定程度上抵消利率上升对黄金价格造成的负面影响。尽管 2020 年全球黄金市场仍处于供应过剩格局，但投资者对避险和抵御通货膨胀功能的需求将继续支持黄金价格。

从黄金的大宗商品属性即供需面分析，来自金饰的需求在经济好转及消费者适应黄金的高价后将恢复。特别是作为金饰消费大国，中国金饰需求 2020 年占全球金饰需求的 30%，如图 8-50 所示。但 2020 年上半年，因经济减速及黄金价格上涨而消费大幅下滑 52%，下半年随着政府各项促消费政策的实施，消费逐渐复苏，全年降幅缩小至 35%。在供应层面，金矿的勘探、开采、冶炼、运输等将逐渐恢复正常，但由于全球金矿品位逐年下降，全球矿山金产量将减少（见图 8-51），可缓解需求恢复的不确定性。

2．白银——关注金银比是否仍有效

白银与黄金都有货币属性，但白银的工业属性较黄金明显，工业需求占白银总需求的一半以上，因此在全球经济和政治形势变动时期，黄金价格的涨幅往往大于白银，使得金银比（黄金价格与白银价格之比）扩大。当经济开始复

苏时，白银的工业需求上升，带动白银价格涨幅超过黄金价格，金银比缩小，因此金银比是反映全球宏观经济形势的指标之一。例如，2020 年年初，黄金价格率先创下历史新高，白银价格虽也上涨但幅度偏小，造成金银比扩大，并于 3 月初达到历史高位 124，远超 1975 年至 2019 年的平均值 61，如图 8-52 所示。之后，由于海外矿商的生产和运营受到影响，白银供应趋紧，同时来自投资端的需求增长，推动白银价格上升，金银比开始逐步回落。

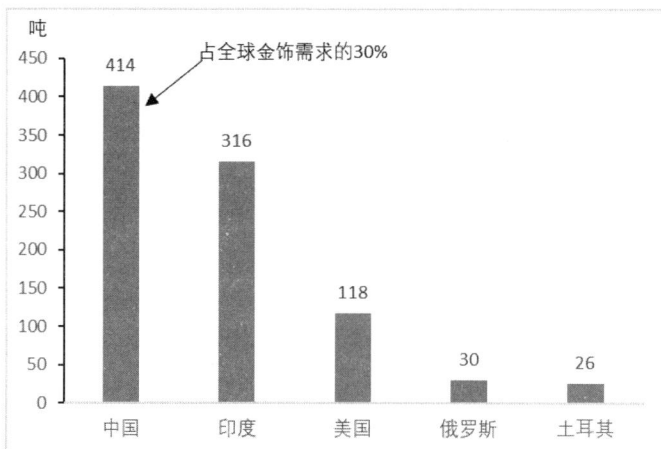

图 8-50　2020 年前五大金饰需求国

来源：世界黄金协会

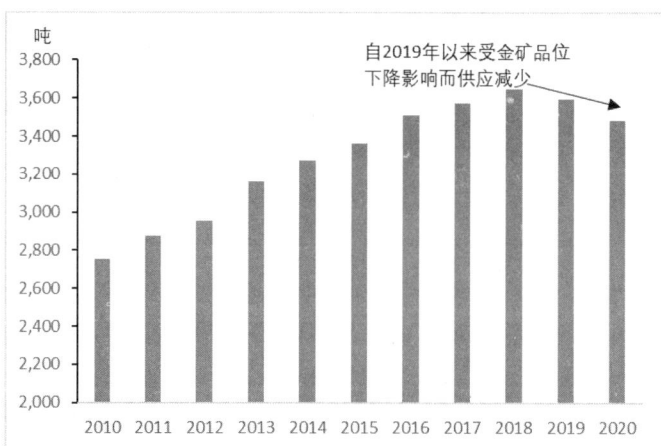

图 8-51　全球矿山金产量

来源：世界黄金协会

图 8-52　黄金价格与白银价格的历史比值

来源：世界黄金协会

由于全球宏观经济和地缘政治的不确定性，白银也与黄金一样，自 2020 年年初起，因投资者避险情绪推动而受到资金青睐。短期来看，白银来自工业应用和首饰的需求受到抑制，但投资需求将弥补工业和首饰需求的疲软。长期来看，全球碳减排进程加速，我国力争于 2030 年前达到碳排放峰值，并于 2060 年前实现碳中和；欧盟将 2030 年温室气体减排目标由原有的基于 1990 年排放水平减少 40% 提升至 55%。各国发展清洁能源，将带动包括太阳能在内的发展，2021 年用于太阳能电池板块的白银有 1.14 亿盎司，占白银总需求的 11%（见图 8-53），笔者预计该比例将于 2025 年上升至 15%。2020 年白银需求分布如图 8-54 所示。

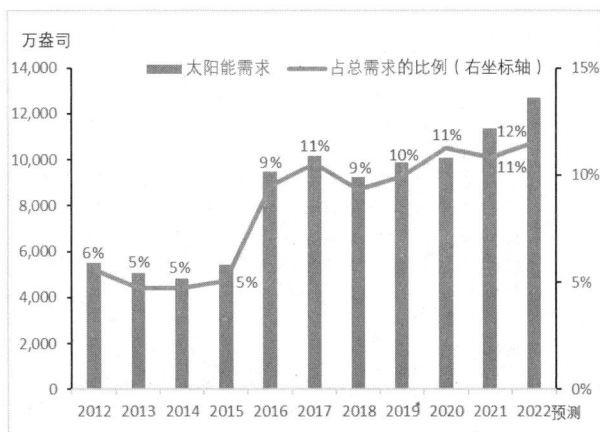

图 8-53　白银的太阳能板块需求

来源：世界白银协会

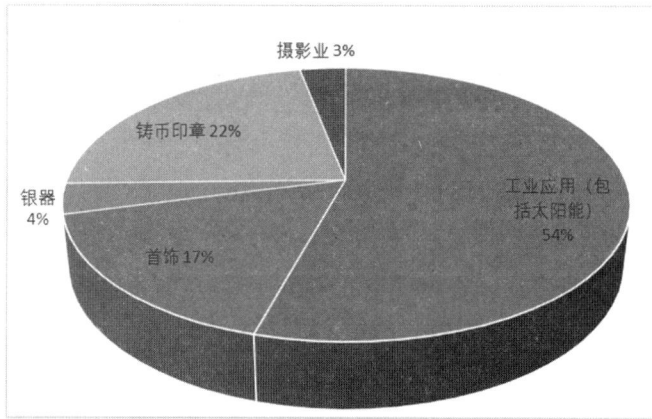

图 8-54　白银需求分布（2020 年）

来源：世界白银协会

全球白银的供应量在 2020 年下降至 10 亿盎司以下，为 2011 年以来最低（见图 8-55），矿山关闭及矿石品位下降是主要原因。例如，全球最大的白银生产国墨西哥的产量同比下降 2%至 1.88 亿盎司，如图 8-56 所示。矿山生产将逐渐恢复，世界白银协会预计 2022 年全球白银供应量将同比上升 3%至 10.03亿盎司。但由于高品位银矿枯竭，近年来全球矿石品位大幅下降的趋势仍将持续，从而压制白银的矿产量。

图 8-55　全球白银供应量及同比

来源：世界白银协会

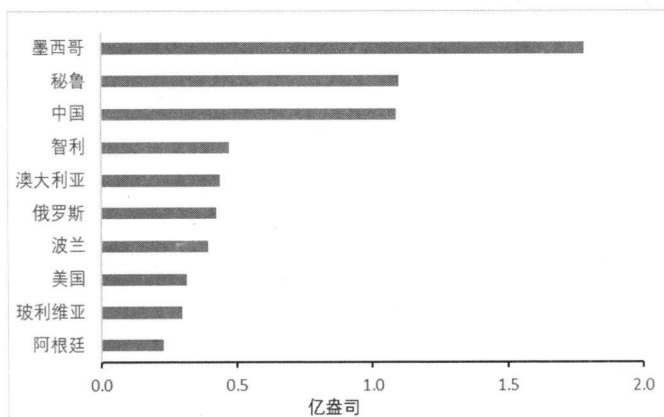

图 8-56　全球十大白银生产国（2020 年）

来源：世界白银协会

8.4　新能源板块

2020 年年初，全球经济受到重创，但同时重塑了各国对未来经济发展的计划。绿色经济和可持续发展被放在了重要位置，多国公布了复苏计划，涉及一系列支持绿色转型的措施，覆盖可再生能源、能源效率和清洁交通。中国推动制造业升级和新型产业发展，支持新能源汽车产业高质量发展，力争从汽车大国转型为汽车强国。

8.4.1　动力电池和电池材料

1．钴、锂——未来上升空间将由新能源汽车拉动

在新能源汽车市场爆发的预期下，钴、锂价格自 2015 年年底开始上涨，至 2018 年年初跳涨 200%以上，如图 8-57 和图 8-58 所示。之后，由于供应快速放量，超过需求增速，价格受供需情况恶化影响而一路走低，并持续在低位徘徊。新能源汽车的发展主要受政策环境的驱动，中国约占全球一半的市场份额，在 2020 年全球经济下滑、消费萎缩的情况下，多国政府加大了对新能源汽车的政策支持力度，德国将原计划 2020 年年底结束的补贴政策延长至 2025年，英国宣布其燃油车销售禁令由 2040 年提前至 2035 年实施，并将混合动力汽车纳入禁令。

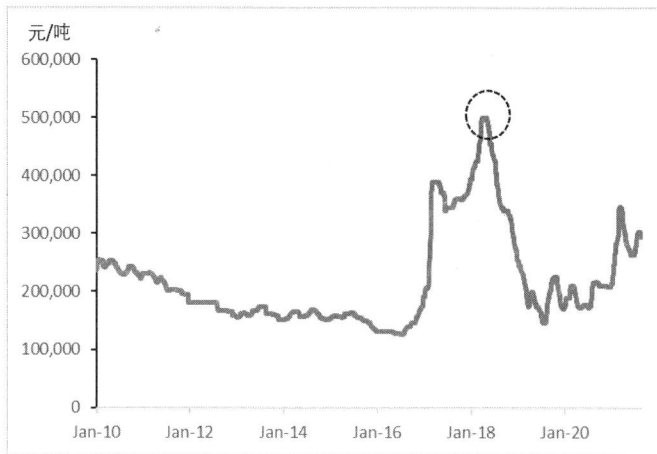

图 8-57　四氧化三钴价格

来源：上海有色网

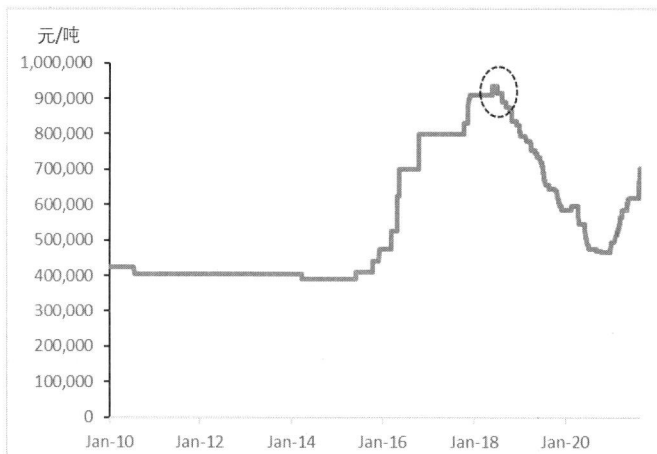

图 8-58　金属锂价格

来源：上海有色网

我国于 2020 年 4 月出台政策，将新能源汽车免征车辆购置税的优惠政策由 2020 年延长至 2022 年。国务院办公厅 2020 年 11 月发布的《关于印发新能源汽车产业发展规划（2021—2035 年）》指出，到 2025 年，我国新能源汽车新车市场竞争力明显增强，新能源汽车新车销量达到汽车新车销量的 20% 左右。笔者据此测算我国新能源汽车销量至 2025 年将达到 600 万辆，较 2020 年跳升 339%，如图 8-59 所示。

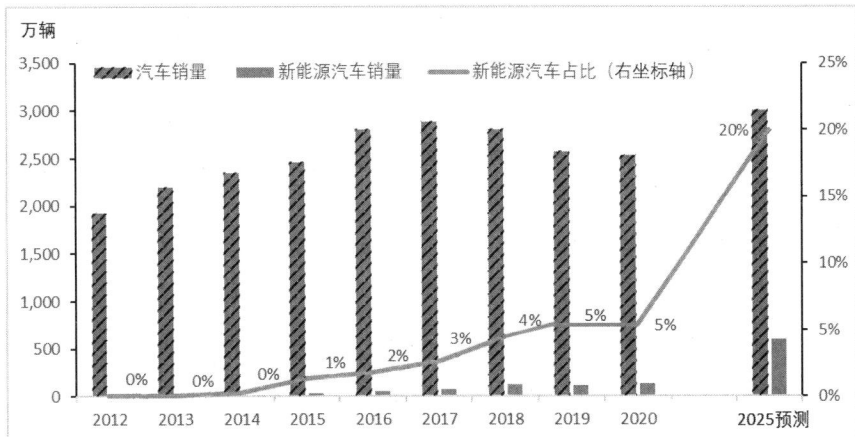

图 8-59　中国汽车和新能源汽车销量及新能源汽车占比

来源：中国汽车工业协会

　　笔者预计全球钴价格随着基本面的改善、行业去库存化加速和市场情绪逐步升温而触底回升。欧洲碳排放新规所带来的欧洲车企电动化率的提升，5G拉动的消费电子产品加速渗透，将推动钴的中长期需求。在供应层面，由于上游供应链中存在一些争议问题（如某矿山雇佣童工开采矿石等），越来越多的终端用户（包括苹果、特斯拉、戴尔等），以及交易所（如伦敦金属交易所等）希望能规范钴的供应来源，进行负责任的采购（Responsible Sourcing），对供应的品质和数量提出严格要求，有利于规范钴的供应。2020 年，嘉能可 Mutanda铜钴矿关停，全球钴原料供应同比下滑 6%至 13.3 万吨，不过精炼钴产量同比上升 6%至 14.4 万吨。全球钴消费同比增长 5%至 14.1 万吨，其中占全球钴消费 68.8%的锂电池需求旺盛，弥补了需求下降的高温合金和硬质合金板块。笔者预计，锂电池需求仍将带动钴需求增加，同时高温合金和硬质合金的需求将逐步好转，但刚果钴原料产能的释放增加供应，全球钴市场将维持供应过剩，钴价将维持震荡，如图 8-60 所示。

　　锂的供应主要来自矿石和盐湖卤水，其中锂矿主要集中在西澳大利亚，盐湖主要分布在南美"锂三角"和中国。西澳大利亚锂矿山自 2017 年起的投产和部分在运营矿山的扩产，造成全球锂原料市场的供大于求于 2018 年达到顶峰，自 2019 年起随着矿山开工率下调及新矿山投产进度放缓，供应过剩缩小。南美盐湖卤水项目的投产和扩产在 2020 年延迟，减轻了供应压力。笔者预计供应层面南美盐湖的放量进度将放缓，澳洲锂矿的新增供应需要高价格的刺激。在需求层面，新能源汽车将推动锂行业新一轮的需求周期，国内的新能源汽车发展由"政策驱动"转为"产品驱动",海外严格执行碳排放政策和通过高补贴刺激,都将驱动新能源汽车长期增长;同时储能电池将受益于碳中和政策下风电、光伏等清洁能源的增长,以及5G基站备用电源的增量。笔者预测全球锂市场需求将从2020年33万吨LCE增长至2025年121万吨LCE,年均复合增长率达30%,其中2025年新能源需求将占总需求的70%,较2020年的35%上升35个百分点,如图8-61所示。

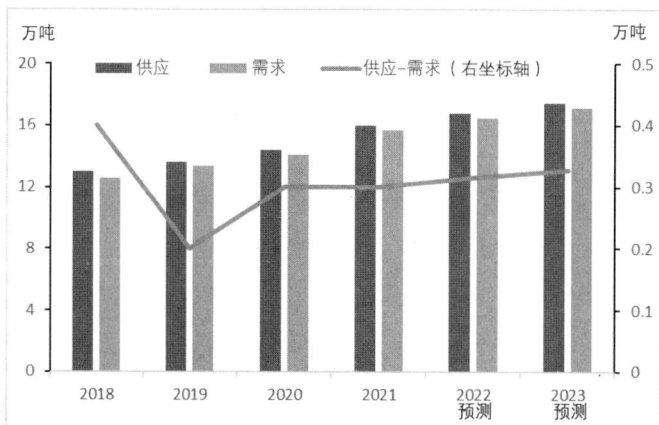

图 8-60　全球钴市场供需情况

来源:安泰科

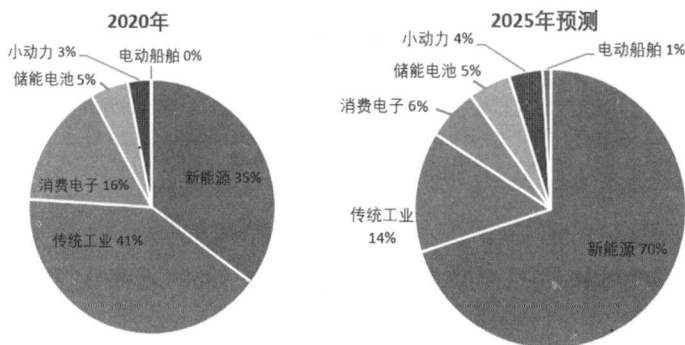

图 8-61　全球锂需求分布(2020年和2025年)

来源:安泰科

2. 硫酸镍——镍产品中的"新宠"

硫酸镍主要运用在电池和电镀领域,电池消费占硫酸镍总消费的67%。电池消费又可分为锂电池中的三元前驱体消费和镍氢电池消费,其中三元动力电池是硫酸镍消费大户。根据安泰科数据，三元前驱体消费占总消费的 55%，镍氢电池消费占 12%，如图 8-62 所示。因此，三元前驱体的终端用户新能源汽车是硫酸镍需求的主要驱动力。

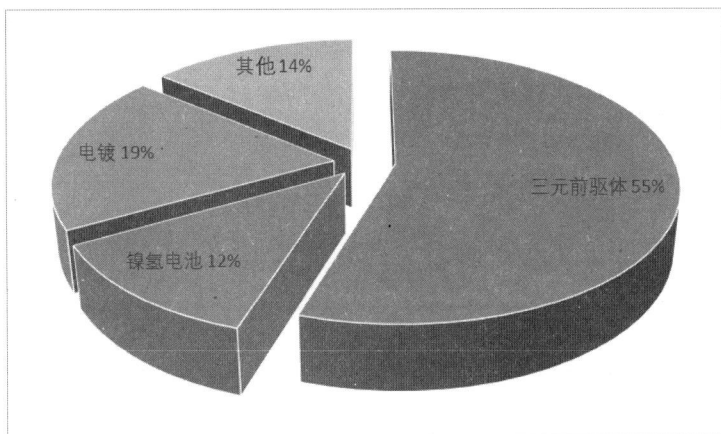

图 8-62　中国硫酸镍下游消费分类（2020 年）

来源：上海有色网

通过提升三元电池正极材料中镍的比重，可提升电池能量密度，并且通过减少使用高价钴而降低电池成本。三元动力电池金属元素含量如图 8-63 所示。全球对新能源汽车发展的政策支持力度将带动三元正极材料的放量。高镍化将是三元正极材料未来的发展趋势，虽然在 2020 年我国三元材料出货量中，仍以 5 系及以下型号为主，占出货量的 59%，但同比下降 9 个百分点，高镍 8 系材料占比同比上升 9 个百分点至 24%。NCM811 和 NCA 的渗透率将逐步提高，带动硫酸镍的需求，而中低镍三元材料占比将逐渐下滑，并将被逐渐淘汰。

三元材料型号	锂	镍	钴	锰	铝
NCM111	7.2%	20.3%	20.4%	19.0%	0%
NCM433	7.2%	24.3%	18.3%	17.1%	0%
NCM523	7.2%	30.4%	12.2%	17.1%	0%
NCM622	7.2%	36.3%	12.2%	11.3%	0%
NCM811	7.1%	48.3%	6.1%	5.6%	0%
NCA	7.2%	48.9%	9.2%	0%	1.4%

图 8-63　三元动力电池金属元素含量（重量含量）

来源：中国化学与物理电源行业协会动力电池应用分会

在新能源汽车需求推动下，全球的硫酸镍产能和产量自 2015 年以来快速增长。2019 年，我国新能源汽车由于补贴政策退坡，销量下滑，带动硫酸镍产量增速放缓。2020 年年初，新能源汽车的产销下滑，但我国 2020 年 4 月出台利好政策刺激了新能源汽车消费。我国新能源汽车 2020 年销量为 136.7 万辆，创历史新高，同比增长 10.9%。受需求带动，硫酸镍产量也同比上升 15% 至 65 万实物吨，2021 年产量增加至 131 万实物吨。笔者预计我国硫酸镍产量于 2022 年将继续上涨，同比增加 10% 至 163 万吨，如图 8-64 所示。

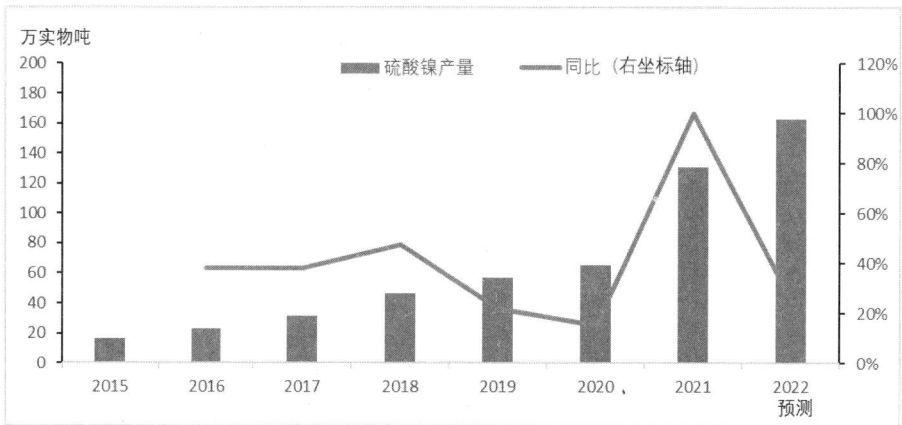

图 8-64　中国硫酸镍产量及同比

来源：上海有色网

8.4.2　氢能——能源危机中受人关注的新二次能源

氢能的制取、储存、运输和应用是全球开发清洁能源的重要一环，氢的燃烧产物是水，是十分干净的能源，氢也是自然界普遍存在的元素，主要以化合物的形态贮存于水中。因此，可通过水电解制氢，或传统的化石能源制氢，如天然气重整制氢、煤气化制氢等。目前，全球氢能主要来自化石能源制氢，温室气体排放量大，因此将 CCUS（碳捕集、利用和封存）技术与化石能源制氢结合及水电解制氢是现阶段可持续制低碳氢能的主要方式。其中，水电解制氢近年来发展迅速，据 IEA 数据，用水电解制氢的电解槽容量已从 2010 年的不到 1 兆瓦上升到 2019 年的 25 兆瓦以上，项目规模由 2010 年的低于 0.5 兆瓦，至 2017—2019 年期间的最大规模 6 兆瓦，预计 2023 年水电解制氢的产能将达到 1433.1 兆瓦，如图 8-65 所示。

兆瓦/年

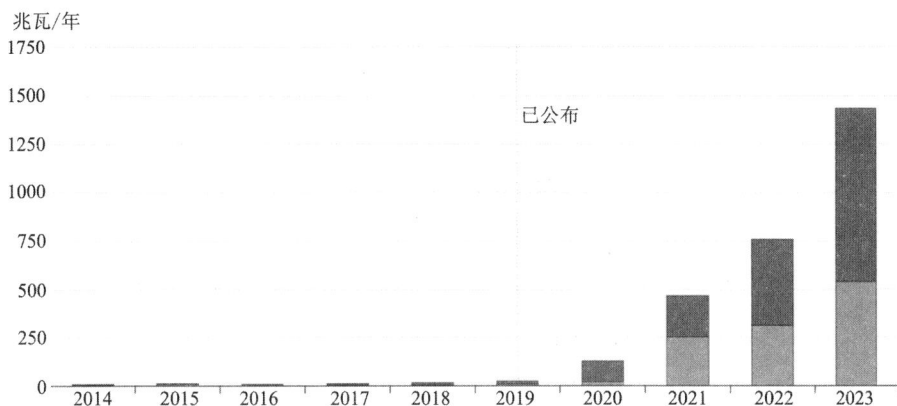

图 8-65　全球水电解制氢产能（2014—2023 年）

来源：IEA

全球新能源汽车需求的上升，推动了氢能在交通领域的应用，氢燃料电池汽车的研发和制造在加快进行，不过大规模的商业应用还需要一定的时间。图 8-66 所示为新能源汽车的分类。全球氢燃料电池汽车保有量在 2020 年年底为 32 535 辆，较上一年度增加 38%，中国氢燃料电池汽车保有量位于韩国和美国之后，居全球第三。全球销量继 2019 年同比跳升 1.13 倍后，2020 年同比下降 9.1% 至 9006 辆。中国的氢燃料电池销量为全球第二，中国市场受政策支持蓬勃发展，据中国汽车工业协会数据，2019 年我国燃料电池汽车销量为 2737 辆，同比增长 79%，约比 2015 年的 10 辆上升了 273 倍，2020 年销量同比下降 57% 至 1179 辆，如图 8-67 所示。

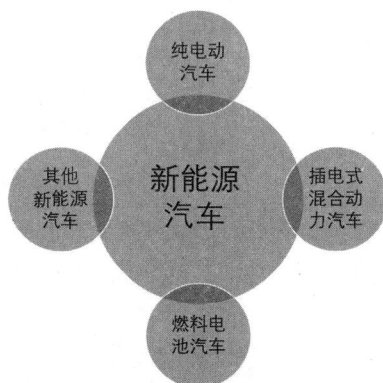

图 8-66　新能源汽车的分类

来源：中国汽车工业协会

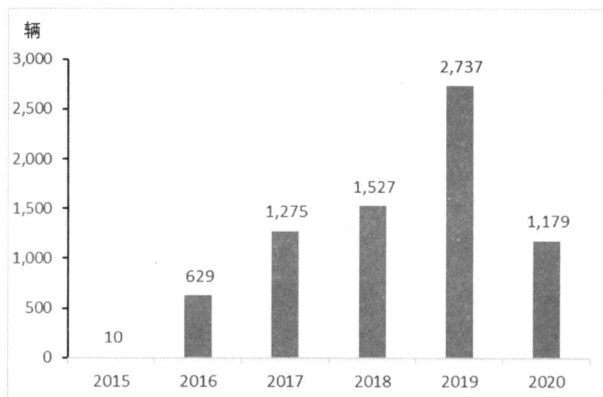

图 8-67　中国燃料电池汽车销量

来源：中国汽车工业协会

我国氢燃料电池汽车主要集中在商用车领域（包括客车、卡车等），氢燃料电池的长续驶和低排放性比柴油和锂电池有显著优势。至 2020 年年底，我国已建成加氢站 118 座，全球排名第二，2020 年新建成加氢站 47 座。笔者预计氢能汽车的产量和销量将随着其商业化程度的提升而增加，多国政府大力推进氢能产业发展，对氢能电池和汽车的投资热情高涨。随着氢能产业链的逐步完善，包括氢气制取、储运、燃料电池的生产、加氢站等的产业链布局形成闭环和逐步优化，氢能汽车会进入产业化阶段。我国 2019 年的政府工作报告首次提出推动充电、加氢等设施建设，2020 年 4 月国家能源局的能源法征求意见稿中，氢能正式纳入能源定义，多地政府也将氢燃料电池汽车作为当地重大战略。中国汽车工程学会预测我国氢燃料汽车保有量 2025 年将达到 10 万辆，2030 年将达到 100 万辆，日本 2030 年氢能汽车目标为 811 200 辆，荷兰目标为 300 000 辆（见图 8-68），规模化经济将带动氢气成本下降。

除了最受瞩目的交通领域，氢能当前更广泛的应用是在能源、工业、建筑等领域。例如，石油化工和钢铁业在生产过程中使用高碳氢，现具有用低碳氢替代的趋势，以减少温室气体的排放，带动传统产业的转型升级。氢能也可用作储能，将风能、太阳能等受风力及光源影响而具有不稳定性的新能源变成氢能储存起来，将传统技术无法储存的能源充分利用。

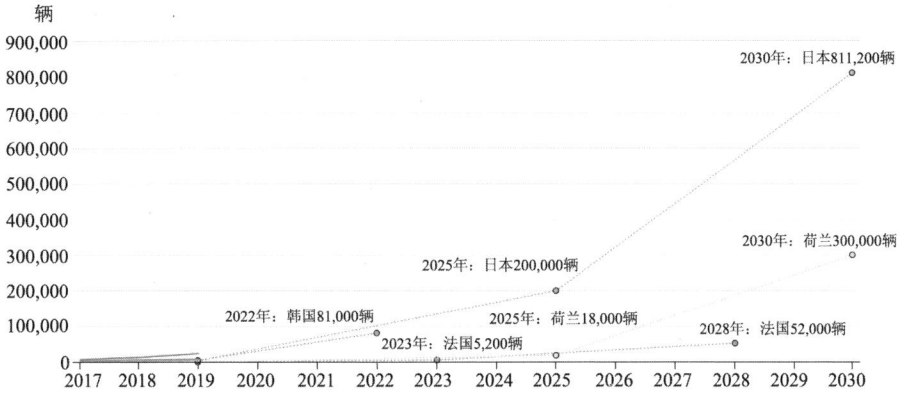

图 8-68　2017—2019 年全球燃料电池电动汽车的分布及部分国家的目标

来源：IEA

期权
策略篇

❖ 第 9 章　玩转期权

第 9 章

9

玩转期权

9.1　期权是如何定价的

期权赋予其持有者做某件事情的权利，但持有者并没有必须履行的义务。期权与期货不同，期货买卖双方的权利和义务是对等的，各自具有要求对方履约的权利。买入期权只需要支付权利金而不需要支付保证金，而买入期货需要交纳保证金，若市场变化不利于头寸需要追加保证金，当价格剧烈波动，损失可能超过初始保证金，因此与买入期货相比，买入期权亏损的风险有限而盈利无限。

9.1.1　布莱克-斯克尔斯期权定价模型

期权的价格指的是买进或卖出期权合约时所支付或收取的权利金。该权利金由内涵价值（Intrinsic Value）和时间价值（Tim Value）组成。内涵价值指的是立即履行期权合约可获取的利润，按执行价格与标的资产价格的关系，可分为实值期权（in the Money Option）、虚值期权（out of the Money Option）和平值期权（at the Money Option）。如果期权立即履约，实值期权持有者的现金流为正值，而虚值期权持有者的现金流为负值，平值期权持有者的现金流则为零。用 S 代表标的资产价格，X 代表期权执行价格。当 $S>X$ 时，看涨期权是实值期权，而看跌期权是虚值期权；当 $S<X$ 时，看涨期权是虚值期权，而看跌期权是实值期权；当 $S=X$ 时，看涨期权和看跌期权都是平值期权。实值期权、虚值期权和平值期权如图 9-1 所示。时间价值是期权权利金减去内涵价值的剩余部分。一般来说，期权剩余的有效期越长，时间价值越高，因为买方获利机会

更多。在到期日，时间价值为零，期权的价值等于内涵价值。

s代表标的资产价格，x代表期权执行价格	看涨期权	看跌期权
实值期权	$S>X$	$S<X$
虚值期权	$S<X$	$S>X$
平值期权	$S=X$	$S=X$

图 9-1　实值期权、虚值期权和平值期权

影响大宗商品期权价格的因素包括标的资产价格、期权执行价格、到期期限、标的资产价格的波动率和无风险利率，股票期权则还要多加一个因素，即期权有效期内预计发放的红利。当标的资产价格、到期期限、标的资产价格的波动率和无风险利率增加时，看涨期权的价格通常也随之上升，当期权执行价格增加时，看涨期权的价格通常下降，如图 9-2 所示。

	欧式		美式	
	看涨期权	看跌期权	看涨期权	看跌期权
标的资产价格	＋	－	＋	－
期权执行价格	－	＋	－	＋
到期期限	不适用	不适用	＋	＋
标的资产价格的波动率	＋	＋	＋	＋
无风险利率	＋	＋	＋	－
期权有效期内预计发放的红利（对股票期权）	－	＋	－	＋

图 9-2　当一个变量增加而其他变量保持不变时对期权价格的影响

布莱克-斯科尔斯期权定价模型（Black Scholes Option Pricing Model）为欧式期权价格的计算提供了数学模型（见图 9-3），被业界广泛使用。该模型假设市场不存在无风险套利机会、投资者能够以无风险利率借贷、市场不存在税收和交易成本、标的资产价格服从对数正态分布模式、金融资产在期权有效期内无红利及其他所得、该期权是欧式期权、证券交易是持续的。

$$C = S \times N(d_1) - e^{-r \times T} \times L \times N(d_2)$$

其中：

$$d_1 = \frac{\ln \dfrac{S}{L} + (r + 0.5 \times \sigma^2) \times T}{\sigma \times \sqrt{T}}$$

$$d_2 = d_1 - \sigma \times \sqrt{T}$$

- C—期权初始合理价格
- L—期权交割价格
- S—所交易金融资产现价
- T—期权有效期
- r—连续复利计无风险利率
- σ^2—年度化方差

图 9-3　布莱克-斯科尔斯期权定价模型

9.1.2 投行关注其中的风险 Delta、Theta、Gamma、Vega、Rho

投行等金融机构在场外出售期权合约给客户，如行情朝对客户有利的方向变动，则客户有权执行该期权合约，要求投行履约。因此，投行作为期权的卖出方，应做好买方要求履行合约的准备，同时要面对价格朝不利方向变动的巨大风险。因此，投行在卖出期权合约的同时，也应进行风险管理，对冲敞口头寸。

例如，投行出售 1 份基于原油期货的欧式看涨期权，执行价格为原油价格 30 美元/桶，当下原油价格为 27 美元，收获期权权利金 4 美元。如果期权合约到期日原油价格低于 30 美元，则客户不会执行该看涨期权，投行收入为 4 美元。若到期日原油价格高于执行价格，为 35 美元，则投行需要在市场上用 35 美元买入原油合约，以 30 美元的价格交割给买方，损失 35-30=5 美元，减去收获的 4 美元权利金，净损失为 1 美元。由此可见，卖出期权合约，当期权没有被执行，最大收益为权利金，当期权被执行，平仓收益（损失）为权利金卖出价减买入平仓价，但风险会随价格往不利方向的变动而放大，如图 9-4 所示。

	卖出看涨和看跌期权
收益	若期权不被执行，收益=权利金
	若期权被执行，平仓收益=权利金卖出价-买入平仓价
风险	期权被执行，风险=期权执行价格-标的资产平仓买入价格+权利金
	斩仓风险=权利金卖出价-斩仓买入价
	注：对于看涨期权，由于卖出该期权是看空后市，若标的资产价格不跌反升，由于价格上涨，理论上可以无限，损失可能很大

图 9-4　卖出期权的收益和风险

与期权头寸相关的风险程度取决于四个因素，即期权价格与标的资产价格、到期期限、标的资产价格的波动率和无风险利率，衡量这些因素的变量用五个希腊文 Delta、Theta、Gamma、Vega、Rho 表示。投行试图使其持有的期权合约的价格免受标的资产价格变动的影响，即 Delta 套期保值（Delta Hedging）。假设某原油期货的看涨期权的 Delta 为 0.6，期权价格为 10 美元，原油价格为 30 美元。若投行出售了 100 份看涨期权，为方便计算，假设一份看涨期权可购买一份期货合约，其保值方法就是买入 0.6×100=60 份期货合约，则期权头寸上的盈利（或亏损）就可由期货上的损失（或盈利）抵消。

Gamma 是 Delta 随标的资产价格变化而变化的幅度，Vega 是期权价格的变化与标的资产价格波动率变化的比率。通过保持 Gamma 接近 0，可使期权对标的资产价格较大变动不敏感。通过保持 Vega 接近 0，可使期权对波动率的变动不敏感。Theta 是期权的变化与时间间隔的比率，越接近到期日，期权的时间价值越低。Rho 是期权的变化与无风险利率变化的比率。

9.1.3　投行的 FICC 业务

国际投行的大宗商品业务是在 FICC（Fixed Income，Currencies and Commdities，固定收益、货币和大宗商品）板块下，提供交易、做市、借贷、清算等服务。FICC 通过中介和融资业务产生收入。中介业务是指替客户执行或者为现金及衍生品工具做市，包括利率产品、信贷产品、抵押贷款、外汇和大宗商品，以及以这些产品为标的资产的期货、期权、远期、互换等衍生品。融资业务则为客户提供融资结构性贷款、资产担保贷款等期限较长的贷款。比如，高盛的 FICC 业务位于其环球市场业务下，2020 年 FICC 业务的净收入占高盛全年净收入的 26%。

在 2008 年金融危机后，由于监管趋严，如美国的沃尔克法则禁止投行自营资金从事 FICC 业务，多德－佛兰克法案限制投行在交易中使用杠杆等，投行纷纷缩减 FICC 业务。在同行普遍收缩之际，高盛仍旧坚持，2020 年全球经济下滑，投资者寻求贵金属避险，以及油价在 4 月暴跌后回升，其 FICC 业务净收入同比上升 57%。这是由于 FICC 业务可为客户在多种产品上提供投资和融资服务，提高客户黏性，也带动相关业务链客户量的增长。其中，在高盛的 FICC 业务中，做市交易的收入在 2020 年占 FICC 净收入的 86%，是重要的收入贡献者。但做市业务也带来市场风险，特别对 FICC 交易的产品之一期权，对持有期权的风险进行管控是关键。

FICC 业务部门一般有销售团队和交易团队，有些投行还配有战略团队，通过研究基本面和技术面，给销售和交易团队制定投资战略。其中，销售团队分为服务买方，即各种基金和资产管理公司等机构投资者，以及服务产业链客户，即实体企业（包括生产商、消费商、贸易商等）。销售团队负责维护和发展客户关系，以及了解客户的想法，交易团队负责执行客户的指令。

9.2　国际大宗商品期权市场的发展

对大宗商品期权来说，芝加哥商品交易所、洲际交易所、伦敦金属交易所是主要的交易场所。我国的交易所自 2017 年以来，也不断推出期权产品，包括上海期货交易所的铜期权、黄金期权和天胶期权，大连商品交易所的铁矿石期权、玉米期权和豆粕期权，郑州商品交易所的白糖期权、棉花期权、PTA 期权、甲醇期权和菜籽粕期权。

9.2.1　境外商品期权市场概况

1973 年，芝加哥期权交易所（Chicago Board Options Exchange，CBOE）建立了期权交易市场，推出标准化合约，使期权交易由原先在少数交易商间进行的场外买卖，进入了统一化和标准化的新阶段。全球各地纷纷建立期权交易所，银行和其他金融机构也提供期权的场外交易。期权的标的也从股票扩展到外汇、金融证券、债务工具、大宗商品、期货合约等多种资产，交易量也逐年上升。

布莱克-斯克尔斯期权定价模型在 20 世纪 70 年代被研究出，给出了期权定价的指引，并迅速被期权从业者运用，也推动了海外市场期权交易量的上升。据美国期货业协会数据，2020 年全球场内衍生品总成交量为 467.68 亿手，同比增长 35.6%，按期货和期权分类，期权成交量为 212.22 亿手，同比增长 39%，占全球场内衍生品成交量的 45%，如图 9-5 所示。按金融类和商品类分，商品类衍生品的成交量为 95.86 亿手，同比增长 33%，占全球场内衍生品成交量的 20%，如图 9-6 所示。

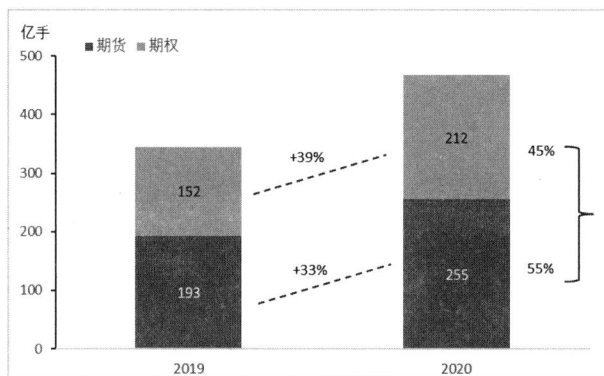

图 9-5　全球期货和期权成交量

来源：美国期货业协会

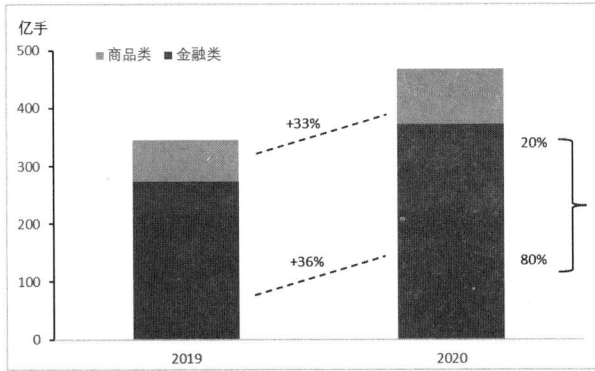

图 9-6　全球商品类和金融类衍生品成交量

来源：美国期货业协会

美国在全球期权市场占据着领先地位，在按商品期权成交量排名的全球交易所中，美国的芝加哥商业交易所集团 2019 年位列第一，而且其成交量超过排名第二至第九的交易所成交量的总和，如图 9-7 所示。通过兼并收购，芝加哥商业交易所集团旗下的芝加哥商品交易所（CME）、芝加哥期货交易所（CBOT）、纽约商品期货交易所（NYMEX）和纽约商品交易所（COMEX），通过规模效应，提供能源、农产品、金属、利率、股指、外汇的期货和期权。

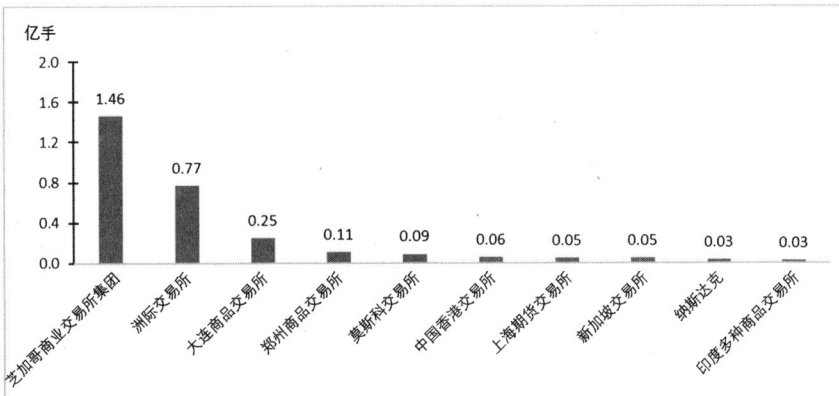

图 9-7　全球交易所按大宗商品期权成交量排名（2019 年）

来源：美国期货业协会

9.2.2　CME、LME、SHFE 期权合约比较

当前提供铜期权合约的有 LME、芝加哥商业交易所集团旗下的纽约商品交易所（COMEX）和上海期货交易所（SHFE）。作为全球十分有影响力的铜

期货交易所，LME 在 1987 年推出铜期权，COMEX 也紧随其后于 1988 年推出铜期权，SHFE 在 2018 年 9 月 21 日推出了我国首个工业品期权——铜期权，在全球不断增长的期货业务中占有一席之地。

与 LME 和 COMEX 的铜期权皆为美式期权（American option）不同，SHFE 提供欧式期权（European option）。相比于美式期权在合约到期日前的任何一个交易日都可履行合同，欧式期权只能在合约到期日履行合同。对产业客户而言，SHFE 的欧式期权的不确定风险更小，符合其对价格波动空间、时间和波动性的对冲需求。买入期权给予买方按规定价格买卖期货的权利，但不承担义务，因此冶炼企业买入期权，防止原材料价格上涨超过目标价或者产品售价低于目标价，相当于买入一份保险。

SHFE 的铜期权以人民币定价，减少国内企业交易 LME 和 COMEX 期权所面临的外汇敞口，对部分受外汇管制的限制而不能自由参与海外期货市场的投资者来说，SHFE 的铜期权为上下游企业提供了多元化的风险管理工具。另外，SHFE 的铜期权的合约标的物，SHFE 的铜期货合约的价格能反映我国铜产业的供需情况，国内产业链客户可通过运用期权和期货的衍生品组合，锁定价格和对冲风险。随着参与者的增加，也可提升中国在国际铜市场上的话语权。

9.2.3　全球大宗商品期货的价格相关性

大宗商品易于分级和标准化促进了其全球化进程，同种大宗商品可在全球不同的交易所进行交易，由于交易标的大致相同，价格之间有较高的相关性，提供给投资者跨市套利的机会。当然，不同交易所的同种大宗商品由于运输费用、交割品级的差异、汇率等因素而价格不同，即存在差价。例如，纽约商品交易所的 WTI 原油和洲际交易所的布伦特原油相关系数很高，为 0.99（见图 9-8），当二者的价差偏离合理水平时，投资者可通过进行套利交易而获利。

我国经济的飞速发展带动了大宗商品的产量和消费量的上升，并且与国际市场的紧密度上升。我国期货市场的发展，参与者增加，交易量上升，也加强了国内外价格的联动。以铜为例，中国是全球最大的精炼铜生产国和消费国，2019 年产量占全球的 41%，消费量占全球的 51%。产量和消费量的上升推动了铜产业链参与者（包括生产商、消费商、贸易商）的套期保值交易及投资者的投机和套利交易，带动上海期货交易所（简称上期所）铜期货合约交易量上升，使得上期所和 LME、COMEX 一样，成为全球铜定价中心之一，影响全球铜的定价。

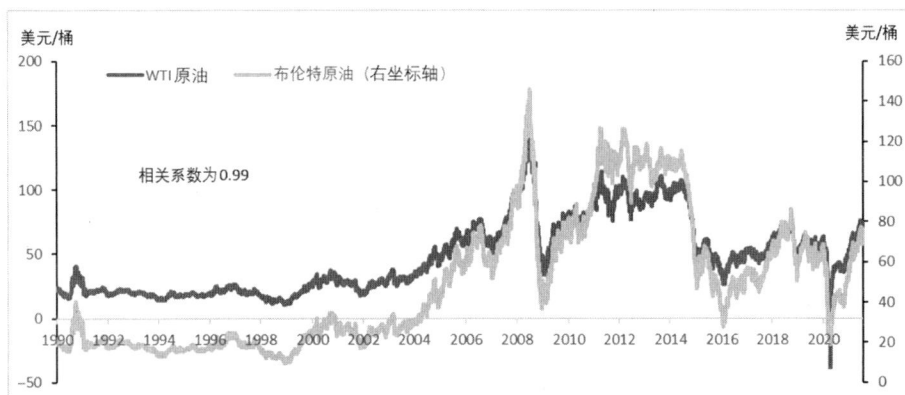

图 9-8　NYMEX 的 WTI 原油和 ICE 的布伦特原油价格

来源：NYMEX、ICE

　　不过，国内的期货由于投机交易的影响，价格波动较大，影响产业链客户对冲风险的效果。一般来说，短期的仓位变化主要受投机者驱动，长期的仓位变化由套期保值者的对冲需求带动。投机者出于获利目的，交易频率比套期保值者频繁，促进了价格波动。观察上期所、郑商所和大商所的周转率（全年成交量除以年末未平仓合约数量），在 2019 年分别是 249 倍、247 倍和 140 倍，高过 LME 的 73 倍和 CME 集团的 46 倍，如图 9-9 所示。这反映了国内交易所投资者的持仓时间较短，投机性较强。

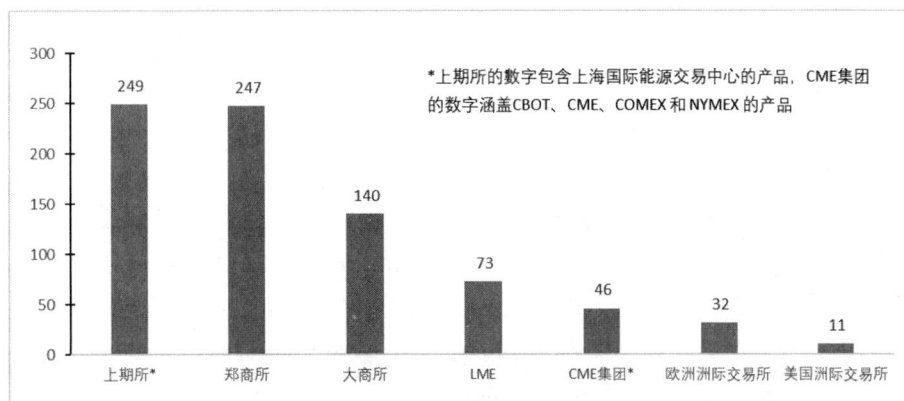

图 9-9　部分交易所的商品期货期权全年交易量与年末未平仓合约量的比率

来源：美国期货业协会

9.2.4 中国大宗商品期权市场的兴起

我国是全球大宗商品的生产及消费大国，国内的交易所自 2017 年以来，不断推出期权产品，为实体经济提供多样化风险管理工具，也逐渐提升了我国在全球大宗商品市场的定价权。国内的生产商和消费商有机会参与全球价格的制定，而不仅仅是价格的接受者。

基于大宗商品的衍生品可提供较高回报及较低波动性，能使投资组合更多元化，近年来，金融投资者（包括买卖指数的公司和资金管理人）把大宗商品作为被动型（如透过指数期货或 ETF 追踪大宗商品期货指数）或主动型回报（如期货的长短仓策略）的资产类别。金融投资者通过交易大宗商品期货、期权和掉期，给全球市场提供了流动性，不过在国际市场上，其只是少数参与者。例如，LME 一半以上的成交额由生产商、消费者和贸易商提供，但国内市场上金融参与者，特别是个人投资者的交易额占比超过一半。

不过近年来，国内市场上套期保值者的参与正在增加，个人投资者的投资交易占比有所下降。同时，国内期货交易所加快已上市品种的国际化进程，吸引境外投资者（包括生产商、消费商、贸易商和投行等）。以 INE 原油期货为开端，铁矿石、PTA、20 号胶、低硫燃料油等期货品种的国际化吸引境外资本参与，成交量和持仓量增加，提升了我国大宗商品价格的国际影响力。境外生产企业、贸易商、投资公司等的加入，丰富了期货合约参与主体的多样性，有助于发现价格，同时境外企业可规避与境内相关企业贸易中的价格风险。

9.3 投行的大宗商品衍生品业务分为自营和代客

投行的大宗商品衍生品业务在 FICC 板块下，其盈利模式分为自营和代客。其中，自营是指银行用自身的本金对金融工具进行短期买卖，获取风险收益，并为市场提供流动性及维护交易的连续性。但自营交易是双刃剑，银行可利用自身资金优势和信息优势操纵市场，进行内幕交易。代客是指银行为客户提供做市和套期保值服务，并从中赚取差价。

9.3.1 自营相当于投行自己操盘，但沃尔克法则后被禁止

在 2008 年金融危机后被提出的沃尔克法则禁止银行从事自营性质的投资业务，包括自营交易证券、大宗商品、外汇等的期货和期权。银行不能用自身的本金对金融工具进行短期买卖，而只能作为中介机构代表客户执行交易。禁止自营交易可使银行减少利益冲突，因为银行的交易员可能通过内部的经纪业务获得客户（市场参与者）的交易信息，从而利用内幕信息进行交易。

不过，最终通过的法案对区分自营交易和为客户进行的做市交易的规则弱化了许多，允许银行在做市的时候根据历史交易量设定一个限额，显示出客户的需求量，证明银行进行的交易是做市而非自营。若满足法则所规定的风险管理流程，则可在以降低做市交易的风险为目的基础上进行对冲交易。这是由于限制银行的自营交易会降低市场流动性，流动性较差的资产的交易成本会增加。

受沃尔克法则的影响，华尔街银行开始分拆自营交易部门，剥离大宗商品业务。FICC 业务的收入呈下降趋势。以高盛为例，其 FICC 业务的净收入自 2009 年的 218.8 亿美元下降 73% 至 2018 年的 58.8 亿美元，如图 9-10 所示。FICC 业务净收入占高盛总净收入的比例也由 2009 年的 48% 跌落至 2018 年的 19%。

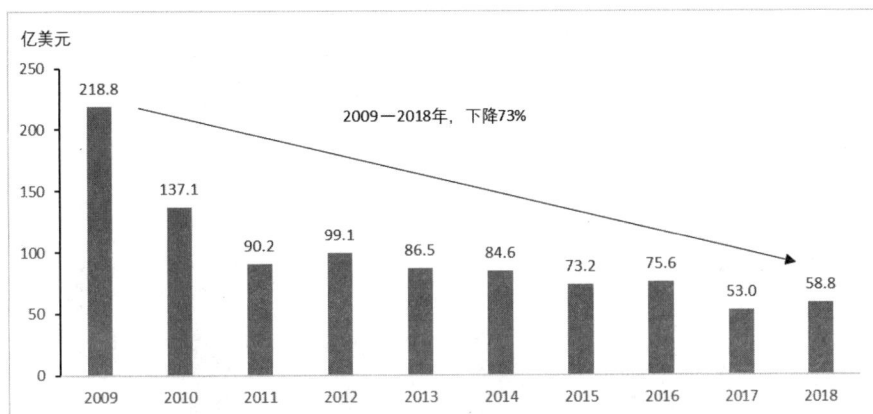

图 9-10 高盛 FICC 业务净收入

来源：高盛年度报告

9.3.2 代客业务是为银行客户服务

代客是为银行的客户，包括基金和资产管理公司等金融客户，以及生产

商、消费商、贸易商等实体企业，提供做市和套期保值等服务，维持市场流动性，并从中赚取差价。银行的做市业务包括利率产品、信贷产品、抵押贷款、外汇、大宗商品等。

以大宗商品做市为例，假设银行的企业客户在市场成交清淡时，出于套期保值目的需要在短时间内于伦敦金属交易所抛售 5000 吨铝锭。由于市场买盘稀少，短时间内大笔卖单没有足够的买盘接手，可能无法成交，或者即使成交但价格会非常不利，会延误客户的交易时间及增加交易成本。于是，银行利用自身资金，为客户提供流动性，现持有这笔头寸，等市场流动性转好时再将该头寸平盘。该笔做市交易其实也存在自营交易，如在银行持有客户头寸且未在市场对冲时，如果银行被完全禁止自营交易，则其只能在客户卖出 5000 吨铝锭时在市场上找到交易对手，在市场成交清淡时很可能导致客户的该笔交易不能顺利完成。因此，最后生效被执行的沃尔克法则在界定自营交易及如何实际操作层面放松了要求。

以高盛为例，其 FICC 业务在 2017—2020 年稳步增长（见图 9-11），并且做市业务的净收入占银行总净收入的比例由 2017 年的 14%上升至 2020 年的 20%，如图 9-12 所示。通过银行自身与客户进行交易，以自有资本持仓为客户提供流动性，从而赚取价差和佣金。大宗商品衍生品部门通过向客户提供做市业务，维持客户关系，也可向客户继续提供银行其他产品。

图 9-11　高盛 FICC 业务净收入分类

来源：高盛 2020 年年度报告

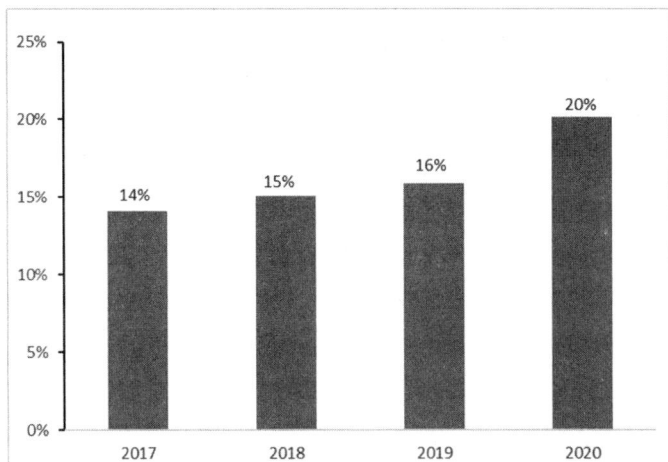

图 9-12　高盛 FICC 下的做市收入占总净收入的比例

来源：高盛 2020 年年度报告

9.3.3　普通投资者如何进行期权操作

投资者通过购买看涨或看跌期权，获准在指定的期限内，以约定的价格买入指定的期货合约。买方通过支付权利金而拥有权利，仅承担有限的风险但享有巨大的获利权利。如果卖出看涨或看跌期权，投资者可收获权利金，但也面临价格朝不利的方向运行的损失，卖方没有权利，只有义务。因此，对普通投资者来说，买入期权是投资风险较小，损失可控的一种投资方式。

期权按标的资产可分为现货期权和期货期权。现货期权采用实物交割，按执行交割交付合约商品，期货期权在交割时将期权合约转为期货合约，如图 9-13 所示。

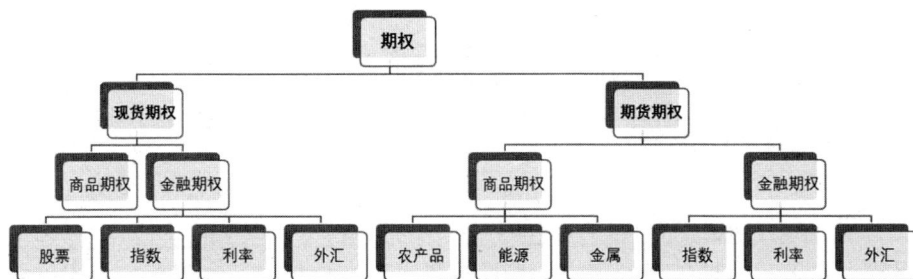

图 9-13　期权按标的资产分类

买入期货合约和买入以该期货合约为标的资产的期权相比，后者的优势在于风险有限。因为投资者如果买入该期货合约，需要存入初始保证金，当价格不涨反跌时，投资者会被追加保证金，而在价格剧烈调整的情况下，投资者可能因无法补足保证金而损失仓位，全部损失为初始保证金+追加保证金。如果投资者买入看涨期权，在支付权利金后，不需要存入保证金，当标的资产价格暴跌时，最大的损失就是所支付的权利金。另外，如果价格在开启上涨行情前不断调整，期货头寸可能由于浮亏严重而被平仓了结，从而错失了之后价格上涨的获利机会，而持有买入期权，在期权到期前，可以忍受价格的下跌，从而有机会从价格上涨中获利。

假设黄金价格为 1500 美元/盎司，投资者买入期货合约，如果价格上涨到 1600 美元，则获利 100 美元。如果投资者买入看涨期权，执行价格是 1500 美元，当价格上涨至 1600 美元时，获利为 100 美元减去其所支付的权利金，所以买入期权的获利空间由于权利金的影响而小于买入期货。但是，如果黄金价格没有上涨，而是下跌至 1450 美元，此时买入期货合约的浮亏是 50 美元，应补足追加保证金。如果价格在 1450 至 1500 美元来回震荡了一段时间，此时大概率投资者会受保证金的压力及行情波动的煎熬而止损平仓，先认输出局，再等待下一次入场机会。如果平仓后，黄金价格开启了上涨行情，冲到 1500 美元，投资者则错失了这次盈利机会。而如果持有看涨合约，在未到期前，价格下跌时，投资者最大的损失就是权利金，不需要追加保证金，而当价格上涨时，则盈利 100 美元。由此可见，持有期权的优势在于可以忍受价格的波动，在损失可控的情况下，获得潜在的获利机会。

当然，有经验的投资者也会卖出看涨或看跌期权，或将期权与期货、期权与期权组合构建套利模型，从而进行套利。

9.4 投行提供的主要期权产品，普通投资者如何操作

投行和券商提供各种期权产品，以满足普通投资者投机和套利的需求，以及产业链客户套期保值的需求。普通投资者可以通过最基本的买入或卖出看涨/看跌期权，也可运用不同的期权组合进行套利，如跨式期权、宽跨式期权、蝶式期权、飞鹰式期权、垂直差价期权、水平差价期权等。

9.4.1 买入/卖出看涨期权

买入看涨期权、卖出看涨期权、买入看跌期权、卖出看跌期权是期权交易策略的基本原理，在此四种操作上，可设计出不同的期权组合，进行投机和套利。看涨期权（Call Option）是买方向卖方支付权利金后，获得在期权合约的有效期内，按执行价格向卖方买入标的资产的权利，且不负有必须买入的义务。看跌期权（Put Option）是买方向卖方支付权利金后，获得在期权合约的有效期内，按执行价格向卖方卖出标的资产的权利，且不负有必须卖出的义务。

支付权利金买入看涨期权后，投资者可享有在执行价格买入标的资产的权利。若标的资产价格预期上涨超过执行价格，涨幅超过买入权利金及交易费用等，投资者可执行看涨期权，以执行价格成为标的资产的多头，以较高的市场价抛售标的资产获利，标的资产价格越高，获利越多，如图 9-14 所示。当标的资产价格上涨时，权利金也会上升，因此投资者也可卖出期权平仓收取较高的权利金，从而获利。若标的资产下跌，则最大损失为权利金。

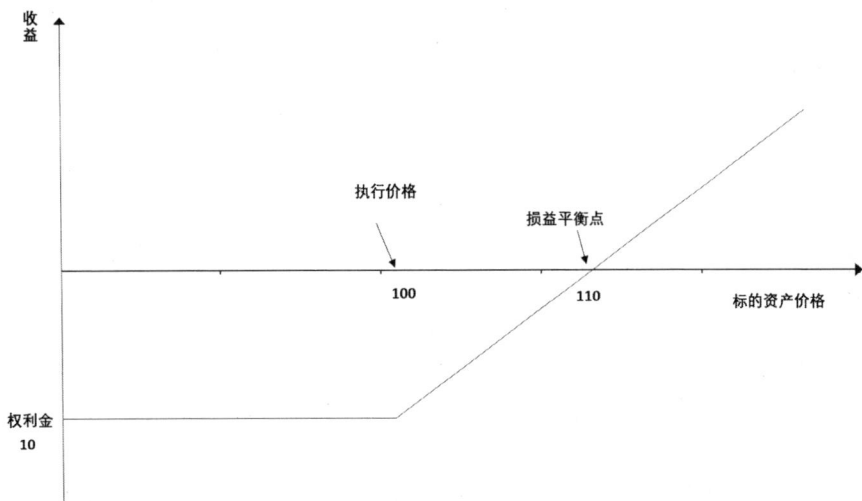

图 9-14　买入看涨期权损益图

一般来说，如果预期后市大涨，则可付出较小成本（权利金）购买虚值看涨期权，捕获价格急升而带来的潜在收益。此外，期权的权利金低于期货的保证金，因此投资者可选择买入看涨期权来获得高杠杆作用。另外，如果投资者已经卖出标的资产,则可买入看涨期权弥补价格上涨后期货空头所承受的损失。

若投资者看跌后市,可卖出看涨期权,从而获得权利金收入。不过,与买入看涨期权不同,卖出看涨期权的风险可能很大,因为理论上价格上涨可能无限,如图 9-15 和图 9-16 所示。投资者可将卖出看涨期权组合进行套利交易,也可为锁定期货利润而卖出看涨期权。例如,投资者在 1 月 1 日以 18 000 元/吨的价位买入期货合约,到 1 月 20 日,期货价格上涨至 18 100 元。如果用期货进行锁仓,需要交纳保证金。而用卖出看涨期权锁仓,则可收入权利金,同时有保护性的期权不需要交纳保证金,降低了资金要求。

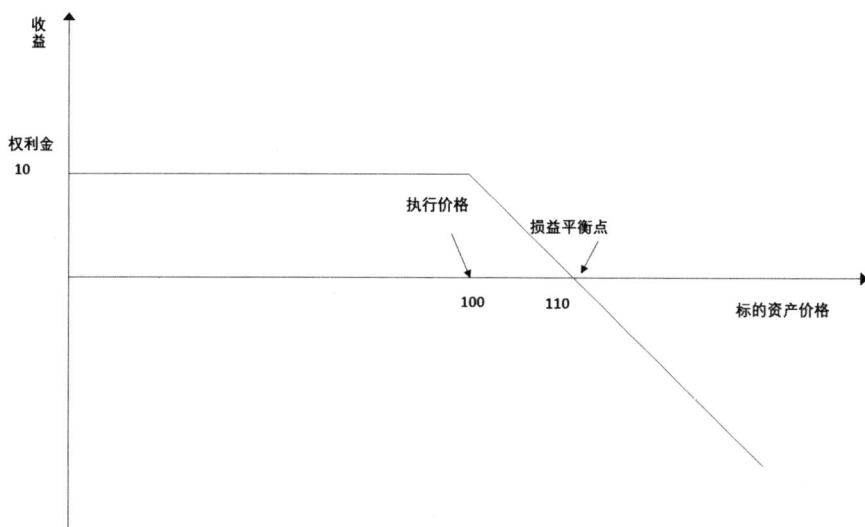

图 9-15 卖出看涨期权损益图

	买入看涨期权	卖出看涨期权
收益	平仓收益 = 权利金卖出价 - 买入价 履约收益 = 标的资产价格 - 期权合约执行价格 - 权利金	平仓收益 = 权利金卖出价 - 买入平仓价 期权不被履约,获利为全部权利金
风险	若价格下跌,可放弃或低价转让期权,最大损失为权利金	期权被执行,风险 = 执行价格 - 标的资产平仓买入价格 + 权利金 斩仓风险 = 权利金卖出价 - 斩仓买入价
损益平衡点	执行价格 + 权利金	执行价格 + 权利金
保证金	不需要交纳	需要交纳
履约部位	多头	空头

图 9-16 买入和卖出看涨期权的收益和风险

9.4.2　买入/卖出看跌期权

当支付权利金买入看涨期权后，投资者就锁定了风险。如果标的资产价格高于执行价格，则放弃期权，最大损失是权利金；如果标的资产价格在执行价格与损益平衡点间，则损失部分权利金；如果标的资产价格在损益平衡点下方，则买方可以执行价格卖出，获取执行价格与市场价格的差值的利润，此时权利金也会上升，因此投资者也可卖出期权平仓收取较高的权利金，从而获利，如图 9-17 所示。

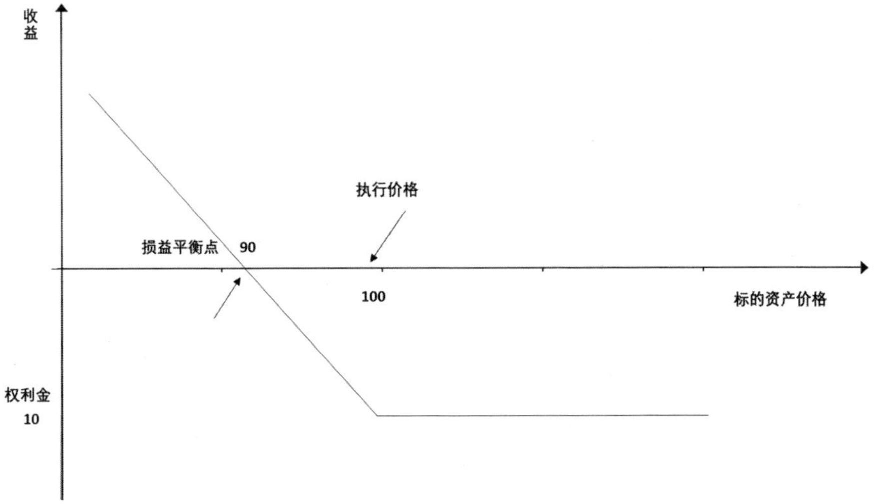

图 9-17　买入看跌期权损益图

一般来说，如果预期后市大跌，则可付出较小成本（权利金）购买虚值看跌期权，捕获价格急跌而带来的潜在收益。另外，如果投资者已经买入标的资产，则可买入看跌期权抵消价格下跌后期货多头所承受的损失。投资者的标的资产如已产生账面利润，也可买入看跌期权锁住账面利润，如价格持续上涨，则可卖出看跌期权平仓或持有至到期日而作废。

若投资者看涨后市，可卖出看跌期权，从而获得权利金收入。如果价格小幅下跌，可由收取的权利金弥补；如果标的资产价格大幅下跌，看跌期权的买方执行合约，则卖方需以高价买入标的资产，从而承担损失，如图 9-18 和图 9-19 所示。投资者可将卖出看跌期权组合进行套利交易，也可为获得标的资产而卖出看跌期权。如果期权被执行，则按执行价格买入标的资产；如果期权未被执行，收获的权利金可降低买入标的资产的成本。

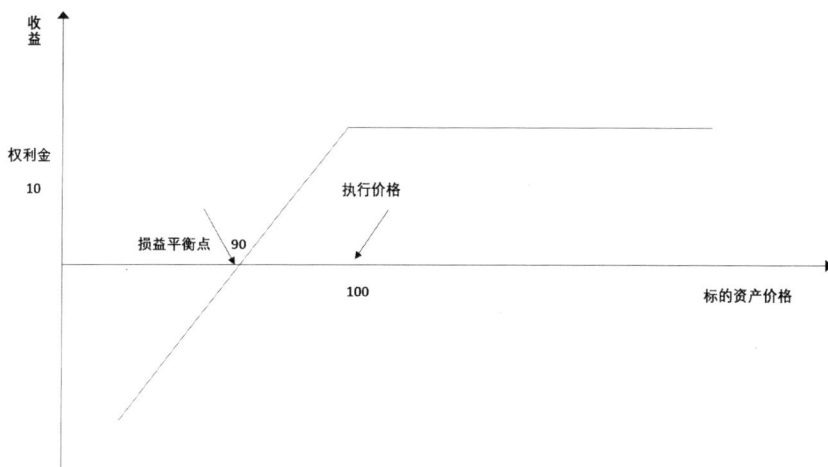

图 9-18　卖出看跌期权损益图

	买入看跌期权	卖出看涨期权
收益	平仓收益 = 权利金卖出价 - 买入价	平仓收益 = 权利金卖出价 - 买入平仓价
	履约收益 = 期权合约执行价格 - 标的资产价格 - 权利金	期权不被履约，获利为全部权利金
风险	若价格上涨，可放弃或低价转让期权，最大损失为权利金	期权被执行，风险 = 标的资产平仓卖出价格 - 执行价格 + 权利金
		斩仓风险 = 权利金卖出价 - 斩仓买入价
损益平衡点	执行价格 - 权利金	执行价格 - 权利金
保证金	不需要交纳	需要交纳
履约部位	空头	多头

图 9-19　买入和卖出看跌期权的收益和风险

9.4.3　跨式期权

　　跨式期权策略是组合期权策略中非常普遍的一种，即同时买入或卖出具有相同执行价格、到期日和相同标的资产的看涨和看跌期权。当投资者预期标的资产价格会有大幅变动，但不知变动方向时，可同时买入看涨期权和看跌期权，即买入跨式套利。如果标的资产价格在任何方向上有很大偏移，那么买入跨式套利会产生高额利润；如果标的资产价格非常靠近执行价格，则会产生损失，最大损失为权利金。当投资者预期价格变动很小或无变动，市场波动率下跌时，可同时卖出看涨和看跌期权，即卖出跨式套利。这是一个高风险的策略，如果标的资产价格接近执行价格，则产生利润，最大收益为全部权利金；如果标的资产价格在任何方向上有重大变动，则损失为无限，如图 9-20 所示。

	买入跨式套利	卖出跨式套利
收益	价格上涨，收益增加： 收益 = 标的资产价格 − 执行价格 − 权利金 价格下跌，收益也增加： 收益 = 执行价格 − 标的资产价格 − 权利金	最大收益为全部权利金
风险	最大损失为权利金	若价格上涨超过 P_2，期权买方有权执行看涨期权 卖方损失 = 执行价格 − 标的资产价格 + 权利金 若价格下跌超过 P_1，期权买方有权执行看跌期权 卖方损失 = 标的资产价格 − 执行价格 + 权利金
损益平衡点	高平衡点 (P_2) = 执行价格 + 总权利金 低平衡点 (P_1) = 执行价格 − 总权利金	高平衡点 (P_2) = 执行价格 + 总权利金 低平衡点 (P_1) = 执行价格 − 总权利金
履约部位	两种期权不会同时履约，上涨有利履约为多头，下跌有利履约为空头	若价格上涨，履约后为空头； 若价格下跌，履约后为多头

图 9-20　买入和卖出跨式期权策略的收益和风险

图 9-21 所示为买入跨式期权策略的损益图。假设投资者以 20 美元的权利金买入到期期限为六个月、执行价格为 100 美元的铁矿石看涨期权，再以 30 美元的权利金买入相同到期期限和执行价格的铁矿石看跌期权，总共支付权利金 20+30=50 美元。当铁矿石价格上涨超过高盈亏平衡点 P_2，即 150 美元，以及下跌超过低盈亏平衡点 P_1，即 50 美元时，投资者可获利，最大损失是支付的全部权利金，即 50 美元。

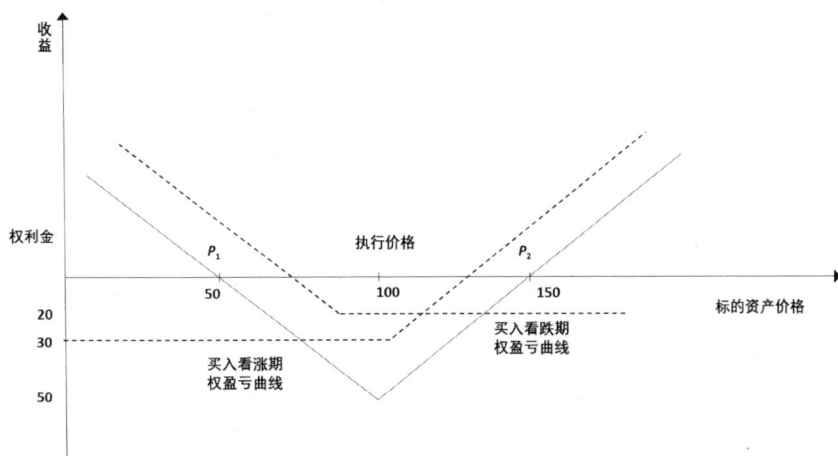

图 9-21　买入跨式期权策略的损益图

如图 9-22 所示为卖出跨式期权策略的损益图。假设投资者以 20 美元的权利金卖出到期期限为六个月、执行价格为 100 美元的铁矿石看涨期权，再以 30 美元的权利金卖出相同到期期限和执行价格的铁矿石的看跌期权，总共获得权利金为 20+30=50 美元。当铁矿石价格跌破低盈亏平衡点 P_1，即 50 美元，或上涨超过高盈亏平衡点 P_2，即 150 美元时，则遭受损失。

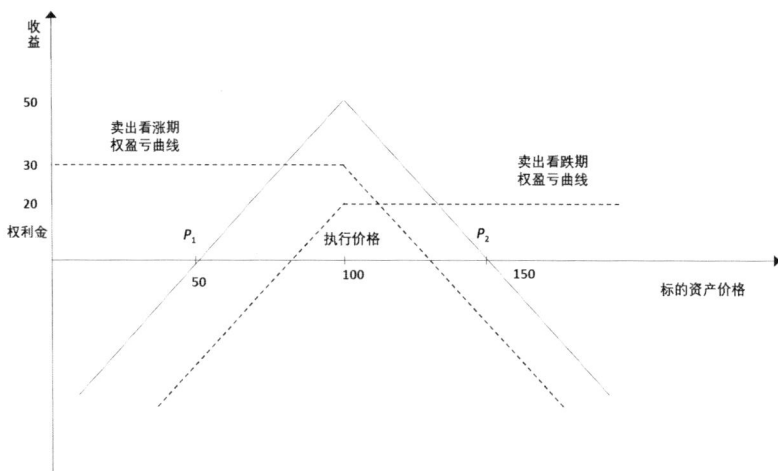

图 9-22　卖出跨式期权策略的损益图

9.4.4　宽跨式期权

宽跨式期权策略与跨式期权策略类似，也是基于标的价格是否会大幅波动，不同的是投资者买入相同到期日和相同标的资产，但执行价格不同的看涨和看跌期权。在宽跨式期权策略中，当标的资产的价格变动程度大于跨式策略中的价格变动时才能获利。不过，当标的资产价格位于低盈亏平衡点 P_1 和高盈亏平衡点 P_2 之间时，宽跨式期权的损失较跨式期权小。

买入宽跨式期权，即以较低的执行价格（X_1）买入看跌期权，以较高的执行价格（X_2）买入看涨期权，所获利润取决于两个执行价格的接近程度。两个执行价格相距越远，潜在的损失越小，最大损失为支付的全部权利金，为获得利润，标的资产的价格变动需更大。若投资者预期标的资产价格不会发生大幅变动，可采取卖出宽跨式期权策略，即以较高执行价格（X_2）卖出看涨期权，以较低的执行价格（X_1）卖出看跌期权，最大收益为收取的全部权利金，但标的资产价格在任何方向上有显著变动，则潜在损失无限，如图 9-23 所示。

	买入宽跨式套利	卖出宽跨式套利
收益	价格上涨显著，可获利：	最大收益为全部权利金
	收益 = 标的资产价格 - 高执行价格 - 权利金	
	价格下跌显著，可获利：	
	收益 = 低执行价格 - 标的资产价格 - 权利金	
风险	最大损失为全部权利金	若价格上涨超过 P_2：
		损失 = 高执行价格 - 标的资产价格 + 权利金
		若价格下跌超过 P_1：
		损失 = 标的资产价格 - 低执行价格 + 权利金
损益平衡点	高平衡点（P_2）= 高执行价格 + 总权利金	高平衡点（P_2）= 高执行价格 + 总权利金
	低平衡点（P_1）= 低执行价格 - 总权利金	低平衡点（P_1）= 低执行价格 - 总权利金
履约部位	若价格大幅上涨，可执行看涨期权为多头；	价格上涨超过 P_2，看涨期权被要求履约后为空头；
	若价格大幅下跌，可执行看跌期权为空头	价格下跌超过 P_1，看跌期权被要求履约后为多头

图 9-23 买入和卖出宽跨式期权策略的收益和风险

图 9-24 所示为买入宽跨式期权策略的损益图。假设投资者以 20 美元的权利金买入到期期限为六个月、执行价格 X_1 为 100 美元的铁矿石看跌期权，再以 30 美元的权利金买入相同到期期限但执行价格 X_2 为 150 美元的铁矿石看涨期权，总共支付权利金 20+30=50 美元。当铁矿石价格上涨超过高盈亏平衡点 P_2，即 200 美元，以及下跌超过低盈亏平衡点 P_1，即 50 美元时，投资者可获利，盈利的大小取决于 X_1 和 X_2 之间的距离，相距越远，潜在损失越小，最大损失是支付的全部权利金，即 50 美元。为获得利润，则铁矿石的价格变动需更大。

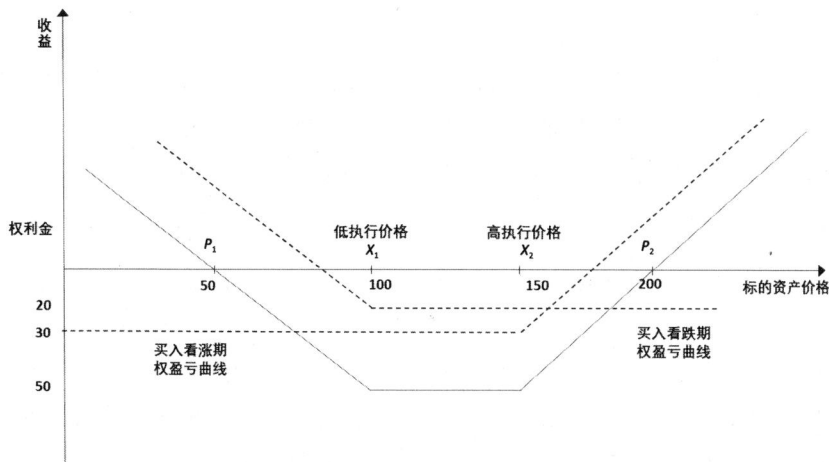

图 9-24 买入宽跨式期权策略的损益图

图 9-25 所示为卖出宽跨式期权策略的损益图。假设投资者以 20 美元的权利金卖出到期期限为六个月、执行价格 X_1 为 100 美元的铁矿石看跌期权，再以 30 美元的权利金卖出相同到期期限但执行价格 X_2 为 150 美元的铁矿石看涨期权，总共获得权利金 20+30=50 美元，也是其最大盈利。当铁矿石价格跌破低盈亏平衡点 P_1，即 50 美元，或上涨超过高盈亏平衡点 P_2，即 200 美元时，则遭受损失。

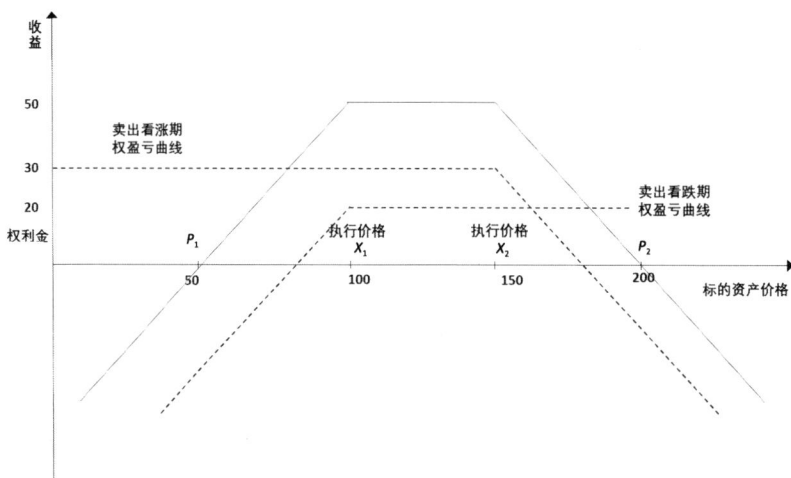

图 9-25　卖出宽跨式期权策略的损益图

9.4.5　蝶式期权

通过跨式套利和宽跨式套利策略，我们可看出理论上投资者可以通过买入和卖出不同执行价格的看涨和看跌期权进行组合，获得预期的收益或进行风险管理。蝶式期权是将不同执行价格的看涨期权或看跌期权进行组合。

买入蝶式期权策略，即买入执行价格分别为 X_1 和 X_3 的看涨期权，卖出两个执行价格为 X_2 的看涨期权，其中 $X_1 < X_2 < X_3$ 且 $X_3 - X_2 = X_2 - X_1$，即三个执行价格之间的距离相等；或者买入执行价格分别为 X_1 和 X_3 的看跌期权，卖出两个执行价格为 X_2 的看跌期权。投资者如果预期标的资产价格不会发生较大波动，又希望在价格的一定波动范围内赚取价格的振幅，且一旦价格不再盘整损失也有限，则可运用买入蝶式期权策略，最大损失为净权利金，最大收益=$X_2 - X_1 -$ 净权利金。如图 9-26 所示，当标的资产价格保持在 X_2 附近时，买入蝶式期权

策略获利；如果价格在任何方向上有较大变动，则会有少量损失。低盈亏平衡点 $P_1=X_2$ －最大收益=X_2 －（X_2-X_1-净权利金），高盈亏平衡点 $P_2= X_2$ ＋最大收益=X_2 ＋（X_2-X_1-净权利金）。

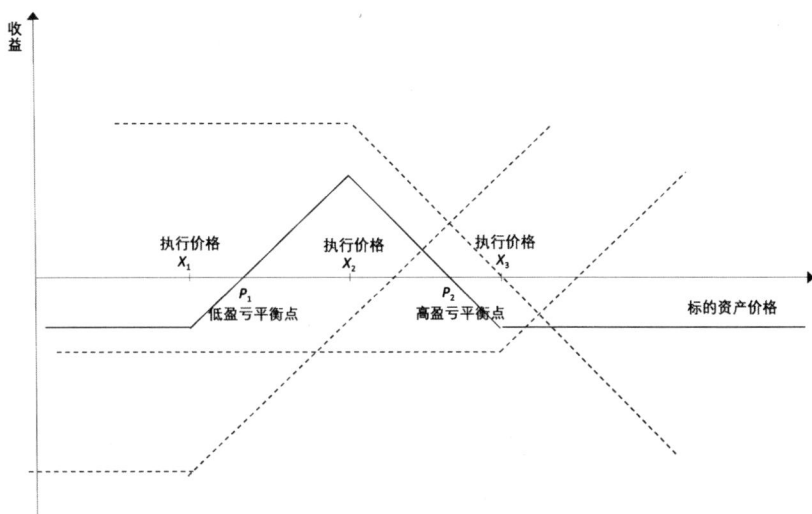

图 9-26　买入蝶式期权策略的损益图

如果投资者预期标的资产价格会发生较大波动，计划当价格上涨或下跌至某一价位就平仓，就可卖出蝶式期权策略，即卖出执行价格分别为 X_1 和 X_3 的看涨期权，买入两个执行价格为 X_2 的看涨期权，其中 $X_1<X_2<X_3$ 且 $X_3-X_2=X_2-X_1$，即三个执行价格之间的距离相等；或者卖出执行价格分别为 X_1 和 X_3 的看跌期权，买入两个执行价格为 X_2 的看跌期权。卖出蝶式期权风险有限，最大损失=X_2-X_1-净权利金，收益也有限，最大收益为净权利金。低盈亏平衡点 $P_1=X_2$-最大收益=X_2-净权利金，高盈亏平衡点 $P_2=X_2$+最大收益=X_2+净权利金，如图 9-27 所示。

投资者可以设定不同的执行价格并进行计算，从而获得预期的损益。不同于前文介绍的各种卖出期权的策略中风险无限的情况，卖出蝶式期权的风险是有限的，投资者想构造出比买入跨式期权支付更少权利金的方式，且关注价格未来的走向和成本的支出。买入和卖出蝶式期权策略的收益和风险如图 9-28 所示。

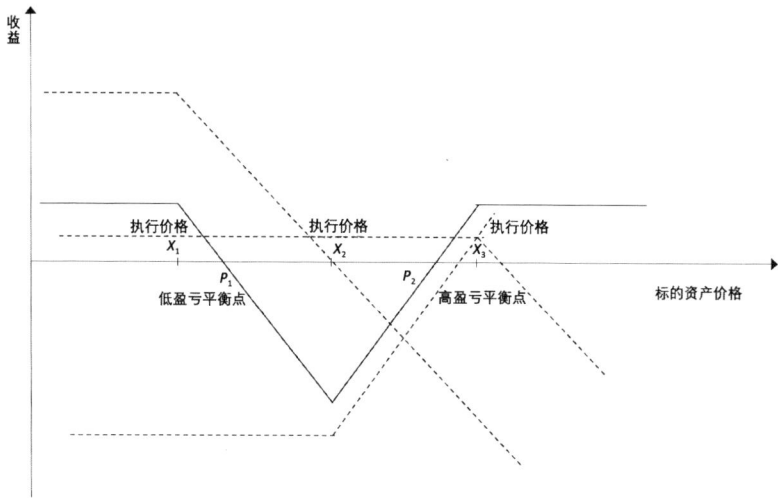

图 9-27　卖出蝶式期权策略的损益图

	买入蝶式套利	卖出蝶式套利
构造方式	（1）买入执行价格分别为x_1和x_3的看涨期权，卖出两个执行价格为x_2的看涨期权 （2）买入执行价格分别为x_1和x_3的看跌期权，卖出两个执行价格为x_2的看跌期权 其中，$x_1<x_2<x_3$ 且$x_3-x_2=x_2-x_1$，即三个执行价格之间的距离相等	（1）卖出执行价格分别为x_1和x_3的看涨期权，买入两个执行价格为x_2的看涨期权 （2）卖出执行价格分别为x_1和x_3的看跌期权，买入两个执行价格为x_2的看跌期权 其中，$x_1<x_2<x_3$ 且$x_3-x_2=x_2-x_1$，即三个执行价格之间的距离相等
最大收益	x_2-x_1- 净权利金	净权利金
最大风险	净权利金	x_2-x_1- 净权利金
损益平衡点	高平衡点（P_2）=x_2 + 最大收益 低平衡点（P_1）=x_2 - 最大收益	高平衡点（P_2）=x_2 + 最大收益 低平衡点（P_1）=x_2 - 最大收益

图 9-28　买入和卖出蝶式期权策略的收益和风险

9.4.6　飞鹰式期权

蝶式期权策略是通过将四个有着相同到期期限、同种类型，三个执行价格（因为其中两个期权的执行价格相同）的看涨（或看跌）期权组合而成的一种策略，飞鹰式期权策略与蝶式期权相似，主要的区别在于四个期权的执行价格都不同。

买入飞鹰式期权策略，即买入一个执行价格为 X_1 的看涨期权，卖出一个执行价格为 X_2 的看涨期权；卖出一个执行价格为 X_3 的看涨期权，买入一个执行价格为 X_4 的看涨期权。其中，$X_1<X_2<X_3<X_4$ 且 $X_4-X_3=X_3-X_2=X_2-X_1$，即四个

执行价格之间的距离相等。当然，也可以买入一个执行价格为 X_1 的看跌期权，卖出一个执行价格为 X_2 的看跌期权；卖出一个执行价格为 X_3 的看跌期权，买入一个执行价格为 X_4 的看跌期权。投资者如果对后市没有方向感，但预期标的资产价格会在 X_2 和 X_3 之间运行，又希望在价格的一定波动范围内赚取价格的振幅，且一旦价格不再盘整损失也有限，则可买入飞鹰式期权，其比蝶式期权更保守，最大损失为所支付的净权利金，是到期时标的资产价格在 X_2 和 X_3 之间，最大收益=X_2-X_1-净权利金，如图 9-29 所示。低盈亏平衡点 P_1=X_2-净权利金，高盈亏平衡点 P_2=X_3 +净权利金。

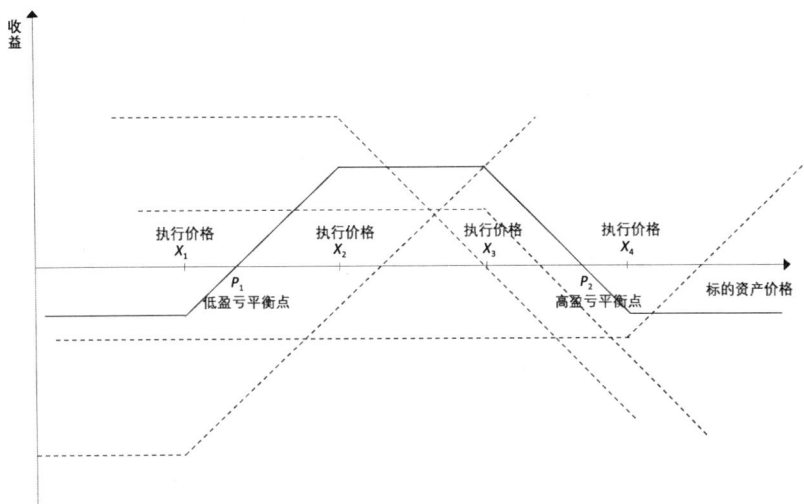

图 9-29 买入飞鹰式期权策略的损益图

投资者如果对后市没有方向感，但预期标的资产价格会在到期日低于 X_1 或高于 X_4，则可采用卖出飞鹰式期权策略，即卖出一个执行价格为 X_1 的看涨期权，买入一个执行价格为 X_2 的看涨期权；买入一个执行价格为 X_3 的看涨期权，卖出一个执行价格为 X_4 的看涨期权。其中，X_1<X_2 <X_3<X_4 且 X_4-X_3=X_3-X_2=X_2-X_1，即四个执行价格之间的距离相等。当然，也可以卖出一个执行价格为 X_1 的看跌期权，买入一个执行价格为 X_2 的看跌期权；买入一个执行价格为 X_3 的看跌期权，卖出一个执行价格为 X_4 的看跌期权。卖出飞鹰式期权风险有限，到期时标的资产价格在 X_2 和 X_3 之间，最大损失=X_2-X_1-净权利金，收益也有限，最大收益为净权利金。低盈亏平衡点 P_1=X_1+净权利金，高盈亏平衡点 P_2=X_4-净权利金，如图 9-30 所示。

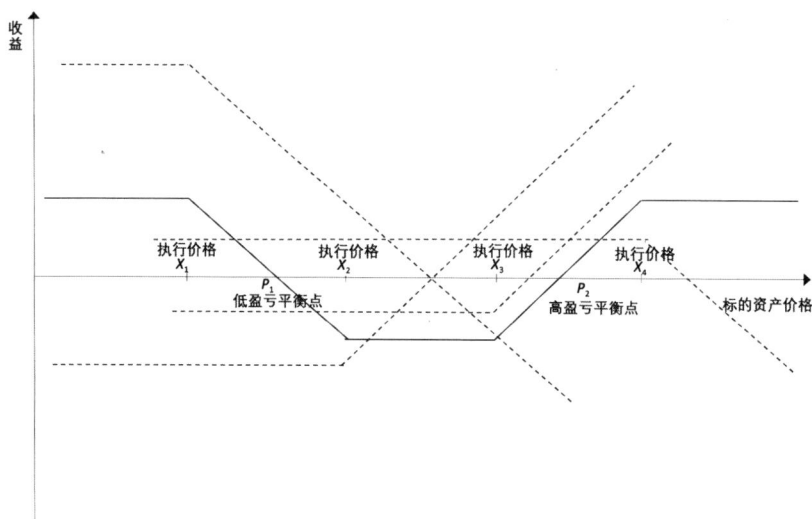

图 9-30　卖出飞鹰式期权策略的损益图

　　买入和卖出飞鹰式期权与买入和卖出蝶式期权类似，其中买入飞鹰式期权比买入蝶式期权更保守，即拉大了高低盈亏平衡点之间的距离；卖出飞鹰式期权的风险与卖出蝶式期权的风险一样（是有限的），但前者支付的权利金，通过拉大了高低盈亏平衡点之间的距离而减少。买入和卖出飞鹰式期权策略的收益和风险如图 9-31 所示。

	买入飞鹰式套利	卖出飞鹰式套利
构造方式	（1）买入一个执行价格为x_1的看涨期权，卖出一个执行价格为x_2的看涨期权；卖出一个执行价格为x_3的看涨期权，买入一个执行价格为x_4的看涨期权 （2）买入一个执行价格为x_1的看跌期权，卖出一个执行价格为x_2的看跌期权；卖出一个执行价格为x_3的看跌期权，买入一个执行价格为x_4的看跌期权 其中，$x_1<x_2<x_3<x_4$　且$x_4-x_3=x_3-x_2=x_2-x_1$，即四个执行价格之间的距离相等	（1）卖出一个执行价格为x_1的看涨期权，买入一个执行价格为x_2的看涨期权；买入一个执行价格为x_4的看涨期权，卖出一个执行价格为x_4的看涨期权 （2）卖出一个执行价格为x_1的看跌期权，买入一个执行价格为x_2的看跌期权；买入一个执行价格为x_4的看跌期权，卖出一个执行价格为x_4的看跌期权 其中，$x_1<x_2<x_3<x_4$　且$x_4-x_3=x_3-x_2=x_2-x_1$，即四个执行价格之间的距离相等
最大收益	到期时标的资产价格在x_2和x_3之间， 最大收益=x_2-x_1-净权利金	净权利金
最大风险	净权利金	到期时标的资产价格在x_2和x_3之间， 最大损失=x_2-x_1-净权利金
损益平衡点	高平衡点（P_2）=x_3+净权利金 低平衡点（P_1）=x_2-净权利金	高平衡点（P_2）=x_4-净权利金 低平衡点（P_1）=x_1+净权利金

图 9-31　买入和卖出飞鹰式期权策略的收益和风险

9.4.7　垂直差价期权

差价期权交易策略是指持有相同类型的两个或多个看涨期权（或看跌期权），可分为垂直套利和水平套利。水平套利将在下一节中详细讲述，垂直套利限制标的资产价格向有利方向变动时的收益，同时限制向不利方向变动时的损失。垂直套利分为牛市差价期权（Bull Spreads）和熊市差价期权（Bear Spreads），其中又可进一步分为牛市看涨期权和牛市看跌期权，以及熊市看涨期权和熊市看跌期权。

牛市差价期权通常买入一个低执行价格 X_1 的期权和卖出一个高执行价格 X_2 的期权，两个期权的到期日相同。若同时买入和卖出的是看涨期权，则为牛市看涨期权垂直套利；若同时买入和卖出的是看跌期权，则为牛市看跌期权垂直套利。

投资者如果预期标的资产价格 S 将上涨至某一水平，可买入低执行价格 X_1 的看涨期权，但又担心价格下跌，因此卖出高执行价格 X_2 的看涨期权收取权利金来降低成本，而且可限制价格下跌的损失，即牛市看涨期权垂直套利。但若标的资产价格持续上升，则卖出的 X_2 执行价格的看涨期权又会限制收益。由于通常随着执行价格的上升，看涨期权的权利金下降，投资者操作牛市看涨期权垂直套利需要支出权利金。当标的资产价格 S 上涨超过 X_2，盈利=X_2-X_1-净权利金，为最大收益；当 S 在两个执行价格之间，盈利=$S-X_1$-净权利金；当 S 低于 X_1，则最大损失为亏损净权利金。牛市看涨期权垂直套利如图 9-32 所示。

标的资产价格范围	忽略买入或卖出看涨期权的净权利金			考虑净权利金
	买入执行价格为x_1的看涨期权的盈利	卖出执行价格为x_2的看涨期权的盈利	总盈利	总盈利
$S \geq X_2$	$S-X_1$	X_2-S	X_2-X_1	X_2-X_1-净权利金
$X_1 < S < X_2$	$S-X_1$	0	$S-X_1$	$S-X_2$-净权利金
$S \leq X_1$	0	0	0	净权利金

图 9-32　牛市看涨期权垂直套利

如图 9-33 所示，投资者以 5 美元买入一个执行价格 X_1 为 40 美元的看涨期权，同时以 3 美元卖出一个执行价格 X_2 为 50 美元的看涨期权，构建一个牛市看涨期权垂直套利，最大损失为亏损净权利金 5-3=2 美元。当标的资产价格高于 50 美元，最大收益=50-40-2=8 美元；当标的资产价格低于 40 美元，最大损失为净权利金 2 美元；当标的资产价格位于 X_1 和 X_2 之间，假设为 45 美元，收益=45-40-净权利金 2=3 美元。盈亏平衡点 $P=X_1+$最大损失=40+2=42，或 $P=X_2-$最大收益=50-8=42。由此可见，该期权组合限制了标的资产价格上升时的收益，以及下降时的风险，是个保守的、收益有限、风险有限的策略。

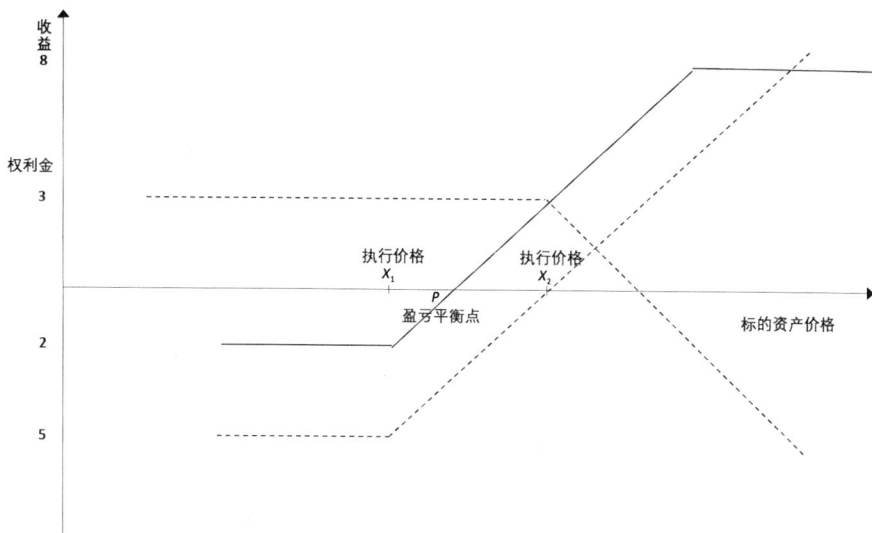

图 9-33　牛市看涨期权垂直套利的损益图

与牛市看涨期权垂直套利相似，投资者如果预期标的资产价格 S 将上涨至某一水平，可卖出高执行价格 X_2 的看跌期权，收取权利金，但又担心价格下跌，因此买入低执行价格 X_1 的看跌期权控制风险，即牛市看跌期权垂直套利。与牛市看跌期权策略净权利金收入为负值不同，牛市看跌期权策略的净权利金为正值，不过其最大收益为净权利金，小于牛市看涨期权策略在标的资产价格上涨时的最大收益，如图 9-34 所示。

如图 9-35 所示，投资者以 5 美元卖出一个执行价格为 50 美元的看跌期权，同时以 3 美元买入一个执行价格为 40 美元的看涨期权，构建一个牛市看跌期权垂直套利，最大收益为净权利金 5-3=2 美元。若标的资产价格没有如预期上涨，反而下跌，最大损失=50-40-2=8 美元。

	牛市看涨期权垂直套利	牛市看跌期权垂直套利
构造方式	买入一个执行价格为x_1的看涨期权，卖出一个执行价格为x_2的看涨期权，$x_1<x_2$	买入一个执行价格为x_1的看跌期权，卖出一个执行价格为x_2的看跌期权，$x_1<x_2$
最大收益	x_2-x_1-净权利金	净权利金
最大风险	净权利金（收取的权利金 $-$付出的权利金）	x_2-x_1-净权利金
损益平衡点	x_1+最大风险，或x_2-最大收益	x_1+最大风险，或x_2-最大收益
履约部位	买低卖高	买高卖低

图 9-34　牛市看涨期权和看跌期权垂直套利的收益和风险

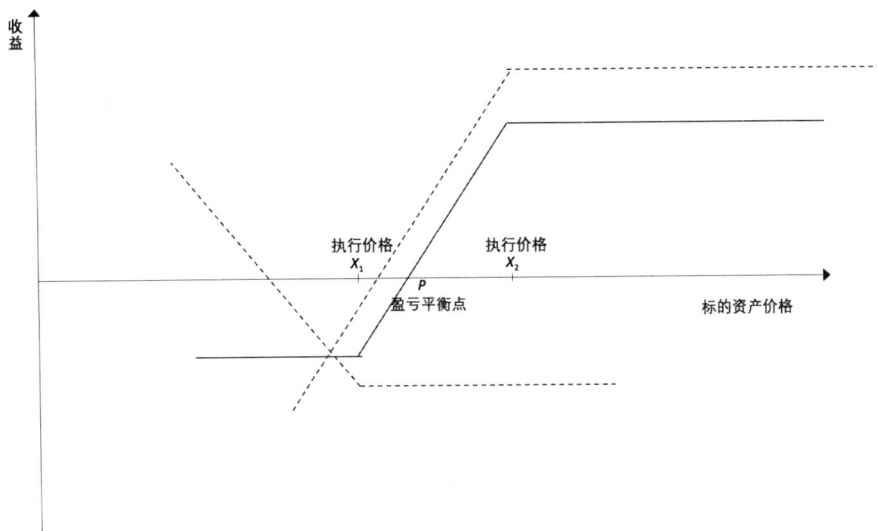

图 9-35　牛市看跌期权垂直套利的损益图

与牛市差价期权的投资者预期标的资产价格上涨相反，熊市差价期权的持有者预期价格下降。熊市差价期权通常买入一个高执行价格 X_2 的期权和卖出一个低执行价格 X_1 的期权，两个期权的到期日相同。若同时买入和卖出的是看涨期权，则为熊市看涨期权垂直套利，如图 9-36 所示；若同时买入和卖出的是看跌期权，则为熊市看跌期权垂直套利，如图 9-37 所示。熊市差价期权限制了标的资产价格下跌时的收益，以及上升时的风险，如图 9-38 所示。

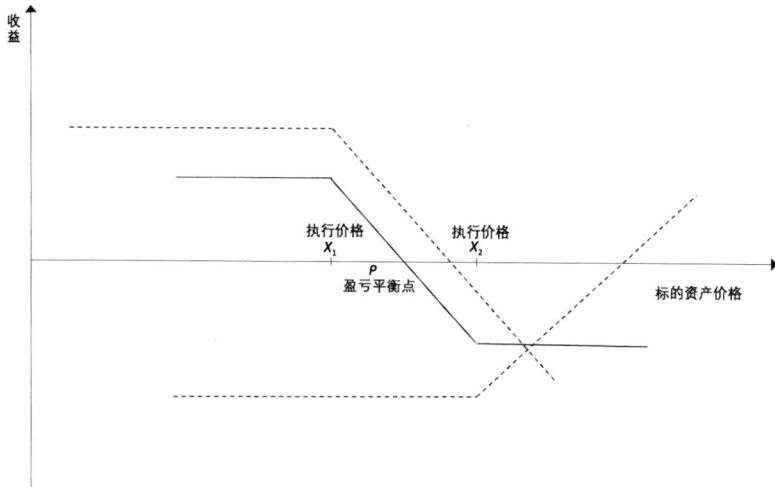

图 9-36　熊市看涨期权垂直套利的损益图

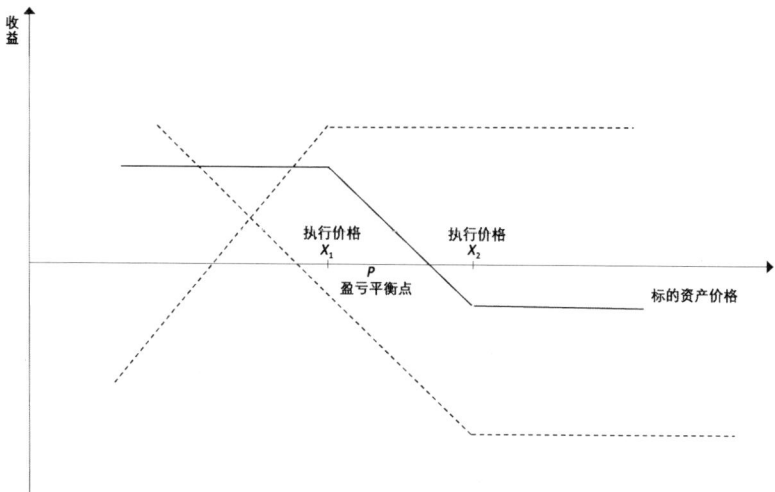

图 9-37　熊市看跌期权垂直套利的损益图

	熊市看涨期权垂直套利	熊市看跌期权垂直套利
构造方式	卖出一个执行价格为x_1的看涨期权，卖出一个执行价格为x_2的看涨期权，$x_1<x_2$	卖出一个执行价格为x_1的看跌期权，卖出一个执行价格为x_2的看跌期权，$x_1<x_2$
最大收益	净权利金	x_2-x_1-净权利金
最大风险	x_2-x_1-净权利金	净权利金
损益平衡点	x_1+最大收益，或x_2-最大风险	x_1+净权利金，或x_2-净权利金
履约部位	买高卖低	买低卖高

图 9-38　熊市看涨期权和看跌期权垂直套利的收益和风险

9.4.8　水平差价期权

之前介绍的期权策略都是相同到期日，这节讨论的期权策略中的期权有着相同的执行价格，但到期日不同，即水平差价期权，又称日历差价期权。

水平差价期权可用两个看涨期权构造，通常卖出一个看涨期权并买入一个相同执行价格但期限较长的看涨期权。由于期权的到期期限越长价格越高，当构建水平差价期权时，需要支付净权利金，即收取的权利金少于支付的权利金。两个看涨期权构造的水平差价期权策略的损益图如图 9-39 所示，与图 9-26 买入蝶式期权策略的损益图类似。当期限短的期权到期时，标的资产价格接近较短期限看涨期权的执行价格时，该策略盈利，而且越接近盈利越大，这是因为此时期限短的期权成本很低，而期限长的期权很有价值。当标的资产价格远高于或远低于较短期限看涨期权的执行价格时，该策略会产生损失。

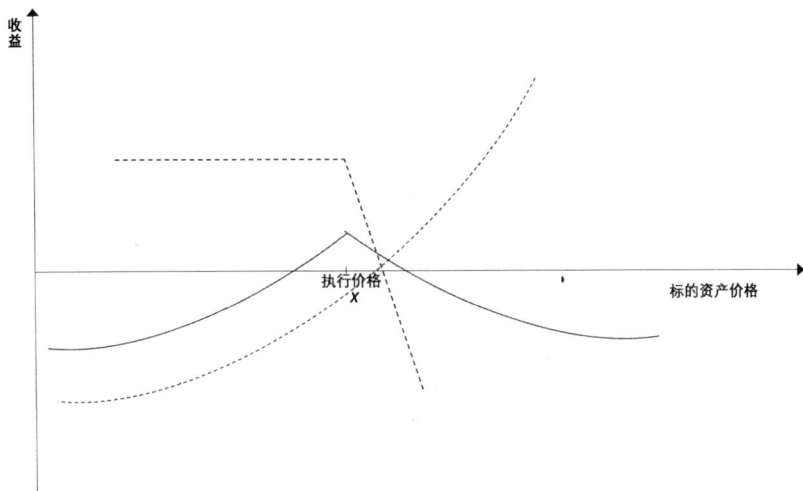

图 9-39　两个看涨期权构造的水平差价期权策略的损益图

例如，投资者于 1 月 1 日买入一个到期日为 6 月的执行价格为 1800 美元的看涨期权，付出权利金 10 美元，同时卖出一个到期日为 4 月的执行价格为 1800 美元的看涨期权，收获权利金 3 美元，初始投资为支付 10-3=7 美元的权利金。到 2 月 1 日，执行价格为 1800 美元的 4 月看涨期权的权利金为 2 美元，6 月看涨期权的权利金为 12 美元，投资者选择平仓，收获权利金 12-2=10 美元，减去初始投资的 7 美元权利金，净利润为 10-7=3 美元。

水平差价期权也可用两个看跌期权构造，即卖出一个看跌期权并买入一个相同执行价格但期限较长的看跌期权，其损益图如图 9-40 所示。

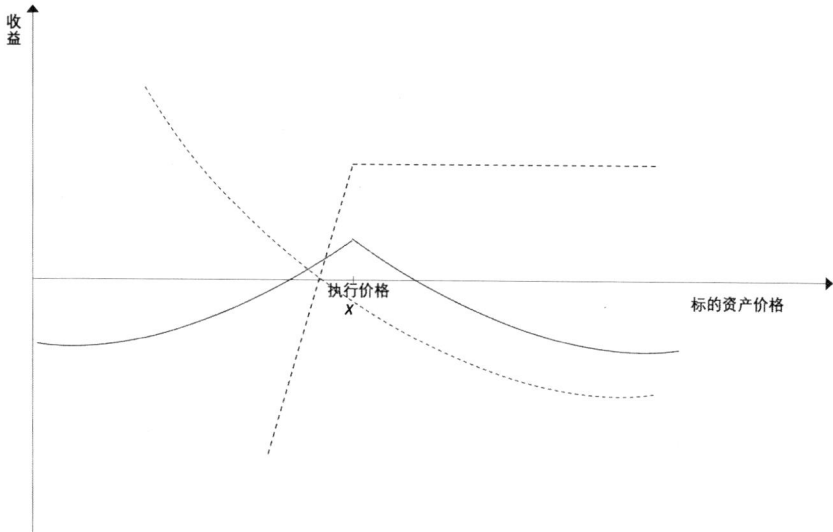

图 9-40　两个看跌期权构造的水平差价期权策略的损益图

9.5　运用期权进行套期保值和风险管理的案例分析

大宗商品实体企业的采购、库存、贸易、销售等环节都面临价格波动带来的风险。例如，生产商担心未来价格下跌，影响销售利润；下游用户担心未来价格上涨，影响采购成本。因此，我们可通过期权和期货进行套期保值，管理现金流及生产经营中的价格风险。投资者也可运用期权控制风险，保护已开立的商品期货头寸。

9.5.1　期货套期保值原理

期货套期保值是指在买入或卖出现货的同时，在期货市场上卖出或买入期货合约，若因价格变动而现货交易上产生亏损，可用期货交易上的盈利来弥补。期货套期保值分为两种操作方式，即买期保值和卖期保值。当买进期货已建立与现货部位相反的部位时，为买期保值；当卖出期货已建立与现货部位相反的部位时，为卖期保值。

下游用户采购原料，担心未来价格上涨使得采购成本上升，因此在期货市场上买入与其将在现货市场上买入的商品数量相等、交割日期相近的期货合约。如果价格上涨，期货合约盈利，抵补现货价格上涨带来采购成本上升的损失；如果价格下跌，在现货市场的采购成本上涨，但期货的多头会损失。

生产商销售货品，担心未来价格下跌使得售价下跌，因此在期货市场上卖出与其将在现货市场上卖出的商品数量相等、交割日期相近的期货合约。如果价格下跌，在现货市场的销售价格下降，但期货的空头会盈利，弥补损失；如果价格上涨，期货空头亏损，抵消了现货价格上涨带来售价上升的盈利。

9.5.2 期权套期保值原理

期权套期保值分为买期保值和卖期保值，与期货套期保值一样，但买期和卖期不是按期权的部位来定义的，而是按买卖期权可转换成的期货部位来定义的。因此，期权的买期保值是指买入看涨期权和卖出看跌期权，二者履约后都转换成多头部位；期权的卖期保值是指买入看跌期权和卖出看涨期权，二者履约后都转换成空头部位。

生产商和下游用户对套保（套期保值）有不同的需求，下游用户需要对冲价格上涨风险，因此可运用保护性的套保策略买入看涨期权，支付权利金作为保值成本，在保值的同时当价格朝有利方向变动的时候，盈利增大；或运用抵补性的套保策略卖出看跌期权，用卖出期权收获的权利金，抵补现货价格朝不利方向变动的损失，降低采购成本。与下游用户相反，生产商需要对冲价格下跌的风险，因此可运用保护性套保策略买入看跌期权或抵补性套保策略卖出看涨期权，如图 9-41 所示。

	下游用户 （对冲价格上涨风险）	生产商 （对冲价格下跌风险）
保护性套保	买入看涨期权	买入看跌期权
抵补性套保	卖出看跌期权	卖出看涨期权

图 9-41 期权套期保值按用户分类

　　下游用户的买期保值可通过买入与现货对应的期货的看涨期权规避价格大幅上涨的风险，从而锁定生产成本。在支付权利金买入看涨期权后，若现货和期货价格上涨，即执行看涨期权，将在较低价位的执行价格买入的期货合约以市场价卖出，赚取利润，弥补在高位买入现货的亏损，达到保值的效果。若期货和现货价格下跌，则放弃执行期权，虽损失期权权利金，但现货可以低价购入，整体采购成本下降，也达到保值的效果。该套期保值策略控制了价格上涨时的风险，又保留了价格下跌时盈利的机会，如图 9-42 所示。

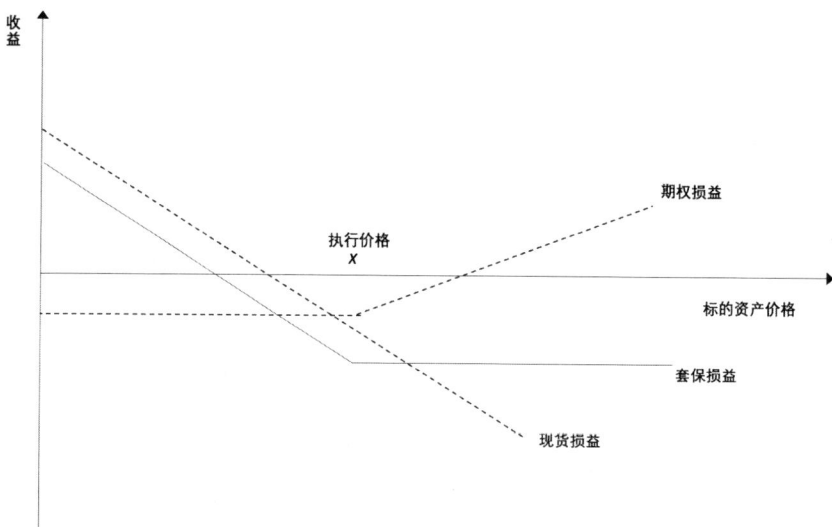

图 9-42　买入看涨期权进行买期保值的损益图

　　买期保值也可通过卖出与现货对应的期货的看跌期权来进行。当下游用户预期价格大概率不会出现大幅涨跌，可卖出看跌期权，收获权利金，降低现货采购成本。当价格下跌，期权的买方会要求行权，卖方的风险较大，不过其现货采购价位也降低，总体的采购成本进行了保值。当价格上涨，买方放弃行权，期权头寸的盈利可弥补现货价格上涨所带来的采购成本的上升，起到保值作用。该套期保值策略在价格下跌或上涨幅度较小的情况下可盈利，如图 9-43 所示。

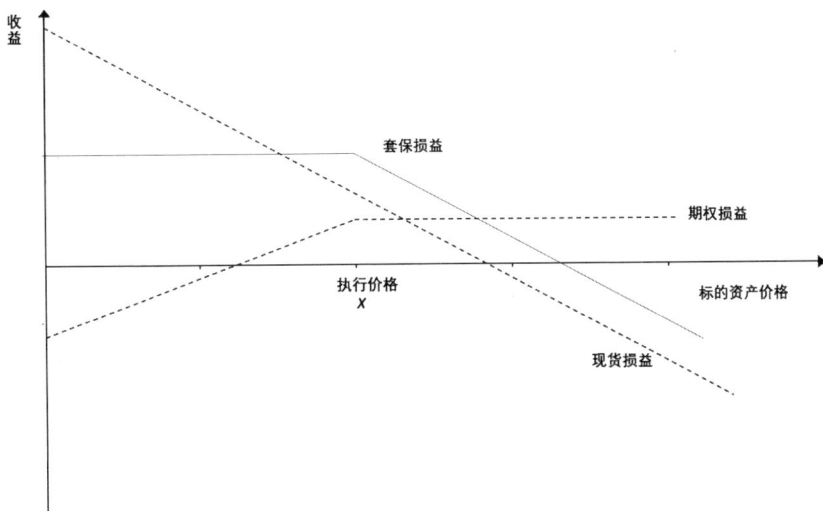

图 9-43　卖出看跌期权进行买期保值的损益图

生产商的卖期保值可通过买入与现货对应的期货的看跌期权规避价格大幅下跌的风险，同时保留价格上涨带来的盈利机会。在交纳权利金买入看跌期权后，若现货和期货价格下跌，即执行看跌期权，将期货合约在较高价位的执行价格卖出，以市场价买入，以市场价卖出，赚取利润，弥补在低位卖出现货的亏损，达到保值的效果。若期货和现货价格上涨，则放弃执行期权，虽损失期权权利金，但现货可以高价卖出，整体销售收入上升，也能达到保值的效果。该套期保值策略控制了价格下跌时的风险，又保留了价格上涨时盈利的机会，如图 9-44 所示。

卖期保值也可通过卖出与现货对应的期货的看涨期权来进行。当生产商预期价格大概率不会出现大幅涨跌，可卖出看涨期权，收获权利金，降低现货采购成本。当价格上涨时，期权的买方会要求行权，卖方的风险较大，不过其现货销售的价位也上升，总体的销售收入进行了保值。当价格下跌时，期权的买方放弃行权，期权头寸的盈利可弥补现货价格下跌所带来的销售收入的下降，起到保值作用。现货头寸因价格下跌而销售收入减少，但期权头寸的盈利可弥补现货价格下跌所带来损失，起到保值作用。该套期保值策略在价格下跌或上涨幅度较小的情况下可盈利，如图 9-45。

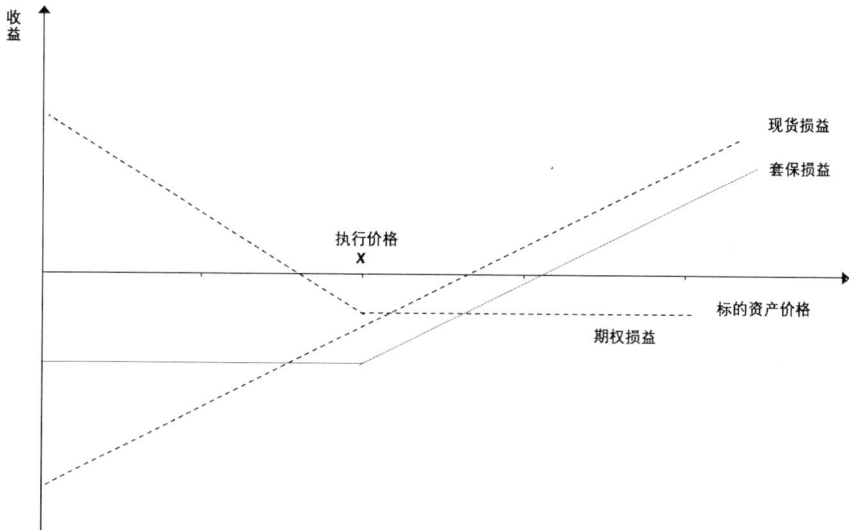

图 9-44　买入看跌期权进行卖期保值的损益图

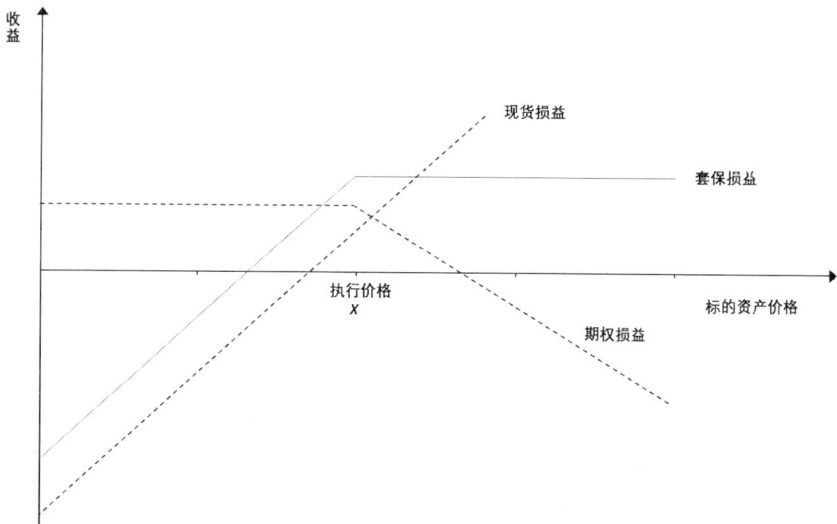

图 9-45　卖出看涨期权进行卖期保值的损益图

9.5.3　实体企业操作期权的买期保值案例

案例一，买入看涨期权进行买期保值。如图 9-46 所示，1 月，某铜管厂需要在 3 月采购 2000 吨原料铜用以生产，铜现货价格为 50 000 元/吨，上期所 3

月铜期货价格为 50 100 元/吨。为了防止铜价在两个月时间内上升造成采购成本上升，但又不想放弃铜价下跌可减少采购费用支出的机会，因此铜管厂以 500 元的权利金买入执行价格为 50 100 元/吨标的资产为上期所 3 月到期的看涨期权。3 月，铜现货价格上涨至 52 000 元/吨，期货价格上涨至 52 100 元/吨，则铜管厂履行看涨期权，以 50 100 元的价格买入 3 月期铜合约，并以 52 100 元卖出，利润=52 100-50 100=2000 元/吨，扣掉已支付的权利金，净利润=2000-500=1500 元/吨。通过买入看涨期权，尽管现货价格上涨，铜管厂的采购成本增加了 52 000-50 000=2000 元/吨，但在期权上获得的利润可弥补高价买入现货的亏损，起到保值的作用。如果 3 月现货价格下跌至 48 000 元/吨，则铜管厂可放弃执行看涨期权，以比 1 月低 2000 元/吨的现货价格买入 2000 吨铜，最大损失是支付的权利金 500 元。

	铜现货市场	铜期权市场
1月	铜现货价格为50 000元/吨	买入到期日为3月的铜期货的看涨期权，执行价格为50 100元/吨，支付权利金500元
3月		
情境一	铜现货价格为52 000元/吨	履行期权，以50 100元/吨买入3月期铜合约，再以市场价格52 100元/吨卖出3月期铜合约
盈亏情况	采购成本上升2000元/吨	净盈利=52 100-50 100-500=1500元/吨
情境二	铜现货价格为48 000元/吨	放弃执行看涨期权
盈亏情况	采购成本降低2000元/吨	亏损500元权利金

图 9-46　买入看涨期权进行买期保值的损益图

案例二，卖出看跌期权进行买期保值。如图 9-47 所示，1 月，某铜管厂需要在 3 月采购 2000 吨原料铜用以生产，铜现货价格为 50 000 元/吨，上期所 3 月铜期货价格为 50 100 元/吨。铜管厂预期未来价格不会有大幅波动，为了降低铜价上涨的风险，铜管厂以 500 元的权利金卖出执行价格为 49 100 元/吨标的资产为上期所 3 月到期的看跌期权。3 月，铜现货价格下跌至 48 000 元/吨，期货价格为 48 100 元/吨，则现货盈利 2000 元/吨，期权的买方要求行权，铜管厂以 49 100 元/吨的执行价格卖给买方市场价为 48 100 元/吨的铜期货合约，损失=49 100-48 100=1000 元/吨，扣除收取的权利金 500 元，期权头寸净损失为 1000-500=500 元，因此现货采购成本整体下降 2000-500=1500 元/吨。若铜现货价格上涨至 52 000 元/吨，期货上涨至 52 100 元/吨，则采购成本上升

52 000-50 000=2000 元/吨，由于价格上涨，期权买方放弃行权，铜管厂权利金收入 500 元可弥补现货上涨的损失，采购成本整体上升 2000-500=1500 元/吨。

	铜现货市场	铜期权市场
1月	铜现货价格为50 000元/吨	卖出到期日为3月的铜期货的看跌期权，执行价格为49 100元/吨，收获权利金500元
3月		
情境一	铜现货价格为48 000元/吨	买方履行期权，卖方以49 100元/吨的行权价格卖给买方市价为48 100元/吨的3月期铜合约
盈亏情况	采购成本降低2000元/吨	亏损=49 100-48 100-500=500元/吨
情境二	铜现货价格为52 000元/吨	买方放弃行权
盈亏情况	亏损2000元/吨	盈利500元/吨

图 9-47 卖出看跌期权进行买期保值的损益图

9.5.4 实体企业操作期权的卖期保值案例

案例一，买入看跌期权进行卖期保值。如图 9-48 所示，1 月，某糖厂需要在 3 月出售 5000 吨白糖，白糖现货价格为 5000 元/吨，郑商所 3 月白糖期货价格为 5100 元/吨。糖厂为了防止白糖价格在两个月时间内下降造成销售损失，所以糖厂以 100 元的权利金买入执行价格为 4900 元/吨标的资产为郑商所 3 月到期的白糖看跌期权。3 月，白糖现货价上涨至 5400 元/吨，期货价上涨至 5500 元吨，则糖厂以 5400 元/吨的价格出售现货，盈利 5400-5000=400 元/吨。由于期货价格上涨，白糖厂放弃执行看跌期权，期权头寸的花费是已支付的权利金 100 元，所以糖厂套期保值总收益为 400-100=300 元/吨。如果 3 月现货价格下跌至 4600 元/吨，期货价格下跌至 4700 元/吨，白糖厂履行看跌期权，以执行价 4900 元/吨卖出，以 4700 元/吨的市场价买入，盈利 4900-4700=200 元/吨，减去支付的权利金 100 元，期权头寸净利润为 100 元。现货损失为 5000-4600=400 元/吨，糖厂套期保值总亏损为 400-100=300 元/吨。

案例二，卖出看涨期权进行卖期保值。如图 9-49 所示，1 月，某糖厂需要在 3 月出售 5000 吨白糖，白糖现货价格为 5000 元/吨，郑商所 3 月白糖期货价格为 5100 元/吨。糖厂预期未来价格不会有大幅波动，因此采用卖出看涨期权的抵补性套保策略。糖厂卖出执行价格为 5100 元/吨标的资产为郑商所 3 月到期的白糖看涨期权，收获权利金 100 元。3 月，白糖现货价格上涨至 5400

元/吨，期货价格上涨至 5500 元/吨，期权的卖方会要求行权，糖厂需以 5100 元/吨的执行价格将 3 月白糖期货卖给买方，并以市场价 5500 元/吨买入期货合约，亏损 5500-5100=400 元/吨，由于卖出期权收获 100 元权利金，因此期权头寸净损失 300 元。现货头寸盈利 5400-5000=400 元/吨，糖厂套期保值总盈利 400-300=100 元/吨。如果 3 月现货价格下跌至 4600 元/吨，期货价格下跌至 4700 元/吨，则期权买家放弃行权，糖厂期权头寸收入权利金 100 元，但现货销售亏损 5000-4600=400 元/吨，套期保值总亏损 300 元/吨。

	白糖现货市场	白糖期权市场
1月	白糖现货价格为5000元/吨	买入到期日为3月的白糖期货的看跌期权，执行价格为4900元/吨，支付权利金100元
3月		
情境一	白糖现货价格为5400元/吨	白糖期货价格为5500元/吨，放弃执行看跌期权
盈亏情况	销售收入上升400元/吨	亏损100元权利金
情境二	白糖现货价格为4600元/吨	履行期权，以4900元/吨卖出3月期白糖合约，再以市场价4700元/吨买入3月期白糖合约
盈亏情况	销售收入下降400元/吨	净盈利=4900-4700-100=100元/吨

图 9-48　买入看跌期权进行卖期保值的损益图

	白糖现货市场	白糖期权市场
1月	白糖现货价格为5000元/吨	卖出到期日为3月的白糖期货的看跌期权，执行价格为5100元/吨，收获权利金100元
3月		
情境一	白糖现货价格为5400元/吨	买方要求行权，糖厂以5100元/吨的行权价格卖给买方市场价为5500元/吨的3月白糖合约
盈亏情况	销售收入上升400元/吨	净亏损=5500-5100-100=300元/吨
情境二	白糖现货价格为4600元/吨	白糖期货价格为4700元/吨，买方放弃执行看涨期权
盈亏情况	销售收入下降400元/吨	盈利100元/吨

图 9-49　卖出看涨期权进行卖期保值的损益图

9.5.5　投资者如何运用期权管理风险

如果投资者已持有大宗商品期货多头，则可通过买入看跌期权对冲期货价格下跌的风险。如图 9-50 所示，该投资组合的损益状态与买入一个看涨期权相同；同样，如果投资者已持有期货空头，则可通过买入看涨期权对冲期货价格上涨的风险，如图 9-51 所示，该投资组合的损益状态与买入一个看跌期权相同。

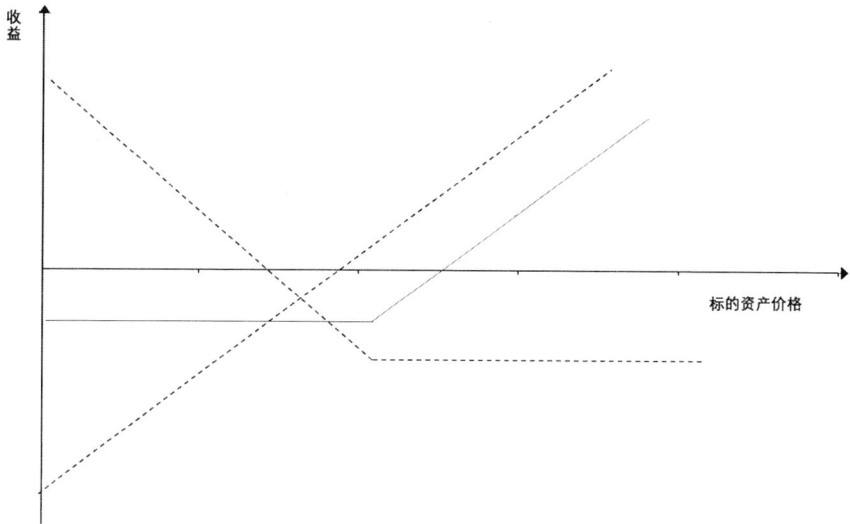

图 9-50　期货多头和看跌期权多头组合的损益图

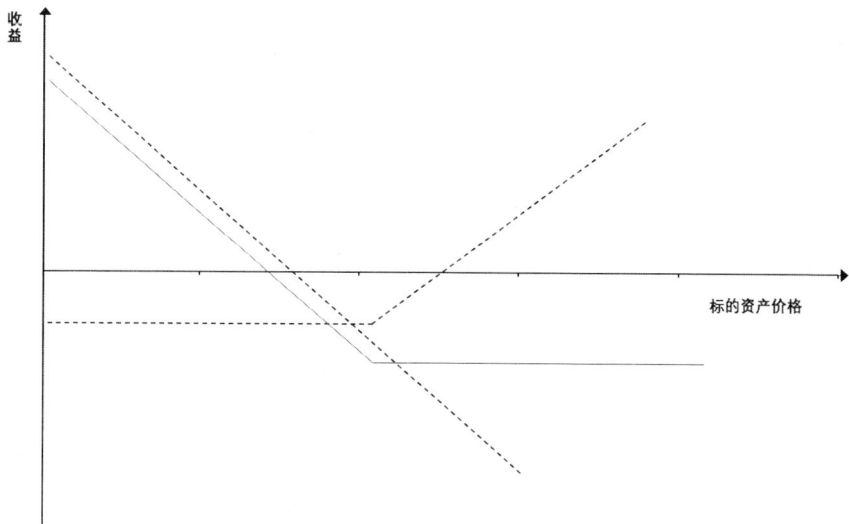

图 9-51　期货空头和看涨期权多头组合的损益图

例如，投资者看好油价，以 40 美元/桶的价格买入原油期货，但又担心下周欧佩克会议上联合减产协议可能达不到预期的减产量，油价有下跌风险。因此，投资者买入执行价格为 40 美元/桶的看跌期权对冲油价下跌带来的损失，支付权利金 2 美元。若欧佩克减产量达到预期，油价如投资者预期上涨至 45 美元/桶，则期货头寸盈利 45-40=5 美元/桶，看跌期权由于价格上涨而放弃执行，损失权利金 2 美元，投资者净盈利 5-2=3 美元/桶。若欧佩克未达成减产协议，油价下跌至 35 美元/桶，期货头寸亏损 40-35=5 美元/桶，由于价格下跌投资者执行看跌期权，以 40 美元/桶的执行价格卖出市场价为 35 美元/桶的标的合约，盈利 40-35=5 美元/桶，扣除已支付的权利金 2 美元，期权头寸净利润为 3 美元，将期货头寸 5 美元/桶的亏损减少至 2 美元/桶，如图 9-52 所示。

	期货市场	期权市场
本周	40美元/桶	买入执行价格为40美元/桶的看跌期权，支付权利金2美元
下周		
情境一	上涨至45美元/桶	放弃执行看跌期权
盈亏情况	盈利45-40=5美元/桶	亏损权利金2美元
情境二	下跌至35美元/桶	履行期权，以40美元/桶卖出市场价为35美元/桶的标的合约
盈亏情况	亏损5美元/桶	净盈利40-35-2=3美元/桶

图 9-52　期货多头和看跌期权多头组合的损益图

例如，投资者看跌油价，以 40 美元/桶的价格卖出原油期货，但又担心下周欧佩克会议上联合减产协议可能减产超过预期，油价有上涨风险。因此，投资者买入执行价格为 40 美元/桶的看涨期权对冲油价上涨带来的损失，支付权利金 2 美元。若欧佩克会议上减产量超过预期，油价上涨，期货头寸亏损 45-40=5 美元/桶，由于价格上涨投资者执行看涨期权，以 40 美元/桶的执行价格买入市场价为 45 美元/桶的标的合约，盈利 45-40=5 美元，扣除已支付的权利金 2 美元，期权头寸净利润为 3 美元，将期货头寸 5 美元/桶的亏损减少至 2 美元/桶。若欧佩克会议没有达成减产协议，油价下跌，则期货头寸盈利 40-35=5 美元/桶，看涨期权由于价格下跌而放弃执行，损失权利金 2 美元，投资者净利润为 5-2=3 美元/桶，如图 9-53 所示。

	期货市场	期权市场
本周	40美元/桶	买入执行价格为40美元/桶的看跌期权，支付权利金2美元
下周		
情境一	上涨至45美元/桶	履行期权，以40美元/桶买入市场价为45美元/桶的标的合约
盈亏情况	亏损45-40=5美元/桶	净盈利45-40-2=3美元/桶
情境二	下跌至35美元/桶	放弃执行看跌期权
盈亏情况	盈利40-35=5美元/桶	亏损权利金2美元

图 9-53　期货空头和看涨期权多头组合的损益图

9.5.6　期权和期货套期保值特点的比较

期货套期保值有对现货的保值功能，而期权套期保值既可对现货保值，也可对期货保值。与期货套期保值相比，期权套期保值既可以保值，也可以增值。这是由于期货套期保值是利用期货与现货部位相反、价格变化方向相同的特点，价格的变化会使得一个部位盈利，另一个部位亏损，如图 9-54 所示。在买入期权套期保值的情况下，当现货部位亏损时，期权部位盈利，起到保值的作用，效果与期货套期保值类似；当现货部位盈利时，期权部位亏损，期权部位的最大损失是权利金，因此有机会获得额外收益，如图 9-55 所示。

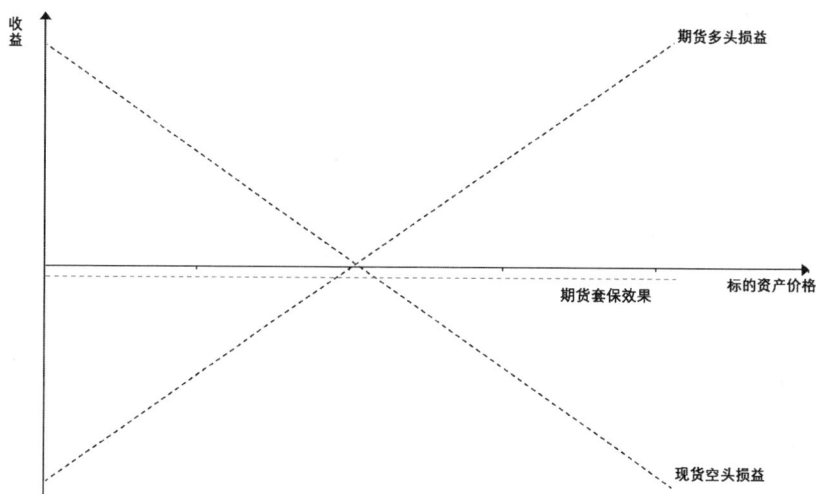

图 9-54　买入期货套保损益图

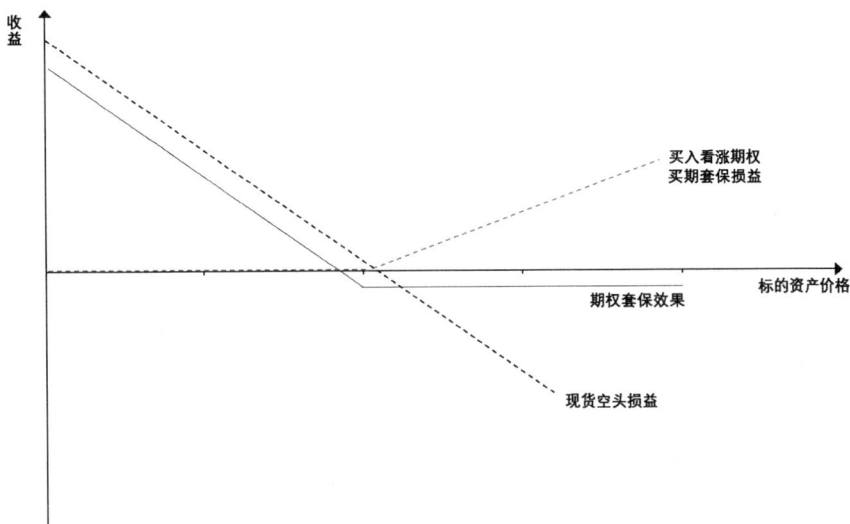

图 9-55　买入期权套保损益图

相较期货套保只能买入期货对冲价格上涨的风险或卖出期货对冲价格下跌的风险，期权套保的可操作方案更多。例如，我们可通过买入看涨期权或卖出看跌期权对冲价格上涨的风险，以及通过买入看跌期权或卖出看涨期权对冲价格下跌的风险。此外，我们还可以通过前文介绍的各种期权组合进行套保。

运用期货进行套保，当期货价格向不利的方向大幅波动时，需要追加保证金，对操作者来说资金压力较大，如果保证金不能及时补足，则会被强制平仓，无法实行套保策略。而如果是买入期权进行套保，在付出权利金后，无须交纳保证金，如果标的资产价格向不利的方向大幅波动并在期权合约到期前仍未恢复，则最大损失为权利金。

对买方来说，期权具有较强的杠杆作用，因为一般来说，期权的权利金低于期货的保证金，除深度实值期权的权利金比期货的保证金高外。因此，期权保值的资金使用效率更高。对期权的卖方来说，需要交纳保证金，不过其获得的权利金可抵消部分保证金，如果是保护性卖出期权，则无须交纳保证金，降低了交易成本。图 9-56 所示为期货与期权套保特点的比较。

套保工具	期货	期权
买卖双方的权利和义务	完全对等	不对等，买方有以约定价格买入或卖出标的物的权利，而卖方则有履约义务
套保效果	锁定价格风险，无法享受未来有利的价格收益	锁定价格风险，需要支出一定的权利金，但有机会获得额外收益
权利金收取	买卖双方均需要交纳保证金	卖方不需要交纳保证金，卖方需要交纳保证金
到期前盈亏	线性，亏损和盈利相对应	非线性，亏损和盈利不对应
套保区间	完全套保	可通过期权组合做部分价格区间套保，同时减少套保成本

图 9-56　期货与期权套保特点的比较

来源：上期所铜期权操作手册

9.5.7　期权和期货套期保值的案例比较分析

1 月，某铜管厂需要在 3 月采购 2000 吨原料铜用于生产，铜现货价格为 50 000 元/吨，上期所 3 月期铜价格为 50 100 元/吨。为防止铜价在两个月时间内上升造成采购成本上涨，铜管厂有两个选择：（1）买入期货合约套期保值；（2）买入看涨期权套期保值。接下来，我们分别就期货和期权套期保值策略进行详细分析。

铜管厂买入上期所 3 月铜期货，价格为 50 100 元/吨。如果两个月后，现货价格上涨至 51 000 元/吨，期货价格上涨至 51 050 元/吨，则现货上的亏损为 51 000-50 000=1000 元/吨，期货上的盈利为 51 050-50 100=950 元/吨，期货套期保值策略亏损 1000-950=50 元/吨，即铜管厂最终以 50 050 元/吨的价格购入原料。

如果铜管厂买入执行价格为 50 100 元/吨的标的为 3 月期货合约的看涨期权进行买期套利，支付权利金 500 元，则现货上的亏损为 51 000-50 000=1000 元/吨，由于价格上涨，选择行使期权，以执行价格 50 100 元/吨的价格买入市场价为 51 050 元/吨的 3 月期货合约，盈利 51 050-50 100=950 元/吨，减去所支付的权利金 500 元，期权净利润为 450 元/吨。期权套期保值策略亏损 1000-450=550 元，即铜管厂最终以 50 550 元/吨的价格购入原料，如图 9-57 所示。

如果两个月后，现货价格下跌至 48 000 元/吨，期货价格下跌至 48 050 元/吨。对于期货套期保值策略，现货上的盈利为 50 000-48 000=2000 元/吨，期货上的亏损为 50 100-48 050=2050 元/吨。期货套期保值策略亏损 2050-2000=50 元/吨，即铜管厂最终以 50 050 元/吨的价格购入原料。

	期货套保	期权套保
1月	铜现货价格为50 000元/吨，3月期货价格为50 100元/吨	
	买入3月交割期货合约， 价格为50 100元/吨	买入执行价格为50 100元/吨的看涨期权，标的是3月 期货合约，支付权利金500元/吨
3月	铜现货价格为51 000元/吨，3月期货价格为51 050元/吨	
现货盈亏	亏损51 000-50 000=1000元/吨	亏损51 000-50 000=1000元/吨
期货/期权盈亏	期货盈利51 050-50 100=950元/吨	行权，盈利51 050-50 100-500=450元/吨
套保盈亏	亏损1000-950=50元/吨	亏损1000-450=550元/吨
实际采购成本	50 000+50=50 050元/吨	50 000+450=50 450元/吨

图 9-57　当价格上涨时，期货与期权套期保值盈亏比较

如果铜管厂运用期权套期保值策略，则现货上的盈利为 50 000-48 000=2000 元/吨，由于价格下跌，铜管厂选择不行看涨期权，期权头寸上损失权利金 500 元。期权套期保值策略盈利 2000-500=1500 元，即铜管厂最终以 48 500 元/吨的价格购入原料，如图 9-58 所示。

	期货套保	期权套保
1月	铜现货价格为50 000元/吨，3月期货价格为50 100元/吨	
	买入3月交割期货合约， 价格为50 100元/吨	买入执行价格为50 100元/吨的看涨期权，标的是3月 期货合约，支付权利金500元/吨
3月	铜现货价格为48 000元/吨，3月期货价格为48 050元/吨	
现货盈亏	盈利50 000-48 000=2000元/吨	盈利50 000-48 000=2000元/吨
期货/期权盈亏	期货亏损50 100-48 050=2050元/吨	不行权，损失权利金500元/吨
套保盈亏	亏损2050-2000=50元/吨	盈利2000-500=1500元/吨
实际采购成本	50 000+50=50 050元/吨	50 000-1500=48 500元/吨

图 9-58　当价格下跌时，期货与期权套期保值盈亏比较

由此可见，运用期货和期权套期保值都可以控制价格风险，但当价格朝有利方向运行时，期货套期保值无法获得额外收益，而期权套期保值虽然需要支付权利金，但有机会获得额外收益。